3rd edition

文化人类学教程（第三版）

An Introduction to Cultural Anthropology

孙秋云　主编

图书在版编目(CIP)数据

文化人类学教程 / 孙秋云主编. -- 3 版. -- 北京：北京大学出版社，2025.
1. -- (21 世纪社会学规划教材). -- ISBN 978-7-301-35465-0

Ⅰ. C958

中国国家版本馆 CIP 数据核字第 2024BR0418 号

书　　　名	文化人类学教程(第三版) WENHUA RENLEIXUE JIAOCHENG(DI-SAN BAN)
著作责任者	孙秋云　主编
责任编辑	陈相宜
标准书号	ISBN 978-7-301-35465-0
出版发行	北京大学出版社
地　　　址	北京市海淀区成府路 205 号　100871
网　　　址	http://www.pup.cn
新浪微博	@北京大学出版社　@未名社科-北大图书
微信公众号	北京大学出版社　北大出版社社科图书
电子邮箱	编辑部 ss@pup.cn　总编室 zpup@pup.cn
电　　　话	邮购部 010-62752015　发行部 010-62750672 编辑部 010-62753121
印　刷　者	天津中印联印务有限公司
经　销　者	新华书店
	730 毫米×980 毫米　16 开本　26.5 印张　424 千字 2004 年 11 月第 1 版　2018 年 1 月第 2 版 2025 年 1 月第 3 版　2025 年 8 月第 2 次印刷
定　　　价	79.00 元

未经许可，不得以任何方式复制或抄袭本书之部分或全部内容。
版权所有，侵权必究
举报电话：010-62752024　电子邮箱：fd@pup.cn
图书如有印装质量问题，请与出版部联系，电话：010-62756370

第三版序

自 2018 年 1 月北京大学出版社出版本教程第二版以来，除了第二版序言中提到的部分高校外，又有不少高校先后加入了使用本教程的行列，如贵州大学、宁夏大学、浙江师范大学、云南师范大学、华侨大学、鲁东大学、山东理工大学、西南科技大学、广东金融学院、湖北民族学院、哈尔滨商业大学、黑龙江科技大学、甘肃农业大学、红河学院、太原师范学院、呼和浩特民族学院，等等。这是对本教程编写者的一种鼓励，同时也是一种鞭策，更是北京大学出版社强大传播辐射能力的一种体现。

本教程第三版仍然保持第二版的风格和基本内容，只在以下三个方面做了修订：

第一，根据近年来国家政治、经济和社会发展形势及对相关学术研究成果的提炼，对第三章有关"族群""民族"的部分进行了补充和改写，增加了"中华民族多元一体格局理论与铸牢中华民族共同体意识"一节。

第二，对第二版的部分表述进行了修正。

第三，根据国家 2020 年第七次全国人口普查结果，更新了一些必要的数据，删减了一些繁冗的概念陈述。

本教程第三版修订期间，得到了一些同行老师和学生的关心。有的老师通过电子邮件表达自己对本教程的喜爱，提出修改意见和建议，询问获取电子课件的可能性；有的同学则对教程中的个别表述提出了自己的疑问和修改见解。正是有了大家的关心、厚爱和批评，本教程才得以顺利修订，并向更优秀教材行列迈进。愿大家的关心、关注与批评长在！愿文化人类学之树常青！

孙秋云
2024 年 5 月 17 日

第二版序

本教程于2004年初版时,我心里一点底都没有。主要原因一是本人当时没有编写过教材,对教材的特点只有朦胧的想法,缺乏深刻的认知;二是当时的编写人员大多为三十岁冒头的青年才俊,他们有冲劲、有想法,但对于把握像教材这样要求全面、系统、客观、平和且有较强可读性的著述,经验上还是欠缺的。本教程出版后的效果出乎我们的意料。吉林大学、华中科技大学、中央民族大学、中南大学、东北师范大学、西北师范大学、内蒙古大学、内蒙古师范大学、中南民族大学、西北民族大学、西南民族大学等国内知名高校相关院系和专业先后把本教程列入本科和研究生教育的必读教材或考研参考书,民族出版社于2007年和2011年各加印了5000册供应市场。尤其令人欣慰的是,本教程出版后,笔者多次到各地相关院校和单位参加社会学、人类学学术会议,总会碰到一些前来问候的博士研究生和青年教师,他们的话语大多是:"您就是孙秋云老师啊!我读过您主编的《文化人类学教程》,编得挺好的。""您主编的那本教程理论跟实际结合得比较好,糅合了不少中国的事例,蛮通俗易懂的。我上课时是用它做教材并推荐给学生的。""我买过您编的《文化人类学教程》,我就是读了您编的教程才考人类学博士的。"笔者是一个凡人,大抵凡人都免不了会有一些虚荣心,因此,每每听到这样的话语,心里还是有些乐滋滋的。

而今教程初版已问世十多年,国内人类学的教学和科研状况已然发生较大的变化,其间出版社也曾征询过修订意见。一则因本人教学科研任务一直较重,先前还有一些行政杂务缠身,未能腾出时间和精力;二则此前参与编写本教程的青年才俊已经成长为所在单位的业务尖子,有的走上了行政管理岗位,有的成了知名学者,因而也未有足够的时间和精力来参与此事。去年下半年本人主讲的"文化人类学概论"被列入华中科技大学本科教学"责任教授课程",于是本人不得不放弃其他一些教学和科研任务,邀约华中科技大学社会学院副教授何菊博士一起参与本教程的修订工作。与初版相比,新版教程大部分章节的内容都进行了一定的改写和补充,有些章节内容则吸收学生的阅读意见做了相应的调整。

本人在初版的后记里就曾明确说过:编教材不是学者个人撰写专著,不宜有太个人化的观点,它的重点是介绍本学科的基本知识、基本理论和学术界公认且已定型的现有重大研究成果。但编教材又不能没有编撰者自己独特的眼光和思想,因为教材是引领学生进入本学科堂奥的领航员。做个不那么恰当的比喻,在现今大学盛行学分制的情形下,老师是导游,教材是导游手册,学生就是游客。如果导游先生没有魅力,没有才情,导游手册不生动,不能既生趣盎然又简明扼要地为"游客"打开将要奔赴之景区的大门,让人家一窥这方天地的绝妙姿色,使他们产生一种在这方面求知的欲望和冲动,不要说想吸引那些对人类学一无所知的人来给你"众人拾柴火焰高",就是想留住原先想在人类学领域中"拾贝"的弄潮儿都难。因此,本教程的此次修订,仍竭力保持原先那种理论联系实际、既生趣盎然又简明扼要的写作特色,努力发挥一个导航员的作用。至于最终的效果如何,只能交给方家和同学们来评说了。

孙秋云

2016 年 8 月 13 日

目 录

导言：为什么要学习文化人类学 ·· 1

第一章　人类学与文化人类学 ·· 7
第一节　人类学的研究对象和分支学科 ··· 7
第二节　文化人类学的学科观 ·· 11
第三节　文化人类学的主要研究方法 ··· 21

第二章　文化与文化变迁 ·· 36
第一节　什么是文化 ··· 36
第二节　文化的内涵和特性 ··· 39
第三节　文化的结构与功能 ··· 47
第四节　文化的变迁 ··· 56

第三章　种族、族群与民族 ·· 82
第一节　种　族 ·· 82
第二节　族群与族群理论 ·· 91
第三节　民族与我国的民族概况 ·· 99
第四节　中华民族多元一体格局理论与铸牢中华民族共同体意识 ······· 116

第四章　符号、语言与文化 ·· 128
第一节　符　号 ·· 129
第二节　语言与言语 ··· 134

第三节　语言与民族、族群的关系 ……………………………… 138
　　第四节　语言、思维与文化 …………………………………… 141
　　第五节　人类的非言语交流 …………………………………… 153

第五章　人格与文化 …………………………………………… 165
　　第一节　人格理论与人格研究 ………………………………… 165
　　第二节　基本人格类型、国民性与社会人格 ………………… 170
　　第三节　文化濡化 ……………………………………………… 178
　　第四节　社会文化因素对异常心理、异常行为的影响 ……… 188

第六章　生态、生计与文化 …………………………………… 193
　　第一节　生态、能量与人类学家对生态的认知 ……………… 193
　　第二节　文化分区与生计方式 ………………………………… 200
　　第三节　居所与聚落 …………………………………………… 208
　　第四节　经济文化类型理论 …………………………………… 214

第七章　交换与再分配制度 …………………………………… 219
　　第一节　经济人类学的内涵及理论 …………………………… 220
　　第二节　互惠交易 ……………………………………………… 226
　　第三节　再分配制度 …………………………………………… 230
　　第四节　市场交换 ……………………………………………… 231

第八章　婚姻制度及其变迁 …………………………………… 235
　　第一节　婚姻的内涵和功能 …………………………………… 235
　　第二节　通婚的范围 …………………………………………… 238
　　第三节　婚姻类型 ……………………………………………… 246
　　第四节　婚姻的形式与程序 …………………………………… 250
　　第五节　婚后居住模式 ………………………………………… 259
　　第六节　离婚、再婚与婚姻的权利 …………………………… 263

第九章　家庭、亲属制度与继嗣 …… 270
第一节　家　庭 …… 270
第二节　亲属的含义及其区分的原则 …… 279
第三节　亲属类型和亲等 …… 281
第四节　亲属称谓 …… 284
第五节　继嗣制度和继嗣群 …… 291
第六节　中国的宗族 …… 301

第十章　政治制度与社会控制 …… 310
第一节　政治与政治组织 …… 310
第二节　社会控制 …… 322
第三节　维持社会秩序的途径 …… 330

第十一章　宗教信仰与仪式 …… 338
第一节　宗教信仰的历程 …… 339
第二节　宗教师 …… 358
第三节　宗教仪式与生命周期 …… 363
第四节　宗教的变迁 …… 377

第十二章　文化人类学的应用 …… 385
第一节　什么是应用人类学 …… 385
第二节　应用人类学家所扮演的角色 …… 394
第三节　文化人类学与中国当代重要现实问题研究 …… 397

后　记 …… 411

导言：为什么要学习文化人类学

我们已经完全进入世俗和实用的时代。学生选修一门课，首先要问：我为什么要选这门课？它对我有什么用？老师讲授这门课时，也要先讲这门课对于社会、对于你个人有什么功用，你为什么应该选修这门课，等等。依我之见，作为一个21世纪的大学生或研究生，不管你是学习理工科的，还是学习人文社会科学或管理科学的，对于你个人日后的成长和整个社会的进步而言，你都应该具备或掌握一些人类学的知识，尤其是文化人类学的知识，并能加以运用。这种必要性可以从远的和近的两个方面来说。

从远的方面而言，现在的地球，确实像某些人所说的那样，完全是个"地球村"。我国以前有首民歌《走西口》，唱的是"哥哥你走西口，小妹妹我泪花流"。为什么流？因为关山重隔，交通不便，音讯不通，再加上生活条件恶劣，说不定这一走就是永诀了，能不让情妹妹牵挂吗？所以那个时候书信抵万金。现在呢？两人早晨在北京机场刚刚话别，晚上或明天一大早，大洋彼岸就传来了他或她的声音，两人就可以开始煲电话粥，或在互联网上互诉衷肠。远隔千里、万里的人就像住在隔壁一样，根本没有分别的感觉。这是由于科学技术日益发达，现代化的交通工具和通信设施将自然距离拉近了。这样一来，不同国家里不同的人，就像住在一个村子里的别的家庭一样，随时都会"抬头不见低头见"。随着经济全球化的加速，各国企业、事业单位和社会团体间的跨国、跨文化的交往活动日益频繁，不同文化背景的人员往来与日俱增，尤其是大量跨国公司的出现，使得劳动力的文化背景多元化趋势日益呈现在世人面前。在我国，国家足球队、篮球队聘用外籍主教练和各地足球、篮球俱乐部迎来外籍教练、球员的加盟，大学邀请外籍学者担任院长和系主任,工厂和企业聘请外国专家担任工程师和高级管理人员,外国青年到我国留学和我国青少年到外国留学,等等,在日常生活中早就司空见惯了。

  大家都知道,我国古代有句俗语,"物以类聚,人以群分"。这个"群"有好多种,其中民族和种族就是非常重要的一种。而在民族和种族的划分中,文化是一个非常重要的因素。任何一个人都是在特定社会群体中成长起来的,都受到特定民族文化的熏陶和教育,思想中都带有特定民族文化的烙印。曾有一个小故事,讲的是一个德国人、一个日本人、一个中国人乘火车从德国的法兰克福去法国的巴黎,正好坐在同一节车厢。途中上来一个客人,端了一个鱼缸,里面游着一条色彩斑斓的鱼。大家对此感到很好奇,于是德国人率先发问:"先生,您能否告诉我,这条鱼的名称是什么?在生物学上属于何纲何科何属何种?都有哪些特性?它们在科学上有什么意义?"日本人听完后接着问:"请问这位先生,这种鱼生长在什么样的环境中?根据我们日本的气候、水温、水质条件,这种鱼能不能引进日本并存活?"一直目不转睛盯着鱼缸的中国人最后发问:"这种鱼是红烧好吃呢,还是清蒸更胜一筹?"[①]这则故事虽编得有点夸张,但也颇为传神地勾勒出了不同国家、不同民族的民众的思维定式和文化习惯。

  由于历史上所处环境不同、机遇不同,世界各民族社会的发展迄今仍有后进与先进之分。后进民族的文化,在历史上也是适应其生存环境而产生的,也有过自身的价值。但进入现代,由于科学技术突飞猛进,人类生存的空间越来越小,各民族间的接触日益频繁,竞争也日趋激烈。没有哪一个民族能够永远闭关自守,游离于世界潮流之外。世界上每个人都会自觉不自觉地认为本民族的东西是最好的、最优秀的。这是一种感情,也是一种偏见。民族和种族偏见,往往是由隔阂造成的。隔阂使人们对外族懵然无知,认为只有本族文化才是最高明、最优越的。于是由偏见而歧视,由歧视而欺凌,直到侵略、杀戮、战争。而人类学的研究证明世上的人都属于一个种,人类的身心本质上是相同的,无高低之分;人类的文化虽然形式各异,但都是各民族适应其特殊环境而形成的,都对本民族的生存发展产生过实际价值,因而人们对文化的价值判断标准都是相对的。不同

---

① 卢秋田:《差异:一位中国大使眼中的东西方思维》,上海三联书店2003年版,第38页。

民族、不同种族,对各自的文化和生活方式应相互尊重、相互理解、取长补短,这样才能促进人类社会的繁荣和进步。这种识见有利于消除民族、种族间的歧视和蔑视,维护世界的和平与共同发展。人类学,特别是文化人类学,就是研究、理解世界各民族和各人类群体文化现状及其发展规律的一门学问。

我国著名社会学家、人类学家费孝通教授,1998年6月在北京大学向参加教育部主办的"第三届社会学、人类学高级研讨班"的学员们发表演讲时,曾述及:20世纪是一个世界性的战国世纪,在这样一个格局中有一个前景,就是由一个个分裂的文化集团合起来,并成一个文化共同体,一个多元一体的国际社会。当前在儿童教育方面要做的最重要的事情是为他们准备一个能适应21世纪人类生活的脑筋。他把这个设想简练而又生动地概括为"各美其美,美人之美,美美与共,天下大同"的世界文化发展和相处的理想模式。[1] 这与联合国教科文组织保护世界文化多样性的旨趣不谋而合。而要真正做到这"各美其美,美人之美",首先就牵涉到各民族集团、文化集团或社会群体之间必须相互了解、相互沟通、彼此尊重,然后才能互相欣赏、和平共处、取长补短、共同发展。

从近的、具体的小环境来说,也许你不出国门,只在国内生活和工作,你所服务的单位里也没有外国人,用不着跟外国人打交道,不存在所谓的跨文化问题。事实上,在我国已经加入世界贸易组织,经济全球化、一体化的趋势日益增强的大环境之下,任何企业的工商贸易活动都离不开世界文化的背景。由于各民族的风俗习惯和民族心理特征等因素,不同国家或地区的消费者对于商品的造型、商标的图案和颜色及商品的名称等有着不同的偏好。正确运用文化人类学知识,可以促进商品的销售,使某些商品成为名牌产品。据说,美国生产的百事可乐在美国很畅销,在日本却销不动,经研究发现问题出在商标的颜色上。百事可乐的商标使用红、青、黄、白四种颜色,且以黄为主色。美国人对黄色有偏爱,因而百事可乐非常畅销;日本人不喜欢黄色,因而百事可乐受冷落。[2] 可见,由对各民族的民俗和民族心理特征进行研究得来的文化人类学知识,对于商业而言

---

[1] 费孝通:《在第三届高级研讨班上的讲课插话》,载马戎、周星主编:《二十一世纪:文化自觉与跨文化对话(二)》,北京大学出版社2001年版,第8—9页。

[2] 参见陈华:《人类学应用种种》,载中山大学人类学系编:《梁钊韬与人类学》,中山大学出版社1991年版,第255页。

也具有促进作用。

也许你会说,我所从事的工作与外国人或外国风俗没有一丁点关系。是的,你今后完全有可能找到这样一份工作。但是你千万不要忘了,即使是在我国本土,也有56个民族,有诸多不同的宗教信仰群体,也存在着不同文化背景及相互理解、相互尊重的问题。如我国98%以上的都市(含小城镇),都生活着两个以上民族的成员;各地"三里不同风,十里不同俗"也是非常普遍的现象。这样,我们在一个地区从事工商业和文化经营等活动时,也必须对该地区的民族构成、社会结构、宗教信仰和风俗习惯等有较深入的了解,才可能取得成功。例如,文化人类学知识在帮助发掘整理和应用各民族的风俗、传统工艺、仪器和建筑技艺,协助发展旅游事业方面就做出了积极的贡献。云南、贵州民族地区的乡村旅游颇受中外游客的喜爱,用贵州蜡染工艺制作的民族特色服装也深受中外人士的欢迎,这些就是明证。

由于跨文化知识及运用这种知识的能力在世界工商业活动中的地位越来越重要,如何消除由文化差异导致的误会,减少不必要的摩擦和冲突,提高工作效率,成为许多公司,特别是跨地区、跨国家经营的大公司在应对经济全球化时所面临的巨大挑战。跨文化的能力对友好的人际关系相当重要,对于专业人员、经理或技术人员的成功更是如此。企事业单位的各级领导和跨国公司的经理们,需要具备跨文化交往和跨文化管理的知识及驾驭文化差异的能力。掌握跨文化交往和管理这项工作及领导艺术,不但可以克服文化差异给交流和管理带来的障碍,而且可以把文化差异作为公司发展的一种宝贵"资源"。在经济全球化的发展趋势下,有效的跨文化关系对改进工作表现和提高生产力所具有的重要性是不言而喻的。在国际贸易中,由于双方的社会文化背景不同,宗教信仰、价值观念、时间观念、法律制度、礼仪习俗和身体语言的意义等方面必然会有差别。如果对谈判对手所在国家或地区的文化不了解,往往会由一些小小的失礼行为导致生意上的失败。国外出版的一些有关国际礼仪和国际商务的小册子,就采纳和吸收了人类学家提供的许多知识和建议。美国学者菲利普·R.哈里斯(Philip R. Harris)、罗伯特·T.莫兰(Robert T. Moran)所著的《跨文化管理教程》和英国学者理查德·D.刘易斯(Richard D. Lewis)所著的跨文化管理实用手册

《文化的冲突与共融》能够成为风靡世界的管理学、传播学教材,就与他们重视不同国度、不同民族、不同人类群体的文化差异,并有针对性地加以指导和运用有密切的关系。

其实,文化人类学知识对于我国现代化建设事业的意义远不仅限于工商贸易和企业管理,在政治、法律、经济、外交、民族关系、新闻出版、文化教育、娱乐、旅游、医疗卫生、城乡社区建设、市场研究、公共事业、公共关系和广告业等领域也有广阔的应用前景。文化人类学在原有的分支研究领域中,发展出了一些应用型的分支学科,如都市人类学、医学人类学、艺术人类学、教育人类学、发展人类学等,它们都是为了适应现代社会、文化的发展和需要而产生的,并且在当代社会和文化的进步中起到越来越大的作用。这里还想说一下美国人类学家本尼迪克特(Ruth Benedict)和她的著作《菊与刀》(*The Chrysanthemum and The Sword*)的故事。

当第二次世界大战中德日败局已经明朗时,美国政府便着手制定对待战后德日两国的政策。美国人对德国比较了解,制定的政策是:彻底打垮并占领纳粹德国,粉碎旧统治机器,由盟军直接行使管理职能。但美国人对日本不太了解,对于两个关键问题心存疑虑:日本政府会不会投降?能不能用对待德国的方法来对待日本?为了最后决策,美国政府动员各方面的专家来研究日本,提供资料和意见。本尼迪克特接受美国海军部的委托,承担研究日本的任务。她是文化人类学家,曾在太平洋小岛上做过调查,却没有研究过日本,战时更不可能去日本做实地调查。于是她根据自己的"文化类型"理论,运用文化人类学方法,把战时在美国遭拘禁的日本人作为调查对象和直接资料来源,同时大量阅读日本的文学著作、民间故事、传说,观摩日本电影等,了解他们的风俗习惯和国民性格,根据人类学的观点,提交了一份题为"日本文化的类型"的研究报告。在这份研究报告中,她从对战争的看法讲起,叙述明治维新、日本人的风俗习惯和道德观念、日本人的"自我训练"及孩子怎样学习传统等,最后得出结论认为:日本政府会投降;美国不能直接统治日本;要保存并利用日本原有的行政机构。否则,日本人会拼命抵抗到底,美国人所付出的代价将非常大,且无法直接统治,因为美国人和日本人所属的文化类型不同。美国战后统治日本的方式基本上与本尼迪克特的意见一致,显然是采纳了她的研究成果的结果。1945年8月日本投降,次年她把这份研究报告写成书出版,前面加了一章论述她用的人类学方法,后面加了一章讲述日本投降后的情况,这就是现在我们看到的名著《菊与刀》。这本书国内有好几种译本,大家可以自己找来仔细研读和体会。

文化人类学,就是这样一门介绍如何理解文化差异,教人们如何看待和把握文化差异,在文化差异中如何进行交流并增进相互了解、彼此尊重的学问,是一门被圈内人称为"我看人看我"的学问。

第一章

人类学与文化人类学

第一节 人类学的研究对象和分支学科

人类学,对于我国来说是一门外来的学问,它的英文为"anthropology"。"Anthropology"一词源自希腊文,是人(anthropos)和学问(logia)两个词的合成,意思是研究人类本身的学问。因此,有关人类学的最早阐释通常都作"人的科学"。然而,这种阐释本身有太过宽泛或笼统的致命弱点,故人类学研究思想在古代社会中并没有产生什么影响。自19世纪科学意义上的人类学研究发轫以来,由于社会历史的变迁和科学的发展,人类学的内涵和外延都发生了深刻的变化。世界各国的学者由于各自所处的时代不同、社会环境和文化传统各异,对人类学含义的界定也不尽一致。以前以苏联和德、法等欧洲大陆国家为代表的意见认为,人类学是一门专门研究人类体质的科学,专研人类文化部分的学问称为"民族学";以英、美为首及深受英美影响的美洲国家则认为,人类学是既研究人类体质也研究人类文化的一门整体性科学,其中研究人类体质的部分称为"体质人类学",研究人类文化的部分称为"文化人类学"或"社会人类学"。

1950年,联合国教科文组织召集美国、英国、法国、瑞典、波兰、埃及、印度、墨西哥等八国的代表在法国巴黎开会,决定调查各国社会科学课程的种类和教学方法。基于联合国教科文组织发起的讨论,1954年,由法国结构主义人类学大师克劳德·列维-斯特劳斯(Claude Lévi-Strauss)执笔的关于人类学的报告认为:今日世界,几乎一致同意以"人类学"(英文 anthropology,法文 anthropologie)为本学科的最佳名称,其内容包括:(1)体质人类学——对动物进化为人类的研究和以解剖及生理上的特征来区别人类种族的研究;(2)民族志——从事田野工作并加以描述的研究;(3)民族学——根据第一手的民族志资料做综合的比较研究。这种内涵广泛的人类学概念被联合国教科文组织所采纳。

现今,同时着重人类生物性和文化性研究的人类学逐渐衍生出了两大分支:体质人类学和文化人类学。文化人类学中又包含了考古人类学、语言人类学和社会文化人类学三个学科。它们间的关系如图 1-1 所示:

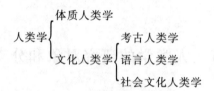

图 1-1　人类学学科结构简图

一、体质人类学

体质人类学也称为生物人类学(biological or physical anthropology),其研究大致可分为两类:一类研究人类如何从古猿进化而来;一类研究现代人类的生物多样性。

从古猿向现代人类进化方面的研究,主要是探讨人类进化的过程和原因,其中包括形成世界的整个生物演化过程。比如,有些人类学家专门研究化石,从这些人类及相关物种的古化石遗迹中,去了解我们的祖先是何时开始直立行走,人类的大脑又是在哪一个进化阶段达到现代的容量的。有些人类学家则去研究灵长类动物,既研究灵长类的生物特质,又苦心钻研灵长类的某些社会行为。例如,使用一些经过粗糙制造的简单工具,以探究从古猿向现代人类进化过程中原始人类的社会状况和行为方式;研究狒狒的社会组织,以探究早期人类的组织状况;等等。这种研究也被称为灵长类学(primatology)。

对现代人类生物多样性的研究,主要是找出人类各项差异的形态并加以描述,同时也解释这些差异存在的原因。比如,从这些方面入手:看得见的生物特征,诸如毛发、肤色,或一些看不见的遗传特征,如血型、基因组成、疾病遗传等。从这样的研究中发掘出某地区人群的生物体型、生理性状与其所处环境的关系。从演化史的角度看,现代人类(Home sapiens,现代智人)首次出现大约在距今30万年以前。虽然外表上各人种间有差异,但现代人类在种属上却非常纯粹,不仅在生理构造方面和智慧上没有太大的差别,而且还可以相互婚配生育子女和输血。在人类社会中,个体间的体质和智力差异可能较大,但在人类种族的层次上,无论是白人、黑人,还是黄种人或混种人,其生理构造和智慧才力都是完全平等的,无优劣高低之别。

二、考古人类学

考古人类学(archaeological anthropology),是利用人类留下的遗物、遗迹来研究远古人类文化的一门学问。考古人类学家是把文化遗迹置于宽广的视野里,以一种整合的方式去思考问题的。比如,早期的人类社会是如何与它的环境相互影响的?生活在其中的人们及其文化又是如何演进的?当今的考古人类学家最关心的不是单纯地描述远古社会或对它进行简单分类,而是着重于解释文化的演进过程,即了解主导人类文化形成与发展的一般性原因是什么。因此,人类学中的考古学又有史前考古学(prehistoric archaeology)和历史考古学(historical archaeology)两个分支。史前考古学除利用一些遗物,如石器、灰烬、陶器、骨器等来推测史前人类的生活方式外,也对一些生活方式与远古人类颇有类似特点的现代原始人群进行研究。历史考古学家则从不完整的残留资料中获取每一条重要的线索,试图了解和解析当时社会中人们普遍的日常生活方式。

三、语言人类学

语言人类学(linguistic anthropology)是研究人类文化的一支重要力量。语言,是人与一般动物相区别的主要标志之一。人类社会中许多重要的文化要素,如人的意念与行为模式等,主要是靠复杂的符号系统来传递的,这当中就包括须臾也离不开的语言。人类学家对语言的研究大抵从这样几个方面入手:(1)描述语言学(descriptive linguistics),探讨语言的结构以及它的各个部分是如何协同发展出一个连贯的沟通系统的;(2)历史语言学(historical linguistics),探讨语言的演化过程和分布状况,人类语言分布的复杂性和历史中的关联度是研究不同人类群体之间社会亲缘关系的重要基础,因而深受人类学家的重视;(3)社会语言学(sociolinguistics),研究语言与社会因子之间的关系,这些社会因子包括年龄、性别、所属的族群、所处的社会阶层或阶级等,如在一个社会中,人们说话的方式会因男女不同、社会地位的差异而有所区别;(4)语言与文化(language and culture),主要是探讨语言如何影响我们的思维,或我们的信仰与价值观又是如何影响我们的言语表达方式的,等等。

四、社会文化人类学

社会文化人类学(social and cultural anthropology),是以近现代社会中人们的物质创造、社会制度、行为方式、认知状况及团体生活等为研究对象,关心人类文化和社会的传承以及传承方式的一门学问。这里的文化,指的是一种已成为习俗惯例的生活方式,以及沉浸其中的人们是如何学着组织他们的思想与行为,以回应他们所处的环境的;而这里所指的社会,则是依社会成员之间的互动形态及其关系来定义的团体。凡是拥有相同的、特定的文化共识及行为模式的人,就同属于一个社会。借由社会中各成员的共同经验,人们发展出共同的文化属性,而社会也借由文化得以茁壮成长。两者是个双向互动的过程。社会文化人类学中最大的分支是民族学(ethnology),这是一门以系统和跨文化比较的方法来研究现存文化的形态及其发展过程的学问;另一个重要分支则是在田野工作中收集各民族的文化资料,详细描述和记叙各个社会的文化及其演进过程,称为民族志(ethnography)。

据有关专家的研究,在欧洲的人类学体系中,体质人类学、考古学、语言学已从人类学中分离出去,成为独立的学科。除了个别的例外,一般欧洲人讲的人类学,指的是社会文化人类学,这在德国、俄国和斯堪的纳维亚国家里,又被称为"民族学",即对不同民族进行的社会类型的比较研究。而在美国,包括四大分支的广义人类学体系得到较好的坚持和保留,其中"体质人类学"(或称"生物人类学")是研究人类生物属性的分支学科,而考古人类学、语言人类学、社会文化人类学则在"文化人类学"的名义之下,指的是对人类文化创造力的研究。①

我国学术界1949年以前普遍接受英、美等国含义广阔的人类学概念,如著名的老一辈人类学家林惠祥教授就认为:"人类学是用历史的眼光研究人类及其文化之科学,包含人类的起源,种族的区分,以及物质生活、社会构造、心灵反应等的原始状况之研究。"②1949年中华人民共和国成立后,中国大陆学术界摒弃了此前的人类学传统,全盘接受了苏联人类学理论模式,认为人类学是"研究人类的体质特征类型及其变化规律的科学。包括从猿到人的演变过程,人体发育中的体质发展和增进,世界各人种的形成过程、地理分布及其相互关系……主要分科有人体形态学、古人类学和人种学等"③。而港台地区则秉承并发展了旧的人类学理论体系,认为人类学是"研究人的科学,研究人是什么,怎么做人,做些什么。换句话说,就是研究人体的结构和发展及其行为和业迹的科学"④。自改革开放以来,欧美等国的人类学理论和我国港台地区的人类学研究成果对大陆学术界的影响很大。现在,人类学主要由体质人类学和文化人类学等分支组成,是一门综合研究人类的学科,已成为中国人类学教学和研究者的普遍共识。

第二节　文化人类学的学科观

文化人类学是当今人类学中研究范围最广、影响最大的一门分支学科。从理论上讲,它是研究整个人类文化发生、发展、变迁和演化的过程,并比较世界各民族、各群体、各国家、各地区文化的异同,借以发现人类文化的普同性与特异性,建立符合社会实际的文化理论,以便构筑或指导人类文化发展的一门科学。当然,正如英国著名人类学家莫里斯·弗里德曼(Maurice Freedman,中文名斐利

---

① 参见王铭铭:《人类学是什么》,北京大学出版社2002年版,第4—5页。
② 林惠祥:《文化人类学》,商务印书馆1934年版,第7页。
③ 参见《辞海》上卷,上海辞书出版社1979年版,第696页。1999年版《辞海》才将人类学界定为"从生物和文化的角度对人类进行全面研究的学科",详见《辞海》(1999年缩印本),上海辞书出版社2002年版,第1396页。
④ 芮逸夫主编:《云五社会科学大辞典·人类学》,台湾商务印书馆有限公司1971年版,第11页。

民)所调侃的那样:"如果人类学是无限制地研究各种社会和文化的话,那么它就荒唐地成为一门百科式的学科,并且在世上根本就找不到这样的研究者。即使退一步说,这无所不包的计划有可能趋于实现,那也就好像在学术上竖起了一面帝国主义的旗帜,叫人难以容忍。"① 不过,在对人类文化体系加以探索和比较之后,许多人类学家认为文化人类学研究主要涉及这样三层关系:第一,人与自然的关系,包括人们所创造或发明的生产工具、生产方式和衣食住行在内的物质文化以及人与物质文化间的关系,其中科学技术的进步对人类文化发展的影响尤为当代文化人类学家所关注;第二,人与社会的关系,也称为人与人之间的关系,包括社会的组织、结构、制度、习俗、语言、社会事实及其与人之间的关系;第三,人与自身心理的关系,尤其注重人们的知识、思想、观念、信仰、人生态度和价值观念等对自身行为的影响与表现。这三层关系不是彼此孤立存在的,而是相互作用,彼此协调整合成为各个社会制度化的行为规范,铸成各种各样的文化模式。

文化人类学作为一门独立研究人类文化的学科,自有与其他同样以人类为研究对象的学科相区别的基本观点,具体表现在以下几个方面。

一、文化整体观

文化人类学的文化整体观(holistic view or holistic approach),肇始于人类学家对小规模、无文字部落社会的研究,指的是一旦进入该部落社会,就必须详解该社会的方方面面,无论是物质层面的生产工具,还是作为观念和精神层面的宗教信仰,都必须加以调查和研究,否则,便无法了解该社会及其成员的行为方式。现代意义上的文化整体观则已远远逸出这种原始的意蕴,包含了三层意思:第一,人类学家在探究一种人类行为时,必须考察与该行为有关的其他方面的行为,即多角度、多方位地研究人类经验的诸多方面。他们认为一种文化的整体特质或特征,并不等同于构成该文化整体的部分特质或特征的简单相加。因此,在人类文化研究中,就应该把各种文化现象作为一个有内在联系的整体加以探讨。

---

① 参见联合国教科文组织编:《当代学术通观:社会科学和人文科学研究的主要趋势·人文科学卷(上)》,上海人民出版社 2004 年版,第 29 页。

如人类学家在描述某一人类群体时,可能会论及这些人所生活地区的历史、自然环境、家庭生活结构、语言的一般特征、村落模式、政治经济体制、宗教以及艺术和服饰风格等;又如,人类学家要研究某地区某人类群体的经济发展状况,全面描述他们的经济演变过程,就必须考虑那里的礼仪、禁忌、风俗和家庭关系等非经济因素的影响和联系;等等。

第二,文化人类学家在比较各民族文化时,注意的是不同民族的生活方式是如何形成的,又是如何传递给下一代的。在对不同民族行为模式的比较研究中,人类学家认识到每个民族的文化都自成一个完整的系统,在我们自己的文化系统之外,世界上还有数不清的其他文化系统。文化整体观主张,既要关注共时性(横向)的文化形态,也要关注历时性(纵向)的文化形态,即应把人类及其赖以生存的社会文化当作一个整体来看待和考察。

第三,文化人类学所研究的人无论从地域还是从时间的角度看,都比其他学科宽泛。从地域上看,文化人类学研究的人,不像其他学科那样多局限于周围或有限区域之内,而是直接、明确地指涉全世界的人类。不论是非洲的布须曼人,还是亚洲的中国人,或是欧洲的日耳曼人,在文化人类学家眼里都是平等的,现代人类学家对他们都怀有同样的热情和兴趣。从时间的角度看,文化人类学不仅关心现代人,而且关心所有历史时期的人群。史前时期的人类和近现代原始部落及当代都市中享受最新文明成果的年轻人,都在文化人类学家的研究范围之内。这种把全世界不同民族、不同时代的人类群体都纳入自己的研究视野,放在同一研究平台上进行比较分析,以便不怀偏见地寻找人类共通的行为法则的观点,是文化人类学文化整体观的一个充分体现。

早期的文化人类学家曾试图在文化整体观思想的指导下对人类文化的所有方面都进行研究。当代文化人类学家则更倾向于对某个问题或某个地区做专题性的考察。但是,人类学家仍可以把许多不同的专题性研究汇集在一起,并按照其复杂程度的不同,分层次地来描述从古至今人类生活的众多方面,从而使人类学这门学科保持它的整体性研究方向。

二、文化相对观

19世纪以前,由于地理和种族的隔离,不同文化之间无法客观地彼此认识和交流,就产生了以为本民族的文化是最优秀的,以本民族文化的标准来衡量其他文化的"民族自我中心主义"(ethnocentrism)的观念。民族自我中心主义,也叫"我族中心主义",是以自己的文化为标准来衡量或评价其他文化,认为只有自己群体的文化是自然的、正常的和优秀的,自己群体的文化高于其他一切文化的思想。这种"我族中心主义"是一种非理性的"草根式种族主义"[①]。当一个民族或一个群体的成员总认为自己群体的习惯信仰和行为方式毫无疑问优于他人,并形成较固定的思维定式时,民族自我中心主义便转化成了文化沙文主义。假如再把这种文化优劣归结为人种的差异,便成为种族主义。种族主义,说到底不过是民族自我中心主义思想的极端表现形式。

在某种程度上,民族自我中心主义是所有人类社会都存在的一种普遍的思想观念。因为每个人从小就在特定的环境中学习如何思考及如何表现,受特定文化价值观的全面灌输,贯穿一生。我们基本的文化价值观及文化典范在宗教仪式中,在家庭的日常生活里,在学校里,在电视上,甚至在一些体育活动或宴会中都会不断被强化。不论到哪里,总有人教导我们什么是对的,什么是真的,什么是好的,什么是重要的,等等。这种深深地根植于人心的民族自我中心观念对于人们自我优越感及幸福安全感的建立,无疑具有正面的作用。这正是一些国家内部的弱势族群在参与主体意识觉醒的社会运动时所体现的主要诉求,如美国、加拿大、澳大利亚等国的一些土著的行为就是如此。民族自我中心的思想对人类来说是古已有之、根深蒂固的。古代人类交往不易,各民族基本处于相互隔绝的状态,每个人都在一种文化中成长起来,从未或者很少接触其他文化,自然而然地视自己的生活方式、思想观念、价值观是正常的和最好的,只有自己才是真正的人。在很多民族语言中,民族自称多将自己人称为"人",而对其他民族的称谓则多含贬低或污蔑之意,如我国古代文献中对边鄙地区少数民族的称谓多加"犬""虫"等偏旁,甚至声称"非我族类,其心必异"等,这些都是民族自我中心主义普遍存在的明证。直到现代,民族自我中心主义即使在科学发达的国度也未根除,仍是引发种族歧视、战争和霸权的思想根源之一。

当人类学家接触到世界各地的文化形态时,他们发现所谓的原始人类实际

---

① 范可:《理解族别——比较的视野》,知识产权出版社2019年版,第16页。

上与其他人类群体并没有本质区别,于是在20世纪20年代,从美国人类学家博厄斯(Franz Boas)开始,到他的学生赫斯科维茨(Melville J. Herskovits)总其大成,逐渐发展出了一套"文化相对论"(cultural relativism):文化是特定社会中人们行为、习惯和思维模式的总和,每一个民族都有其世代相传的价值观。由于每一种文化都是一个独立的体系,不同文化的传统和价值体系是无法比较的,每一种文化都只能按其自身的标准和价值观念来进行判断。一切文化都有它存在的理由而无从分别孰优孰劣,对异文化要充分尊重,不能以自己文化的标准来加以判断和评价。① 这种思想后来为绝大多数文化人类学家所接受。事实上,20世纪60年代起,就有不少其他学科的学者,如美国社会学家彼得·伯格(Peter L. Berger)、托马斯·卢克曼(Thomas Luckmann)等人强调,人类关于世界的知识是社会建构的,即我们是通过我们的社会处境及我们同他人的相互作用来理解我们的世界的。② 如果这一点确实无误,那么,我们对这个世界的看法本身就可能是偏颇的。虽然也许有一个真实的世界,但我们只能从特定的角度去看待它。这样,我们有关这个世界的知识就不可避免地取决于我们的视角。③ 这一见解可以说是文化相对主义观点的最好注解。

　　文化相对论在与民族自我中心主义作斗争、保证调查材料的客观性上也颇有裨益,但若走向极端,则会变为是非不分的文化虚无主义。例如,遇到东南亚及太平洋岛屿地区的"猎头"、美洲印第安人的"剥头皮"、印度的寡妇自焚殉葬等,也只管进行记录而不加评价,显然有悖文化人类学家研究文化的宗旨和做人的准则。文化相对论的观念,并不意味着我们要全盘接受或赞成特定人群的一切作为与想法。事实上,它是指从人们与社会、环境与历史的关联中,来评估他们的文化形态。在当今文化传播空前剧烈,欧美工业和科技社会的强势文化携经济实力席卷全球,弱势文化遭遇空前生存危机的情形下,文化相对论对于保持和发展文化多样性无疑具有积极意义。2001年11月2日,联合国教科文组织第

---

① 参见庄孔韶主编:《人类学通论》,山西教育出版社2002年版,第27页。
② 参见彼得·L.伯格、托马斯·卢克曼:《现实的社会建构——知识社会学论纲》,吴肃然译,北京大学出版社2019年版,第二章、第三章。
③ 阿雷恩·鲍尔德温等:《文化研究导论(修订版)》,陶东风等译,高等教育出版社2005年版,第10页。

31届会议通过了《世界文化多样性宣言》，明确提出文化多样性对于人类来讲就像生物多样性对于维持生物平衡那样必不可少，文化多样性是人类的共同遗产，应当从当代人和子孙的利益考虑予以承认和保护。

当然，文化没有高低之分，却有强弱之别，这也是当今世界的客观事实。世界上的"强势文化"就是指那些适应能力强、效率高，包含文明价值较多、富有旺盛生命力的文化系统；而"弱势文化"则是那些发展速度慢、适应能力弱、效率低，包含文明价值相对较少、生命力衰弱或没有生命力的文化系统。以语言文字为例，它是因一个民族及其所处历史阶段、地域的不同而形成的不同的符号系统，本身没有高低贵贱之分，但其作为人类的日常交际工具和信息传播手段，却有着内涵是否丰富、表意是否准确、是否容易掌握和推广、使用是否便捷、能否适应时代发展的需要以及变通能力等方面的差别。从这个意义上讲，我们固然不能说云南纳西族保存至今的东巴文没有价值，但这种古老的象形文字系统在当今信息时代无法发挥更大的效力也是不争的社会事实。[①]

此外，强调文化的相对观和多样性，还要防止一种文化帝国主义的倾向，即认为西方文化应该承担起世界领导者的责任，努力改进自己影响世界的方式，而其他文化形态则自觉保持自己原有的传统形态或处于"博物馆状态"，从而使世界文化永远呈现"西方领头，非西方顺从"的文化态势。文化人类学家对世界各种文化进行比较研究，最终目的还应该是为各民族的社会进步和人类的共同福祉服务。尊重异文化和保持客观态度，并不意味着去否认文化具有先进和后进、强势和弱势的差别。强调文化多样性也不等于须刻意保持落后文化形式。多样性强调的是文化发展状态中"静"的方面，指的是人类文化发展进程中形成的不同形态和不同表现形式；先进性强调的是文化发展状态中动态的"纵"的方面，指的是该文化是否符合人类社会发展的未来方向，是否具有强大的生命力、适应性和发展前途。目前，追求文化的先进性已是世界各国文化（无论是强势文化还是弱势文化）发展的共同目标。只有让自己的文化符合时代发展的需要，代表社会发展的方向，才能保持自己的文化形态在世界文化发展中的地位，在世界文化多样性和多样化过程中扮演一种不可缺少的角色，这样才能为自己的文化

[①] 具体参见陈炎：《文明与文化》，山东大学出版社2006年版，第6页。

争取到更好的发展机会,拓展广阔的发展空间。因此,要真正客观地认识一种文化,人类学家还是需要一种不是派生于任何文化价值观的评价标准。

目前,大多数人类学家都把文化相对观作为从当地社会的整体背景或整个体系来理解在该社会中为什么会出现如此独特的行为的基本态度,而不是作为文化估价的准则。

三、文化普同观

文化普同观(cultural universalism),是人类学家在研究人类文化差异的过程中逐步完善的。人类学家大多承认,自人类产生以来,人类心理的基本状况和需求是大体相同的,所有的人也是完全平等的。没有哪一群人比别的人群更接近类人猿,也没有哪一群人体质上进化得比别的人群更高级。文化,就像绝大多数实例所显现的那样,是为满足人类的需要而产生的。故文化内外环境相似的民族会产生或崇尚相似的文化反应。而不同的环境尽管产生的文化面貌会有差异,但由于人类心理基本状况大体相同,因此文化的不同部分也会具有共同特色。同时,也正因为人类的心智和心理的相同或相通,不同的文化之间才可以互相交流、互相传播、互相学习,各个文化的要素才可以互相借用、互相吸纳甚至相互融合。这就是人类学家的文化普同观。

四、文化适应观

人类与环境是息息相关的,这一点已越来越被人们所认同。这些环境包括自然环境、生物环境和社会环境。自然环境指的是空气、雨林型态、地形地貌等大自然状态;生物环境指的是在特定区域内包括人在内的所有动植物的生存状态;社会环境指的是人与人之间的互动关系,既包括族群内部的关系,也包括族群外部的关系。适应(adaptation)可以广泛定义为个人或群体为维持生存,必须想出一些方法去面对不同的环境状况的过程,也可以指这种过程的最终产物,即某些特定的行为及社会制度或具体的社会结构。当某个群体的成员为了应对一些基本的环境或生物问题,有意识地去运用一些基本的方法,这些方法就是适应策略(adaptive strategy)。

人类在开发环境时所运用的适应策略,主要是根据文化的三个面向:一是技术(technology),二是社会组织(social organization),三是价值观与信仰(values and beliefs)。技术,指的是人们制造物件或提取资源所需的知识及技巧。由于它非常具体且有明显的实际效果,因此在适应策略中占有重要的地位。社会组织也是适应策略中同等重要的一个部分,其中一项重大的社会要素就是社会分工的形成。分工,指的是在社会中因应社会及其相关的技术特性,将工作加以组织和分配。我们日常生活中常说的"一个和尚挑水吃,两个和尚抬水吃,三个和尚没水吃",讲的就是社会组织的问题。在原始的简单社会中,分工是以性别为依据的;而在现代化的工业社会中,分工就极其复杂了。价值观和信仰,也是适应策略中非常重要的因素。对于许多猎人而言,能够正确地念一段祷文,施一次使自己信心百倍的巫术,和知道如何设陷阱、如何悄悄地接近猎物并捕捉它们是同等重要的事。

当然,人类的适应也有其生物性的一面,如人类为了生存和繁衍,首先要确保食物不至匮乏,保护自己不受大自然的肆虐,寻找合适的配偶以传承自己的血脉等。正如古人所说的那样:"食、色,性也。"[①]事实上,生物与文化因子同时影响着人类适应的过程,所以称为生物文化性适应(biocultural adaptation),也就是以生物和文化的方式来对抗环境压力的过程。我们独特的生物起源和身体结构,尤其是我们的大脑,让我们适应策略中的文化方面得以施行;反过来看,我们现代的文化适应的各个面向,如医疗照顾和农业,在缓解环境压力的同时,也影响着人类生物方面的进化。事实上,人体的进化常与文化的进步互为因果关系。此外,环境污染与人口过多,也已给人类带来相当大的生物压力。

在人类学家眼里,每一种文化都是适应特定的自然环境和社会环境的结果。当人类学家面对一个社会的某种特殊习俗时,只能从适应该社会的特定环境的角度来加以判断。不过这种适应不是一次性的,也不是僵化不变的,而是呈现出连续性的整合和变迁的过程。

---

① 《孟子·告子章句上》。

五、文化整合观

文化整合观(cultural integration),指的是构成文化的诸要素在大多数情况下相互适应与和谐的状况,即强调要理解人类生活的各个层面是如何协调运作的,不是光靠研究政治、经济、宗教、文学艺术、亲属关系或单单研究某一族体就足够的。人类学家把这些生活层面比喻为交织成社会大网的线,同时它们也是更大的自然与社会环境中不可或缺的一部分。所以要全盘了解一种信仰或仪式,就必须观察它与社会中其他因子间的互动关系,同时也要看它与形成社会的广泛环境因素之间的互动关系。过去,人类学家常把研究的焦点放在一些较孤立的小规模部落社会(small-scale society)上。在这种小规模部落社会中,亲属关系、政治、宗教、社会组织及其他社会生活的种种方面都密切相关,且直接受环境影响。而当代人类学家的研究更重视大规模的复杂社会(large-scale society),它们不仅地域定位较模糊,而且运作更依靠联系广泛且高度专业化的人员来完成。在这样的社会中,它的整合性较不明显,且整合方式也与小规模部落社会大不相同。当然,文化整合是一种诸要素或特质变为或融合为一个整体的过程,在这个过程中,文化体系又是时常变化的,这就是文化的变迁。文化落后,其实就是该文化不能适应新的变化所造成的暂时失调现象。

六、地方知识

地方知识(local knowledge),是由美国象征主义人类学家格尔茨(Clifford Geertz)提出的,它源于文化绝对主义、普遍主义与多元主义、特殊主义的对立,指的是一种新型的知识观念。在人类学研究的传统中,一直存在着普遍主义和历史特殊主义的研究方法的论争。前者认为人类学的宗旨是发现人类文化的共同结构或普遍规律,如结构主义人类学理论;后者强调各种不同文化间的差异性特征,主张做具体细微的田野个案考察,相对忽视和避免宏大的理论建构,如象征人类学和阐释人类学。格尔茨是阐释人类学的代表人物,他通过自己的实践和考察,表明除西方文化之外,还存在着丰富多彩的地域文化,进而提出了"地方知识"的概念,以区别于全球化知识或普遍性知识。这里的"地方知识"不是指任何特定的具有地方特征的知识,这里的"地方"也不仅是在特定地域的意义上说的,还涉及在知识的生成与辩护中所形成的特定语境,包括由特定的历史条件所形成的文化与亚文化群体的价值观,由特定的利益关系所决定的立场和视域,等等。正是由于知识总是在特定的情境中生成并得到辩护的,我们对知识的考察与其关注普遍的准则,不如着眼于形成知识的具体的情境条件。进而言之,地方知识有三个重要特征:与西方知识形成对照的非西方知识;指代与现代知识相对照的非现代知识;一定是与当地知识掌握者密切关联的知识,这类知识不可脱离"是谁?在什么地方?在什么环境与语境下表达的?"这一类的具体条件。①

对于地方知识的获取,人类学研究中有内部眼光和外部眼光、"贴近感知经验"和"远距离感知经验"的方法。"地方知识"强调"文化持有者的内部视界",来自人类学对于"族内人"(insider)和"外来者"(outsider)如何看待各自的思维和解释立场及话语表达的问题。格尔茨认为,作为外来者的人类学家在很大程度上并不能体验一个当地人所拥有的感知,而只能尽量接近那种感知。这里的关键是要把地方知识非地方化。格尔茨自己的经验是,既不把自己当局外人,亦不把自己视为当地人,而是尽全力搜求、分析和体验当地的语言、想象、社会制度、人的行为等这类有象征意味的形式,从中去把握一个社会中人们如何在他们自己人中表现自己,以及他们如何向外人展现自己。

"地方知识"命题的意义不仅仅在于文化人类学的知识观和方法论方面,由于它对正统学院式思维的解构作用,与后现代主义对宏大叙事的批判、后殖民主义对西方文化霸权的批判相呼应,所以很自然地成为后现代主义知识分子所认同的一种立场和倾向,成为一种用来挣脱欧洲中心主义和白人优越论的思想武器,也成为他们观照和反思自身偏执与盲点的一面镜子。地方知识对于传统的一元知识观和科学观也具有潜在的解构和颠覆作用。

文化整体观、文化相对观、文化普同观、文化适应观、文化整合观和地方知识,是人类学家研究和分析人类文化现象及生活方式的核心观念,是文化人类学区别于其他同样以人为研究对象的学科的重要标志。

---

① 参见吴彤:《两种"地方性知识"——兼评吉尔兹和劳斯的观点》,《自然辩证法研究》2007年第11期。

第三节 文化人类学的主要研究方法

作为一门科学,人类学也试图利用系统的方法来观察或分辨事实,进而建立可一再求证的定律。所谓科学方法,指的是设计与进行研究所需要遵循的精确方法,主要包含三个基本步骤:一是建立假说,即对观察到的事物之所以发生的原委进行叙述;二是决定测试此一假说的方法,即将它们整合到一个研究设计中;三是实际测试此一假说,即进行研究或进一步观察。当然,还可以加上一些后续的步骤,即根据所发现的事实,再重复进行研究及修改当初的假说。由于人类学家所研究的文化,既存在于最具体的日常衣食住行与技术的物质层面,也可以表现在较抽象的伦理道德或信仰、艺术等复杂的领域,还可以归结为行为底层的逻辑思维结构,因此人类学在研究不同性质的文化现象时,自然会使用不同的方法和策略,但总的来说都不会离开科学的一般性原则。

著名人类学家李亦园认为,人类学是介乎社会科学与人文学之间的学科,人类学的研究取向常常是社会科学与人文学并行的。社会科学的取向是用来研究那些可观察的文化,其目的与自然科学一样,是追求事物之间的通则性(nomothetic)或规律。它把文化当作一个具体的东西,尝试通过归纳综合以寻求因果关系的解释,其采用的方法大都着重于量的表达。因此,社会科学的研究可以说是对文化现象的一种理性与客观的了解。文化的社会科学式研究当然很有意义,但对于人的现象的研究而言,它的解释力还不够,如社会科学式的解释或许可以告诉我们成年礼和儿童养育方式有关,或者巫术的盛行和社会制裁的严格程度成正比关系,但并不能说明为什么成年仪式须如此展演,或巫术的施行对该族群的人有何意义。要解释一种文化行为为何如此而不如彼,就必须借重人文学的研究。人文学的研究是探究文化的内在意义——隐喻,即偏重对个人的创作、个人的思考、个人的内在意义与价值的追求和了解。这些人文现象不适于追求通则与规律,只适合于以个案的方式来加以了解。因此,人文学的研究主要探讨事物现象的原创性、表达性与独特性,在方法上则重视对内在意义与价值的诠释,其表达方式经常是重于质的。①

一般而言,文化人类学家在从事具体的文化现象分析和研究时,往往采用田野调查、民族志、跨文化比较、主位与客位研究、大传统与小传统分析、影视记录与表达等六种方法。

一、田野调查法

田野调查(field work),也称为田野工作,是一种人类学家深入一个社会或人群,对其文化和生活方式进行较长时间的亲身观察、访谈、居住体验并加以感悟的工作及其过程。为了了解一个群体及其文化,人类学家必须花上数月、半年,甚至一整年的时间,深入到当地民众的实际生活之中,学习并使用当地的语言,与他们进行沟通、交流,参与当地人的活动,尽可能地将自己融入当地人的日常生活,观察、体会和了解当地人的生活方式及其感受和想法,与他们建立良好的社会关系,解析其社会结构,以期达到研究该社会整体文化的目的。

田野调查法是文化人类学家了解人类行为和收集文化资料最常采用的基本方法。文化人类学家不同于所谓"硬科学"的研究者,他们所采用的方法没有心理学的实验程序,也少有社会学家通常所用的结构式或匿名式的问卷、抽样方法。社会就是文化人类学家的实验室,是他们搜集资料、检验理论、解决问题的场所,所以田野调查是文化人类学的学科标志之一。

当然,着重于了解文化内在意义的田野工作固然很有价值,但也增加了资料收集的难度。文化人类学家所进行的田野研究或调查的精确性常受到一些因素的影响。首先是田野工作所面临的环境因素的影响。在都市开展研究所遇到的问题和在乡村从事调查所遇到的问题肯定大不相同。其次是研究者个人的素质、喜好、学科背景及理论训练、社会阅历以及交流方式的影响。一个重视心理或认知观点的研究者,与那些强调社会行为互动的研究者相比,其开展田野工作的方向很可能大为不同。前者会注重研究对象的想法和主观叙述,后者会重点考察研究对象的实际行为。再次是人类学家所要探讨的问题的差异,也会导致

---

① 李亦园:《人类学的理念与方法》,载李亦园:《李亦园自选集》,上海教育出版社2002年版,第12—13页。

对同一社区、同一种文化现象的研究产生歧见。由此可见,文化人类学家的田野调查工作没有一个单一的模式可循,在牵涉到每一个问题和每一种研究环境时,同一个人对不同文化的研究经验和不同的人对同一文化的研究经验都是彼此独立的、分开的,因此,文化人类学家针对不同的研究计划肯定会选取不同的研究方法。尽管如此,大多数人类学家的田野调查工作还是有一些共同规律可循,那就是参与观察、深入访谈和非概率取样。

(一) 参与观察法

参与观察法(participant observation),也称为居住体验法,指的是在田野调查中主要依靠调查者参与当地人的生产、生活活动,对他们的各种文化现象和社会问题进行直接观察,或调查者居住于当地社会,对当地人的实际生活进行体验的一种方法。它是文化人类学家使用最广泛的一种收集资料的方法。以前西方人类学家对参与观察有个不成文的规定,即对某一人群或社会进行全面调查时,必须在该社会的某一区域内起码居住生活一整年,以便在一年中的春夏秋冬四个季节里,全面观察、体验该人群的各种生产、生活、习俗礼仪和宗教等活动。如果调查者当年某一时段内因故暂离调查地点,也得在第二年相应的时间前往调查地点做补充调查。

参与观察并不是漫无目的的泛看,而是文化人类学家将自己所要研究和观察的内容制成详细的提纲或表格,在当地人群的实际生活中精心地、有重点地、反复地观察和体会。这种提纲或表格,文化人类学家可以在调查前事先拟好,但在实际调查过程中可做适当的修正或调整。如果我们想了解某个文化或社会,就必须将注意力放在当地人对世界的看法及体现这些看法的行为上。但是,人们对自己从事的活动的主观描述,往往不一定能准确地或者不足以解释其行为。一个受访者在描述某个事件时,常常有意无意地加以筛选甚至曲解。所以研究者应该尽可能直接观察他们的行为。参与观察的优点在于调查者是通过自己的眼睛去发现问题的。有一些事可能属于人们认为不值得提及或不愿提及的范围,如嗜酒、吸毒、男女私情等,这些资料是难以用其他方法获得的。尽管如此,即使是直接的观察,也无法保证绝对客观,因为文化人类学家本身也容易受到自我偏见的限制。考虑到文化的复杂性,田野工作者从一开始就必须详细地记录各种事件、想法与处理状况,之后再审视那些相关资料并归纳出一些类型。作为人类学研究者,学会在不太理想的情况下快速谨慎地记下某些重点事件、情节和人物是非常重要且有意义的。当然,文化人类学家可以使用摄像、摄影设备和录音机等作为调查辅助手段。但是不同的社会特性也会引发一些困难,因为不是每个人群的成员都能够或愿意接受拍照、摄像或录音的。有些人甚至对用笔在笔记本上记录他们的话(即所谓的"白纸黑字")都会产生紧张和敏感。所以,在不同背景下选择最适当的方式来精确记录人们的陈述与行为是文化人类学家必须掌握的基本技能之一。同时,人们的活动被当作观察的对象时,他们常会感到不安而自觉或不自觉地设下一些限制。因此,田野工作者必须对受访者的想法或隐私具有高度的敏感,过分积极地企图观察那些受访者视为秘密的行为,常会破坏自己的研究计划,甚至也会侵害受访者的权利。这是我们在调查中必须注意的。

(二)深度访谈法

田野工作者能参与当地人的日常生活,观察到当地人的行为,但他们不一定能够理解他们所参与的和观察到的事情,也不一定能明白当地人在做某些事情时的心理活动和想法。同时,当地生活中的一些东西,在田野调查期间用参与观察法是无法参与和观察的,如相关神话、宗教信仰、历史知识和谱系材料等,都必须由熟悉情况的人来提供。这样,与知情人交谈就成为田野工作中不可或缺的手段。

深度访谈法(depth interview),也称为访问法,就是与选定的调查对象进行有关问题的深入或反复交谈。这种方法能提供大量有血有肉的民族志材料,能暴露对方的思想感情及他们对外部世界的看法,并能核实参与观察所获得的资料,了解一个群体的一般情况及有关信仰等方面的特殊情况。当然,访谈也有局限性,被访者有时难以记清事件的全部细节,有时讲的是他们所设想的或理解的事而非实际发生的事,有时仅是他们愿意让外人知道的那一部分事情。若能将自己参与观察所得到的事实与访谈的结果做比较,就能去伪存真,达到预期的效果。

访谈分为正式访谈和非正式访谈两种。

正式访谈，也称为结构性访谈，指的是使用事先设计好的有意义的问卷，安排一定的时间，按一定的计划程序来收集各种资料的访谈。在使用正式访谈前，文化人类学家必须先对被调查地的文化或社会有概括性的认识和接触的经验。一般情况下，正式访谈最好是调查者在当地居住了一段时间后，与当地人已经比较熟悉且关系融洽时再进行。正式访谈的优点是事先准备的问题都是经过筛选和试验的一套标准化的问题，答案比较规范，可以进行比较和评价，缺点是多数正式访谈的问题是经过严格控制的，被访者自由发挥的余地太小。

非正式访谈，也称非结构性访谈，是指一般性的谈话和问答，即不事先规定访谈的问题，也未限定回答的方式，更不拘泥于访谈地点的开放式谈话。让被访问者的语言随着自己的思绪发散，不受约束。此种访谈的优点是被访者所谈的都是他们认为重要的事情，缺点是这些谈话并非围绕标准化的问题，难以将各种内容进行比较和评价。只要提问者的语气稍为不同，得到的答复就可能截然不同。在这种情况下，调查者很难判断这究竟是回答者不同的真实经验或意见，还是仅仅由于他们对所提问题的理解不同而做出的迎合答复。这就需要以观察到的事实来加以核实和矫正了。

参与观察和深度访谈是文化人类学田野工作的核心，它们是相辅相成、互相补充的。

（三）非概率取样

文化人类学家要进行参与观察和深度访谈，就存在一个如何选择观察和访谈对象的问题。如果能够观察和访谈整个研究母体（即指纳入研究的所有研究对象），当然是最好不过了。然而，一旦母体人口庞大、结构复杂，想要一个个地进行观察和访谈根本没有可能，也没有必要。况且，并不是一个社会中所有的人都适合作为观察和访谈对象的。于是，为了避免资料收集过程和结果不具有典型性，人类学家一般都会运用非概率取样（non-probability sampling）的方法来选择自己的观察和访谈对象。

一般而言，要研究一个社会或文化，必须从该社会或文化中科学地筛选出一部分样本，将这部分样本视为整个研究母体的缩影来加以仔细剖析和研究，科学筛选样本多采用概率取样的方式进行。概率取样可分为随机取样和分层取样两种形式。随机取样,是指从整个研究母体中抽取其数量具有意义的一群人作为研究对象,母体中所有成员被选中的机会均相等,而且筛选的过程应尽可能随意且无任何偏颇。这种取样法最适合用于同质性高、分布范围广的母体。社会学研究中使用这种方法最多,也最普遍。当一个母体内包含各式各样的小团体时,研究者可能希望分别收集每个小团体的资料,此时,便会运用分层取样法。如研究一个村落中农村人口及其经济和社会状况时,可将村民分为干部、教师、外出打工者、包工头、运输专业户、个体企业家、养殖和种植专业户、工匠、商人和一般纯从事农田耕作的农民等若干类进行取样研究;又如要了解我国藏族的社会现状时,既要了解牧区的藏族群众,也要了解农区和半农半牧区藏族群众的情况,才能得出正确的总体结论;等等。

在一些特定的研究计划中,像试图以口述资料重建某一民族或群体的历史,或专门的宗教世家和宗教人员的研究等,就必须采用非概率取样的方法,即主观取样的方法。因为它并非与研究母体中的每个人都有直接关系,所准备调查的内容都是当地专家的事,并非一般人所能叙述清楚的,需与这些专家进行深入细致的长谈以获取资料。这些资料提供者的筛选是以对该研究而言相当重要的某些准则为依据的,如年龄、性别、受教育程度、社会经验或阅历、人品、身份、社会地位,以及在某地居住时间的长短,等等。在民族学、人类学研究中,按照不同的层次和研究目的,主观取样运用得很多,而且许多有血有肉的民族志材料就是通过这种主观取样,与被调查者进行长时间的深入专访得来的。

当代文化人类学家对大规模复杂社会进行研究时,往往也会借助社会学的问卷调查和统计材料,以了解该社会群体的一般认知状况和行为方式,但要把握该社会成员如此认知、如此行为的深层次思维方式和文化内核,深入、透彻地理解该社会的人群和该社会的整体性文化,还得选择特定的研究对象进行参与观察和深入访谈。

二、民族志

参与观察和深入访谈并不是文化人类学家的研究目的,它们只是人类学家准备完整而深刻地理解一个社会或人群的手段。他们这样做的初步目的是要撰写民族志。民族志(ethnography)最早是由人类学家发明的对异民族社会和异文化现象进行描述和记叙的方式。作为当代文化人类学的根本性标志之一,民族志已被西方学者认为是对某人群以及该人群的文化进行详细、动态、情境化描述的一种方法。它探究的是特定社会中人们的日常生活方式、价值观念和行为模式。① 民族志作为一种科学的研究手段和学术范式被学术界所接受,是从马林诺夫斯基(B. K. Malinowski)在1922年出版的名著《西太平洋上的航海者》开始的。马林诺夫斯基认为人类学家应该尽可能详细地了解土著各个方面的实际生活,要做到这一点,就必须在一个较长的时间段里参与到土著的生活当中,观察他们的行为,学会他们的语言,提出自己的问题,倾听他们的答案,体会他们的思维方式和对世界的看法。1916—1918年,马林诺夫斯基在太平洋特罗布里恩德群岛(Trobriand Islands)做田野调查时,把功能主义人类学的科学民族志方法完整地呈现给了学术界:第一,选择一个特定的社区;第二,学习并使用当地语言,进入现场进行至少一整年的参与观察、实际体验和深入访谈;第三,试着以当地人的眼光和思维方式看待世界,并最终形成对当地社会和文化形貌的客观认识。马林诺夫斯基是第一位将资料收集与科学研究完美结合在一起的人类学家,因而他所创立的民族志被称为"科学民族志",不仅成为社会文化人类学的标志性学术利器,而且被民族学、社会学、民俗学、教育学、政治学、历史学等学科所吸收,成为学术界广泛认同和接纳的学术研究范式之一。虽然自20世纪70年代以来,人类学在现象学哲学、解释学和后现代主义思潮的影响下,对科学民族志的主—客体单向关系的科学定位进行了深刻的质疑和反思,但并没有否认民族志作为科学研究方法的本质,反思的、多声多地点的、主—客体多向关系的民族志正为学界所倡导和接纳。

从本质意义上说,科学民族志是从深描和社区关系研究法两个层面展演自己独特研究方法的。

(一) 深描

"深描"(Thick Description)是美国文化人类学家格尔茨从现代英国哲学家

---

① James L. Peacock, *The Anthropological Lens: Harsh Light, Soft Focus*, Cambridge University Press, 1986.

吉尔伯特·赖尔(Gilbert Ryle)那里借来,用以表达自己对民族志写作要求的一个重要学术概念。它指的是从人们日常极简单的动作和话语入手,追寻该动作或话语所隐含的无限社会内容,揭示其多层次的内涵,进而展示文化符号意义结构的复杂社会基础。按格尔茨自己的说法,深描"是通过极其广泛地了解鸡毛蒜皮的小事,来着手进行这种广泛的阐释和比较抽象的分析"①。

按照格尔茨的理解,人类学就是对阐释进行的再阐释,是对文化,特别是异文化的诠释。在科学民族志阶段,人类学家在面对异文化时,大多都会主张运用当地人的思维方式进行观察、思考和理解,进而撰写作为自然事实叙述的民族志,并从中寻找具有普遍意义的文化规律。但在格尔茨看来,人类学家和当地人之间不同文化的差异是无法彻底消除的,自然事实与普遍规律亦不过是个幻想而已。他认为人类学著作本身即是解释,而且是第二或第三层的解释,是"虚构"的产物。人类学家应该"既不追求将自己转变成本地人,也不追求模仿他们"②,而是超越认识层面的主观、客观界限,以一种全新的视角观察和阐释文化现象,既能进入角色又能保持清醒的异己意识,既不是族内人又不是外来者。这种表达不再是一种叙述,而是一种阐释,其目的是解释文化和阐释意义,而不是构建事实和寻求规律。

深描,作为典型的人类学方法,正如格尔茨所言,是从鸡毛蒜皮的日常琐事出发,达到那种更为广泛的解释和更为抽象的分析的一种研究方法。人类学家与历史学家、经济学家、政治学家、社会学家一样,同样要面对权力、变革、信仰等宏大的现实问题,但作为微观描述,深描的优势在于它通过长期的、高度参与性的、详尽的田野工作所产生的材料,使那些巨型的宏大概念,如合法性、现代化、整合、冲突等,具有了可感可触的实在性,从而不仅有可能对它们进行现实而具体入微的思考,更重要的是能够用它们来进行创造性和想象性的思考。

(二) 社区关系研究法

社区关系研究法(study of inter-community relationship),也称为背景分析法。

---

① 克利福德·格尔兹(格尔茨):《文化的解释》,纳日碧力戈等译,上海人民出版社 1999 年版,第 24 页。括注人名为本书所用译名,下同。

② 同上书,第 15 页。

田野调查的直接成果就是民族志报告,但是文化人类学家的目的并不仅仅是记录和描述自己所研究社会的文化现象,还要在民族志报告中用背景构架来解释这些文化现象的来龙去脉。基于整体论的学科观,人类学家在解释某一独特群体的行为时,往往会把该行为与更广阔的背景联系起来。如马林诺夫斯基在太平洋特罗布里恩德群岛做田野调查时,就把群岛上人们的生活和文化当作整体的和相互关联的单位来考察。他认为,要了解特罗布里恩德岛文化的某一独特层面,像巫术或岛内贸易之类,就必须了解它们与岛上人群生活中其他风俗习惯的复杂关系。他把岛上生活当作一个由相互关联、相互交织的风俗习惯组成的网来进行描述和分析,这在当时的人类学界是一个新的突破,构筑了背景分析法或社区关系研究法的基本框架。这种把一个事件当作非常大且复杂的社会体系的反射来观察的能力,是背景分析或社区关系研究的优点,它可以揭示作为这些事件的背景的政治和社会动力。

格尔茨曾从阐释人类学的角度描绘了民族志方法的四个特色:其一,它的基本功能是对文化进行阐释;其二,它所阐释的是社会话语流,而不是某个具体的截面或切片;其三,这种阐释必须遵从其"叙述"的原始含义并以一种可追溯的话语形式出现,以便在必要的时候能原汁原味地加以复原;其四,这种描述在实践上是显微性的。[①] 这四个特色也是判断一个民族志好坏的重要标准。

三、跨文化比较

跨文化比较(cross-cultural comparison),也称为交叉文化研究法、泛文化研究法或比较文化研究等,指的是从世界各地不同的民族志报告中抽样,对抽样的资料做统计分析,借以说明或验证假说,探究人类行为的共同性及文化的差异性,并从中发现某种规律或通则。人类学田野调查的最终目的是中肯地评价一种文化,用第一手材料建立解释人们行为的理论框架。

人类学家在具体分析人类群体的文化现象时,会采用"历时态研究"(diachronic approach)和"共时态研究"(synchronic approach)两种方式。"历时态研究",是指对单一社会或特定区域内某课题或者较大范围内的社会实例做历史

---

① 参见汪民安主编:《文化研究关键词》,江苏人民出版社2007年版,第199页。

的纵向的分析研究;"共时态研究",是对某一社会或特定区域做横切面的分析研究,一般只考察特定时间内社会文化的特点和社会生活的表现,并将它与其他相类的社会文化现象进行比较。这种共时态研究就是跨文化比较。对于联系广泛的文化现象,共时态的比较比对单一文化的民族志描述具有更为普遍的意义,因此人类学家希望自己的假设和理论能够建立在对世界范围内的文化进行比较的基础之上。1937年美国耶鲁大学人类关系研究所成立了一个跨文化研究机构,在人类学家乔治·默多克(George Peter Murdock)的领导下,先后收集了800多个不同时期人类社会有关地理、社会、文化等方面的资料,按地区和项目制成档案,并于1949年建立了"人类关系区域档案"(Human Relations Area File,HRAF)。许多人类学家以该档案资料库中的资料为基础,先后做出了很多有价值的研究。现在"人类关系区域档案"是人类学家进行大规模的跨文化比较研究的一个巨大的资料库,其资料同时也为社会学家和社会心理学家所利用。"档案"的资料已被输入计算机,一个计算机终端便有一千多个社会的人类学资料可用,从而使大规模的统计比较有了现实可能。

　　这种跨文化的比较研究,有助于我们了解处在同一历史阶段的民族与世界范围内其他民族对某一具体事物的看法和做法,因此有一些人类学家认为这是唯一能够找出人类社会一般性根本特质的归纳法。HRAF 的方法,优点是为文化人类学的定性分析转向定量分析的发展打下了基础。不过,社会现象太过复杂,要进行比较研究必须注意三点:其一,比较时要注意时代性,即同一社会性质或处于同一社会发展阶段的群体,才可以进行比较;其二,如果所掌握的资料不宜或不能进行比较,则不可勉强从事比较;其三,比较中的参照系(frame of reference)应当具备"全局性",切入点还得以深入的个案研究为基础。若仅依据一个简单的事例或一种简单的行为比较便概括说人类群体的某一种行为具有普遍性,将是非科学的。

四、主位与客位研究

　　在人文和社会科学的研究中,没有哪一门学科会像文化人类学那样,容忍对同一个研究对象或事物采取主位(emic)和客位(etic)两种可能截然不同的研究立场。emic 和 etic 这两个词分别来源于语言学的 phonemic(音位)和 phonetic(语音)。主位指被调查者(文化承担者或当地人)自己对事物的看法、分类和解释。客位指调查人员等外来者对该事物的看法、分类和解释,即所谓客观的、科学的观察和解释。有的人类学家亦将主位研究法称为自观研究法(或族内人观点),即站在局内人的立场上对待所研究的文化;客位研究法称为他观研究法(外来者观点),即站在局外人的立场上对待所研究的文化。例如,印度南部喀拉拉邦一个部落的牛群,雄性死亡率总是高于雌性。当地人认为这是因为"公牛生来体弱";调查者发现的原因却是,小公牛出生不久,便不允许其停留在母牛身边吃奶。这实际上是当地在不许杀牛的神圣禁忌下,淘汰雄性保证雌性存活率以便牛群更好繁殖的一种机制。又如,我国西南山区过去曾流行"大脖子病",当地村民认为这是有"鬼"作祟,而科学家的客位研究认为这是当地食盐长期严重缺碘的结果。田野调查中如何处理这类问题?尽管对此曾有各种不同见解,但现在多数人类学家都认为调查和记录应以主位为主,因为主位的看法有些即使不符合科学,毕竟反映了当地人的思想和宇宙观。这种思想或宇宙观又会影响到他们自己或群体的心理和行为。若将这种思想或宇宙观视为迷信、虚妄而嗤之以鼻,将不能真正了解当地文化。这是因为,文化人类学家研究文化的目的首先是真正地了解当地的文化,而文化是特定社会中人们行为、习惯和思维模式的总和,每一个民族都有其世代相传的价值观,不同文化的传统和价值体系是很难简单加以比较的,只能按照其自身的标准和价值观念来进行判断。主位和客位的研究法正是文化人类学家为了更好、更全面地理解不同文化体系而创造出来的独特研究方法。但是,文化人类学家研究文化时还担负着对人类社会中的某些重大问题进行改造或改进的责任,因此,若为了解决某一社会问题去寻找真正的原因,还是必须兼顾主位与客位两个方面,否则将是不负责任的行为。如对于患碘缺乏症的"大脖子病",若附和当地传统解释,不说出已为科学证明的真实情况,并向患者提出恰当的建议和治疗方法,未免有悖人道和社会科学家的良心。

五、大传统与小传统分析

美国人类学家雷德菲尔德(Robert Redfield)在其于 1956 年出版的《乡民社

会与文化》一书中认为,人类学的基本方法是在研究社会分化程度较低的规模较小的部落文化中发展起来的。在研究这种较"原始"的简单社会的过程中发展出来的分析方法,如果被直接移植来研究较为复杂的"文明"社会,如以精耕农业为基础的乡民社会,就会出现一些不可避免的误差和问题。因为乡民社会中的民俗文化,是一种在一定地区范围内有着共同传统的文化,这种传统并没有记录下来,它既不是原始文化,也不是现代的都市文化,它是一种定居的农民的文化。在这种乡民社会中,乡民(peasant)和绅士(gentry)、农村与城市以及"小传统"(little tradition)与"大传统"(great tradition)是有区别的。所谓"大传统",是指"一个文明中,那些内省的少数人的传统",即指以都市为中心、以绅士阶层和政府为发明者和支撑力量的文化;所谓"小传统",则是指"那些非内省的多数人的传统",即指的是乡民社会中一般的民众尤其是农民的文化。我国人类学家王铭铭教授认为,雷德菲尔德的"大传统""小传统"界说,虽有没注意到两种传统各自存在着内部分化,以及把"小传统"看成被动的、没有体系的文化,把都市的文化传统看成文化发展的动力中心等缺陷,但经过一定的修正后,雷氏的"大传统""小传统"概念还是一个非常有用的理论分析方法,尤其对于探讨我国民间传统的特点等方面是有帮助的。①

  李亦园也对雷氏"大传统""小传统"的分析方法非常赞赏。他于1993年谈到杜维明教授的"文化中国"理念时,认为杜氏的理念是一个从水平的立场来观察的模型,而且很显然是一个从"大传统"出发的概念,一个较着重上层士大夫或士绅阶级的精致文化所构成的模型。也可从另一个角度研究中国文化,即从垂直的立场来观察"文化中国"的构成,把中国文化看成由上层的士绅与下层的民间文化所共同构成的,从民间文化的角度或者说从"小传统"的观点去探讨"文化中国",也具有特别的意义。他认为,这种研究法与杜维明的模型并不冲突,且是相互补充的。②

---

  ① 参见王铭铭:《社会人类学与中国研究》,生活·读书·新知三联书店1997年版,第157—158页。
  ② 李亦园:《从民间文化看文化中国》,载李亦园:《李亦园自选集》,上海教育出版社2002年版,第225—226页。

六、影视记录与表达

影视记录与表达,亦可称为影视人类学、视觉人类学(Visual Anthropology),是根据人类视觉心理与期望等特征,深入到被研究的社会和文化当中,运用影视录像、录音等技术手段,实地摄录具有人类学民族学内容和性质的影视片。它是由摄制者以跨文化的比较研究的视角,经过必要的实地参与观察和悉心体悟,将不同地区不同社会或族群的传统文化、日常生活方式、行为方式和技术特征等忠实地摄录下来,起到记录、保存、交流、比较、传播、研习等作用的作品。它既是一种研究方法,也是一种研究成果和"文本"。有学者认为影视人类学可分为狭义和广义两种。狭义的影视人类学主要指通过影视手段记录、表达民族志或人类文化内容及观念,是民族学或文化人类学的另一种调查报告"文体"或研究方式(视觉表达方式),可被看作社会文化人类学中一个用真实、具体而连续活动的系列形象加以生动表述的综合性作品。广义的影视人类学,既包括通过摄影、电影、电视和数字成像等现代图像或影视手段做民族志或对文化人类学事实进行拍摄和研究,也包括对人类自远古到新媒体时代的所有群体性图像信息,对通过视觉造型和视觉符号表达、记录、储存、传播信息的传统方法和新方法,以及对社会性文化性的视觉认知、视觉行为和视觉群体等方面所进行的研究。[①] 这是一种含义更为广泛的概念界定。

早期的人类学影视片主要用来专门记录某个民族或族群社区生活情状及其文化事象的传统样式,大多是对研究对象的日常生活方式和传统文化现象进行客观如实的反映,很少有甚至完全没有摄制者的评论或解释,让观者自己去分析和评说。这类影视人类学片子被称为"民族志影视片"。后来,在"民族志影视片"基础上,会加上摄制者或研究者对影视片内容做出的具有一定学术理论指导的分析、解释和评论,有的还将不同时期、不同地区各民族或族群的社会文化事象进行对比,向人们揭示和解释不同文化下人们的日常行为。这类影视人类学片子被称为"民族学影视片"。民族学影视片的内容和表述方式更接近于学术著作,有比较严密的逻辑结构,有的还附有见证性的结论。民族志影视片和民

[①] 邓启耀编著:《视觉人类学导论》,中山大学出版社 2013 年版,"前言"第 1 页。

族学影视片是人类学影视片两种最主要的表现方式。

由于影视人类学的摄制是在人类学和影视学的理念和方法指导下进行的，科学的纪实性、摄制者的当地生活参与性、学科的理论性和艺术风格的求实性等，是人类学影视片所必须具备的基本特点和要素。其中，"真实性"是人类学影视片科学性的基础，它所记录和反映的必须是自然状态下人们的生活样式，不容许摄制者进行任何人为的干预和主观假定或编造，这是影视人类学片子摄制最重要的原则。

总之，田野调查、民族志、跨文化比较、主位与客位研究、"大传统"与"小传统"分析、影视记录与表达等六种研究方法和前述六种学科观一起构成了当代文化人类学研究的基本法则。此外，人类学家在研究人类文化面貌时，往往还会吸收和兼采一些其他学科的方法，如历史学、语言学、民俗学、考古学、社会学、经济学、政治学、心理学、哲学、统计学等学科的方法，在此不一一赘述。

◆ 本章思考题

1. 文化人类学是怎样的一门学问？
2. 如何理解文化相对论？
3. 什么是地方知识？它有什么意义？
4. 简述民族志研究方法的特点与意义。
5. 什么是"大传统"与"小传统"？它对研究中国的民间文化有何意义？试举例分析之。

◆ 本章主要参考及推荐阅读文献

1. 芮逸夫主编：《云五社会科学大辞典·人类学》，台湾商务印书馆有限公司1971年版。
2. 联合国教科文组织编：《当代学术通观：社会科学和人文科学研究的主要趋势·人文科学卷（上）》，上海人民出版社2004年版。
3. 王铭铭：《人类学是什么》，北京大学出版社2002年版。
4. 王铭铭：《人类学讲义稿》，民主与建设出版社2019年版。
5. 范可：《什么是人类学》，生活·读书·新知三联书店2021年版。
6. 庄孔韶主编：《人类学通论》，山西教育出版社2002年版。

7. 克利福德·格尔茨:《地方知识——阐释人类学论文集》,杨德睿译,商务印书馆 2016 年版。

8. 克利福德·格尔兹:《文化的解释》,纳日碧力戈等译,上海人民出版社 1999 年版。

9. 李亦园:《李亦园自选集》,上海教育出版社 2002 年版。

10. 杨国枢、文崇一、吴聪贤、李亦园主编:《社会及行为科学研究法(第 13 版)》,重庆大学出版社 2006 年版。

11. 董晓萍:《田野民俗志(第三版)》,北京师范大学出版社 2020 年版。

12. 林恩·休谟、简·穆拉克编著:《人类学家在田野——参与观察中的案例分析》,龙菲、徐大慰译,上海译文出版社 2010 年版。

13. 保罗·霍金斯主编:《影视人类学原理(中译本第二版)》,云南大学出版社 2007 年版。

14. 邓启耀编著:《视觉人类学导论》,中山大学出版社 2013 年版。

15. 英国皇家人类学会编:《田野调查技术手册(修订版)》,何国强译,复旦大学出版社 2020 年版。

16. 王建民、纳日碧力戈主编:《文化人类学百科全书》上下册,文津出版社 2018 年版。

第二章

文化与文化变迁

第一节 什么是文化

　　文化和社会,是人们在人文社会科学中应用得最多、最广泛的两个术语。英美人类学家将文化视为最基础的概念,尤其是美国的人类学家,将心理学中的人格(personality)、社会学中的社会(society)、人类学中的文化(culture),视为社会科学中三个最基本的关键观念。① 然而,由于概念应用者所处的时代不同、社会环境不同、民族传统不同、社会地位不同,以及研究的视角和所受的学科训练不同,文化这个术语所表达的意义和含义也各有差异。

　　在我国古籍中,文化指的是君主专制社会的统治者所施行的文治和教化方式。如汉代刘向《说苑·指武篇》云:"圣人之治天下也,先文德而后武力。凡武之兴,为不服也。文化不改,然后加诛。"晋代束晳《补亡诗》中"文化内辑,武功外悠"说的也是这个意思。在现代,一般国人所说的文化指的是运用文字的能力和一般的知识,如学习文化、文化水平等。他们把受过良好教育、从事脑力劳动的知识分子称为"文化人",等等。

　　在西方,文化一词来源于拉丁文"cultura",原意为对土地的耕耘和对植物的

---

① 李亦园:《我的人类学观:说文化》,载周星、王铭铭主编:《社会文化人类学讲演集》上,天津人民出版社1996年版,第52页。

第二章 文化与文化变迁

栽培,后来才引申为对人的身体和精神两方面的培养。到18世纪以后,才逐渐把整个社会的知识和艺术、学术作品的汇集等包括在文化的范畴之内。

不过,上述含义与科学意义上的"文化"概念均有较大的差别。从科学的角度探讨文化时,哲学家、人类学家、考古学家、社会学家、心理学家、传播学家、精神病学家乃至生物学家都曾下过富有学科特征的定义,而对近代社会科学影响最深的是文化人类学家给文化下的定义。

人类学将文化用为术语,是从英国人类学家泰勒(Edward B. Tylor)开始的。1871年,他给文化下了一个至今还有深刻影响的定义:

> 文化,或文明,就其广泛的民族学意义来说,是包括全部的知识、信仰、艺术、道德、法律、风俗以及作为社会成员的人所掌握和接受的任何其他的才能和习惯的复合体。[1]

此后,文化便成为人类学的一个极重要的术语和研究对象。20世纪30年代,英国人类学家马林诺夫斯基在其名作《文化论》中发展了泰勒的思想,认为:"文化是指那一群传统的器物,货品,技术,思想,习惯及价值而言的,这概念实包容着及调节着一切社会科学。我们亦将见,社会组织除非视作文化的一部分,实是无法了解的。"[2]

20世纪50年代,美国人类学家克罗伯(A. L. Kroeber)和克拉克洪(Clyde Kluckhohn)在其《文化:一个概念定义的考评》一书中,分析了由各门学科著名学者所下的160多个文化定义,按重点分为六类:(1)描述性定义,把文化当作包罗万象的整体,并列举文化每一方面的内容。(2)历史性定义,强调文化的社会遗留性和传统性,认为整个社会的遗传就是文化。如果把文化作为一个普通名词,其意指人类的全部社会历史遗传;如果把文化当作一个特殊名词,其意则是指社会历史遗传中的某一特殊部分。(3)规范性定义,强调文化是一种具有特色的生活方式,或是具有动力的规范性观念以及它们的影响。(4)心理性定义,把文化说成人调适、学习和选择的过程,认为文化基本上是人满足欲求、解决问

---

[1] 爱德华·泰勒:《原始文化》,连树声译,上海文艺出版社1992年版,第1页。
[2] 马林诺夫斯基:《文化论》,费孝通等译,中国民间文艺出版社1987年版,第2页。

题、调适环境及人际关系的制度。(5)结构性定义,把文化作为一个价值系统来界定,认为文化是一种抽象的、建立于概念模型之上的、用以解释行为而本身却又不属于行为的东西。(6)遗传性定义,所注重的问题大致为:文化是如何来的?文化存在及延续的原因是什么?这类定义虽也涉及文化的其他本质,但其重点却放在遗传方面,如认为团体中过去行为的累积与传授的结果就是文化,等等。① 最后,他们自己给文化下了一个综合性的定义:

> 文化存在于各种内隐的和外显的模式之中,借助符号的运用得以学习与传播,并构成人类群体的特殊成就,这些成就包括他们制造物品的各种具体式样,文化的基本要素是传统(通过历史衍生和由选择得到的)思想观念和价值,其中尤以价值观最为重要。②

我国不少著名学者也给文化做过种种界定。如梁启超说,"文化者,人类心能所开积出来之有价值的共业也";蔡元培说,"文化是人生发展的状况";梁漱溟认为文化是"生活的样法";陈独秀主张把文化界定为"文学、美术、音乐、哲学、科学"一类的事;贺麟从"心物合一"的角度出发,将文化界定为"经过人类精神陶铸过的自然";胡适则认为"文化是一种文明所形成的生活方式";等等。③

时至今日,对文化的研究越来越细致深入,但学术界还是没有一个大家一致认可的文化定义。英国文化研究者雷蒙·威廉斯(Raymond Henry Williams)在其《关键词:文化与社会的词汇》一书中,认为文化有三种意涵:第一,独立、抽象的名词——用来描述18世纪以来思想、精神与美学发展的一般过程;第二,独立的名词——不管在广义或是狭义方面,用来表示一种特殊的生活方式(关于一个民族、一个时期、一个群体或全体人类);第三,独立抽象的名词——用来描述

---

① 参见芮逸夫主编:《云五社会科学大辞典·人类学》,台湾商务印书馆有限公司1971年版,第18—19页。
② 参见《中国大百科全书·社会学》,中国大百科全书出版社1991年版,第409页。
③ 以上观点,参见冯天瑜:《中国文化史断想》,华中理工大学出版社1998年版,第16—17页;郭齐勇:《文化学概论》,湖北人民出版社1990年版,第9—11页。

关于知性的作品与活动，尤其是艺术方面的。①

依据目前文化人类学的研究成果，"文化"一词有广义和狭义两种含义。广义的文化，指的是人类所具有的，其他社会种类缺乏的那种东西，即人类异于禽兽的基本分野，如言语、知识、习惯、思想、信念、艺术、技术、规则、礼仪等；狭义的文化，指的是一个社会因适应所处的自然和社会环境，追求安定的生活与子孙繁衍而发展出来的一套独特的生活方式，这也就是中国人之所以为中国人、美国人之所以为美国人、印度人之所以为印度人的依据。

文化是一个非常重要的概念，因为由它衍生了一整套解释、理解和描述人类行为或社会特性的理论和原则。对于人类学家来说，文化即便不总是自己研究的根本着眼点，也始终是研究的出发点或参考背景。

第二节 文化的内涵和特性

一、文化的内涵和层次

既然文化是人类学家的关键概念，它的内涵包括哪些东西？我们在前面介绍文化人类学的学科观时说过，大多数人类学家认可一个文化的系统通常包含三个层次的东西：一是人与自然的关系；二是人与社会的关系；三是人与自身心理的关系。李亦园教授根据这三层关系，把文化界定为三个层次：第一个层次是物质文化，是人类为了生存下去而创造发明的，包括所有的工具、衣食住行之所需、科技的发明等；第二个层次是社群文化或伦理文化，是为了解决与人相处的问题的，包括典章、法律、道德规范、国际公约，以及用来整理家庭、氏族、宗族和社会组织等的所有制度；第三个层次是精神文化，是为了安慰、平定和弥补自己的感情、感觉而产生的，包括文学、音乐、艺术、思想、戏剧、宗教信仰等。②

也有一些人类学家并不同意上述三个层次的东西是文化，认为这不过是一

---

① 雷蒙·威廉斯：《关键词：文化与社会的词汇》，刘建基译，生活·读书·新知三联书店2005年版，第106页。
② 李亦园：《我的人类学观：说文化》，载周星、王铭铭主编：《社会文化人类学讲演集》上，第53—54页。

些可观察到的文化材料或文化素材而已。人类学家所追求的是文化的内在结构或文化的逻辑,是一种看不见的用来整合上述三类文化材料的价值或意义的系统。它既看不到也摸不着,但却像一张蓝图一样存在于每个人的头脑中,指引着人们的行为。李亦园教授认为这看不见的文化,就是文化的文法。他用语言现象为例来解释文化的文法现象。他说语言本身包括两个部分:一个部分是我们平常的说话和文字,它们是看得见摸得着的;另一个部分是语法,它是看不见摸不着的,每个人在说话时都不会觉得有语法存在,它只存在于说话人的下意识里,指引你去说正确且合乎语法的话。如中国人说中国话,不会先去想中国话的语法规则是什么然后再说话,你只是不自觉地说出合乎语法的句子来。在学习其他非母语的语言时,你才需要去学习它的语法。文化的文法,就相当于语言的语法。它不等于文化的实际行动,就像语言的语法不等于实际的说话内容一样,它只存在于行动者的脑子里,告诉你如何去行动。作为一种抽象的逻辑存在,文化的文法是不可观察的文化,构成了人类文化现象一个极重要的面向,它统合着所有可观察的文化,提供给研究者通盘了解文化深层意义的重要线索。因此,文化的内涵或层次可用图2-1来表示:①

$$\text{文化}\begin{cases}\text{可观察的文化}\begin{cases}\text{物质文化或技术文化:衣食住行所需之工具、现代科技等}\\\text{社群文化或伦理文化:道德伦理规范、典章制度、法律等}\\\text{精神文化或表达文化:艺术、音乐、文学、戏剧、宗教等}\end{cases}\\\text{不可观察的文化——文化文法}\end{cases}$$

图 2-1 文化层次结构展示图一

当然,国内也有一些文化学家和文化史研究专家不同意人类学家这种界定文化内涵的方法,他们喜欢将文化按其跟自然的距离远近和关系亲疏做出如下的划分:②

---

① 李亦园:《人类学的理念与方法》,载李亦园:《李亦园自选集》,上海教育出版社2002年版,第10—12页。
② 参见冯天瑜:《中国文化史断想》,华中理工大学出版社1998年版,第23—26页;刘守华主编:《文化学通论》,高等教育出版社1992年版,第40—48页。

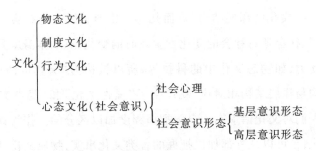

图 2-2　文化层次结构展示图二

这里,物态文化指的是由人类加工自然而创制的各种器物和可触知的具有物质实体的文化事物,是人的物质生产活动方式和产品的总和,它构成整个文化创造的物质基础;制度文化,指的是人类在社会实践中组建的各种社会规范;行为文化,指的是由人类在社会实践中,尤其是在人际交往中约定俗成的习惯性定式所构成的,以礼俗、民俗、风俗等形态出现且见于动作的行为模式;心态文化,指的是由人类在社会实践和意识活动中长期蕴化出来的价值观、审美情趣和思维方式,它是文化的核心部分。社会心理,指的是人们日常的精神状态和道德面貌,是尚未经过加工和艺术升华的流行的大众心态,如人们的要求、愿望、情绪、风尚等;社会意识形态,指的是经过系统加工的社会意识,它们往往是由文化专家对社会心理这一中介进行处理,曲折而深刻地反映社会现实,并以物化形态(如书籍、绘画、雕塑、乐章等)固定下来,播于四海、传诸后世的精英文化。社会意识形态又可分为基层意识形态和高层意识形态两类。基层意识形态指的是政治理论、政治思想、法权观念等与社会存在保持较密切联系的东西;高层意识形态指的是与物质经济基础联系相对较弱,诸如科学、哲学、文学、艺术、宗教等方面的东西。

他们还认为,在构成文化内核的心态文化层,作为社会意识形态的背景和基础的社会心理,诸如由潜藏在大众历史生活中的价值观念、审美情趣、思维方式所构成的"民族性格",因为是一种感性直觉的"潜意识"或"集体无意识",难以被人们自觉地把握和改变,从而具有顽强的稳定性和延续力,与社会生产力和社会制度的变异不一定直接对应。它变化速度缓慢,历时弥久且不易为人们所察觉,所以被称为"文化的深层结构"。而其他文化形态因为与社会存在或社会实际联系紧密,往往会随着社会的变化发生及时的变化,有的本身就是推动社会或文化变迁的动力,如物态文化中的科技等,所以被称为"文化的浅层结构"。同文化深层结构与浅层结构相对应,就产生了"显性文化"和"隐性文化"的概念,它们是按照人们对文化诸形态的自觉把握程度加以区分的。作为具有符号性特征的显性文化,是可以从外部加以把握的各类文化事实,物质文化、制度文化、行为文化、物化了的精神文化共同组成这种文化事实;而隐性文化则是潜藏在各类文化事实背后的知识、价值观、意向、态度等。文化的外在显性式样和内在隐性式样构成了一个统一物,前者是后者的外部表现和形态,后者是前者的内在规定和灵魂。① 文化学家和文化史专家的这种研究结果,同人类学家所做的可观察的文化与不可观察的文化之划分,可谓殊途同归。

还有学者把文化看成一个历史性的生活团体表现其创造力的历程和结果的整体,它包含了这样五个次级系统:一是终极信仰,指的是该历史性生活团体的成员,因对人生和世界的真正意义的终极关怀,将自己的生命投向的最后根基;二是观念系统,指的是该历史性生活团体的成员认识自己和世界的方式,并由此而产生的一套认知体系及延续和发展该认知体系的方法;三是规范系统,指的是该历史性生活团体的成员,依据他们的终极信仰和观念系统而制定的一套行为规范,并依据这些规范而产生的一套行为模式;四是表现系统,指的是用一种感性的方式来表现该生活团体成员的终极信仰、观念系统和规范系统,因而产生了各种文学和艺术作品;五是行动系统,指的是该生活团体成员对于自然和人群所采取的开发或管理的全套办法。② 在这五个次级系统中,终极信仰处于最优位,它塑造出了观念系统,观念系统再衍化出规范系统,规范系统则统领表现系统和行动系统。它们的关系如图2-3所示:

---

① 冯天瑜:《中国文化史断想》,第27页。
② 参见沈清松:《解除世界魔咒——科学对文化的冲击与展望》,台湾时报文化出版企业有限公司1986年版,第24—29页。

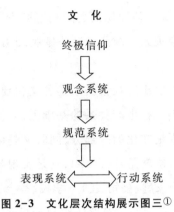

图 2-3　文化层次结构展示图三①

其实,对文化内涵的层次划分,只是文化研究者研究文化时所采用的一种主观方法,而实际生活中的文化其各层次形态在特定的结构—功能系统中是浑然一体的,一般人并不区分他所接触或对他产生作用的是哪一部分或哪一种形态的文化。

二、文化的要素和特性

(一) 文化的要素

从上述学术界文化研究专家所界定的文化内涵来看,文化主要包括这样一些要素:

(1) 精神要素。它主要是指哲学和其他具体科学、宗教、艺术、伦理道德以及价值观念等精神文化内容,其中以价值观念最为重要,是精神文化的核心。价值观念是一个社会的成员评价行为和事物以及从各种可能的目标中选择合意目标的标准,它决定着人们怎样去赞赏、追求和选择自己的生活目标和生活方式。

(2) 语言和符号。语言和符号都具有表意性,在人类的交往活动中二者都起着沟通的作用。人类只有借助语言和符号才能沟通,也只有通过沟通和互动才能创造文化。语言和符号还是文化积淀和贮存的手段,文化的各个方面只有通过语言和符号才能得到反映和传递。

(3) 规范体系。规范是人们行为的准则,有约定俗成的习惯,也有明文规定

---

① 参见周庆华:《语文符号学》,东方出版中心 2011 年版,第 34 页。

的规章、制度和法律条文等。各种规范之间相互联系,互相渗透和补充,共同调整着人们之间的各种社会关系。规范具有外显性,了解一个社会或群体的文化,可以从认识规范开始。

(4) 社会关系和社会组织。社会关系是各文化要素产生的基础,而生产关系是各种社会关系的基础。在生产关系的基础上,人们之间发生各种各样的社会关系。这些社会关系既是文化的一部分,同时又是创造文化的基础。社会关系的确定,要有组织保障,这就是社会组织,它是实现各种社会关系的实体。一个社会通常要建立诸多像家庭、公司、工厂、学校、教会、政府、军队之类的社会实体才能保证各种社会关系的运行。社会组织包括目标、规章、一定数量的社会成员和相应的设备,既有物质因素,又有精神因素。

(5) 物质产品。这是指经过人类改造的自然环境和由人创造出来的一切物品,如工具、器皿、服饰、建筑物、水坝、公园等,它们是人类文化的有形部分。

(二) 文化的特性

法国著名社会学家埃米尔·涂尔干(Émile Durkheim,又译迪尔凯姆)曾经强调说,文化是我们的身外之物——它存在于个体之外,又对个人施加着强大的强制力量。其实,认为文化是个独立整体的远不止涂尔干一人。从技术方面看,文化是人的生物器官和能力脱离遗传限制在肉体以外的延伸和扩大;从价值方面看,文化则是生物的本能以外的力量,规范人的行为的第二天性。人的生物特性在人类种属的范围内是普遍存在的,但文化的内容和性质却因人类群体的不同而千差万别。因此,美国人类学家克罗伯曾将文化称为"超有机物"。

若把文化视为耸立于无机界、有机界之上的"超有机物",那么毫无疑问文化有它自身的特性。大多数文化人类学家认为文化一般具有以下特性:

(1) 文化是人类创造或衍生的。自然存在物不是文化,只有经过人类加工制作的东西才是文化。如水不是文化,但筑坝拦水形成水库则是文化;石头不是文化,但经过打制或磨制的石器却是文化。

(2) 文化是共享的。在文化人类学中,文化是针对人类群体的行为而言的。文化是为一个群体内的所有人或至少是大多数人所共享的一系列观念、价值体系和行为准则。通过这些观念、价值体系和行为准则,一个群体内的每一个成员

第二章 文化与文化变迁

就可以知晓自己在群体内该有怎样的行为,群体也有了大家可同时理解和接受的共同行为标准,并可预知在特定条件下人们的相应举措或反应。文化的共享性还表现在,一个社会的文化向外传播时,其中的文化要素或多或少是可以为别的文化群体所吸纳或利用的;反过来,该文化群体也一样可以汲取外来文化的营养和成分,使之为本群体的成员所用。

当人类学家叙述某个社会的亚群体内共有的习俗时,这就是某种亚文化;而当他们所研究的文化现象或特征为不同国家的人类群体所共享时,他们通常用"东方文化""西方文化""基督教文化""伊斯兰文化""儒家文化"等概念来表达所指的类型含义。虽然文化为一个社会的所有成员所共享,但在认识特定社会的文化时,却不能将所有的文化因素等量齐观,也不能把单个成员的任一行为视为该群体的文化反应。许多当代人类学家认为,在构成社会文化的各种因素中,性别、年龄、社会的亚文化等都是占有核心地位的要素。

(3) 文化是后天习得的。共享是文化的重要特性,但一个人类群体所共有的事物并不一定就是文化。如金发碧眼为北欧人所普遍拥有,但这不是文化,因为它是由生物遗传基因所决定的;但梳什么发型、戴什么发饰却是地地道道的文化,因为这是后天学习得来的。人分男女不是文化,"男女授受不亲"或在大庭广众之下可以有什么样的亲密行为却是文化。文化具有超生理性和超个人性,是人们后天习得和创造的,不能通过生理途径来遗传。

习得是由生物在一定环境背景下的经历所积累、演变而来的行为,所有的动物都有某种程度的习得行为。但没有任何其他生物具有人类这样强的学习能力,也不像人类如此依赖学习得来的行为以求得生存。文化的传承往往通过下一代人向上一代人学习,并依靠人类社会加以传续和推广。个人生于不以自己意志为转移的特定文化中,既是该种文化的推行者,又在行为上受该文化的制约。任何个人都没有能力完全摆脱自己生存于其中的既有文化。因此,多数人类学家认为,文化并不是由英雄或天才任意创造或规定发展方向的;但无论文化是怎样的超有机、超个人,由于它总产生于生物的人之中,并且只有与人结合才能继续存在,所以只要在文化的制约范围内,具有优秀素质的个人在特定的历史条件下对文化运动还是可以起到一定的决定作用的。

（4）文化具有复合性或整合性。任何一种文化现象都不是孤立存在的，而是由多种文化要素复合在一起的，是一个复杂的体系。这个体系中的各部分在功能上互相依存，在结构上互相联结，共同发挥社会整合和社会导向的功能。在吸收外来文化因子时，本文化具有把外来文化因子整合进本文化系统，使之成为本文化系统一部分的能力和作用。

（5）文化具有传递性和变迁性。文化一旦产生，就会被他人模仿和利用，从而发生纵向和横向的传递过程，这就是文化的传承和传播。由于自然条件的变化，不同文化之间的接触和交流，以及重大的技术发明、发现和创造的出现，文化总是处于不断变迁之中。

（6）文化具有适应性。人类学家认为文化是人类用来调适自身与外界环境关系的明确而具体的机制，这种调适包含自然环境和社会环境两大部分，其主要表现方式可分为工具和技术适应、组织适应、思想适应三个方面。

（7）文化具有象征性。特定人类群体的文化是以语言和符号为基础的，其中包含或反映了该群体的世界观、价值观、思想意识和感情，因而具有很强的象征性。对于同一个符号，不同的人类群体有不同的理解，并用它来表达不同的感情，这是非常普遍的现象。

（8）文化还具有时代性、地区性、民族性和特定的阶级性。文化的人工性、共享性、后天习得性、传递性、整合性、适应性、变迁性、象征性都是从一般的抽象意义上说的，在现实社会中，我们所接触和谈论的往往只有具体的文化，如古希腊文化、中国古代文化、中国现代文化、美国文化、印度文化等。这些具体文化的存在和发展均会受到诸多条件的限制或制约，其中最主要的是受不同历史时期、不同地域内自然条件和人们的社会物质生活条件的制约，因而具有明显的时代性和地域性特征。自民族形成后，文化又是以民族的形式出现的。一个民族使用共同的语言，遵守共同的风俗习惯，形成共同的心理素质和民族性格，即为民族文化的表现。在阶级社会中，不同的阶级所处的社会地位不同，所掌握的社会资源不同，所拥有的物质生活条件不同，其价值观、信仰、习惯和生活方式也必然有所差异，这就体现为文化的阶级差异性。

第三节　文化的结构与功能

一、文化的结构

研究文化变迁的人类学家常常会发现这样一个事实：社会的发展导致文化内容的改变，但文化的结构形式却可以保持不变，这就是所谓的旧瓶装新酒；有时文化内容相对没变，但它们已脱离了原有的结构，存在于一个新的社会结构或社会组织之中，这就是所谓的新瓶装陈酒。因此，文化作为一个体系，具有自己的结构应是毫无疑问的。我们在上面叙述文化的内涵和层次问题时，实际上就已经涉及文化的结构问题。

在一个社会当中，文化要素和文化现象可谓林林总总、繁复万千，但它们对于该社会正常运行所发挥的作用和功能并不是等量齐观的，肯定有主次、轻重、先后、表里的区别。研究文化结构的根本特点，就在于研究文化各元素或要素之间相对固定的关系，即它们之间的秩序关系，而不是各文化要素或元素本身。这些文化元素或要素不产生文化整体，却构成了文化整体。每一种文化都是这些元素或要素之间既有序又相关的多重复合体。每一个人类社会都有它自己特定的文化结构或社会文化体系，它们的差别与文化主体的生存环境有关，与主体人群拥有的资源有关，与诸如语言、礼仪和风俗习惯等活动领域所固有的可行性范围有关，也与工具的制造和使用有关，还跟社会发展的程度密切相关。由于各元素在文化体系中所构建的关系和秩序不同，所以文化的结构体具有不同的形态、类型和发展史。民族性或国民性就是这种结构十分明显的特性。

社会学家研究社会文化现象时，往往是从社会组织、经济制度、教育、政治、宗教、习俗和法律等的内涵入手；而人类学家则更多的是从文化的结构入手，从文化特质、文化丛、文化模式的角度来观察和分析社会文化现象。

文化特质（cultural trait），也称文化元素（culture element），指的是一种文化组成分子中可界说的最小单位，如一个茶杯、一个符号等。美国人类学家拉尔夫·林顿（Ralph Linton）认为，这种最小单位还可细分为一些更小的单位，即"项目"（items）。例如，在狩猎文化中，一把弓是一项文化特质，制弓的木料或竹料、弓的形式及弓弦,就是弓这一文化特质的项目。文化特质的概念有它的缺点:文化最小单位的确定是相对的,故文化特质亦有其不确定性;它是研究者抽象出来的概念,舍弃了组成文化复合体的基本单位的不同性质,容易把不同性质的文化因素等同视之。但当人们在对文化进行量的分析和研究文化传播现象时,文化特质这一概念还是具有不可或缺的分析意义。

文化丛(cultural complex),指的是一组在功能上相互整合(integration)的文化特质,也称为文化丛结。它存在于一定的时空之中,并作为一个文化单位发挥功用。人类学家认为文化特质虽可独立为文化分析中的一个单位,但实际上它是与别的文化单位互相配合成为一种较大的功能单位而持续存在的。对文化丛含义的说明,人类学家并不完全一致。目前大多数文化人类学家应用文化丛的概念研究文化时,往往都把它视为比文化特质更高一层的一种功能单位。如一张弓是一项文化特质,弓必须配上箭才可射出,而箭也是一项文化特质,这两项文化特质组合在一起就成为一个文化丛。当然,弓箭文化丛可以说是世界上最简单的文化丛,目前世界上任何一个国家或民族的文化丛都比它不知要复杂多少倍。

文化丛通常是以某一项文化特质为中心,结合一些在功能上有连带关系的特质而形成的,其中每个特质都围绕中心特质对整体发挥功用。这样的文化丛,总是冠以中心特质的名称而被称为某文化丛。如竹文化丛(包括种竹、养竹、采竹、竹制品、制竹器的工具、竹画、竹象征、竹崇拜以及与竹有关的文化活动等)、茶文化丛、酒文化丛等。有的文化人类学家认为,文化丛可分为简(单)文化丛和(繁)复文化丛两类。一把弓箭是一个简文化丛;而由装配线、工会代表劳方集体进行劳资谈判、资方向工人提供各种社会服务以及大量其他的文化特质一起构成的美国工业体系的文化丛,则是复文化丛。笔、墨、纸、砚是关于中国书写的简文化丛,而作为制度的婚、丧、嫁、娶则是一种复文化丛。如此等等。复文化丛可包括许多简文化丛,许多复文化丛集合而成一个社会文化整体。如上述美国工业体系文化丛,与其他像采掘业、农业、渔业等文化丛联系在一起,构成了美国社会整体的经济生产。在不同文化交错的情况下,文化丛是可以传播的,当然这只限于整个文化的某一特点。

第二章 文化与文化变迁

文化模式(cultural pattern),通常指的是一个社会中各文化特质或文化丛之间彼此交错而形成的一种稳定的系统的文化结构。它反映的是文化特质或文化丛相结合时的一种特殊形式,这种特殊的形式也反过来反映着文化的结构性特征,使之与不同社会中的不同文化区别开来。人类学家往往把这种文化模式划为特殊文化模式。如以农业为主的经济,众多的农村人口,根深蒂固的家族宗族观念,重人伦道德,崇拜祖宗和传统权威等,互相联系构成了中国传统的文化模式;而工商业发达的资本主义经济,以城市生活为主导,宣扬个人权利、舆论自由,实行民主制和总统制等,彼此关联构成了美国的文化模式。所以各民族和国家之间的不同,即是文化模式的不同。

与特殊的文化模式相对应,普遍的文化模式是指一切文化都是由各个不同的部分组成的,这种文化构造适用于任何一个民族或社会的文化。美国人类学家威斯勒(Clark Wissler)认为,普遍的文化模式包含这样九个部分:语言、物质特质、美术、神话与科学知识、宗教习惯、家庭与社会体制、财产、政府、战争等。①

文化特质、文化丛、文化模式是西方人类学家,尤其是美国人类学家,用来分析和研究文化结构的主要概念。此外,文化圈、文化区、文化层、文化类型、文明类型等概念在进行文化分析时,也经常可以看到。

文化圈(Kulturkreise or cultural circle),是一个地理上的空间概念,指的是具有相同的文化特质、文化丛的众多文化群体所构成的区域。它是由德国学者弗罗贝纽斯(Leo Frobenius)、格雷布内尔(F. Graebner)和施米特(W. Schmidt)提出来并加以系统阐述的。他们认为,文化圈中众多文化群体之所以具有某些相同的文化特质、文化丛,是因为某些文化特质、文化丛是在一个地域的中心部位产生,然后向四周扩散。只有中心区域才创造文化,而其余的周围地区只能传播文化。世界上为数不多的几个文化圈是在不同时期,特别是在不同地点,围绕几个不同的中心建立起来的。不同文化圈也由于文化传播而产生交叉,这一点在文化圈的边缘地区表现得尤为明显。文化圈理论和概念在解释文化传播现象时有一定的合理性,但由于文化圈理论的倡导者用一些极端或明显错误的理论来解释甚至臆造文化传播中的现象,因此文化圈理论和概念在20世纪30年代

---

① 《中国大百科全书·社会学》,第413页。

后就逐渐衰微,目前,国内多是一些非人类学的研究者在使用。

文化区(cultural area),是美国人类学家威斯勒、R.H.罗维和克罗伯等人在文化圈理论的影响下提出来,并进而在美国民族文化区域研究中大大发展了的一个学术概念。它虽然也是一个文化的地理空间概念,但与文化圈已大为不同。威斯勒在他的《人与文化》一书中认为,许多文化特质的聚合构成文化丛,它们具有地区特征,形成文化类型和特定的文化区域。这些文化丛由中心向外扩散、传播,就像是波纹运动。他认为复杂的文化要素很少独立产生,一旦有所发明,就会以发源地为中心向外扩散,如同投石于水池中的波纹扩散一样。这种传播会显示出时间序列,因而对文化要素的地理分布的研究可以建立文化的历史层次或发展序列。北美的人类学家在研究北美的部落文化时,就根据北美当地数百个部落文化和居住地域的不同,把美国和加拿大划分为九个文化区域:平原区、高原区、加利福尼亚区、北太平洋海岸区、爱斯基摩区、麦肯齐区、东部森林区、东南区和西南区。这九个区的居民来源及形成和发展的历史背景不同,各有自己特殊的文化。这些文化区域是综合了影响文化的地理环境、生物环境和历史背景三个要素而划分的。一个文化区域有自己特殊的自然地理环境、特殊素质的人口及特殊的形成与发展过程,因而形成地域性的特殊文化。我国不少学者在研究文化现象时,对文化区的概念运用得较多。

文化层(cultural stratum),指的是一种文化内的历史上的层面,或者指一种文化在一个文化区域或文化发展序列中所占据的历史位置。它是一个关于文化的时间概念,理论上归属于历史学或考古学。它从文化发展的历史过程中,从不同阶段文化的比较研究中,得出文化的不同层次。一定历史阶段的文化模式就是一个特定的文化层。通过对不同历史阶段文化层的比较研究,就可以看出一个人类群体文化模式发展和演变的序列,特别是文化发展中经历的质的变化。同时,还可以从文化层的研究中发现一个群体文化发展的规律,从而为群体文化向何处前进提供科学的决策根据。如对我国各民族历史发展各阶段的文化层面进行研究,从中探索各个民族和整个中华文化发展的规律,为我国文化今后的发展提供科学的依据,等等。

文化类型(cultural type),这个概念在我国史学界、文化学界和哲学界用得

第二章 文化与文化变迁

比较多,所包含的内容学者们的看法也不尽一致。有人认为它是不同人种或种族生活在不同的地理生态环境(空间)之中,在长时期历史(时间)上形成的不同文化体系的生活、行为、思维方式的形态特征①;也有人认为它指的是对世界各民族的文化,依据其历史与文明的根源、主要文化特征、与其他文化之间的联系等来进行分类,构成文化的基本形态,因此也称为"文化形态"②。人类学中把这种存在于历史现象中的一套空间、时间和人类文化成就之间关系的文化类型或文化形态,称为文化形貌(cultural configuration)。人类学家一般把文化形貌看作与文化模式相同或相类的东西,只不过文化模式是文化表现的外在模式,而文化形貌是文化表现的内在模式。《简明不列颠百科全书》把"文化类型"定义为:

> 在文化分类中,一种以经过选择并互相起作用的各特征或各组特征为主要内容的结构。因为任何文化样式都有分类学上的意义,那些为分类而选择的形象就要以考虑中的特殊问题为依据。③

在非人类学家中,文化类型或文化形态的概念常与文明类型混用或等同使用。德国学者斯宾格勒(Oswald Spengler)是以文化类型理论研究世界文化现象的著名学者。他在其《西方的没落》一书中认为,历史研究不是探究连续的进步,而应是对文化的比较研究。他把世界各民族分为文化民族(或称文明民族)和原始民族两大类,认为世界历史是文明民族创造的,它可分为八个独立的文化形态:埃及文化、印度文化、巴比伦文化、中国文化、古典文化、阿拉伯文化、西方文化(浮士德文化)和墨西哥文化。每个伟大文化都来源于一个民族最深层次的民族精神,都有自己表现于文化各个方面的基本象征,如阿拉伯人、希腊人和印度人的数学,西方油画的空间透视,埃及的行政制度,中国的印刷术,普鲁士的军队等。他认为文化是历史研究的单位,是具有生、长、盛、衰等阶段的有机体,有自己的观念、生活、愿望、感情等,但每一文化又是彼此分隔的。他从精神、文化、政治等方面对印度、埃及、古典、阿拉伯、西方等文化类型进行了阶段划分,认

---

① 郭齐勇:《文化学概论》,湖北人民出版社1990年版,第129页。
② 方汉文:《比较文化学》,广西师范大学出版社2003年版,第86页。
③ 《简明不列颠百科全书》第8册,中国大百科全书出版社1986年版,第260页。

为除了西方文化以外,其他七种文化已经名存实亡了。① 英国历史学家汤因比(Arnold Joseph Toynbee)也是一位因以文化类型理论反映人类文明历史而闻名的学者。他认为历史研究的最小单位不是民族国家,而是一个个的社会。他从宏观角度将人类社会的发展史划分为20多个具有文明发展过程的代表性社会,即西方社会、东正教社会(可分为拜占庭东正教社会和俄罗斯东正教社会)、伊朗社会、阿拉伯社会、印度社会、中国社会、朝鲜与日本社会、古希腊社会、叙利亚社会、古代印度社会、古代中国社会、米诺斯社会、苏末(苏美尔)社会、赫梯社会、巴比伦社会、埃及社会、安第斯社会、墨西哥社会、尤卡坦社会、玛雅社会等,认为这些文明之间存在着某种历史的继承性。与斯宾格勒一样,他也认为每个文明都有起源、生长、衰落、解体、灭亡五个阶段,但否认文明或文化是一个像有生命的物质一样的有机体组织,认为文明的起源和生长的法则是人类对各种挑战的成功应战。② 他的这种"文化(明)挑战应战理论"对后世的影响很大,美国著名学者费正清(John King Fairbank)对中国历史与文化的研究,以及当今国际政治研究领域影响很大又颇有争议的塞缪尔·亨廷顿(Samuel P. Huntington)的"文明冲突论",都有汤氏理论的影子。

文明类型。文明,原是指人类社会进化中文化发展的较高级的阶段,是文化所达到的一种较先进的程度。如人类学和史学中常将文明与野蛮对立:前者指的是那些使用文字、金属器具,拥有城市、成熟的宗教以及社会阶级分化的文化发展阶段,即通常所谓的有国家有阶级以后的有历史社会;而将无文字的、阶级产生前的"史前"社会称为野蛮社会。美国人类学家摩尔根(Lewis Henry Morgan)在其名著《古代社会》中就将人类社会的发展分为从蒙昧时代经过野蛮时代到文明时代的三大阶段。不过,文明一词的用法在现代已发生很大的变化,尤其是学术界抛弃了"欧洲中心论"以后,文明已被用作指代既包括技巧、技术和物质文化因素,又包括价值、理想和更高级的思想、艺术、道德等所有文化特征在内的一体的文化实体,是一种人类整体层次之下的高于部落、民族的最大的文化

---

① 奥斯瓦尔德·斯宾格勒:《西方的没落》上册,齐世荣等译,商务印书馆1991年版,第18—19、305—309页。

② 详见汤因比:《历史研究》中有关章节,曹未风等译,上海人民出版社1986年版。

群体。汤因比和亨廷顿就是这种观点的代表。亨廷顿认为当代世界主要有八种文明：西方文明、中华文明、日本文明、印度文明、东正教文明、伊斯兰文明、拉丁美洲文明和非洲文明。当代人在文明的作用下组成文化共同体，不同文化的国家之间最有可能的是相互疏远和冷淡的关系，也可能是高度敌视的关系。不同文明间更可能的是竞争性共处——冷战和和平。① 这种"文明冲突"的理论在世界上曾引起非常大的反响。

其实，对于文明类型与文化形态之间的关系，学术界至今还没有一个定论。有持文明与文化同一论者，也有持文明与文化有别论的。笔者经过细致的文献爬梳，对当今学术界关于"文明"概念的运用总结出三种状况：第一，文明指的是人类社会发展过程中处于高级阶段的社会形态；第二，文明亦指具有自身特定生产方式、生活方式和价值观念的文化形态；第三，文明还指据有特定人口、地域，掌握特定文化，拥有特定价值观和行为方式，具有自身政治、经济、文化和军事整合力、动员力的文化实体——文明体。② 如果非要对二者做比较，则在第二点上，文明和文化的含义是重合的。

总之，文化圈、文化区、文化层、文化类型或文化形态的研究，都是建立在文化特质、文化丛、文化模式的基础之上的，它们是人类学家、文化学家、史学家和思想家分析大区域或跨国、跨民族文化时所应用的一些基本概念和工具。当然，斯宾格勒、汤因比和亨廷顿的文化或文明类型理论前后划分标准并不一致，显得较为粗放，在人类学界运用得并不多。

二、文化的功能

文化的功能，指的是文化各因素相互联结后整体上对个人、群体和社会所起的作用或所发挥的效能。就个人而言，文化起着模塑个人人格、实现社会化或濡化的功能；对群体而言，文化起着整合目标、规范、意见和思想，统一行为的功能；对于整个社会而言，文化起着社会整合和社会导向的功能。这三个方面是互相

---

① 详见塞缪尔·亨廷顿：《文明的冲突与世界秩序的重建》，周琪等译，新华出版社2002年版，第二章。

② 参见孙秋云：《"文明"：内涵及其变迁——人文社会科学研究中一个重要概念的探析》，《华中科技大学学报（社会科学版）》2006年第2期。

联系、密不可分的。

(一) 文化的社会整合功能

文化的社会整合功能主要有以下几种表现：

(1) 价值整合。这是整合功能中最基本、最重要的一种功能。任何社会中人们在价值观念上或多或少会有差异,但经由统一文化的熏陶,必然会在社会生活的基本方面形成大体一致的观念。只有价值观念一致了,才会有结构与行为的和谐,也才会有共同的社会生活。

(2) 规范整合。规范因价值观的目标而产生,整合功能使规范内化为个人的行为准则,进而将社会成员的行为纳入既定的轨道和模式,以维持社会秩序及稳定。

(3) 结构整合。一般而言,社会是一个复杂的系统,由众多互相分离而又互相联结的部分和单位组成。虽然社会中的每个单位和部分都有自己的功能,但这种功能的发挥必须在与其他部分的功能联结起来的前提下才能实现。总体上说,社会的异质性愈强,分化的程度就越深;社会的系统越复杂,功能的整合作用就愈重要。统一文化的作用,就是使社会结构成为一个协调的功能体系。

文化整合功能是民族团结和社会有序的基础。一个社会如果缺乏整合必将四分五裂。一个民族如果有一个高度整合的文化,不论其成员是否居住在共同的地域,也不论他们是否生活在同一社会制度下,都会有强烈的民族认同感,在心理上、行为上都会有较强的一致性特征。

(二) 文化的导向功能

文化的整合功能用以建立和维持社会秩序,其导向功能则可以推动社会的进步。每个社会都会有自己的一整套导向系统,如教育系统、科研系统、决策系统、计划系统、管理系统及医疗卫生系统等。文化的社会导向功能主要表现为以下几个方面：

(1) 提供知识。社会导向须以新知识为动力。新知识包括文化上的发明、发现所带来的新理论、新思想、新科学和新技术等。

(2) 协调社会工程管理。有计划地推动社会进步,是一项巨大的社会工程。它既包括决策、规划、组织实施等不同的阶段,也包括诸多相互联系、相互作用的子系统和子项目。各个阶段和各子系统的协调有赖于文化的调适。首先是目标调适。使社会全体成员认可社会导向的总目标和分阶段目标,使个人目标和群体目标同社会导向的总目标一致起来。其次是机构和制度的调适。为了达到社会导向的目标,要建立有效的机构和制度,对旧的机构和制度进行调整和改革。再次是行为调适。使社会成员在行为上协调一致,确定共同的社会导向目标。毛泽东时代的共产主义理想、邓小平时代的小康社会目标、习近平新时代中华民族伟大复兴思想都在中国社会文化大转型的过程中,对协调社会工程管理起到了重要的作用。

(3)巩固社会导向的成果。文化是一份逐步积累的社会遗产,每一次社会改革和社会进步所取得的成果,都有赖于新的制度予以巩固。文化在新制度建设过程中以及建成以后,起着协调整合作用,以维持新制度的秩序和稳定。

(三)文化的负功能

文化不仅有正向功能,也有负向功能。美国社会学家默顿(Robert King Merton)认为,社会并非总是处于整合状态,非整合状态也时常存在。个人或群体并不总是顺从社会规范,违反规范的情形也时常发生。这种非整合状态和违规行为并不是偶然的,而是文化功能的一种表现。例如,社会的机会结构是一种文化安排,这种机会结构使一部分人采用合法的方式去追求自己的目标,而使另一些人采用非法的方式去追求自己的目标。前者是文化的正向整合功能的表现,后者是负向非整合功能的表现。正向功能保持社会体系的均衡,负向功能则破坏这种均衡。

文化的负功能是在两种情形下出现的:一是文化滞后,二是负文化。在文化变迁过程中,文化各部分变化的速度并不相同。在一般情况下,非物质文化变迁要落后于物质文化的发展,这就造成了文化滞后现象。当这种情形出现时,文化的滞后部分对于整体所发挥的功能是非整合性的负向功能。思想意识、社会制度等常常成为滞后部分,宗教信仰、宗教制度则更是如此。

此外,在一个文化系统中往往存在着许多亚文化,有些亚文化就是负文化,如犯罪团伙等。这些负文化所发挥的功能,对于整个文化系统来说,就是非整合的。如果这些负文化与占主导地位的主流文化形成对立,则称之为反文化。反文化的性质是好还是不好,无法一概而论,应视具体情况而定,但它是文化变迁的重要表现之一。

第四节 文化的变迁

一、什么是文化变迁

多数人类学家认为,文化变迁(cultural change),指的是任何足以影响文化内容或文化结构的变化。也有学者认为,文化变迁指的是由族群(或民族)社会内部的发展或不同族群之间的接触而引起的一个族群文化的改变。文化内容或要素的变化是指单项文化特质或文化丛的独自变化,这种变化大多在不知不觉中产生,较少为人所注意;文化结构的变化指的则是文化整体或大部分特质的变化,这种变化大多是渐进过程中的突变,容易被人们感知,如"时代不同了"的感叹就是对这种变化的一种反应。人类学家多认为文化变迁是一个"文化过程",如马林诺夫斯基给文化变迁下的定义就是:"现存的社会秩序,包括它的组织、信仰和知识,以及工具和消费者的目的,或多或少地发生迅速改变的过程。"[1]这个定义在一定程度上反映了文化变迁的特点。

文化变迁,是文化人类学研究的最重要的主题之一。在现代文化人类学中,文化变迁不仅仅关系到文化涵化问题,它还涉及类似单一文化体系内的变迁、都市化、大型的民族社会中复杂文化体系的变迁、文化的创新、文化的转移以及外来干涉引起的强制变迁等。同时,文化变迁的速度、解组与重组,个人在文化变迁中的职司与适应,文化变迁与文化稳定性之间的关系,社会中不同群体对文化变迁的态度等,亦已被纳入文化变迁的研究范畴。

在社会科学领域,还有一个含义和研究对象与文化变迁相同或相近的术语,称为"社会变迁"。两者的研究基本上是一回事,只不过传统上美国人类学家多用"文化变迁"的概念,而社会学家、社会心理学家、社会人类学家则习惯于称"社会变迁"。在社会学家眼里,社会变迁是指社会现象中有计划的或无计划

---

[1] Malinowski, *The Dynamics of Culture Change*, Yale University Press, 1945. 转引自芮逸夫主编:《云五社会科学大辞典·人类学》,第64页。

的,在性质上或数量上的改变过程。在这个过程中,一个特定的社会现象可能经历了一定的实践、行为、态度、互动模式、权威结构、生产率、投票模式、声望、分层体系等方面的转变,这种转变可能发生在社会系统中的某个位置,也可能发生在个体、群体、组织、制度或整个社会等不同的层面。[①] 目前,大多数西方人类学家和社会学家都用"社会文化变迁"或"文化和社会变迁"来概括它们所涉及的全部范畴。

二、文化变迁的原因

文化是人类适应客观环境以求生存和发展的手段,当人们面对的客观环境发生改变时,文化毫无疑问会随之改变,这是人类学家的共识。但是,促成文化变迁的具体原因有哪些,人类学家的意见并不统一。概括起来,促使文化发生变迁的原因可分为内部原因和外部原因两部分:内部原因是指,由社会内部的变化引起的;外部原因是指,由自然环境的变化或社会环境的变化,如人口迁徙、与其他民族的接触、政治制度的改变等引起的。后者最典型的例子可算我国古代北魏时期的孝文帝改革。

公元 4 世纪后期建立起来的北魏,是以鲜卑族拓跋部为统治中心,在君主专制社会内部发展奴隶制度的国家。此前的拓跋部社会,停顿在原始社会阶段,只是到了 4 世纪中期才开始在经济、政治等方面有显著的变化。首领猗㐌、猗卢、什翼犍得到汉族士人的辅助,逐渐成为专制的国王。但是,北魏政权内部国王与诸部落大人之间、鲜卑贵族与汉族士人之间、不同民族的百姓之间的矛盾都非常尖锐。在国内民族矛盾尖锐、外有强敌窥视的境况下,公元 494 年,北魏的孝文帝为使游牧出身的拓跋氏政权能永久保持统治地位,主动率领贵族、文武百官及鲜卑兵 20 万,从平城迁都到洛阳,接着又采取一系列措施改变鲜卑族的旧习俗,接受汉族的先进文化。例如:禁止鲜卑人穿胡服,只要他看见还有妇女穿着夹领小袖的鲜卑装,就要治群臣违诏之罪;禁止在朝廷上说鲜卑话,30 岁以上者准许从缓改变;令鲜卑人都自称是河南洛阳人,死后葬在邙山,不得还葬平城;令鲜卑人改汉姓,魏孝文帝自己改姓元,皇族中拓跋氏改为长孙氏,达奚氏改为奚氏等;

[①] 史蒂文·瓦戈:《社会变迁(第 5 版)》,王晓黎等译,北京大学出版社 2007 年版,第 8 页。

令鲜卑人与汉人通婚,孝文帝自己娶卢、崔、郑、王及陇西李氏诸汉族大姓的女儿入宫,又强令自己的六个兄弟聘汉族高级士人的女儿为正妃;等等。通过强制性地实施这一系列有计划、有目的的改革措施,人口占少数的鲜卑人很快就被汉化了。公元 529 年,梁朝大将陈庆之攻入洛阳,战败后逃回,对人说:我从前以为大江以北,无非是些戎狄等族居住的地方,这次到了洛阳,才知道衣冠人物全在中原,江东赶不上他们哪!① 这说明迁都洛阳以后的鲜卑人已与汉人没有大的区别,且洛阳城的繁荣景象亦已超过了梁朝的都城建康。北魏孝文帝的改革,也成为中国历史上最有名的历史事件之一。

文化变迁是人类文化固有的特性,它是建立在人类文化是后天习得及不断适应环境变化的基础之上的。尽管如此,由于不同社会、不同文化背景、不同时代的人所面对的环境不同,文化变迁的具体原因必定是繁复纷杂的,绝不可能是单纯的或整齐划一的。

三、文化变迁的表现

尽管文化变迁的速度和方向在不同人类群体中有很大的差异,但人类学家认为文化变迁往往是通过以下方式发生的。

(一) 创新

创新(innovation),指的是文化在质的方面出现了不同于以往任何时候的新思想、新行为和新事物,主要包括发现和发明两者。

发现(discovery),在文化人类学上指的是观察原已存在但先前未被注意到的事实,使这些事实为文化所用,从而使得文化有所增益;发明(invention),指的是人们运用新获得的知识,创造出一种可为社会共享的新做法、新观念、新制度或新事物。发现和发明都是导致文化变迁的最重要因素,也是文化变迁的主要表现形式之一。

西方人类学家一般多注重发现与发明的区别,如美国人类学家林顿提出发

---

① 参见范文澜:《中国通史》第二册,人民出版社 1978 年版,第 675 页。

现是任何对于知识的增益,发明是对知识的新运用。① 他们认为发现与发明两者在文化变迁中的地位和作用并不相同。西方人类学家大多认为发明在接受它的那个社会中已经发展成为一种文化特质,并对该社会的文化做出了新的贡献。与发现有显著差异的是,发明并非只是一种新的技术特质,甚至也不只是物质文化的一种元素,艺术上的、宗教上的、社会上的或观念上的创造都可称为发明。

发明在西方人类学家眼里大致有两种类型:有意识的发明和无意识的发明。有意识的发明是人类定好方向、刻意追求得来的新观念或创造出来的新事物;无意识的发明则没有那么强的目的性,通常是偶然巧合的发明。一般认为,18世纪、19世纪工业革命期间迫切需要提高生产力而取得的发明属于前者,史前时期的那些发明则属于后者。也有一些人类学家把发明分为"首次发明"和"二次发明"两类。首次发明指的是新原理的偶然发现;二次发明是运用已知原理所进行的改进。② 首次发明会引起迅速的文化变迁,刺激其他发明的产生。例如,在陶器发明之前,火烧陶土会使陶土永久坚硬,这是原始社会时期人们在煮东西时偶然的发现。原始人运用这个发现来烤焙炉灶壁和地板、墙壁等,这是首次发明。后来,当原始人再用烧陶土的原理和技术来制作如碗、罐、钵等日常生活器皿时,就是二次发明了。陶器最初是纯手工捏制的,后发明了陶轮,改用轮制,这就使得大量生产成为可能,结果成为社会历史上农业与手工业大分工的一部分,引起了社会的大规模变迁。

不过,并不是所有的发现和发明都一定能或必然导致社会文化变迁。传说我国西汉末年王莽当政时,曾想招募身怀奇技的勇士去攻打匈奴,于是有人自荐说自己会飞,一天可飞千里,可以去侦探匈奴那边的敌情。王莽派人把他找来试试,只见这个人头上和身上都粘了羽毛,身上绑着两个大鸟的翅膀,从城楼上飞了几百步就掉下去了。③ 这恐怕是世界上最早的人力飞行试验了。但这个壮举并没有引发人力飞行器的诞生,更没有带来人类交通工具的大变革。所以,发现和发明要催生文化变迁,是有前提条件的。又如,火药是我国最早发明的,公元

---

① R. Linton, *The Study of Man*, D. Appleton and Company, 1936, p. 306. 转引自芮逸夫主编:《云五社会科学大辞典·人类学》,第 229—230 页。
② 参见威廉·A.哈维兰:《当代人类学》,王铭铭等译,上海人民出版社 1987 年版,第 559—560 页。
③ 《汉书·王莽传》。

10世纪后期的北宋初年,我国便开始试制最初的一批火药火器,并在世界范围内最早完成军用火药的定型发明,率先开始了火药在军事领域的应用。但火药化军事革命并未因为最早发端于我国而在我国率先完成。我国发明的火药火器14世纪初经阿拉伯人传入欧洲后,在欧洲播下火种,随着17世纪近代自然科学和工程技术的飞速发展,一系列新的性能更好、杀伤力更大的火药化兵器被研制出来,与之相适应的炮兵、工程兵、近代海军等军兵种也在欧洲诞生,新的作战方法和新的军事思想相继产生,火药化军事革命在世界范围内由缓慢发展的状态跃入突飞猛进的轨道。有论者认为,长期落后的生产方式、中央集权君主专制制度的严密控制、我国传统重道轻器的观念和轻视发明的政策、危机意识淡薄和战略需求不足等,是阻碍我国古代火药化军事革命向纵深发展并进而引起整个社会发生变迁的根本原因。① 以上两个例子也在一定程度上说明,不是每一项发明和发现都能对社会和文化产生影响,它们一定要与社会和文化中的其他条件和因素相互作用才能发挥自己的影响。因此,对于发明和发现在文化变迁中的地位和重要性也不能估计太高。

(二) 传播

除自身的发现和发明以外,一个社会中新文化因素的出现还可源自外部社会的传播(diffusion)。文化传播指的是,一个文化发明创造出来的文化要素乃至文化的结构、体系向本文化之外的地域扩散或转移,引起其他文化的互动、采借(borrowing)及整合的过程。文化传播是一个双向互动的过程,内容包括文化的传递、转移、采借、吸纳或拒斥等。正因为有文化传播,一个地方发明的先进事物才能为各地所共享,人类社会也才会加速进步。

1. 传播的模式

许多人类学家认为,人类社会中不同群体之所以会有诸多相同或相似的文化,除少部分是在相同环境下的独立发明之外,大多数是传播的结果,因此传播是人类文化中一个非常普遍的现象。他们提出,文化的传播总括起来有基本(初级)传播和次级传播两种模式。

---

① 彭光谦、萧大维、贺宏礼:《火药革命,中国没抓住机会》,《环球时报》2003年12月31日,第10版。

第二章 文化与文化变迁

（1）基本传播，也称为初级传播，指的是具有自身文化体系的人群迁移到另一个文化区域后所促成的文化传播。例如，近代大量的华人劳工出洋，将我国传统的儒家文化移植到南洋地区生根开花；近现代以来大批的华人移居到欧美，在异域他乡建立了华人居住相对集中的"唐人街"，传播了中华文化等。这种传播通常和较大的文化单位发生关联，并且包括整个国家或一群群人的移动。

（2）次级传播，指的是在没有任何人口移动的情形下，一个地区的文化采借异文化的因素而产生的结果。这种传播所传递的多是简单的文化单位。

也有人类学家不满意上述划分方法，认为文化的传播可分为直接传播、媒介接触和刺激传播三种模式。①

（1）直接传播，指的是一个社会中的文化发明，先被自己周边的民族和社会所接受，然后再一站站地传播到远方。比如，我国东汉时蔡伦改良造纸方法，于公元105年发明了造纸术，264年传播到今新疆地区，751年传到撒马尔罕，793年传到巴格达，900年传到埃及，大约1100年传到摩洛哥，1189年传到法国，1276年传到意大利，1391年传到德国，1494年传到英国。造纸术的传播对世界文化发展的影响是无法估量的。

（2）媒介接触，指的是两种文化之间的交流不是直接进行，而是以第三者作为媒介，使某种文化因素得以交流。一般情形下，商人、士兵、探险家、文化使者、旅行家、影视体育明星、宗教布道者等都是较常见的文化媒介。如始于公元11世纪的欧洲十字军东侵，圣殿骑士团和医院骑士团都在这样两个方面起到了媒介的作用：把基督教文化带到非洲北部；把阿拉伯文化带回欧洲。在近代，遍及世界各地的传教士对西方文化的传播也起到了不容忽视的作用。在当代，影视明星、体育明星、艺术家、著名学者、旅行家以及跨国公司等也都为中外文化的传播和交流起到了很好的桥梁作用。

（3）刺激传播（stimulus diffusion），也称为观念传播（idea diffusion），指的是属于另一文化的某项文化特质的知识或观念刺激了本地的某一对应物的产生。这种传播在人类学上最典型的例子是一个名叫塞阔雅（Sequoya）的印第安人在

---

① C.恩伯、M.恩伯：《文化的变异——现代文化人类学通论》，杜杉杉译，辽宁人民出版社1988年版，第537—539页。

与欧洲人接触以后,汲取了英语字母的知识,并加以一些改动和增添一些新符号,创造了印第安人切罗基(Cherokee)音节书写体系。刺激物来自欧洲人,而最终的结果则是切罗基人特有的文字。我国历史上有些少数民族受汉字的文化影响或启发,也曾创制过一些表达本族语词的方块文字,如西夏文。

西夏文又名河西字、番文、唐古特文,是记录古代西夏党项族语言的文字,属表意体系,汉藏语系的羌语支。西夏景宗李元昊在正式称帝前的大庆元年(1036),命大臣野利仁荣创制,历经三年创成,共五千余字,形体方整,笔画繁冗,结构仿汉字,又有其特点。该文字在西夏王朝所统辖的今宁夏、甘肃、陕西北部、内蒙古南部等广阔地理带中盛行了约两个世纪。元明两朝,仍在一些地区流传了大约三个世纪。

文化传播模式的划分是人类学家研究文化变迁过程的一种方法。在社会实际生活中,文化传播不可能那么单纯、齐整,上述传播模式可单独产生,也可同时存在于一个社会中。

2. 传播的选择性

尽管文化传播是非常普遍的现象,但传播和接受过程并不是像海绵吸水那样毫无选择性的。任何一项文化特质或一组文化丛,从一个社会传到另一个社会时,必然面对接受者方面的文化选择的考验。一项新的文化特质或文化丛,能否配合接受者文化中的基本概念,是非常重要的。一个社会中的大多数成员已有成见,必然会对传播过来的外来文化采取一种选择的态度。一般而言,与本社会主导文化有强烈冲突的文化特质必然被排除在外。有些文化因素因无法满足接受者的需要,尽管不被禁止,也不会被采借。如日本接受了中国古代的宴乐、佛教和茶等文化因素,却没有接受韵律诗、科举制度等文化因素。一般而言,物质文化总是比思想观念、行为模式更易于借用。

更为有趣的是,文化传播中的选择性特征还表现为对于同一种外来文化特质,同一地区的不同社会也会有截然不同的态度。如美国西南部和墨西哥接壤,两国人民交往颇多,而且也都牧牛。可是,墨西哥人接受了西班牙人的斗牛文化并嗜之若狂;而美国人却熟视无睹,根本没有想到要去引进这种文化娱乐活动。

文化的传播或借用具有双向性或互动性。即使是在一般人看来很"原始的"文化,也有很多值得借鉴的东西。如美洲印第安人既接受了欧洲文化,又以自己一系列的发明作为回报,他们曾为世界文明贡献出玉蜀黍、南瓜等栽培植物,金鸡纳霜(奎宁)等药物,鹿皮软鞋和风雪大衣等舒适的衣着,以及可以防湿防虫的吊床,当然还有今天亿万人口诛笔伐虽经过努力仍舍不得放弃的烟草。

尽管传播在文化变迁中占有重要的地位,但一个社会潜在于文化之中的民族自我中心主义往往会成为外来文化传播的障碍。在多数社会,接受外来的新文化特质,有时比接受本社会所发明的新东西要困难得多。

(三)进化

进化(evolution),是由社会内部发展引起的变迁,如生产技术由低级发展到高级、社会组织由简单发展到复杂的过程。文化的进化自然会引起社会或文化的变迁,变迁的过程就是进化的过程。例如,农业技术变迁导致粮食剩余,这是城市发展和工商业存在的基础;蒸汽机的发明和运用把世界推进了工业革命的大潮,电力的发明和运用彻底改变了人们的工作状态,进而导致了性别、文化的大变迁;计算机的发明和运用对人类社会及其文化的发展所产生的影响至今还没有得到评估,但无论怎么估量都不为过。

(四)涵化

涵化(acculturation),指的是两个完全不同的文化相互接触,经过较长的时间,两者之间相互采借、适应,彼此都发生了变化的过程和结果。英国人类学家喜欢把涵化称为"文化接触"(cultural contact)。依据促成两种文化发生变化的条件,涵化可分为两种主要类型:第一种类型是文化因素的自由"借入"和改变,这是文化不同的民族在不以军事征服或政治统治对方的情况下,持续相互交流所产生的现象,这些新的文化因素可能在所谓混合的过程中与现存文化结合起来。第二种类型是强制变化,这是一民族以军事征服或政治控制等手段对另一民族建立统治时所产生的现象。强制的文化变化,也像混合一样,包括选择和改变过程,不过这种过程更加多样,其结果也会更加复杂,更加难以预料。

依据各社会的境况,涵化大致会遇到三种反应:接受、适应和拒斥。

接受(acceptance),是一个社会对外来文化的某一种成分、某一部分或全部予以接纳。接受可以由统治集团或征服者强迫造成,这种接受称为"逆涵化"

（negative acculturation）；也可由社会成员自愿或自发地接受，这种接受称为"顺涵化"（positive acculturation）。也有人把军事征服和殖民统治所导致的涵化称为"同化"（assimilation），以示与涵化有所区别。

适应（adaptation），指的是想方设法让接受过来的外来文化成分与本社会的传统文化协调起来。适应的结果有三种可能：第一种可能是文化同化（cultural assimilation），这是单方面的调适，即一个文化受他文化的影响后逐渐失去原本的特点，成为他文化的一部分。同化往往发生在两种文化发展水平不一致的情形下，弱势文化被强势文化所同化。自然同化是人类社会的一种进步现象，但利用暴力、特权等强制手段迫使他人放弃自己的文化则是强制同化，应遭到唾弃。第二种可能是文化融合（cultural fusion），这是双方的调适，即两种（或两种以上）文化在接触交流过程中发生协调和融合现象，产生了与原先各自文化不同的新特质或第三种文化。这种状况一般在原来两个文化系统处在同一地域内，水平也大致相当的情况下才会出现。第三种可能是本社会传统文化的解体或文化萎缩（deculturation）和丧失，这指的是在涵化过程中，因强势文化的影响或在双向的调适过程中创立新的事物，弱势文化中原有的文化特质、观念和文化创造力等因素逐渐丧失。如在北美洲北极地区，部分因纽特人由于履带式雪地汽车的传入而放弃了狗拉雪橇；在我国蒙古族聚集地区，摩托车的普及导致了骑马文化的衰微；等等。古老的狩猎技术、神秘的巫术和某些特别的宗教仪式、一些民间医术和偏方的失传等也属于这一类。

传统文化中某些因素被取代或自动消失，是社会进步的必然趋势，但有些优秀的文化因素（如传统手工技艺、良好的道德和行为规范等）的丧失，则是人类不可弥补的损失。如何抢救各民族优秀的文化遗产，是当代文化人类学一个重要的课题。联合国教科文组织所倡导的保护文化多样性、拯救和保护民间无形文化遗产等，正是对目前经济全球化所带来的前工业社会文化丧失或被工商业文化同化所做出的积极反应。文化人类学家在这方面应该有所作为。

拒斥（rejection），指的是反涵化运动。促成反涵化运动的基本原因是两个互相接触的民族，有一个民族居于支配另一个民族的地位。有时文化变迁的规模太大、速度太快，大多数社会成员无法接受，也会引起反抗或传统文化的振兴运动。如20世纪50年代后,伊朗国王巴列维引进欧美文化,尤其是美国文化,推行了一项全国发展计划——"白色革命",结果因速度太快,遭到国内传统势力的强力抗拒,70年代末政权被推翻,自己不得不流亡国外,最后客死他乡。

一般说来,人类学家研究涵化的目的在于揭示文化接触情形下文化变迁的驱动力。这种研究大致包括三个步骤:第一步是复原一种文化与他文化接触之前的本来面目;第二步是研究导致涵化产生的状况,如事件发生的过程、动机、利益等;第三步是对文化的变迁加以解释。

(五)文化的恢复和重新解释

随着被涵化民族的觉醒,他们希望找回已丧失的固有文化,恢复自己原有的生活方式和价值观,如通过残存的老人的追忆来恢复久已不再举行的仪式或节庆活动,重新穿上民族服装,教育后代学习本族语言等。这在人类学中也被称为"文化复兴运动",在教科书中作为典型例子的有"本土主义运动""鬼舞运动"等。本土主义运动,是指人们有意识有组织地复兴和永久保持自身文化的精华,排除外人、外来习俗、外来价值的活动。鬼舞运动,指的是19世纪末北美印第安人采用跳传统的鬼舞作为对白人入侵印第安人土地和剥夺他们自由的反抗。他们通过跳鬼舞,幻想借助超自然力量使白人灭亡,让死去的祖灵全部回来,使印第安人地区的秩序和财富恢复到白人入侵前的状况,当死去的祖灵回来时,所有的土地、房屋和牲畜都归印第安人所有。① 从消失或即将消失到恢复,这也是一种文化变迁现象。值得注意的是,一度消失后来得到恢复的宗教仪式等,往往与原来的面貌有所差异,或是加进了若干新的内容,或是彻底丧失了部分内容而无法恢复。

文化的重新解释(reinterpretation),指的是接受的一方对新引进的文化特质和文化丛在形式、功能和意义上的改变,以适应自己的需要。人类学著作中常引述霍贝尔(E. A. Hoebel)所举的印第安人的太阳舞的例子。太阳舞是19世纪以前美洲平原印第安人各部落为协同一致猎取水牛而举行的一种仪式,以象征生命的太阳为中心。太阳舞流传甚广,但在传播过程中,形式、功能和意义都不断地根据各地的需要而变化。在阿拉帕霍人中,太阳舞被抽去军事色彩,成为治病

---

① 详见史宗主编:《20世纪西方宗教人类学文选》相关章节,金泽等译,上海三联书店1995年版。

的仪式;而好战的克劳人则利用太阳舞加强其队伍对抗敌人的战斗力量;肖肖尼人用以祈求部落安宁;切延内人用作庆祝世界的复活的仪式。印第安保留地跳太阳舞,目的在于消除长期以来被分化的影响,加强印第安族群的凝聚力。①

(六) 革命与改良

社会文化变迁最剧烈的表现形式是革命,它指的是国家结构本质上的改变,包括政府功能、经济生产和分配原则、社会阶级关系,特别是政府的控制权等,皆与过去不同。

历史上所发生的一切革命,如封建地主阶级对奴隶主阶级的革命、资产阶级对封建地主阶级的革命等,都是用一种所有制去代替另一种所有制。所有制的变化,是人类社会经济领域最深刻的变化,它改变了分配关系,改变了人与人之间的社会关系,也改变了整个国家政权的性质。这样,它也就十分自然地改变了人的意识形态、生活习惯和价值观念。此外,新的所有制往往带来新的劳动组织和新的技术,从而增加了财富,创造了新的发明,使文化内容也相应得到改变。

革命一词常被误用,经常只是指那些使许多人产生微小改变的政治暴力。事实上,政治暴力在社会中很普遍,但实际的革命却很少,和过去决裂的革命则更少。革命之所以很少发生,有许多理由。学术界提出的大多数人没有权力、没有组织能力、雄心不够、对未来结果无法确定等,都是较简单的原因。

要明白革命如何发生,不能只看一般性的社会经济情况和意识形态,尚需检视人民团体做出决定和实际进行交换时的特定社会背景脉络,并特别关注媒介在其中所起的作用。知识分子能够提供革命的意识形态观点,但这些人很难被农民或城市的劳动阶级所轻易接受。比较人口组成之间的关系和意识形态如何经由人际关系传递,是研究革命的必要条件,这也是文化人类学家特别适合探索的领域。

美国人类学家威廉·A.哈维兰(William A. Haviland)等人在考察了英、美、法、俄等国的革命过程后,认为下列条件是促成革命或反抗爆发的因素:(1)已建立的权力机关缺乏威信;(2)最近经济发展的前景黯淡;(3)政府优柔寡断;

---

① 参见黄淑娉、龚佩华:《文化人类学理论方法研究》,广东高等教育出版社2013年版,第222页。

(4)丧失了知识分子的支持;(5)一个领导或领导集团具有超凡魅力,号召相当大的一部分民众来反对过去的制度。① 其实,这些因素还只是有关反对内部政权的反抗和革命。近代以来,资本主义强国为了获取自然资源和廉价劳动力,剥削了无数技术不发达地区,而这些地区的人民对于外国统治者则普遍存在着仇恨。殖民宗主国对这种仇恨感情熟视无睹,使得正在兴起的殖民地只能选择革命和反抗的道路。这种革命和反抗通常采取独立运动的形式,与殖民的宗主国权力机构进行武装对抗。这是近现代国际革命中最普遍的形式之一。

政治革命都是试图掌握权力机关以改变社会结构、信仰体系及其象征的代表。这种变迁无疑是激烈的。与革命的激烈程度不同的另一种变迁是改良,它是一种只想推翻现存政府官员的统治而不想改变政府本质的运动。与革命不同的是,它不想改变文化的观念形态和社会结构形式。

图 2-4 文化变迁的基本模式示意图

资料来源:摘自国务院学位委员会办公室编:《同等学力人员申请硕士学位社会学学科综合水平全国统一考试大纲及指南(第二版)》,高等教育出版社 2003 年版,第 723 页。

四、文化变迁的种类

人类社会的文化变迁大致可分为两大类:一类是无意识变迁,另一类是有意识变迁。

(一) 无意识变迁

文化的无意识变迁(involuntary change),指的是变迁的过程是不自觉进行

---

① 威廉·A. 哈维兰:《当代人类学》,王铭铭等译,第 573 页。

的,发动和参与这一变迁过程的人往往是迫于某种压力而仅追求眼前的利益,并不知道自己所采取或实施的应变措施会带来什么样的后果。这种变迁也称为自然变迁。它强调的是变迁主体的不自觉性和无计划性。例如,哥伦布发现美洲时,从未想到他的这个发现竟会导致日后这个大陆上旧文明的毁灭和新文明的诞生。

当然,范围最广、影响最深远的无意识变迁,是近代资本主义商品化经济对传统社会的冲击。这个过程已持续了200多年,影响遍及亚洲、非洲和拉丁美洲最偏远的角落。现在我们以南太平洋蒂科皮亚岛(Tikopia Island)的变迁来说明这个问题。

1929年,当英国人类学家雷蒙德·弗思(Raymond Firth)首次到该岛调查时,该岛还处在一种非商业化的自给自足经济状态。除了少量钢铁制品外,该岛的土人并不追求或享有其他西方货物。第二次世界大战期间,盟军先后占领了附近的岛屿,征募劳动力,于是蒂科皮亚岛土人便接受雇佣,迁居到附近岛屿上生活。二战结束后的一段时间,西方几个大商行扩大了在所罗门群岛的业务,对劳动力的需求不断增加。1952年,当弗思再次到蒂科皮亚岛考察时,这里的状况已发生了很大的变化。100多名蒂科皮亚土人已离开自己的家园出外从事期限长短不一的工作,以便能过上欧洲人那样的生活。蒂科皮亚土人的生活条件亦发生了很大变化,西式的厨房用具、取水器、蚊帐、烧煤油的防风灯等已是他们家庭生活中的日常用品了。尤其令人瞩目的是,货币传入蒂科皮亚岛,不仅改变了当地的经济体制,而且影响了其他的生活领域。与1929年相比,土地的利用率已大为提高。除芋头外,木薯和甜薯也成了主要食物。生活条件的改善和人口的增加导致粮食需求也不断扩大,削弱了原有的亲属关系。1929年时还是土地占有和使用单位的扩大家庭,到1952年时不仅数量大为减少,且其作用也为核心家庭所取代。在大多数情况下,土地已被核心家庭所瓜分,所有权和使用权均掌握在个人手中。出外做工的人,对自己赚来的钱和物品再也不愿与亲戚们共享了。[①] 传统的社会面貌已经发生了翻天覆地的变化。

---

① 参见 C. 恩伯、M. 恩伯:《文化的变异——现代文化人类学通论》,杜杉杉译,第 549—550 页。

（二）有意识变迁

文化的有意识变迁(voluntary change)，指的是发动者和参与者按照事先的设想和制订的计划来改变某些已不适应社会需要的文化要素的状况和过程。有意识变迁可分为三种类型：主动变迁、指导性变迁和强制性变迁。[①]

（1）主动变迁，有时称为有计划变迁，它是变迁主体自觉、自愿、主动发起的。我国历史上的"变法""维新"及改革和革命，就是有意识的文化变迁。现代社会的许多改革也属于这一类，如我国进行的社会经济体制改革，引进先进的科学技术、管理经验，改变旧有的规章制度，建立新的社会经济秩序等，也都是有计划有意识的变迁。

（2）指导性变迁，指的是某一文化下的某些人有计划地帮助或促使另一文化的人们发生社会或文化变迁。在现代社会里，目前所从事的发展项目研究，大多是这种指导性变迁的计划或产物。

（3）强制性变迁，主要指的是用强迫手段迫使他文化发生变迁。它常常发生于一个民族对另一个民族的征服过程中。当一个民族征服另一民族后，为了直接统治，会用强力迫使被征服民族改变自己的文化和生活方式，它因此常伴随着政治的压迫和经济的剥削。这种变迁的推动者是有意识或自愿去做的，使用的手段是高压式甚至是暴力的。

在我国当代，有意识的文化变迁事例很多，在人类学、民族学中最让人引以为豪的是20世纪50年代我国民族地区的社会改革。现对此作稍详细的说明。

中华人民共和国成立以前，我国民族地区的社会制度较为落后，严重束缚了当地社会生产力的发展。改革落后的社会制度，既是各少数民族民众长期以来的迫切愿望，也是新中国成立后人民政府所面临的重要任务。但是，我国幅员辽阔、人口众多，不要说不同民族的经济结构和社会制度不一样，就是同一民族的不同支系，由于历史条件不同、地理环境不同、受其他民族的影响不同，其经济结构和社会制度也不一样。有的处于原始社会末期发展阶段；有的处于奴隶制发展阶段；有的则处于封建农奴制或地主制发展阶段。中国共产党和中央人民政

---

① 石奕龙：《应用人类学》，厦门大学出版社1996年版，第111—113页。

府为了对症下药地进行社会改革,便在20世纪50年代初中期派出大量的专家学者深入民族地区进行民族识别和社会历史调查,在这个基础上采取了这样一些措施帮助民族地区实行社会改革。

(1) 民族地区实行民族区域自治,即在国家统一领导下,各少数民族聚居的地方设立自治机关,行使自治权,充分尊重和保障各少数民族管理本民族内部事务的权利。

(2) 在社会经济结构与汉族相同或大体相近的民族地区,采取与汉族地区大体相同的方法,于20世纪50年代初中期按国家土地改革总路线和总政策,完成土地改革,并于1956年的合作化过程中又基本上完成了社会主义改造。

(3) 在藏族、傣族等的封建农奴制地区和凉山彝族的奴隶制地区进行的民主改革,则采取慎重稳进的方针,实行和平协商改革的方法,对少数民族上层人士采取赎买政策。

(4) 对于保持浓厚原始公社制残余的民族地区,如景颇、傈僳、独龙、怒、布朗、佤、基诺、鄂温克、鄂伦春等族和部分黎族人的聚居区,则不进行系统的民主改革,而是大力帮助他们发展生产和文化,在发展生产和文化的基础上,帮助他们实行合作化;同时对妨碍生产发展的旧制度和原始落后因素进行必要的改革,逐步地直接过渡到社会主义。

经过20世纪50年代的这场社会改革,我国各民族地区的社会生活面貌发生了很大的变化。我国之所以形成现在这样56个民族团结和睦、同心同德的稳定局面,与这场成功的社会改革密不可分。

当然,有意识的文化变迁也有不少失败的。例如,20世纪50年代末60年代初,马来西亚政府要改善农村经济和农民生活,着手开辟公路以利橡胶的运输,并推广新的品种和新的耕作技术。农民的经济收入增加了,可他们的生活却更不如以前了。究其原因,是马来人生性乐观,抱定"今朝有酒今朝醉""得乐且乐"的人生观,把赚到的钱都花到娱乐上去了。以前,交通不便,到城市去看戏、跳舞的机会少。自政府推行改革计划后,收入增加,有能力买摩托车,于是可以天天到城里玩。这样,娱乐费用激增,甚至透支借债,把政府预期的效果破坏无遗。其实,在我国上一阶段的大规模城市化过程中,由于土地征用和旧城改造或城中村拆迁,不少农民家庭突然之间得到了无法想象的财富,一部分青年农民也跟上文提到的马来人一样,过上了"今朝有酒今朝醉"的生活,不想劳动,不思进取,整天沉迷于吃喝玩乐的生活,有些甚至迷上了赌博、吸毒、建立婚外家庭,走上了与政府和社会期望相反的道路。

　　文化变迁是人类社会中非常普遍的一个规律。不过在不同的民族、不同的社会中,变迁的速度、程度和过程是不同的。一般说来,一个民族有深厚的历史文化背景,它的变迁速度就较慢,变迁就会遇到比较多的困难,引起的痛苦也比较大。19世纪中叶以来,我国在西方资本主义影响下的文化变迁屡遭失败和痛苦就是一个例证。文化变迁问题在当代人类学研究中占有重要的地位。现在世界上很多地区正在发生的"现代化"过程,本质上不过是发展中国家或社会为了共享发达国家或社会已获得的成果,借用其文化特征(技术革命、工业化、都市化)而经历的一次大的文化变迁而已。当今世界的科技文明日新月异,对人类社会和文化的冲击很大。如何减少我国当代现代化过程中的痛苦和代价,确立适应世界发展潮流的新文化体系和价值观念,是文化变迁研究中不可或缺的课题。

附录:文化变迁的日常个案

孤独的黄昏[①]

——银生爷的日常生活和福村手工业

项　宇

　　抄起一杆古铜色的水烟枪,小心翼翼地从抽屉里拿出用塑料纸包得里三层外三层的烟叶块子,熟练地掰下一小块放在烟枪上,顺手擦一根火柴点燃烟丝,对准烟嘴猛吸几口,伴着水烟枪的"咕噜咕噜"声,吐出一缕白烟。火柴点到几乎要烫到手指了才肯丢下,拔出烟嘴用力一吹,"呲——",清理完毕。一套连贯

[①] 这是华中科技大学社会学专业2010年级01班本科生项宇同学在2012年秋选修文化人类学概论课程时按要求提交的民族志期末考查作业。文中的"福村"是他的家乡江苏省靖江市广福村,"银生爷"就是他的爷爷。在征得他同意后将文章放在这里供读者参考。

的动作可以在一分钟内完成,这是银生爷每天的必修课。

　　银生爷八十高龄,个头不高,短发花白,身体健朗,从小没上过学,除了钱上的字之外,其他的字一个也不认识。他有四个儿子一个女儿,平时住在小儿子的屋子里。他的手长满老茧,饱经沧桑却很灵巧。银生爷是个篾匠,整天盘算着怎么把一根竹子变成实用的篮子、凉席或者簸箕。他所在的福村有很多像他一样的人,从事着相同的行业。村子很小,故事很多。

　　福村坐落在一大片平原上,这片平原很大,大到你放眼望去就像平静的湖水,没有一点凹凸不平。村子往南四里路就是长江,长江也很大,大到你一眼望不到对岸,所以村里人都叫它"海"。离村子最近的集镇有三四里路,银生爷每周会去买点菜或者去买他的生产原料——竹子。三轮车是他的"坐骑",一来他不会骑两轮的,二来运竹子方便。县城离村子有二十里,虽说不远,但是银生爷去的次数用一只手就能数过来了。这座小城坐落在江北,它受到四周发达城市经济、文化、政治的辐射,这在福村也能感受到。这种辐射你若细心,会在家家户户储粮或者装化肥、猪饲料的蛇皮袋上发现,"××化肥产地:江苏无锡","××饲料公司地址:江苏南通",等等。银生爷没怎么听说过那些地方,他只生活在他的村庄里。

　　吴文化地区的农民是心灵手巧、性格温顺的。他们勤劳能干,没有人愿意闲着,这体现在家家户户门口路边的空地都种满了整齐划一的蔬菜上。他们一天不去田里,不去摸摸那些农具,心里就不安。他们民风淳朴,遇到争端不愿当面争得面红耳赤,更多的是默默记在心里。关于未来,银生爷没想过,他只知道会一心一意照顾偏瘫的老伴直到终老。小儿子一家一个月从城里回来看他们一两次,改善一下伙食。他还知道他手上有忙不完的活计,没指望儿子们来养活他,只知道会忙到自己忙不动的那天为止。银生爷的日子就这么一天天过着,村里的老人们都和他一样。

　　虽然熟悉得不能再熟悉,以至于每个人经过他家门前他离好远就能辨别出走过来的是谁,然后经典地吆喝一声:"来我家吃晚茶!"仿佛每个路过的都是他的亲人一样。但是银生爷很少在村里走动,在原子化村庄里,似乎人们的联系都被经济利益割断,大家都忙着自己手头上的事情,只有村里或者宗亲家里出了大

第二章 文化与文化变迁

事(丧葬、嫁娶),银生爷才会放下手中的活去"联络联络感情"。在日常生活中,人们还是经常打打招呼,装作很热情很熟悉的样子。

平时空闲的时候,银生爷就会眯着眼睛晒一会儿太阳,要不就打开电视收听当地一种录制的节目"讲经"。这个是当地祭祀集会时的保留节目,用当地的方言像讲故事一样讲着诸如三茅、地藏菩萨或者五虎征西、薛刚反唐等民间传说和故事,是当地人口中的"古代宝卷的活化石"。因为其有浓厚的乡土气息,银生爷总是听得津津有味。小儿子一个月回来一两次,平时也没什么人来看他,他的日子在不紧不慢不慌不忙中过着,重复而孤单。

一、"短寿命的东西,位置摆错了祖宗就不高兴了"

要说福村的宗教信仰,这种问题像跟要数清家里有几粒米一样复杂。福村的人和这座小城的人一样,信"菩萨"!家家户户的中堂里挂着巨幅"福禄寿喜"的像,旁边是天庭的列位菩萨,除了观音、如来、玉帝之外,还有日月、土地、财神、灶王爷等。似乎这些林林总总的神仙有着不同的分工,掌管和保佑着这里的方方面面。信谁的?都信,没啥区别。

每年有三个时间是要孝敬祖先的,当地人称之为"请老"。每当农历七月半、冬至日和过年的时候,家家户户都会这样做。银生爷是很传统的老人,在祭祖这方面他尤为敬业。因为三儿子和小儿子在城里生活,银生爷每年祭祖时都会替他们承担这个义不容辞的责任。天刚蒙蒙亮他就会起床,取出祖先的牌位,小心地放在菩萨的神像旁边,将中堂神像前的蜡烛和香点起。房间里顿时弥漫着一种淡淡的香。哪些菩萨要点蜡烛哪些不需要,银生爷的脑子里一清二楚。然后拿着小凳挨个地向菩萨和牌位跪拜,磕几个头才有诚意也只有他心里清楚。蜡烛得点到烧尽,他还有一家的任务在身。

披一件衣服出了门,有老伴在家就不必锁门了。跨半个村快步来到三儿子家,重复前面一样的动作。然后再跨半个村来到另一头的两个儿子家,视察他们的工作。每个儿子都成家立业后,祭祖的事情每户人家就独自承担了,但银生爷总是不放心。大儿子家做得最粗糙,银生爷很不满意:"蜡烛摆错位置了,得换一下。""有啥要紧的!"大儿媳妇咕哝两句。这下银生爷就更不高兴了:"短寿命的东西,位置摆错了祖宗就不高兴了!"仿佛他能听到列祖列宗和菩萨的抱怨。

直到更正完毕毫无破绽,他才放心回去。

中午小儿子带着妻儿从县城回来,银生爷很久没见到孙子,脸上漾起了一朵花,恨不能把家里好吃的都让孙子尝一遍。早上的祭祀只是序幕,真正的程序到中午才开始。儿子会从城里买好丰盛的菜回来。总感觉名义上是祭祖,实际上是老祖宗们约定个时间让孩子们回家看看,这也是银生爷难得的加餐机会。上午十点就开始做饭做菜,然后鱼和肉之类的摆在正中央的八仙桌上。每桌两张八仙椅两碗饭,以及摆在碗右侧的几十双筷子。那么多筷子是为了好拿,还是祖先成为神仙后手变多了?他也说不清,也无须弄清,祖宗传下来就是这样的,反正不能改。随后他握住三炷香跑到大门口,一边作揖一边自言自语:"爹,妈,我来叫你们回家吃饭了。"然后就往家里引,仿佛他身后跟着他的祖先。这时候若是小孙子站在大门口也会被他呵斥,以免挡了老祖宗回来的路。点两支蜡烛和香,儿子在桌子前烧纸和元宝。元宝是每次孝敬祖先的钱,当然越多越好,烧完后,祖先也就吃得差不多了。家里的每个人毕恭毕敬地在祖先吃饭的桌子前磕三个头,祈祷将来的幸福,最后把烧完的灰烬清出去,在倒灰烬的地方插一炷香,银生爷又念叨着:"爹,妈,时间短没吃饱的话去其他几个儿子家再吃啊!"小孙子想笑,但是这个时候也被严肃的氛围压住了,不敢笑。

接下来就开始家庭聚餐,一家人谈论着最近的话题,其乐融融。整套仪式虽然简单但很必要,每年的三个日子里,无论身在何处,儿女们都会想到这个日子,回家重温祖先的记忆。虽然整套流程都是银生爷一人操办的,但是每一个动作后辈们都看在眼里,直到有一天,后辈们也会以同样的方式来请银生爷"回家"。回家是生者的团聚和对逝者的追思,这在逐渐空巢的福村也显得格外有意义。

虽然没有族谱,但是对祖先的记忆从未走远。

二、"灶老爷,上天去说说好话,我拿好酒好菜供着你"

过年,在福村人心中是团圆,是传统,是追忆并体会一些逝去或还在沿袭的乡风民俗。福村的年味也别有当地特色。农历十二月廿四一过,过年的气氛就越来越浓了,福村流传着一首小孩子都会背的民谣:"廿四送灶,廿五发酵,廿六蒸馒头,廿七炒蚕豆,廿八掸堂尘,廿九吃馄饨,三十夜贴门神,年初一看龙灯,年初二拜丈人。"人们过年的日程都是按照这种民谣来安排的,热烈而神圣。

第二章 文化与文化变迁

廿四送灶,是要送灶神上天。相传灶神是玉皇大帝派往人间的监察员,专门监察每户人家的善恶,到了廿四这天,要上天庭向玉皇大帝汇报。所以灶上灶神的神龛旁边有一副小对联:"上天言好事,下界保平安。"为让灶神隐恶扬善,所以这天要举行"欢送仪式"。银生爷用赤豆饭和两样素菜供奉灶神。点烛焚香,他口中念念有词:"灶老爷,上天去说说好话,我拿好酒好菜供着你!"供奉完毕,将香烛用稻草一并焚化,仪式算是结束。有时还用灶糖,也就是麦芽糖。这种糖很有黏性,说灶神吃了它,就把嘴粘起来,在玉皇大帝面前开不得口,即使家人做了坏事,"小报告"也打不成了。

过去银生爷家经济条件不怎么好,不能天天吃上米饭,所以过年都是蒸馒头,白面里包着萝卜丝或者咸菜。现在生活条件好了,这个蒸馒头的传统还是沿袭了下来。银生爷也像福村很多人一样,很看重馒头发酵的效果。馒头蒸得"发",预示来年大吉大利;如不"发",则给全家人心灵上投下阴影。馒头用来招待过年来探访的亲戚朋友,多作为晚茶的点心。虽然现在可以请师傅做或者到加工店购买,但是过年蒸馒头这种习俗还是在银生爷家、在福村流传着。与此类似的还有炒蚕豆。蚕豆作为银生爷小时候难得吃到的零食,在现在并没有被淘汰,反而作为传统风俗流传下来,也许炒锅里花生蚕豆那"噼噼啪啪"的爆炸声,在银生爷们小时候听来是最动人的音乐。

说起"掸堂尘",也就是大扫除掸去堂屋的灰尘。福村人家以前住的都是土房,灶也砌在屋子内,由于平时劳作忙,没空打扫,加上烟熏灰落,门后以及屋脊处往往沾满了灰尘和蜘蛛网。要过年了,堂屋是待客之地,不打扫干净无法待客,所以要在节前将堂屋里的灰用掸子掸掉。银生爷记得他过去农村住的土屋,很难打扫,须忙活一整天,将屋内垃圾、农具整理掉,才能过上干净的年。现在家里都是贴瓷砖的小洋房,平时都很干净,但按照风俗廿八还是要象征性地打扫一下,表示做好了迎接客人的准备。

等到廿九吃馄饨,整个福村都沉浸在熬油拌菜的香味和刀拍案板的声音中。银生爷一家老小会聚在一起裹馄饨,这种全家一起从事的活动是维系感情的好时机。为什么银生爷或者当地人那么喜欢吃馄饨呢?据说这是源于"裹嘴"一说。为什么要"裹嘴"?因为再和睦的家庭总难免有个口角是非,希望通过吃馄饨——"裹嘴",把一切是非都免了,来年和气生财。

银生爷回忆说,以前福村很多人家要在年三十晚上"打囤子",即在竹子编成的篓状器具中放进石灰粉,在家前屋后的道路上打上密密麻麻的印记,以预祝来年粮食丰收,现在这个习俗已经没有了。诸事完毕,夜幕降临,年夜饭端上桌。这顿饭不但酒美菜香,而且气氛和谐热烈。银生爷一家大人小孩满口的吉利话,一屋子的欢声笑语。吃罢年夜饭,银生爷得给孩子们分发压岁钱,为他们准备新衣服、新鞋帽,还要给他们雪片糕、枣子、长生果,让他们夜里或年初一早上吃。糕是"步步登高",枣是"早早得发",长生果是"长生不老"。这一夜睡得很迟,福村有的人家通宵不睡,谓之"守岁",或者坐等春节联欢晚会开始,守岁理所当然也就守到晚会结束,小儿子在家门口放鞭炮,迎接新一年的到来。

大年初一银生爷和小儿子先起床,开门燃放鞭炮,谓之"开门鞭",而后敬神。早餐吃米粉圆子,称"团圆"。整个上午,都在邻居和亲友的拜年声中度过。凡上门拜年者,都拿花生、蚕豆、糖果之类款待,谓之"甜嘴",也就是让人家嘴甜说好话。对村里的小孩子则赠以雪片糕,有的还要给压岁钱。中午吃除夕剩余的饭菜,意为"年年有余"。

也许身处城市、紧跟城市化步伐的儿孙,早已习惯了霓虹灯的闪烁和现代音乐的交响,那儿时最期盼的年已不再让人兴奋,那悠悠醇美的年味正淡然散去,剩下的是对传统渐逝的怅然与不安。例如花生、蚕豆,福村很多人家已不炒了,到炒货店去买;馒头也不蒸了,到饭店去搬;甚至很多人家连年夜饭也不做,干脆到餐厅吃现成的。这固然省事,但也减少了几分情趣和温馨。尤其是一些仪式的减免,失却了特定情景营造的庄严感和神圣感,不能不说是精神上的一种欠缺。

村里的人越来越少,邻里和血亲之间的联络越来越淡,所以最近过年有亲戚来串门的时候,银生爷总会感叹:"那么长时间不见,走在马路上我都不认识了!"平时交往越来越少,原子化村庄里年味中弥漫的都是孤独。年味越来越淡,走家串户的越来越少,承袭的仪式习俗也越来越少了。庆祝的方式不一样了,银生爷的节,渐渐成了他们那一代人的节。

第二章 文化与文化变迁

三、"小时候没饭吃没肉吃,就去河里摸些河蚌龙虾当饭吃"

"斗指东南,维为立夏,万物至此皆长大,故名立夏也。"立夏来了,银生爷也告别了春天,迎来他的又一个夏天。

立夏早晨是要吃煮鸡蛋的。银生爷一大早煮好鸡蛋,锅里放上新鲜的甜菜叶子,让甜菜的味道渗透到鸡蛋里。村里有的人家会吃鹅蛋,多是给孩子和孕妇吃的。银生爷说,立夏当天小孩儿吃了鹅蛋,双脚会有劲;带了身子的人(孕妇)吃了鹅蛋,生的孩子会漂亮可爱,有张鹅蛋脸。

银生爷笑着说,那些都是人家说说而已的,吃鸡蛋就是为了防"疰夏"。疰夏是常见病,腹胀厌食、乏力消瘦,小孩尤其容易疰夏。福村当地有谚称:"立夏胸挂蛋,孩子不疰夏。"不过现在的福村,小孩子胸前挂蛋的已少见,但立夏吃鸡蛋、鹅蛋的风俗延续至今。

立夏除了吃鸡蛋、鹅蛋、馄饨,还有"尝三鲜"、戴皂角树叶的风俗。在福村的习俗中,"三鲜"分为"地三鲜"、"水三鲜"和"树三鲜"。地三鲜是指时令蔬菜,即苋菜、蚕豆和蒜苗;水三鲜是指螺蛳、河虾、鲥鱼;树三鲜是指樱桃、青梅、香椿头。当然,这些三鲜中,鲥鱼已成为传说。银生爷摇摇头说:"小时候这种鱼多的是,怎么现在都看不到了呢?"也许在他的字典里,没有"灭绝"这个词。在鱼米之乡的福村,水产品到处都是,"小时候没饭吃没肉吃,就去河里摸些河蚌龙虾或者螃蟹啊鱼啊上来当饭吃。"银生爷当然不知道当地市场上的螃蟹已是四五十块钱一斤,因为他已经很多年没摸过螃蟹了。说到"摸"的时候,银生爷脸上漾着笑,福村人生在长江边,个个都是好水性。

戴皂角树叶,是旧时福村人在春夏交接之际的一种习惯。"立夏当天戴皂角树叶,可以驱邪,防疰夏。"这是立夏最好玩的部分,银生爷给小孙子做了一顶树帽子,这顶帽子是用皂角树枝叶做成的。他骑着三轮车,载着煮好的鸡蛋和亲手做的帽子,顶着太阳去城里看小孙子了。

立夏过后,炎炎夏日即将到来,福村种种趣味盎然的立夏习俗,无一例外地体现了当地祈求健康、消灾解难的美好心愿。

四、"钱多钱少无所谓,反正都是家里人"

银生爷的手艺是祖传的,福村年纪大的都有这门手艺,他们有个特定的称谓："篾匠"。这个城市有着"竹乡"的称号，所以从来不担心原材料的供应。尽管如此，很奇怪的是，虽然人人都会做，但他们却各干各的，平时没有什么交流，从制作到售卖都是自己一个人。他们之间也不会有什么技艺的切磋，村里也没成立什么行会一类的组织。老一辈的篾匠可以用很简单的工具编制出纷繁复杂、漂亮的花纹，十分有讲究，几把不同种类的刀和木尺就是他们的所有家当了。跟其他人不一样的是，村里其他人是走街串巷或赶集的时候去卖凉席或竹篮，而银生爷坐在家里就有人找上门来定做。"哎，年轻的时候也经常出去跑，沿路叫卖，现在跑不动了。"银生爷话里有些辛酸，但也没啥遗憾。"现在有得做，有人来找，做不完啊。""做到什么时候呢？""做到自己做不动了的那天。"这是村里老人普遍的想法。

　　找上门来的都是沾亲带故的，按常理收钱总有些过不去。以前的确是这样的，现在却也被市场所改变。这一天下午就有人来找他了。

　　银生爷正戴着老花镜端坐在半成的竹席上构思花纹，虽说在构思，手里一样在忙不停，花纹的图案早就在他脑子里了。听到有人走了过来，叫他"银伯"，他抬头一望，是个子侄辈的。"哟，你来了你来了，快进来坐坐。"银生爷从席子上抬起了头。"银伯在打席子呢？""是啊，刚做了一两天。吃饭了没？""这个点早吃过啦。"虽然已近下午两点，但是农村的饭点是说不准的，看起来白问，但是见面第一句话总是跟吃饭有关的。"那待会儿在我家里吃晚茶吧。我去烧点水去。"每个到访的人首先是客人，是亲戚，然后才是客户，得先招待好才能谈其他的事。"不了，不了，家里还有事。"中年男子说道，"这次来主要是找您帮我做两条凉席，这不快夏天了嘛！""好好好，这个好说。""什么时候能做好呢？"银生爷掰着手指盘算一下，"这张是张嫂的，还要做水生的一条席子，给灿彬家做五个簸箕……这样吧，你到月底来拿吧。"在他的世界里，客户不是客户，都是可以叫出名来的亲戚。"席子打多大？""一米五乘两米的。"银生爷的世界里有一米五和两米的数字吗？这可能只有他自己心里清楚了，不识字的他在他的木尺上刻着各种类似罗马数字的符号，每个符号代表什么意义，代表多少厘米，都装在他的脑袋里。"两张席子多少钱呢？""给两三百吧。"银生爷从来不会说一个准确的数字，他告诉客户的都是自己估的一个数。"自己看着给吧。"对亲戚说一个

第二章 文化与文化变迁

绝对的数他是说不出口的,"做得太绝了不好,都是乡里乡亲的,反正做多少都是自己的,有一点是一点。""好好好,对了,银伯,我刚刚带了一些酒,给您平时慢慢喝。"银生爷听了高兴,眼睛眯成了一条线:"那么客气干嘛啊,我酒多着呢!""孝敬您的,别嫌少啊!""哎,客气了客气了!"银生爷看着一匝"分金亭"笑得合不拢嘴。这酒,顶多三块钱一瓶,够银生爷咪上一阵子的了。他从来不缺酒,而且他只要这种酒,便宜,有劲,喝惯了。看到客人上了车,银生爷急忙拉住:"哎,到我家吃饭呢,我去菜场买点肉回来。""不吃啦不吃啦,家里有事。""吃个晚茶也行嘛。""真有事,银伯,我有空来看你啊!"银生爷家的晚饭,也就是咸菜白饭,加上园子里随便摘的菜蔬。留人吃饭,是形式上客套的礼俗,这是送客走之前必要的情感表达,客人是不能认真的,主人也从来没有真正想留客人吃饭,都是形式而已,认真就不好办了。当然,对于银生爷来说,来的都是客人,是自己家里的人,"客气客气也是应该的。"

银生爷的席子物美价廉,一张席子得做一周,但是只卖一百块钱。在福村,去城里打工的男劳力一天就不止这个数了,但是银生爷一直是这个价,从来没变过,而且钱多钱少是定做席子的人看着给的,"反正有多少都是我的,闲着也是闲着。"闲着的时候,他就给几个儿子家做席子,"要分得均,不然他们要找我扯皮的。"

就这样,银生爷坐在家里就完成了从生产到销售的一整套流程,也完成了自己手工品价值的转换。他从来不会觉得自己的产品价钱低,因为闲着也是闲着,能挣一点是一点,对自己的亲戚也赚钱那就不厚道了。

银生爷虽然不愁吃穿,但是福村其他人的境遇就不如他那么好了。手工的席子虽然精美耐用,但是价格往往比机器做的席子贵好多,而且手工的生产速度比不上机器制造的速度,小小的福村也受到了现代机器化工业生产的冲击,这与《江村经济》中江南缫丝业的衰落简直如出一辙。福村原来有一半男劳力做着竹制品加工,但是手工业抵抗不了机器与工厂,一些上有老下有小的中年劳动力纷纷放弃竹制品手工业而改行去城里做工。做工的收入远比做凉席之类的高多了。剩下来仍然坚持做这一行当的也多是从便宜的地方转手机器打的席子,然后自己负责到城市售卖,生产与销售出现分离。而福村坚持自己手工编织凉席或者竹篮的,已经少之又少,多是像银生爷这样的老人,他们不计成本,生活也没有压力。对于他们来说,只要活着,就不停编织,这对于他们来说并不是工作,他们无须退休,这是他们要忙一生的活。

"想没想过找一个接班的接自己的手艺呢?""以前让儿子学过,做了几天不肯做了。随他们吧,自己有口饭吃就好了。"似乎手艺的失传对于他来说,是一件无可奈何的事,强求不得。或许他们从来没有想过这种事。

银生爷们的下一代很少从事这种工作了,他们大多去了城市定居,偶尔回来看看家里的老人,这门传了几十代的技艺也将随着银生爷们的老去而寿终正寝。

村庄逐渐空巢化,村庄丧失了生产的功能,也就丧失了活力,后辈们搬出了村庄,村庄逐渐变得暮气沉沉。老一辈们留守在村里,忙着他们一生也忙不完的活,等着有一天儿孙们回来看看。虽然打工回来的后辈们把家里的房子盖得很豪华,但也遮不住这座村的孤寂。等银生爷们全都老去,古老而传统的习俗都淡去,手艺都失传,后代的社会关系不再,从小在城市长大的他们,对这一方土地还有感情吗?他们还会回来吗?村庄会只剩下一具空壳吗?

银生爷老了,这座村庄和他一样,也正慢慢老去……

◆◆ 本章思考题

1. 什么是文化?它有何特性和功能?
2. 什么是文化结构?了解文化结构有何意义?
3. 试析文化模式、文化类型和文明类型的异同。
4. 试评析亨廷顿"文明冲突论"的理论依据。
5. 什么是文化变迁?试运用文化变迁的理论,谈谈文化创新和文化传播的意义。

◆◆ 本章主要参考及推荐阅读文献

1. 芮逸夫主编:《云五社会科学大辞典·人类学》,台湾商务印书馆有限公司1971年版。
2. C. 恩伯、M. 恩伯:《文化的变异——现代文化人类学通论》,杜杉杉译,辽宁人民出版社1988年版。
3. 威廉·A. 哈维兰:《当代人类学》,王铭铭等译,上海人民出版社1987年版。

4. 李亦园:《人类的视野》,上海文艺出版社1996年版。
5. 杰里·D. 穆尔:《人类学家的文化见解》,欧阳敏等译,商务印书馆2009年版。
6. 黄淑娉、龚佩华:《文化人类学理论方法研究》,广东高等教育出版社2013年版。
7. 雷蒙德·弗思:《人文类型》,费孝通译,华夏出版社2002年版。
8. 露丝·本尼迪克:《文化模式》,何锡章、黄欢译,华夏出版社1987年版。
9. 史蒂文·瓦戈:《社会变迁(第5版)》,王晓黎等译,北京大学出版社2007年版。
10. 塞缪尔·亨廷顿:《文明的冲突与世界秩序的重建》,周琪等译,新华出版社2002年版。
11. 王铭铭主编:《20世纪西方人类学主要著作指南》,世界图书出版公司2008年版。
12. 庄孔韶主编:《人类学经典导读》,中国人民大学出版社2008年版。
13. 瞿明安等:《象征人类学理论》,人民出版社2014年版。

第三章

种族、族群与民族

世界上也有不少人类学家并不认可社会文化人类学的研究对象是文化。他们认为文化的提法是抽象的,只有在具体的人类群体中,文化才是真实的、可被感知的,因此,社会文化人类学研究的对象应是具体的人类群体。在人们的社会实际生活中,人群的划分是以自我认同为中心并得到他人的承认为基础的。在现实生活中司空见惯的是:人们总是不自觉地将经常聚在一起,大家彼此认同度高的人群称为"我们";把认同方面有差异,但可以经常对话和交流的人群称为"你们";把心理上有一定距离甚至是有较大距离的人群称为"他们"。当然,这种"你们""我们""他们"的区分,是因个人好恶的变化、时间的变化、情境的变化而随时变更的,是情绪性的,不具有科学的操作性。在科学的人类群体分类中,种族、族群、民族是三个非常重要的概念。

第一节 种 族

一、种族的概念、类型和特征

人类的种族(races of mankind),简称人种,政治学家、军事学家、语言学家、人类学家、历史学家等各有不同的解释。有的把说共同语言的若干群体称为一个种族,如"雅利安人";有的把具有同样体型、发色之类遗传特征的群体,任意

第三章 种族、族群与民族

地划分为一个种族,如诺狄克人(即"北欧人",它同时具有某种政治意义);有的把那些祖先不相同的宗教群体,如犹太人,也称为种族。这些都不是科学意义上的种族概念。人类在动物分类上属于哺乳动物灵长目(Primates)—人科(Hominidae)—人属(Homo)中的一个种,称为"智人"(Homo sapiens)。由于遗传、环境的限制和隔绝,加上文化传承方面的原因,"智人"之下又可按体质特征差异分为若干亚类或次群(Subspecies),称为人类种族(human races)。因此,科学意义上的人种分类主要是依据生物学上的体质特征。

早期的人类学家是根据人类有机体的明显性状(称为表现型性状),如一眼可见的肤色、发型、眼睛的颜色、面部特征,到轻易看不出来但通过检测就可发现的血型、色盲、酶的生产等,来划分种族的。1775 年,德国人类学家布鲁门巴赫(Johann Friedrich Blumenbach)在他的《人类的自然变种》一书中,把人类分为高加索(Caucasian,俗称白种)、蒙古利亚(Mongolian,俗称黄种)、亚美利加(American,俗称红种)、埃塞俄比亚(Ethiopian,俗称黑种)、马来亚(Malayan,俗称棕种)等五个人种。著名的进化论代表人物英国学者赫胥黎(T. H. Huxley)于 1870 年把全世界人类划分为蒙古人种(Mongolo Race)、欧罗巴人种(Europaeus Race)、尼格罗人种(Negro Race)和澳大利亚人种(Australian Race)四大人种,简称黄种人、白种人、黑种人和红种人。因尼格罗人种和澳大利亚人种有许多近似或相同的特征,且有些人身上的红色被发现是靠颜料涂抹上去而形成的,故后人将"红种人"并入"黑种人",将世界上的人种简单划分为三类:白色人种(Caucasoid)、黄色人种(Mongoloid)、黑色人种(Negroid)。当然,这种以外在的皮肤颜色作标志来称呼各洲的人种,虽然简单方便,容易为普通民众所接受和掌握,但方法并不科学。这种过于简单的种族分类因被 19 世纪末 20 世纪初西方殖民统治者实行的种族歧视政治所利用或为种族歧视政策服务,变得声名狼藉。在第二次世界大战结束后,殖民帝国瓦解,殖民地相继独立,科学家开始质疑或抛弃这种多数人耳熟能详但却过于简单粗疏的种族分类法。

现代生物科学意义上划分的人类种族类型主要有:欧洲与西亚的高加索人种;爪哇、婆罗洲和澳大利亚的澳大利亚人种;东亚和北美的蒙古人种;印度次大陆地区的印度次大陆人种;北非和撒哈拉的开普人种;南非的刚果人种;西半球和殖民地人种。① 现将主要人种类型特征概述如下：

（1）高加索人种。欧洲人种，皮肤白皙，发色浅，一部分为金发碧眼。北欧人比南欧人高。爱尔兰西部、威尔士北部、苏格兰高地，O 血型者较多；在西欧，A 血型多于 B 血型。西亚民族由于与欧洲久有交往，也有欧洲人那样的身材和毛发。北非有一部分人属高加索人种。

（2）刚果人种和开普人种。主要有俾格米人、尼格罗人和布须曼人三大部分。俾格米人约有 15 万人，其男性平均身高约 1.5 米，体重约 32 公斤；其妇女更矮更轻。尼格罗人的皮肤色深，头发卷曲，身上少毛，四肢较长；A2 血型和 Rh 阴性血型较为常见。布须曼人有 5 万多，其皮肤呈黄色，四肢比例不同于黑人。

（3）澳大利亚和大洋洲人种。澳大利亚土人身高约 1.7 米，发直或呈波浪型。巴布亚人皮肤呈棕色，平均身高约 1.5 米。大洋洲人主要指太平洋几个群岛（如美拉尼西亚群岛）的土著人种。此外还有安达曼岛人和马来西亚的塞芒人。

（4）东亚人种。北方蒙古人种包括中国人在内，有 20 多亿，黑色直发，黄色皮肤，鼻子较平。南方蒙古人种包括越南、老挝、柬埔寨、泰国、缅甸、马来西亚、印度尼西亚、菲律宾等地居民。东南亚人肤色较中国人黑，鼻宽。B 血型的人比 A 血型的多。不过，居住在日本北海道的阿伊努人（旧称虾夷人），属高加索人种。

（5）印度次大陆人种。包括印度、孟加拉国、巴基斯坦、尼泊尔、不丹、斯里兰卡等国居民，身体特征是深眼窝、棕色头发。

（6）西半球和殖民地人种。他们的体征像亚洲的蒙古人种，门齿、头发和亚洲人一样。在墨西哥、中南美的纯印第安人中，只有 O 型血。②

尽管这种生物科学意义上的种族划分有一定依据，但还是遭到了社会科学家的批评和否定。他们认为：第一，这种以特定遗传特征为基础对人类的分类尝试存在很大的主观性，因为人类即智人的基因体系不是封闭的而是开放的，不同

---

① 开普人种和刚果人种可合称为尼格罗人种。
② 关于种族的分类，参见《简明不列颠百科全书》第 6 册，中国大百科全书出版社 1986 年版，第 762 页。

种族之间可以异种婚配,所以人类世界中存在着极其多样化的身体类型。人们在身体上的差异是显见的,群体之间的差异在统计上也是显著的,但这些统计学的分类不应该被误认为是基于显著遗传特征的人群分类。种族分类是一个逐渐变化的连续统或过程,而不是一组有着清晰界限划分的类型。群体之间的身体差异并不如个体之间的差异大,而且在许多方面都倾向于交叉、重叠和融合。美国人类学会1998年5月发表了《关于"种族"的宣言》(AAA Statement on "Races"),依据遗传学分析的证据(DNA),每一个单一的"种族"内部都包含了94%的人类生物多样性,而形成"地理性种族"的基因仅占6%。这意味着同一"种族"内部的差异远远大于"种族"之间的差异。[①] 第二,不论种族观念是否有生物意义,就人类群体之间关系的研究而言,种族的重要性显然体现在社会意义上,即只要人们相信某些身体特征的差别是有意义的,人们就会据此信念采取行动,从而影响他们与其他人的关系。人们对情境(situation)的这种错误定义所引发的行动,反过来会使最初被错误定义的情境成为事实,这就是社会学家所说的"自我应验的预言"。[②]

因此,种族概念是当代社会最容易被误解、混淆和滥用,同时也是最危险的概念之一。

二、种族产生的原因

一般而言,传统的种族分类假设人的生物特征是由遗传决定的,而且是长期稳定或不可变更的。但科学的研究结果表明,生物体征上的相似并不一定代表他们之间存在着共同的近祖。种族产生或形成的原因比较复杂,气候的潮湿、干燥、高温、严寒、食物的类型、营养水平和种类等,经过相当长的时间,都可以使人群发生生物结构上的变化。一般而言,自然选择与适应、食物的结构等是地理空间隔绝期人种差异形成的根本原因,而自然选择与适应是人类种族形成最重要的原因。

---

① 参见范可:《理解族别——比较的视野》,知识产权出版社2019年版,第34页。
② 马丁·N. 麦格:《族群社会学(第6版)》,祖力亚提·司马义译,华夏出版社2007年版,第15—21页。

以黑种人为例,黑种人多居住于气候炎热的赤道附近,炽热的阳光使他们的皮肤在长时间的暴晒中慢慢积聚了较多的黑色素。由于黑色素有利于吸收太阳光中的紫外线,从而起到保护皮肤免被晒伤的作用,因此,根据生物进化中自然选择的规律,在长期的进化中,黑色就成为居住在赤道附近的居民的主要肤色。同样,卷曲的黑发也是黑种人适应自然的结果。因为曲线比直线导热性差,在炎热的气候下,卷曲的头发比直发更能阻止较多的热量直接进入头部的血管和皮肤,久而久之,黑而卷曲的头发就成为黑种人独有的特征。长时期与世隔离加剧或进一步强化了本种群所独有的特征。

对于自然选择和长期隔离在人种形成过程中的重要作用,法国生物学家让·沙林曾有过深刻的阐述:"每一身体或生理特征,或者由于隔绝,或者由于气温,或者由于潮湿,或者由于干旱,而从北到南,从东到西,逐渐发生了变异。这样的变异并非人类所独有,其他动物也是这样。极地的动物通常是白色的,例如白熊、雪鸮、旅鼠;但赤道地区,在阴暗的森林里,主要是黑色或深色。这就是适应环境,使自己比较能与四周浑为一体——就是环境进行色素筛选的结果。人类的种种特征亦复如此。"[1]

食物结构是种族特征得以形成的第二要素。科学家一致认为,食物结构中长期的熟食程度、植物性食物在生活中所占的比例,都会使人体形态结构发生变化。如游猎于原始森林以果类蔬菜为生的俾格米人平均身高只有140—142厘米,生活在马来西亚密林里的塞芒人和塞诺人,因同样原因平均身高也只有150厘米,而那些离开了森林从事农耕的俾格米人,能够饱餐,只经历三代人,身材就普遍增高了数厘米。又如营养丰富的食肉人群,脑量普遍比营养不良的素食人群要大一些。

除了上述两大因素外,古代人类种族的形成还有其他因素,如性的选择及在实际生活中某一方面的特别强化和要求等文化因素,也会对种族的外在体质特征产生影响。用进废退原理也是古代人类种族形成的重要原因。[2]

由于人口的迁移和混血,人类又产生了新的或与原始的人种不同的种族,这

---

[1] 让·沙林:《从猿到人——人的进化》,管震湖译,商务印书馆1996年版,第81—82页。
[2] 欧潮泉:《基础民族学——理论、人种、文化》,贵州人民出版社1999年版,第125页。

第三章 种族、族群与民族

种变化数千年以来一直没有间断过。此外,先天的皮肤颜色也不一定来自相同的遗传基因,如原为欧洲的"白人",因长期在夏威夷和北非暴晒,皮肤变黑了。即使是遗传基因本身也会由于长期的适应环境和混血的过程,发生自然的变化。因此,要区分不同的种族,就要研究一个种族在什么时候和什么地方,与另一个或几个种族混血的历史。现代人类种族和生物多样性方面的研究,不再过多关注以假定的共同祖先为基础的人类分类,而是关注单基因特征、人类个体间差异的解释、种族疾病、血型、亚血型、新陈代谢的不同及其不断演变的情况等。

三、种族主义及其表现

种族主义(racism)的理论,指的是认为基于遗传的体质特征同人类各种族的个性、智力和道德发展能力间有一种必然的因果关系,即种族差异决定了各人类群体的社会历史和文化发展不同的理论。持这一理论的人相信:人类各种族之间绝对有优劣之分,高级种族天生具有创造高度文明的生物本质,负有统治世界的使命;而低级种族则无力创造或掌握高级文化,注定只能成为被统治被奴役的对象。作为一种意识形态,种族主义主要由三个基本思想建构而成:(1)人类自然而然地分成不同的身体类型;(2)他们所表现出的身体特征与他们的文化、人格和智力有本质的联系;(3)以遗传为基础,有些群体天生就比其他群体优越。[①] 种族主义思想本质上是种族中心主义的反映。在多族群社会里,族群身份是决定资源分配状态的重要基础。在等级制社会中,不同的族群处于不同的位置,其成员则获得相应的资源,由此产生一个不平等的社会体系。占据社会上层的统治族群为维护和加强他们的权力和支配地位,需要有一套信念体系或意识形态来将这种支配和从属的关系模式合理化、合法化,种族主义思潮就这样应运而生。

种族主义行为虽然在古代社会也存在,但种族主义思潮却是近代社会的产物,它的策源地在欧洲。随着殖民主义的扩张,种族主义思潮也开始泛滥。1853年,法国人种学者阿蒂尔·德·戈比诺(Joseph Arthur Comte de Gobineau)在其《论人类种族的不平等》一书中认为:种族优劣是社会兴衰、文化高低的决定因

---

① 马丁·N.麦格:《族群社会学(第6版)》,祖力亚提·司马义译,第23页。

素。黑种人和黄种人是低级种族,白种人特别是雅利安人是高级种族,其中日耳曼人最高贵,而日耳曼贵族又保留了更多的纯洁性,是一切文明的创造者。高级种族的文明不能渗入低级种族,否则必将导致文化的衰颓。他认为世界上所有的文明,包括古埃及、中国、墨西哥、秘鲁文明都是由雅利安人所建立的,同时只有白人才是人类始祖亚当的后代。此书被称为种族主义的"圣经"。

其实,种族主义理论与社会达尔文主义的思想也密切相关。达尔文创立的自然选择和生存竞争的生物进化论被一些人运用到社会领域,这就是社会达尔文主义。他们认为人类社会如同整个有机界一样,起作用的也是适者生存规律。自然选择是社会历史的主要动因,白种人是自然选择的最高产物。为了改善种族素质,他们主张人为地选择婚姻伴侣,强迫"低劣分子"绝育,以免他们迅速繁殖而威胁到欧洲的文明。德国人类学家 O. A. 安蒙和法国的瓦谢·德·拉普热提出,头部指标是人的心理特质、性格和社会地位的决定性标志。头愈长,愈有天赋,社会地位愈高。长头型的人属于欧罗巴种族,其统治地位是由掠夺或选择造成的。德国人类学家 L. 沃尔特曼和英国的 H. S. 张伯伦认为,社会政治制度和文化决定于人们的生物特点,即种族的差异,欧罗巴种族优于其他种族是因为他们具有文明的天分。日耳曼人是西雅利安种族的优秀代表,日耳曼主义理想是欧洲文化中一切优秀因素的集中体现,日耳曼种族的使命是统治全球。

种族主义思想的危害性极大,它为少数人在政治和经济上的垄断提供了理论依据。第二次世界大战前夕和期间,希特勒和德国法西斯把种族主义变成官方的政策和思想,使之为攫取别国领土、消灭他国居民、迫害本国人民服务。他们宣称日耳曼种族理应统治世界,犹太人、吉卜赛人(罗姆人)和黑人居于种族结构的最下层,应受奴役和宰割。为保护种族的纯洁性,他们推行所谓的种族卫生学,强制消灭低级种族的生殖机能,甚至进行屠杀。在有些国家,如 20 世纪 90 年代以前的南非,种族主义理论被官方用来作为种族歧视、种族隔离等政策的基础。当然,现在的南非,早已推翻和彻底废除了臭名昭著的种族主义政策,各族群致力于和解、团结,发展民主和经济,已被国际社会视为种族和解最为成功的典范国家。

种族隔离(racial segregation),泛指资本主义国家对白色人种和有色人种、欧洲人和非欧洲人等种族集团强制实行的分离,也称为种族分离。它大致可分为两种:一是人身隔离或制度隔离,即在社会生活各领域,通过建立各种族集团的平行机关或有色人种的专门部门而实行的分离。如禁止有色人种和白色人种同校读书、同住一栋房子、同在一个教堂做礼拜、同葬一块墓地等。另一种是地域隔离,即对一定的种族集团在指定地域内实行的分离,如建立保留地、黑人区、犹太人区等。最著名的种族隔离是南非前白人政权实施的种族隔离政策。南非的种族隔离称为"Apartheid",该词原为南非布尔人语言,出现于1948年,专指南部非洲统治者,特别是当时南非当局对非洲土著居民和其他非欧洲人所推行的种族歧视政策。这种政策的特点是:除从法律上区分各种族集团的地位外,还用分别居住和"分别发展"的形式把他们隔离开来。依据这一政策,南非居民分为白人、混血儿、亚洲人、班图人四个主要集团。占南非总人口16.6%的白人,曾占有南非87%的富饶土地,而占71.2%的班图人只划定了仅占领土13%的班图斯坦(即"保留地")。此外,非白人在旅行、财产继承、就业、入学、婚姻、选举等方面都受到法律上的歧视性限制。

种族灭绝(genocide),指的是某些统治阶级或种族集团,为了本阶级或本集团的利益,借口种族、民族或宗教的原因,整批地杀害某一集团的人,蓄意全部或局部消灭某一种族、民族或宗教集团的行为。从奴隶社会开始,种族灭绝就已在一些国家的政策中存在,资本主义发展以后作为殖民政策的工具得到了广泛的运用。在夺取殖民地和镇压殖民地人民反抗的过程中,殖民主义者都执行过种族灭绝政策,消灭了大批殖民地人民,如澳大利亚的土著塔斯马尼亚人就是被白人在20世纪初完全消灭了。第二次世界大战期间,希特勒及其法西斯政权也推行种族灭绝政策,杀害了600多万的犹太人和大批的吉卜赛人。

种族歧视(racial discrimination),指的是一些统治者根据种族和民族特征,划分人们的社会地位和法律地位,限制和侵犯其他种族的基本权利和自由的现象。种族歧视古已有之,但其现代形式是从资本的原始积累时期开始出现的,至今在世界不少地方还存在或隐或显的种族歧视现象。在曼德拉执政前的南非,种族歧视突出地表现为种族隔离,这是当时南非白人种族主义者的基本国策,已有300多年的历史。在20世纪,白人种族主义政权颁布的种族歧视的法令达100多项。美洲的黑人、印第安人,大洋洲的土著居民,欧洲的原殖民地移民、少数族群和外国劳工,亚洲的"部落民"和种姓集团等,都曾是当地种族歧视的受害者。

种族灭绝、种族隔离、种族歧视等种族主义行为遭到国际社会的强烈反对和谴责。1948年12月9日,联合国大会通过的《防止及惩治灭绝种族罪公约》指出,种族灭绝行为包括:杀害某一民族、族体、种族或宗教集团的成员,或者使其在肉体或精神上遭受严重伤害;故意使该集团处于某种生活状况之下,以毁灭其全部或局部的生命;强制施行某种办法,防止该集团成员生育;强迫转移该集团的儿童;等等。缔约国确认,上述行为均系国际法所禁止的罪行。凡犯有此罪行者,不论是一国的统治者、公务员还是私人个体,都在惩办之列。1963年11月20日,《联合国消除一切形式种族歧视宣言》第一次宣告,要迅速消除世界上一切种族歧视。1965年12月21日,联合国大会通过的《消除一切形式种族歧视国际公约》规定:在政治、经济、社会、文化或公共生活的各个方面(如交通工具、旅馆、餐馆、咖啡馆、戏院、公园等),禁止一切种族歧视。缔约国承担义务,防止、禁止并消除各种种族歧视,特别是种族分离和种族隔离,保证不分种族和民族,在法律上人人有一律平等的权利。凡传播种族优越或仇恨思想,煽动种族歧视,对任何种族或民族煽动和实施强暴行为,概视为犯罪,应依法惩处。1973年11月30日,联合国大会通过的《禁止并惩治种族隔离罪行国际公约》指出,种族隔离罪行指的是为建立和维持一个种族集团对其他种族集团的主宰地位,并为有计划地压迫他们而做出不人道的行为。这类行为有:剥夺种族集团成员的生命和人身自由的权利,对种族集团故意加以使其全部或局部灭绝的生活条件;采取措施阻止种族集团参与该国的生活;按种族标志分化人民,为不同种族建立单独的保留地或居住区,禁止他们互相通婚,没收他们的地产;用强迫劳动等手段,剥削种族集团成员的劳力;迫害反对种族隔离的组织或个人,剥夺其基本权利和自由。公约宣布:种族隔离违反国际法原则,特别是联合国宪章的宗旨和原则,对国际和平和安全构成严重的威胁,是危害人类的罪行。凡是有种族隔离行为的组织、机构或个人即为犯罪。缔约国承担义务,禁止、预防并惩治犯有这种罪行的人。① 可见,种族主义思想和行为是为全世界人民所反对的,不过要想彻底消除种族主义思想及其影响还有很长的路要走。

第二节 族群与族群理论

一、族群的概念及其内涵

"族群",是个外来概念或外来词的中译,英文为"ethnic group",是一种关于人类群体的分类概念。英文的"ethnic group"和"ethnicity"(族群性)产生于20世纪中叶,其中"ethnic"源自希腊语"ethnos"的形容词"ethnikos",本义为"种族"(race)。因此,我国也有一些学者将"ethnic group"译为"种族集团",如1986年我国翻译出版的《简明不列颠百科全书》就将"ethnic group"译为"种族集团";2002年出版的邓正来主编的《布莱克维尔政治学百科全书(修订版)》将"ethnic nationalism"译为"种族民族主义"。随着经济全球化、社会现代化步伐的加快,不同群体的人聚居在一起的机会大大增加或接触更加频繁,构成了复杂的、多元的文化交织或彼此如何相互适应的问题,因而族群和族群关系成为当代人类学、社会学、政治学、心理学、法学等学科关注的焦点问题之一。

在一般的社会科学领域,族群指的是主权国家内部与主流社会群体(majority)有着不同的文化或者不同族裔背景或者不同的宗教信仰的社会群体(minority)。这类社会群体中的任何一个群体,都可以通过不同的文化象征、语言、宗教信仰等来表现与主流社会群体或其他群体的不同。② 一般而言,人们在遇到来自与自身不同民族群体的人员时,往往会从其外在的一些特征,如语言、装饰打扮、宗教信仰、体质特征等方面去判断或推测其族属。这些外在的、可识别的特征,人类学上称之为"族群标识"(ethnic marks)。不过,作为一个学术概念,不同的学科在族群的内涵与外延的界定上难免会有不同的看法。

---

① 种族主义、种族隔离、种族歧视、种族灭绝的内容,详见《中国大百科全书·民族》,中国大百科全书出版社1998年版,第581—582页。
② 参见范可:《理解族别——比较的视野》,第37页;范可:《什么是人类学》,生活·读书·新知三联书店2021年版,第272页。

著名社会学家马克斯·韦伯(Max Weber)认为:"如果那些人类的群体对他们共同的世系抱有一种主观的信念,或者是因为体质类型、文化的相似,或者是因为对殖民和移民的历史有共同的记忆,而这种信念对于非亲属社区关系的延续是至关重要的,那么,这种群体就被称为族群。"①按照韦伯的定义,族群对相似性的认同是一种主观的信念(subjective belief),不过,这种所谓的"共同的世系"(common descent)与人类学通常所说的世系不同,并不一定具有血缘关系。这里的共同的世系更多的是一种"共同的记忆"(shared memories)。这种共同的记忆也是主观的,不一定就是历史事实。

英国社会学家G.邓肯·米切尔(G. D. Mitchell)主编的《新社会学词典》对"族群"的解释为:最早是用来表示某一民族,特别是一个非基督教民族的下属群体。现在,社会学家、社会人类学家和文化人类学家则使用该词语来概指具有自己的习俗方式或文化的某一特定民族的成员。因此,这一术语在意义上比民族更为广泛,而且将未开化的民族也包括在内,它们被认为与比较先进的民族一样是社会集合体。日耳曼人、犹太人、吉卜赛人都是族群;刚果的俾格米人和特罗布里安德人也是族群。可以观察到,识别一个族群或集合体的特征包括共同的语言、共同的风俗和信仰,当然还包括文化传统。②

英国著名民族政治学家斯蒂夫·芬顿(Steve Fenton)指出,族群"可被认为是'血统与文化的共同体'(descent and culture community)的概念"③。他认定种族(Race)、民族(Nation)、族群(Ethnic group)三个概念共有血缘与文化共同体的含义,但种族在指代血缘与文化共同体时,是一种"普遍抽象的分类系统",它有两个特定的附加点:其一,"地方"(local)群体是人们通过理论构想对人类进行区分的实例;其二,种族清晰地涉及被当作差异与不平等的主要标识的体质方面或"可视的"参考点。民族在指代血缘与文化共同体时,有"主张自我统治或

---

① 转引自乔健:《族群关系与文化咨询》,载周星、王铭铭主编:《社会文化人类学讲演集》下,天津人民出版社1996年版,第482页。

② G.邓肯·米切尔主编:《新社会学词典》,蔡振扬等译,上海译文出版社1987年版,第116—117页。

③ 斯蒂夫·芬顿:《族性》,劳焕强等译,中央民族大学出版社2009年版,第3—4页。

第三章　种族、族群与民族

自治:公民权和国家"的含义,它假定民族就是或应该是与某个主权国家(state)或类似主权国家的政治形式联系在一起的。族群在指代血缘与文化共同体时,有"外国的、外来的、少数的"含义,它有三个特定的附加点:其一,该群体是某个民族国家(nation-state)的一个子集;其二,族群差异的参考点是典型的文化表现,而不是体质表现;其三,通常说来,所涉及的群体是相对那些没有被假定为"族裔的"多数人而言的"其他人"(外国人、异邦人和少数人)。①

挪威著名人类学家弗雷德里克·巴特(Fredrik Barth)总结了西方人类学界关于族群的定义,认为理想化的族群通常是这样一些群体:(1)从生物学角度来看具有较强的自我持续性;(2)共享在各种文化形式下的外显统一性中所实现的基本的文化价值观;(3)建立一个交流和沟通的领域;(4)拥有自我认同和被他人认同的成员资格,以建立与其他同一层级下的类别相区分的范畴。②

20世纪80年代后期以来,族群概念和族群关系研究引起了我国学术界的重视。著名老一辈社会学家、人类学家吴泽霖教授主持编译的《人类学词典》认为:族群是一个由民族和种族自己集聚而结合在一起的群体。这种结合的界限在其成员中是无意识的承认,而外界则认为它们是同一体。也可能是由于语言、种族或文化的特殊而被原来一向有交往或共处的人群所排挤而集居。因此,族群是个含义极广泛的概念,它可用来指社会阶级、都市和工业社会种族群体或少数民族群体,也可以用来区分居民中的不同文化的社会集团。③ 民族社会学家马戎教授经过详细研究后指出,族群是"用于表示多族群国家内部具有不同发展历史、不同文化传统(包括语言、宗教等)甚至不同体质特征但保持内部认同的群体,这些族群在一定程度上也可以被归类于这些社会中的'亚文化群体'"。④ 有的人类学家则将族群理解为,人们在交往互动和参照对比过程中,自认为和被他人认为具有共同的起源或世系,从而具有某些共同文化特征的

---

① 斯蒂夫·芬顿:《族性》,劳焕强等译,第57、27页。
② 弗雷德里克·巴特主编:《族群与边界——文化差异下的社会组织》,李丽琴译,马成俊校,商务印书馆2021年版,第3页。
③ 吴泽霖总纂:《人类学词典》,上海辞书出版社1991年版,第308页。
④ 参见马戎:《理解民族关系的新思路——少数民族问题的"去政治化"》,《北京大学学报(哲学社会科学版)》2004年第11期。

人群范畴。① 如麻国庆教授认为,族群一般来说指的是说同一种语言,具有共同的风俗习惯,对于其他的人具有称为"我们"意识的单位。这个族群单位中所有的人并非都拥有共同的社会组织和政治组织,但一般都有相同的"认同"意识。这种"认同"是存在于人与特定族群之间的一种关系,它属于特定的族群,当然,族群的成员可能散居在世界各地,但在认同上,他们彼此分享着类似的文化与价值观。民族或族群的认同是认同的典型表现。②

从上述定义中我们可以看出两点不同:一方主要是从群体成员的共同特征出发来界定族群,强调的是群体内部的语言、种族和文化特征;而另一方是从群体的"社会边界"或综合的角度来界定族群,强调的不仅是内部的特征,还有与外群体的互动和认同。目前,国内学术界大致认定族群是分享共同的历史、文化或祖先的人群,它一般具有这样一些要素:(1)共同的名称;(2)共同祖先的神话;(3)共享的历史记忆;(4)共同的文化元素;(5)历史家园的联系;(6)团结感。族群成员共享那些将他们与其他族群相区分的文化传统和历史,也正因为有着共同的历史背景,族群成员会共享某些信仰、价值观、风俗习惯以及某些规范。又因为他们所共享的文化特征,他们把自己界定为与他群体不同的特殊成员。族群的区分主要涉及语言、宗教、历史经历、地域与家园、亲属关系与祖先、生活方式和群体认同等特征。当然,族群成员在族籍诉求上常带有较强的主观性,在族群范畴上则具有场景的变动性和可拆合性。③

虽然学术研究尽力用一个明确的概念来指称或说明某一类社会现象,但无可否认的是,由于历史和文化背景的差异、社会状况的不同,不仅给族群下定义的学者们对族群概念的内涵有不同的偏向,就是被学者们共同贴上"族群"标签的各个国家和不同文化实体内的人类群体,往往也具有很大的非同质性或"本土性"。这一点是任何研究者都必须注意的社会事实,也是人文社会科学研究的复杂性之所在。例如,若按上述"族群"的定义来界定,它既可以指称我国某民族内部的一个支系,如纳西族中的"摩梭人",汉族内部的客家人、广府人、东

---

① 庄孔韶主编:《人类学通论》,山西教育出版社2002年版,第339页。
② 麻国庆:《走进他者的世界》,学苑出版社2001年版,第314页。
③ 国务院学位委员会办公室编:《同等学力人员申请硕士学位社会学学科综合水平全国统一考试大纲及指南(第三版)》,高等教育出版社2009年版,第642—643页。

北人、陕北人等;也可以指称我国56个民族中的任何一个,如壮族、蒙古族、维吾尔族等;等等。① 国内也有学者运用国际比较的视野将人类学研究中的"族群"与社会学、政治学研究中的"族群"进行比较,认为人类学家更多地从互动的角度审视域外人群,他们往往是通过具体接触所研究的对象来感受族群的存在,所以人类学研究中的族群具有较强的聚落感;社会学家、政治学家往往关注的是本社会内部的问题,这样的问题是超越地方性或地方语境的,因此,社会学、政治学研究族群时较少关注具体地域以及与具体地域关联度很高的群体认同,而是着眼于不同的群体是如何表达自我来显示与他人的不同,进而在国家生活的场域里争夺话语权。在人类历史上,族群一直是构成文化多样性的单位或承载体,但在现代社会里,族群多有政治意涵。他们不仅是国家社会的一部分,而且力求在国家的政治或者社会生活领域里发出自己的声音。族群之所以彰显,除了历史因素外,主要与现代国家的治理术有关。②

进入21世纪,鉴于国内改革开放以来各地经济利益格局所发生的深刻变化和部分地区民众族裔意识的增强,加上与国际社会交流和政治互动时对接的需要,有学者呼吁运用族群概念来重新审视我国的"民族"称谓现状和内涵界定。如马戎教授这样说:

> 我曾建议保留"中华民族"(the Chinese nation)的提法,同时把56个"民族"在统称时改为"族群"或"少数族群"(Ethnic minorities),在具体称呼时称作"某族"(如"汉族""蒙古族")而不是"某某民族"(如"汉民族""蒙古民族")。提出这一建议有三个理由:一是中国的"少数民族"在社会、文化含义等方面与其他国家(如美国)的少数种族、族群(Racial and ethnic minorities)是大致对应的,改称"族群"可以更准确地反映我国民族结构的实际情况;二是可以避免在两个层面("中华民族"和下属各"民族")使用同一个词所造成的概念体系混乱;三是当我们讲到中国的56个"民族"和地方"民族主义"并把这些词译成英文

---

① 参见郝时远:《类族辨物:"民族"与"族群"概念之中西对话》,中国社会科学出版社2013年版,第190—225页。

② 参见范可:《理解族别——比较的视野》,第37、38、41页。

"Nationalities"以及"Nationalism"时,国外的读者从这些英文词中很容易联想到有权实行"民族自决"并建立"民族国家"(Nation-state)的某种政治实体或分裂主义运动,从而在国际社会造成严重误导。①

我们认为,我国的民族或族群的构成状况十分复杂,但这种立足于国内外形势变化,以国内社会事实为基础,汲取国外研究和国家治理的有益经验,实事求是地探讨建立一套逻辑层次分明、概念清晰、既符合中国国情又与国际社会接轨的民族(族群)理论体系的态度和精神,无疑是值得称道的。

二、族群性与族群认同的理论

与族群一样,学术界中受到密切关注的另一个概念是族群性(ethnicity)。如果说族群是泛指主权国家内部与主流社会人口有着不同的文化或者族裔背景的群体,那么,如何彰显族群以及为什么彰显族群、认同族群则是族群性的问题。群体通过个体成员来表示"族"的意义和价值,就是族群性。② 它是从互为主体性的角度出发来确认族群,理解由族群关系引发的各种社会现象的一个重要概念。

族群性及族群认同方面的研究,国际学术界大致可归纳为两大理论派别:根基论和情境论。

根基论(Primordialism),也称为原生论。这一派理论的代表人物有爱德华·谢尔斯(Edward Shils)、克利福德·格尔茨、哈罗德·艾萨克斯(Harold Isaacs)、查尔斯·凯斯(Charles F. Keyes)等人。他们认为,族群认同主要来自根基性的情感联系。格尔茨指出,对于个人而言,这种根基性的情感来自由亲属传承而得的"既定资赋"(givens)。一个人生长在一个群体中,他因而获得一些既定的血缘关系、语言、宗教、风俗习惯,他与群体中其他成员由这种根基性的联系凝聚在了一起。③ 但是,根基论并不强调生物遗传造就族群,也不以客观文化特征来定义族群。相反,根基论者注重主观的文化因素,认为造成族群的血统传

---

① 马戎:《理解民族关系的新思路——少数民族问题的"去政治化"》,《北京大学学报(哲学社会科学版)》2004年第11期。
② 参见范可:《理解族别——比较的视野》,第37页;范可:《什么是人类学》,第281页。
③ 参见克利福德·格尔兹(格尔茨):《文化的解释》,纳日碧力戈等译,上海人民出版社1999年版,第295—300页。

承，只是文化解释的传承。如一个人从出生的家庭和社区中获得一些非自我所能选择的"既定资赋"——语言、宗教、族源信仰等。一个人自称是"炎黄子孙"，并不表示他真的是炎帝、黄帝的后代，而是他自认为如此。

情境论（Circumstantialism），也称为工具论（Instrumentalism），代表人物有利奥·德普雷（Leo A. Despres）、贡纳尔·哈兰德（Gunnar Haaland）、阿布纳·科恩（Abner Cohen）、弗雷德里克·巴特等。他们基本上将族群视为一种政治、社会或经济现象，以政治与经济资源的竞争和分配来解释族群的形成、维持和变迁。他们强调族群认同的多重性、可被利用性，以及随着情境（工具利益）变化的特征，因而得名为情境论者。如弗雷德里克·巴特认为，族群认同是按照一个人基本的、最一般的归属来划分的，而这种归属是由他（她）的来源和背景假定的。确定一个人的归属，单单看他（她）的来源还不够，还要加上一个背景的问题。①这在我们的日常生活中是常见的。例如，一个在欧洲留学的武汉留学生，走在英国或德国的大街上，碰到来自中国的同胞时，会很自然地认同自己的身份——中国人；碰到来自家乡湖北的人时，会觉得遇到了老乡很愉快，相互用家乡话聊几句；碰到武汉去的人则会唠叨半天，说说武汉的现状及其发展趋势；若是碰到留学生中的大学本科校友，那就更亲热得不得了啦，不仅会留下联系方式，可能还会经常往来走动。若把这些认同范畴稍作调整，如碰到武汉人时他只说自己是中国人，则会产生见外的感觉，不但无法拉近两人的距离，反而会加深两人的隔阂。原则上，与人交往时，人们会用最小的共同认同来增加彼此间最大的凝聚力和亲热气氛。

情境论与建构理论的关系十分密切。著名人类学家凯斯指出，决定族群成员身份的时候，不是所分享的共同文化在起作用，而是当事人自己的归属和认同在起作用。因此，他认为行动者自身的认同感才是最重要的。他主张民族认同本身预设了对族群文化特征的界定。族群的不同是从文化上界定的，人们为了与另一个族群区分开来，会说我们二者在信仰上不同，在语言上不同，总之是在文化上不同。其实，这些不同可能是很有限的，譬如，语言的不同并不是语言学

---

① Frederick Barth, ed., *Ethnic Groups and Boundaries: The Social Organization of Culture Difference*, Little, Brown and Company, 1969.

上的不同,只是从他们自己讲话的角度来说的,只有一些语音和方言词汇方面的细微差别。这就说明,正是族群认同引申并促成了对文化差异的强调,而不是文化本身真有这么重要的差异。因此,对族群认同的需要是文化认同的主要根源,而这种需要主要是社会性的。有鉴于此,华人人类学家乔健先生总结说,从利奇(E. R. Leach)以来,经过巴特和凯斯等人而形成的一种新的观点,基本上认为族群认同的主要原因不是文化的,而是社会的,是一种结构性的对抗。进一步说,对族群认同的一种要求,一种社会的要求,引申出对文化的认同。① 因此,原生性的族群性是通过具有我族中心主义的"我群意识"表达出来的,而当代社会的族群性或族群意识则多为建构性的,它多是不同族群互动的结果,其中不乏虚构或想象的成分。

　　当然,不管是根基论还是情境论,不管是客观文化特征论还是主观意识认同论,均不是完全对立的,而是可以互相包容的。有关专家认为,客观论指出了族群可被观察的内涵,主观论则描绘了族群的边界;根基论说明了族群内部各分子间的联系与传承,情境论则强调了族群认同的维持与变迁。② 近二十多年来,也有一些学者试图糅合两派的理论,认为只有在可行的根基性认同与可见的工具性利益汇合时,族群认同才会产生。正如英国政治人类学家斯蒂夫·芬顿所言:

> 因为所有虚构或再虚构的认同都存在着某些社会事实的基础,诸如宗教差异、地域性的集中、集体性组织和语言等等,所有这些构成了构建及动员族裔认同的客观基础。也许能够划分出明确的族裔界限,并以此为旗号进行号召和动员,但如果没有任何客观存在的社会——文化差异,很难想象有多少潜在的族裔行为者会响应族裔认同的召唤。③

---

① 详见乔健:《族群关系与文化咨询》,载周星、王铭铭主编:《社会文化人类学讲演集》下,第485—486页。
② 王明珂:《华夏边缘——历史记忆与族群认同》,台湾允晨文化实业股份有限公司1997年版,第40页。
③ 斯蒂夫·芬顿:《族性》,劳焕强等译,第81—82页。

第三节 民族与我国的民族概况

一、民族的概念和内涵

民族(nation),是一种具有身份认同的人们共同体。美国著名学者本尼迪克特·安德森(Benedict Anderson)认为,民族是一个"想象的共同体",是人们建构出来的"人造文化物"。民族主义思想是一种本身存在局限性,但同时具备独立自主的追求,虚构出来的政治团体意识。① 《布莱克维尔政治学百科全书》对民族的解释则是:"可以界定为一种名义上的人类共同体:它有着一个共同的祖先、历史传统和划一的大众文化,据有一块领土,所有成员都有劳动分工和法定权利,其中包括种族文化(种族民族主义)因素和现代'公民'特征。"该书指出,与民族密切相关的民族主义思想(nationalism)"是迄今为止世界上最强有力的意识形态。作为思考世界的一种方法,它强调民族在解释历史发展和分析当代政治中的重要性,并且明确宣称'民族特征'是人类划分的主导性因素。习惯上,民族主义主张所有的人都应属于一个并且只属于一个民族,它是他们身份和忠诚的主要焦点"。② 显然,这是从西方现代民族国家的意义上来看待民族和民族主义概念的,也是当今国际社会从政治上讨论民族及其相关问题的一般性基础。

其实,当今世界对民族的认知并不是只有西方的"民族国家"一种含义。英国著名民族学家安东尼·史密斯(Anthony D. Smith)就认为,"民族"至少存在着一个西方的"市民的'民族'模式"(a civic model of the nation)及一个亚洲和东欧地区的"族群的'民族'模式"(an ethnic model of the nation)。西方的"市民的'民族'模式",其构成的标准要素有:(1)历史形成的领土;(2)法律和政治共同体;(3)成员在法律和政治上的平等权利;(4)共同的文化和意识形态。亚洲和

---

① 参见 Benedict Anderson, *Imaged Communities: Reflections on the Origin and Spread of Nationalism*, Verso, 1983。

② 参见戴维·米勒(英文版主编)、韦农·波格丹诺(英文版主编)、邓正来(中译本主编):《布莱克维尔政治学百科全书(修订版)》,邓正来等译,中国政法大学出版社2002年版,第528、531页。

东欧的"族群的'民族'模式",其构成的标准要素有:(1)对血统和谱系的重视超过基于领土的认同;(2)在情感上有强大的感召力和动员效果;(3)对本土的文化(语言、价值观、习俗和传统)的重视超过法律。最后,他总结"民族认同"(national identity)的基本特征为:(1)历史形成的领土;(2)共同的神话传说和历史记忆;(3)共同的大众文化;(4)所有成员所具有的法律权利和义务;(5)共同的经济。他认为"民族认同"(national identity)和"民族"(nation)是复杂的建构,包含了一些相关的组成部分,包括"族群"(ethnic)、文化(cultural)、领土(territorial)、经济(economic)和法律—政治诸方面的内容。[①]

民族的本质内涵,在于区别"我群(自己人)"(in-group)与"他群(他人)"(out-group)。它可以通过具有相当稳定性的一系列文化特征加以展开和维系,并为其成员所自觉。民族的自我意识不仅反映了一个民族的文化心理特点,而且反映了他们自认为属于同一个族体的观念。民族特征一般存在于该民族成员共同创造的文化和他们所拥有的共同的自我意识之中。构成民族特征的既有物质基础方面的因素,也有精神、情感、心理诸方面的内容。民族特征是民族分类的出发点,是民族识别的客观依据。一般来说,民族各特征是互相联系、互相补充,彼此不能相互取代的,它们对维系本民族的存续发挥着共同的作用,但这并不意味着它们的功能和作用是等量齐观的。某些典型特征在外部的族际互动中会显得更加突出,并具有一定的象征和符号化意义。

我国的民族概念内涵十分丰富,并不与当代国际政治所指涉的概念完全接轨。在古代,我国指代族类共同体往往有具体的族称,如戎、狄、夷、蛮、貊、羌、夏、商、苗、九黎等,也有用一些抽象名词的,如族、族种、族类、民、民种、土人、部、部人、种落等,但没有"民族"一说。古籍中虽偶有"民族"二字出现,但指代的大多是"宗族之属"和"华夷之别"。[②]我国现代意义上的"民族"一词,是19世纪末梁启超避难日本时,为介绍日本的新思想而从日语中引进来的,1903年以后才在我国思想界普遍流行和使用,思想界对其内涵进行了较广泛的探讨。如孙

---

① 安东尼·史密斯关于"民族认同"的论述,原文参见 Anthony Smith, *National Identity*, University of Nevada Press, 1991;译文参见马戎:《评安东尼·史密斯关于"nation"(民族)的论述》,《中国社会科学》2001年第1期。

② 参见郝时远:《类族辨物:"民族"与"族群"概念之中西对话》,第23—26页。

中山认为民族是由五种"力"造成的：血统、生活、语言、宗教、风俗习惯。① 中华人民共和国成立后，斯大林的民族定义曾在我国学术界和意识形态领域占据主导地位，至今影响还十分深远。斯大林认为："民族是人们在历史上形成的一个有共同语言、共同地域、共同经济生活以及表现在共同文化上的共同心理素质的稳定的共同体。"②尽管斯大林的定义后来遭到了一些质疑，但在我国民族学界，许多学者仍旧坚持斯大林的民族定义，只是对其在中国的适用状况稍加补充和修正。如费孝通教授等在实践中就把"共同地域"修正为"民族聚居区"，把"共同经济生活"理解为"相似或相同的经济生活"，将"共同文化上的共同心理素质"理解为"认同意识"等。③ 还有学者认为，除斯大林所说的"四要素"之外，还应增加"民族的共同名称"作为民族的基本特征。也有人主张，民族自我意识是民族共同体自我定义的重要依据，因为民族形成的条件及其文化特征消失以后，民族意识以历史记忆的方式，通过民间教育以及在与其他民族的交往中继续发挥作用，成为民族精神生活的一部分。这种历史记忆借助某种语言形式作为象征民族故我的符号，对于本民族成员产生历史投射的效应，使他们在对本民族历史的想象和共鸣中得到一种熏陶，培养出民族自我意识和对民族自称的深厚的感情。因此，民族自我意识是民族各项特征中最为重要的特征。④ 2005 年 5 月，中央民族工作会议召开，会后出台的《中共中央、国务院关于进一步加强民族工作、加快少数民族和民族地区经济社会发展的决定》指出："民族是在一定的历史发展阶段形成的稳定的人们共同体。一般来说，民族在历史渊源、生产方式、语言、文化、风俗习惯以及心理认同等方面具有共同的特征。有的民族在形成和发展的过程中，宗教起着重要作用。"这是进入 21 世纪后总结提炼学术研究成果并结合中国社会具体实践对"民族"概念所作的新阐释，简称为"民族六要素说"。⑤

---

① 《孙中山选集》，人民出版社 1981 年版，第 619—620 页。
② 《斯大林选集》上卷，人民出版社 1979 年版，第 64 页。
③ 费孝通：《我的民族研究经历与思考（代序）》，载马戎、周星主编：《中华民族凝聚力形成与发展》，北京大学出版社 1999 年版。
④ 国务院学位委员会办公室编：《同等学力人员申请硕士学位社会学学科综合水平全国统一考试大纲及指南》，高等教育出版社 1999 年版，第 615—616 页。
⑤ 参见周俊华等：《政治人类学：主要议题与探索》，中国社会科学出版社 2021 年版，第 184 页。

我国现今社会中所用的"民族"一词具有明显的多义性,它可以对译于英文中的 ethnos、ethnic group、nation、people、minority 等内涵和外延都不尽相同的术语概念,其范畴十分宽泛。有学者对其加以总结后认为它的内涵主要包含以下六个层面:

(1)在特定的场合与条件下,专指国内现存的少数民族,相当于英文的 minority。如"民族地区""民族教育""民族语言""民族人口""民族聚居区""民族杂散居区"等,都是专指国内少数民族的概念表述。

(2)在特定的文脉中,"民族"一词也能用于指称像"中华民族"(Chinese nation)这样的国族范畴。在超越基本民族单位(常常是得到某种政治上的确认)的层面上,基于各基本民族单位间在既定的地域和政治环境中天然存在着或自然形成的历史与现实、文化与传统乃至语言或血缘等方面的密切关系,即根据各民族的共生关系、相互依存关系以及在文化上的各种共同因素和共同的历史命运,把它们统称为"中华民族",从而能够在更高的层面上规范超越民族基本单位的民族现象和民族事实。"民族民主革命""民族解放战争""民族统一战线"等就指的是国族这一层面的概念。一般而言,这种超越基本民族单位的宏观民族单位,常可因统一的政治体系的存在及其运作而趋于形成,也可成为政治体系一体化努力的目标。

(3)在单一民族或基本民族单位内部,常常存在着各种不同形式的支系或分支,以及较小的族体单位,对他们以前也曾用"民族"一词来表述。如汉族是以华夏族为基础,吸收了楚族、东夷族、百越族、南蛮族和北狄族等族或族系中的一部分融合而成的,华夏族、楚族等也曾被称为"民族"。

(4)某些人数不多的人类集团,或者尚未在政治上得到确认,但又具有某种独立性与文化独特性的族体单位,在学术上也可称之为"民族"。有时这种"民族"被称为"民族学集团"。

(5)在最为广泛的意义上使用"民族"一词,则可包括民族共同体的一切历史类型及其处于过渡状态中的各种族体形态:从史前时代到当代尚存的原始民族,各种前资本主义形态的民族类型,以及与社会化大生产相联系的近现代民族;同时,它还概括了氏族、部落、部族以及各种具有过渡性的民族共同体的发育形态,甚至还可以涵盖多重分类中的各种民族类型。

（6）在特定的场合,"民族"一词又被用来专指近代以来与社会化生产方式有关,并通过统一的国内市场与民族国家相联系的族群,大体上相当于 nation。有时也用于指称当代拥有国家政治系统的一切其他民族,不管他们的政治制度是社会主义的还是资本主义的,或是其他政治生活方式的。也有一种看法是把 nation 理解为国家中的主要民族,而将 nationality 理解为国家中已获得承认的少数民族。①

由此可见,我国社会实际生活中所划定和运用的"民族",从学术上看,其范畴和内涵包含了多层面性与多义性,至少在当初划定时就涵括民族、部族、部落、氏族等不同的人们共同体。它是一个国家政治治理方面的特定安排。从这个意义上说,"民族"这个概念,既受学术译名中某些难题的影响和本国学术传统的制约,也受限于不同地区存在着不同的社会和国情这种复杂性。

二、我国的民族概况

我国是个统一的多民族国家这是没有疑问的,但究竟有多少个民族,意见并不一致。孙中山在领导旧民主主义革命时,提出的是汉、满、蒙、回、藏"五族共和"的口号。民国时期,尤其是 1931 年日本开始侵略中国以后,顾颉刚、傅斯年等著名学者出于全国团结抗战的需要,提出了汉族即中华民族论,认为"中华民族是一个""中华民族是整个的",否定中国存在多民族性。②蒋介石在其《中国之命运》中采纳了这种观点,把汉族称为"国族",把各少数民族称为汉族的"大小宗支"。中华人民共和国成立后,中国共产党和中央政府要废除以前的民族压迫制度,落实民族平等的政策,让各少数民族参与到社会政治生活中来,就得先搞清楚我国到底有多少个民族。1953 年全国人口普查时,各地统计上来的民族名称共有 400 多个,光云南省就有 260 多个。这里有些是同一民族不同的自

---

① 周星:《民族学新论》,陕西人民出版社 1992 年版,第 3—8 页。
② 详见顾颉刚:《中华民族是一个》,《益世报》1939 年 2 月 13 日;《傅斯年全集》第四卷,湖南教育出版社 2003 年版,第 125—127 页。

称和他称;有些是一个民族内部不同支系的名称;有些是以居住地区的地名为族称;有些则是不同的汉语译音;等等。这样,民族识别工作就显得十分必要了。该年,国家组织了涵盖历史学、民族学、语言学、社会学、考古学、经济学等学科的不少专家和一批干部到民族地区进行大规模的民族识别工作。在调查研究的基础上,他们首先识别某一族体是汉族还是少数民族,其次识别它是单一民族还是某一少数民族的一部分,最后确定这个族体的民族成份和族称。这个过程和结果就被称为"民族识别"。经过一定程序的识别工作,从1956年至1983年,国务院先后正式确认和公布我国现有的56个民族。[①]

依据2020年第七次全国人口普查结果,我国现有总人口为1443497378人(含港、澳、台地区人口),其中大陆地区31个省、自治区、直辖市和现役军人的人口(不包括居住在31个省、自治区、直辖市的港澳台居民和外籍人员)为1411778724人。在大陆地区的人口中,汉族为1286311334人,约占全国人口的91.11%;其他55个少数民族人口和未识别民族的人口为125467390人,约占全国人口的8.89%。[②] 此外,还有未定族称的836488人和外国人加入中国籍的16595人。少数民族人口所占的比例虽小,但分布地域较广,其自治地方约占全国总面积的60%。由于历史上长期的互相交流、迁徙和自然同化,我国56个民族的分布呈现出错综复杂的"大杂居、小聚居"局面,形成了"你中有我,我中有你""汉族离不开少数民族,少数民族离不开汉族,各少数民族之间也相互离不开"的密切关系。

一般而言,汉族遍布全国各地,除西藏自治区外,不少民族地区的大中城市中,汉族人口所占比例高于当地的少数民族人口。55个少数民族若按四大区域划分,则为:东北和内蒙古地区计有7个民族,分别是满族、朝鲜族、蒙古族、达斡尔族、赫哲族、鄂伦春族、鄂温克族;西北地区有14个民族,分别是维吾尔族、哈

---

① 20世纪50年代进行民族识别时,学术界曾有关于民族、部族之类术语的讨论,当时毛泽东主席敏感地意识到这类讨论对多民族共存的国家无益,中国共产党的政治主张是各民族无论大小和社会经济发展水平高低,政治上一律平等,因此,民族识别的结果是将被识别出来的群体都统称为"民族"。详情参见范可:《理解族别——比较的视野》,第24页。

② 国家统计局、国务院第七次全国人口普查领导小组办公室:《第七次全国人口普查公报(第二号)》,https://www.stats.gov.cn/sj/tjgb/rkpcgb/qgrkpcgb/202302/t20230206_1902002.html,2023年5月11日访问。

第三章 种族、族群与民族

萨克族、柯尔克孜族、乌孜别克族、塔吉克族、塔塔尔族、俄罗斯族、锡伯族、回族、东乡族、撒拉族、保安族、裕固族、土族；西南地区有 25 个民族，分别是藏族、门巴族、珞巴族、羌族、彝族、白族、哈尼族、傣族、傈僳族、佤族、布朗族、德昂族、拉祜族、纳西族、独龙族、怒族、景颇族、阿昌族、普米族、基诺族、苗族、布依族、侗族、水族、仡佬族；中南、东南地区有 9 个民族，分别是壮族、瑶族、仫佬族、毛南族、京族、土家族、黎族、畲族、高山族。

当然，这种分布区域的划分只是个概略，并不是绝对的。如回族并不限于西北地区，全国 99% 的城镇都有回族同胞的身影；苗族也不限于西南地区，中南地区也有不少。尤其是改革开放以来，随着商品经济的发展，各民族人口的流动呈现出了前所未有的景象，如广州的"新疆街"、北京的"新疆村"、全国各地的"温州村"等都曾引起学者、社会舆论和政府有关部门的高度关注；藏族同胞摆的地摊、维吾尔族同胞经营的烤羊肉串摊、侗族女同胞挑着担子卖茶叶等，曾是 2000 年前后多数城市的一景；回族同胞经营的"兰州拉面"馆如今也是随处可见。随着我国市场经济的进一步繁荣，这种少数民族人口向繁华大都市流动、从事经贸活动和东南沿海地区人口到西部民族地区创业、经营的交流趋势将更加明显、不可阻挡。

表 3-1　我国 56 个民族的人口、语言、宗教信仰及分布概况简表[①]

民族	2020 年人口数（单位：人）	所使用的语言、文字	主要宗教信仰	主要分布地区
汉族	1284446389	通用普通话、规范汉字，日常生活交流中不少地方的汉人也使用当地的汉语方言和土语	没有全族信仰的宗教，所信的主要宗教有道教、佛教、基督教、天主教、摩尼教、祆教，以及多神崇拜和祖先崇拜等	全国各大江流域、交通线和各大小城镇及其周边地区

---

① 本表中的人口数来源于国家统计局网站（http://www.stats.gov.cn）《中国统计年鉴 2021》"2-22 分民族、性别的人口数"。其他材料来源于《中国大百科全书·民族》（中国大百科全书出版社 1998 年版）相关条目；宋蜀华、陈克进主编：《中国民族概况》，中央民族大学出版社 2001 年版，第 424—855 页。

(续表)

民族	2020年人口数（单位：人）	所使用的语言、文字	主要宗教信仰	主要分布地区
满族	10423303	满语；通用普通话、规范汉字	萨满教	辽宁、吉林、黑龙江、河北、内蒙古、新疆、甘肃、山东等省、自治区和北京、天津、成都、西安、广州、银川等大中城市
朝鲜族	1702479	朝鲜语，朝鲜文；通用普通话、规范汉字	多数人不信宗教，少部分人信仰佛教、天主教和基督教	吉林、黑龙江、辽宁、内蒙古等省、自治区
赫哲族	5373	赫哲语；多数人通用普通话、规范汉字	萨满教	黑龙江省的同江、饶河、抚远等县
蒙古族	6290204	蒙古语，蒙古文、新疆蒙古文；多数人通用普通话、规范汉字	藏传佛教	内蒙古、新疆、青海、甘肃、吉林、黑龙江、辽宁、河北、宁夏、云南、四川、北京等省、自治区、直辖市
达斡尔族	132299	达斡尔语，通用普通话；曾使用满文，部分人使用规范汉字、蒙古文、哈萨克文	萨满教	内蒙古、黑龙江等省、自治区和新疆的塔城等地
鄂温克族	34617	鄂温克语；农业区和山区通用普通话、规范汉字，牧区通用蒙古语文	萨满教、藏传佛教	内蒙古呼伦贝尔市、黑龙江省讷河市等地

第三章　种族、族群与民族

（续表）

民族	2020年人口数（单位：人）	所使用的语言、文字	主要宗教信仰	主要分布地区
鄂伦春族	9168	鄂伦春语，一般通用普通话、规范汉字	萨满教	内蒙古的呼伦贝尔市、黑龙江省的呼玛、逊克、爱辉等县
回族	11377914	主要使用普通话和规范汉字，不少回族人还通当地的汉语方言，与其他少数民族杂居的还兼通当地少数民族语言文字	伊斯兰教	散居全国，主要在宁夏、甘肃、青海、新疆、北京、河北、河南、山东、云南、安徽、辽宁等省、自治区、直辖市
东乡族	774947	东乡语，大多数人兼通普通话和汉语方言，通用规范汉字	伊斯兰教	主要在甘肃省，少数在宁夏、新疆等地
土族	281928	土族语，1979年新创土族文字，多数人通用普通话和规范汉字，不少人兼通藏语、藏文	道教、藏传佛教及多神信仰	主要在青海省，一部分在甘肃省天祝县
撒拉族	165159	撒拉语，兼通普通话和汉语方言，使用规范汉字；个别地区兼通藏语	伊斯兰教	主要在青海、甘肃两省，少数在新疆
保安族	24434	保安语，兼通普通话和汉语方言，使用规范汉字	伊斯兰教	大部分在甘肃省积石山和临夏等地，少数在青海省循化县

(续表)

民族	2020年人口数（单位：人）	所使用的语言、文字	主要宗教信仰	主要分布地区
裕固族	14706	东裕固语、西裕固语、汉语方言，通用普通话和规范汉字	藏传佛教	甘肃省肃南县和酒泉市
维吾尔族	11774538	维吾尔语，维吾尔文；城市维吾尔人多兼通普通话和规范汉字	伊斯兰教	主要在新疆，少部分在湖南、甘肃等地
哈萨克族	1562518	哈萨克语，哈萨克文；多数人兼通普通话和规范汉字	伊斯兰教	主要在新疆，少数在甘肃
柯尔克孜族	204402	居住在北疆的说蒙古语和哈萨克语，居住在南疆阿克陶县等个别农业区的说维吾尔语，居住在黑龙江省富裕县的说蒙古语和普通话，部分人通规范汉字	主要信仰伊斯兰教，少数信仰萨满教	主要在新疆，少数在黑龙江富裕县
锡伯族	191911	居住在新疆的使用锡伯语，居住在东北和内蒙古地区的通用普通话和蒙古语，部分人通用规范汉字和蒙古文	萨满教、藏传佛教、祖先崇拜	主要在辽宁、吉林、黑龙江等省，部分居住在新疆和内蒙古等自治区

第三章 种族、族群与民族

(续表)

民族	2020年人口数（单位：人）	所使用的语言、文字	主要宗教信仰	主要分布地区
塔吉克族	50896	塔吉克语，通用维吾尔语文；部分兼通普通话、规范汉字	伊斯兰教	新疆的塔什库尔干和莎车、泽普、叶城和皮山等地
乌孜别克族	12742	居住在城镇和乡村的大多使用维吾尔语，居住在牧区的多使用哈萨克语，有相当一部分人通用普通话、规范汉字，还有部分人通用维吾尔文和哈萨克文	伊斯兰教	新疆的伊宁、喀什、乌鲁木齐、塔城、莎车等地
俄罗斯族	16136	因分布在多地的俄罗斯人多与当地的各族杂居，普遍会说普通话或维吾尔语、哈萨克语、蒙古语；兼通规范汉字和其他民族文字	东正教	主要在新疆的伊犁、塔城、阿勒泰、乌鲁木齐等地，少数在黑龙江和内蒙古
塔塔尔族	3544	塔塔尔语，通用维吾尔语文和哈萨克语文；部分兼通普通话、规范汉字	伊斯兰教	新疆的伊宁、乌鲁木齐、塔城等地
藏族	7060731	藏语，藏文；部分通用普通话、规范汉字	藏传佛教	西藏、青海、甘肃、四川、云南等省、自治区

(续表)

民族	2020年人口数（单位:人）	所使用的语言、文字	主要宗教信仰	主要分布地区
门巴族	11143	门巴语,通用藏语、藏文;部分通用普通话、规范汉字	藏传佛教	西藏东南部的门隅地区
珞巴族	4237	珞巴语,少数通用藏语文;部分兼通普通话、规范汉字	信仰万物有灵的原始宗教	西藏的洛瑜及其相邻地区
羌族	312981	羌语,不少人兼通普通话、规范汉字	原始宗教	四川茂汶、汶川、理县、松潘、黑水等县
彝族	9830327	彝语,彝文;1956年政府帮助创制新彝文,使用范围小;部分人兼通普通话、规范汉字	以多神崇拜为主,佛教、道教、天主教和基督教也有	四川、云南、贵州、广西等省、自治区
白族	2091543	白语,新创白文、方块白文;多数人通普通话、规范汉字	崇拜本主,信仰佛教	主要在云南省,贵州、四川和湖南等省也有一些
哈尼族	1733166	哈尼语,1957年政府帮助新创哈尼文,使用范围小;部分人通普通话和规范汉字	信仰多神和祖先崇拜	云南省红河西侧的哀牢山区
傣族	1329985	傣语,傣文(分傣仂文、傣哪文、傣绷文、金平傣文四种);青壮年多通普通话和规范汉字	小乘佛教	主要在云南省的西双版纳、德宏两个州和耿马、孟连、金平等30余县

(续表)

民族	2020年人口数（单位：人）	所使用的语言、文字	主要宗教信仰	主要分布地区
傈僳族	762996	傈僳语，1956年政府帮助创制新傈僳文，使用范围小；部分人兼通普通话和规范汉字	原始宗教，也有少部分信仰天主教和基督教	主要在云南省怒江、丽江、迪庆、大理、保山等地，四川省盐源、盐边、木里、德昌等地也有分布
佤族	430977	佤语、佤文（旧佤文），1957年政府帮助创制新佤文，使用范围小；部分人通普通话和规范汉字	原始宗教	云南省西盟、沧源、澜沧、耿马、孟连、双江、镇康、永德、昌宁、勐海等地
拉祜族	499167	拉祜语，1957年政府帮助创制拉祜文字，使用范围小；部分人兼通普通话、傣语、规范汉字	原始宗教，一部分信仰佛教、基督教和天主教	云南省澜沧、普洱、孟连等地
纳西族	323767	纳西语，1957年政府帮助新创纳西文，使用范围小；一般人兼通普通话和规范汉字	东巴教、藏传佛教	云南省的丽江、维西、中甸和宁蒗等县，四川省的盐边、盐源、木里等县和西藏的芒康县
景颇族	160471	景颇语、载瓦语，景颇文、新创载瓦文；部分人兼通普通话和规范汉字	多神的原始宗教	云南省德宏、怒江两州及耿马、澜沧两县

（续表）

民族	2020年人口数（单位：人）	所使用的语言、文字	主要宗教信仰	主要分布地区
布朗族	127345	布朗语，部分人通普通话、规范汉字及傣语、傣文，还有部分人通佤语	小乘佛教	主要分布在云南省西部西双版纳、临沧和普洱等地区
阿昌族	43775	阿昌语，部分人兼通普通话和规范汉字及傣文	祖先崇拜、鬼灵信仰，一部分信仰小乘佛教	主要在云南省德宏州，少数在盈江、潞西、瑞丽及保山地区
普米族	45012	普米语，部分人兼通普通话和规范汉字	主要信仰原始宗教，也有信仰藏传佛教和道教的	云南省丽江、兰坪、维西、永胜、宁蒗，四川省的木里、盐源等县
怒族	36575	怒语，部分人兼通普通话和规范汉字	信仰原始宗教，也有信仰藏传佛教、天主教和基督教的	云南省碧江、福贡、贡山、兰坪、维西等县
德昂族	22354	德昂语，部分人兼通普通话和规范汉字	小乘佛教	云南省德宏州、临沧、保山、思茅地区及潞西、镇康两县
独龙族	7310	独龙语，部分人兼通普通话和规范汉字	原始宗教	云南省贡山县
基诺族	26025	基诺语，部分人兼通普通话和规范汉字	原始宗教	云南省景洪县
苗族	11067929	苗语，1956年政府帮助创制苗文4种，使用范围小；部分人兼通普通话和规范汉字	主要信仰原始宗教，少数信仰天主教、基督教	贵州、湖南、云南、四川、广西、广东、湖北等省、自治区

第三章 种族、族群与民族

(续表)

民族	2020年人口数（单位:人）	所使用的语言、文字	主要宗教信仰	主要分布地区
布依族	3576752	布依语,1956年政府帮助创制布依文,使用范围小;一般人兼通普通话和规范汉字	主要信仰原始宗教,少量信仰天主教和基督教	主要分布在贵州省
侗族	3495993	侗语,1958年政府帮助新创侗文,使用范围小;部分人兼通普通话和规范汉字	原始宗教	贵州、湖南、广西三地的交界处
水族	495928	水语,有水书;部分人兼通普通话和规范汉字	原始宗教	主要分布在贵州南部、广西西北部
仡佬族	677521	仡佬语,部分人兼通普通话和规范汉字	原始宗教	大部分在贵州的西部和北部,少量在广西的隆林县和云南的文山州
壮族	19568546	壮语,1955年国家帮助新创壮文,使用范围小;一般人通普通话和规范汉字	原始宗教,佛教、道教、天主教和基督教也有影响	广西、云南、广东、贵州、湖南、四川等省、自治区
瑶族	3309341	勉语、布努语、拉珈语,有方块瑶字,部分人兼通普通话和规范汉字及壮语	原始宗教、道教	广西、湖南、云南、广东、贵州等省、自治区
仫佬族	277233	仫佬语,大多数人兼通普通话和规范汉字	道教为主,也信佛教	广西的罗城、宜山、柳城、都安、忻城等县

(续表)

民族	2020年人口数（单位：人）	所使用的语言、文字	主要宗教信仰	主要分布地区
毛南族	124092	毛南语，多数人兼通普通话和规范汉字，部分人通壮语	信仰道教，崇拜多神	广西的环江、南丹、河池、宜山、都安等县
京族	33112	京语，大多数人兼通普通话和规范汉字	崇拜祖先，信仰多神	广西的防城、钦州等地
土家族	9587732	土家语，绝大多数人通用普通话和规范汉字	崇拜祖先，信仰多神	湖南、湖北、贵州、重庆四地交界处
黎族	1602104	黎语，新创黎文，部分人兼通普通话和规范汉字	原始宗教，少数信基督教	海南省
畲族	746385	畲语，大多数人兼通普通话和规范汉字	祖先崇拜和原始宗教	福建、浙江、江西、广东、安徽等省
高山族	3479	泰耶尔语群、邹语群、排湾语群，大陆地区的高山族人通用普通话和规范汉字；台湾地区的兼通汉文繁体字	原始宗教	台湾省
未定族称人口	836488			
外国人加入中国籍	16595			

三、我国各民族社会经济发展的不平衡及我国民族政策、法规的原则

由于历史发展的不平衡、历代统治阶级的压迫和地理条件的影响,在中华人民共和国成立前和成立初期,各民族不同程度地保留着各种前资本主义的生产关系,其经济结构和社会形态有很大的差异。现概述如下:

(1) 滇西北山区的独龙族、怒族、傈僳族、景颇族、佤族、布朗族,内蒙古自治区境内的鄂伦春族、鄂温克族,海南岛五指山地区的部分黎族等,均处于生产力水平低下、私有制和阶级分化都不明显的原始公社末期阶段。

(2) 居住在川滇交界处大小凉山的彝族(其他地区的彝族已进入封建社会)还保持着奴隶制度。他们以农业为主,兼营畜牧业,手工业还没从农业中分离出来,更没有商业,自然经济在社会生活中占绝对主导地位。他们社会内部分为四个等级:诺、曲诺、阿加和呷西。其中诺是贵族,基本上属于奴隶主阶级;其他三个等级虽有高低之分,基本上属于劳动者或奴隶阶级。

(3) 藏族、傣族、哈尼族等处于封建领主经济占统治地位的封建农奴制社会。他们多数经营农业,少部分经营畜牧业,手工业和商业也有少量的发展。封建领主占有包括庄园在内的全部土地、大量的牲畜,以及依附于领主土地的农奴,并占有少量的家内奴隶。所有的农民和大部分牧民没有自己的土地和牲畜,他们自己连同其子女,世代分别隶属于不同的农奴主,没有人身自由,属于农奴阶级。

(4) 回族、壮族、维吾尔族、满族、朝鲜族、白族、土家族、苗族、布依族、侗族等族和蒙古族、彝族、黎族的大部分以及藏族的一小部分,社会经济形态与汉族大体相同,处于地主经济占统治地位的发展阶段。其中回族、满族、壮族、维吾尔族、布依族、朝鲜族等族中,已保有不同程度的资本主义经济成分和因素。

以上各种状况,充分体现了我国各民族历史发展的不平衡性和社会结构的复杂性。中华人民共和国成立后,中国共产党在马克思主义民族理论的指导下,结合中国的实际,确立了处理国内民族关系和民族事务诸问题的基本原则,制定和实施了较健全、系统的民族政策和法规,使我国各民族地区的社会经济形态和生活面貌发生了很大的变化。这些政策和法规概括起来有三点:一是主张各民族平等、团结;二是实行民族区域自治;三是实现各民族共同繁荣。

民族平等,是指不同民族在社会生活和交往联系中,处在同等的地位,在社

会生活的一切方面,地位、权利、利益上一律平等。民族团结,是指不同民族在社会生活和交往联系中和睦、友好、联合与互助。

民族区域自治,指的是在国家统一领导下,各少数民族聚居的地方实行区域自治,设立自治机关,行使自治权的一种制度安排。这项自治制度,规定了少数民族在聚居区内,在国家的领导下,依法享有立法、行政、经济建设、财政、培养使用干部、自主发展教育、使用语言文字、发展科技文化等方面的自治权利,切实保障民族自治地方根据本地实际情况贯彻执行国家的法律和政策;大量培养少数民族的各级干部、各种专业人才和技术工人;努力发展本地方的各项事业;国家根据国民经济和社会发展规划,帮助民族自治地方加速经济和文化的发展。

各民族共同繁荣,就是各民族的经济和社会得到发展,自身素质得到提高,并且各民族的特点得到展现,共同走向富裕文明的社会。当然,共同繁荣不是同步发展、同步繁荣,而是分阶段、分区域逐步实现目标的过程。以上这些原则都列入了我国的宪法。

经过20世纪50年代的民主改革和有计划地进行社会文化变迁,至今国内各民族政治上已完全平等。到2020年为止,我国已建立了5个自治区、30个自治州、120个自治县(旗),实现区域自治的少数民族达44个,自治人口占少数民族总人口的71%,自治地方总面积约占全国总面积的64%,此外还有1173个民族乡、1个民族苏木。20世纪末,国家提出"西部大开发"战略,实施了"兴边富民"和"扶持人口较少民族发展"计划;进入21世纪,国家又对边疆民族地区实施了连片扶贫和精准扶贫策略,极大地改变了边疆少数民族贫困人口的生存条件和生活状况,为消除国内各民族事实上的不平等、缩小各民族社会经济发展上的差距做出了巨大的努力。

第四节 中华民族多元一体格局理论与铸牢中华民族共同体意识

如何看待和对待我国境内56个民族共存共荣的现象?这里,我们觉得有必要重点介绍中华民族多元一体格局理论和中华民族共同体意识。

一、中华民族多元一体格局理论

中华民族多元一体格局是由费孝通教授1988年11月应邀在香港中文大学主办的"泰纳讲演"(Tanner Lecture)上做主题发言时提出来的,次年《北京大学学报》第4期发表了该篇演讲稿,在国内外引起了很大的反响。1997年他又在《北京大学学报(哲学社会科学版)》第2期上发表《简述我的民族研究经历和思考》一文,对"中华民族多元一体格局"的特征进行了更进一步的概括。现将该理论的要点概述如下:

(1) 中华民族是包括中国境内56个民族的民族实体,并不是把56个民族加在一起的总称,因为这56个民族已结合成相互依存、统一而不能分割的整体,在这个民族实体里所有归属的成员都已具有高一层次的民族认同意识,即共休戚、共存亡、共荣辱、共命运的感情和道义。

(2) 形成多元一体格局有个从分散的多元结合成一体的过程,在这个过程中必须有一个起凝聚作用的核心,这就是华夏族团和后来的汉族。汉人在民族地区形成了一个点线结合、东密西疏的网络,这正是多元一体格局的骨架。汉族是多元基层中的一元,由于它发挥了凝聚作用把多元结合成一体,这一体不再是汉族而成了中华民族,一个高层次认同的民族。

(3) 汉语已逐渐成为全国共同的通用语言。

(4) 汉族的农业经济是形成汉族凝聚力的主要来源。

(5) 相当部分的少数民族从事畜牧业,汉族以农业为主,彼此之间形成形态不同但相互补充的经济类型。

(6) 各民族在人口规模上大小悬殊。

(7) 中华民族成为一体是一个逐步发展的过程,先有各地区的初级统一体,又形成北牧、南农两大统一体,最后以汉族为核心汇成一个"大一统"的格局。

(8) 中华民族、汉族和少数民族是分属于不同层次的认同体,尽管我们在语言中都用民族这个名词来指称他们。汉族和少数民族同属一个层次,他们结合而成的中华民族是高一层次认同的民族实体。高层次的认同并不一定取代或排斥低层次的认同,不同层次可以并存不悖,甚至在不同层次的认同基础上可以各自发展原有的特点,形成多语言、多文化的整体。高层次的民族可以说实质上是个既一体又多元的复合体,其间存在着相对立的内部矛盾,是包含了差异的一致,并通过消长变化以适应于多变不息的内外条件,从而获得这一共同体的生存和发展。

费孝通教授"中华民族多元一体格局"理论发表以后,在国内外学术界引起了普遍的重视和高度的评价。著名民族学家林耀华教授指出:"多元一体"这个核心概念在认识中华民族和文化的总特点上提供了一件有力的认识工具和理解全局的钥匙。[1] 著名史学家戴逸教授认为:费孝通先生把现存的民族关系概括为"中华民族多元一体格局"这一理论,引起了国内外学术界的瞩目,把学术界关于民族关系的研究大大推进了一步;费孝通先生关于"中华民族多元一体格局"的理论,是在确认各民族平等和共同繁荣的原则上对现实民族关系的判断,为研究我国历史上的民族关系提供了一个清晰的轮廓。许多学者,包括学成一家的知名专家,都在费孝通教授的影响下自觉地应用"中华民族多元一体格局"理论来分析、研究和阐述中国境内各民族的历史联系和文化影响。如佟柱臣从考古学的角度、刘先照从中华各民族的个性与共性特征及其演变的角度、陈连开从中华民族起源学说的由来与发展角度、谷苞从历史上有为数众多的汉人融合于少数民族的角度等,从宏观上为中华民族多元一体格局理论提供旁证;王辅仁、李绍明、宋蜀华、刘尧汉、胡起望、史金波等,则分别从藏族、百越族、彝族、瑶族、西夏等具体的族体发展和王朝兴替角度来阐述中华民族多元一体格局的形成过程;周星、索文清及日本学者横山广子等分别以黄河上游区域多民族格局的历史形成、青海历史上的民族关系、大理盆地的民族集团等相对具体的地域中的民族集团或各民族的发展为线索探讨多元一体形成问题。[2]

事实上,费孝通教授的"中华民族多元一体格局"理论,是从当代中国各民族关系的现状和大局来探讨或建构中国各民族相处和联系的历史过程。它是以当代"民族国家"的政治理论为参照框架,结合中国各族体历史发展的状况,以

---

[1] 林耀华:《认识中华民族结构全局的钥匙》,载费孝通主编:《中华民族研究新探索》,中国社会科学出版社 1991 年版,第 9 页。

[2] 佟柱臣、刘先照、陈连开、谷苞、王辅仁、李绍明、宋蜀华、刘尧汉、胡起望、史金波、周星、索文清、横山广子等专家的观点详见费孝通主编的《中华民族研究新探索》一书中所收集的各人的文章。

族体为中心的一种观照方法,为如何理解现实中国国内各民族的关系和互动提供了一个富有创见的结构图。

在"中华民族多元一体格局"理论中,费孝通教授认为形成多元一体格局有个从分散的多元结合成一体的过程,由于汉族发挥凝聚作用把多元结合为一体,这一体就不再是汉族而是中华民族。① 我们在理解这个理论的过程中,千万不能把这个起统合凝聚作用的"汉族"偏狭地理解为汉族的血统或人种,而应该理解为以汉族为中心体现和散发出来的汉文明或汉文化。在历史与现实生活中,汉族与国内其他少数民族成员交往时,其族体意识的淡薄是众所周知的。马戎教授等指出:"汉族的民族意识比起其他民族来要淡漠得多,这在族际通婚、申报民族成份、日常交往等方面都能反映出来。"② 因此,在中华民族从分散到一体的形成过程中,起凝聚作用的或许不是汉族的族体,而是以汉族为代表的在当时国内各民族眼中属于"先进水平"且为大家所景仰的"汉文明"。汉族和在中原地区建立王朝的少数民族在历史上并不是以血统或种族的形态去吸引和统合别族的,主要是以发挥"文化"或"文明"影响力的方式来起到这个核心和凝聚作用的。

春秋战国时期,以华夏集团为中心的国人对当时中原及周围地区不同族体人群的辨识是以文化为依据的,处于中原地区文化稍先进的华夏族视自己为"中国",视四周文化稍滞后的不同族体为"蛮夷":

> 中国戎夷五方之民,皆有性也,不可推移。东方曰夷,被发文身,有不火食者矣。南方曰蛮,雕题交趾,有不火食者矣。西方曰戎,被发衣皮,有不粒食者矣。北方曰狄,衣羽毛穴居,有不粒食者矣。中国、夷、蛮、戎、狄,皆有安居、和味、宜服、利用、备器。五方之民,言语不通,嗜饮不同。③

秦汉以降,随着国家的政治统一和儒家学说在中原王朝取得统治地位,这种华夏—汉族普遍接受的以文化取人的族体观,又成了历代统治者(包括进入中

---

① 费孝通:《简述我的民族研究经历和思考》,《北京大学学报(哲学社会科学版)》1997年第2期。
② 马戎、周星主编:《中华民族凝聚力形成与发展》,北京大学出版社1999年版,第14页。
③ 《礼记·王制第五》。

原的非汉族统治者)处理境内各族体关系的准则。任何族体的人,不管其肤色、相貌、血统,只要改用汉服,习汉语、汉文,采纳汉人所接受的生活方式,就被当作汉族的一员,成为理所当然的中国人。例如,北魏政权是统一五胡的游牧民族鲜卑人建立的。鲜卑人口不多,文化也远落后于当时的汉人,要想顺利统治中原,维护和巩固自己的统治地位,就必须用汉族传统文化来装饰自己,以取得汉人尤其是汉族士人对自己的认同。太武帝拓跋焘前期十分重用汉族大名士崔浩,让尚书凡军国大计不能决断者,都须咨询崔浩后才施行。① 孝文帝改革后到北魏的鼎盛时期,其都城洛阳商贾云集、经济繁荣,是名副其实的政治和文化中心:

> 自葱岭已西,至于大秦,百国千城,莫不欢附;商胡贩客,日奔塞下,所谓尽天地之区已。乐中国土风,因而宅者,不可胜数。是以附化之民,万有余家。门巷修整,阊阖填列,青槐荫陌,绿柳垂庭,天下难得之货,咸悉在焉。②

南朝萧梁时期大将陈庆之奉梁武帝萧衍之命护送北海王到洛阳,不久,北海王被杀,陈庆之从洛阳回到梁朝萧衍身边,被任命为司州刺史,一改之前"魏朝甚盛,犹曰五胡,正朔相承,当在江左。秦朝玉玺,今在梁朝"的傲骄态度,大为感慨地解释自己礼重北方魏国胡人的原因:"自晋宋以来,号洛阳为荒土,此中谓长江以北,尽是夷狄。昨至洛阳,始知衣冠士族,并在中原。礼仪富盛,人物殷阜,目所不识,口不能传。所谓帝京翼翼,四方之则,始登泰山者卑培塿,涉江海者小湘沅。北人安可不重?"③

反之,若原是文教渊薮的中原汉人,一旦丧失了汉文化,接受了周边少数民族的习俗,也就无可避免地成了"蛮夷"。明清之际著名思想家王夫之就曾很有代表性地说过:"吴、楚、闽、越、汉,以前夷也,而今为文教之薮。""齐、晋、燕、赵、唐、隋以前之中夏也,而今之椎钝驵戾者,十九而抱禽心矣。"④晚清时期立宪派

---

① 《资治通鉴·宋纪三》。
② 杨衒之著、杨勇校笺:《洛阳伽蓝记校笺》,中华书局2018年版,第155页。
③ 同上书,第120、121页。
④ 王夫之:《思问录·外篇》。

代表人物之一的杨度在其《金铁主义说》中也从中国诸族文化共同性出发,从文化的角度来论述"中华"和"中华民族"的内涵:"则中华之名词,不仅非一地域之国名,亦且非一血统之种名,乃为一文化之族名……华之所以为华,以文化言可决之也。故欲知中华民族为何等民族,则于其民族命名之顷,而已含定义于其中。以西人学说拟之,实采合于文化说,而背于血统说。"① 这也可以说是与中国历代"族别观"一脉相承。

因此,中华民族作为一个自在民族的形成过程,与西方资本主义时期的民族形成路径是不同的,有一条独特的发展道路,即文化化的路径。故而,除汉族长期以来杂糅、融合入驻中原的各少数民族并借以发展壮大自身外,从汉文明的扩展或汉文化的传播及汉文明周边族体对汉文明的认同和景仰的角度来理解中华民族多元一体格局的形成是一个不可忽视的重要面向。

当然,费孝通教授"中华民族多元一体格局"理论在国际学术界也还有一定的争议,有些细节方面尚待进一步完善,但该理论无疑对理解和处理我国境内的多民族关系具有极其重要的理论意义和实践价值。

二、铸牢中华民族共同体意识

中华民族,是中国境内包含 56 个民族成员在内的休戚与共、荣辱与共、生死与共、命运与共的共同体,这个相互依存、统一而不能分割的共同体就是中华人民共和国的国族。中国共产党第十八次全国代表大会以来,以习近平同志为核心的党中央多次强调全社会要切实打牢中华民族共同体意识的思想基础,铸牢中华民族共同体意识。2018 年 3 月 11 日,第十三届全国人民代表大会第一次会议通过《中华人民共和国宪法修正案》,将"实现中华民族伟大复兴"写入了宪法的序言。② 2022 年 10 月 22 日,中国共产党第二十次全国代表大会部分修改通过的《中国共产党章程》将"铸牢中华民族共同体意识,实现各民族共同团结奋斗、共同繁荣发展"列入"总纲"。③ 因此,铸牢中华民族共同体意识、增强中华

---

① 杨度:《杨度集》,湖南人民出版社 1986 年版,第 374 页。
② 参见中华人民共和国司法部编:《法律法规全书(第二十版)》,中国法制出版社 2022 年版,第 1 页。
③ 《中国共产党章程》,新华社,http://www.xinhuanet.com/2022-10/26/c_1129081750.htm? eqid = a2efd5880002e9190000000264818750,2023 年 5 月 11 日访问。

民族认同已成为当今全国各族各界在新时代进行中国特色社会主义现代化建设的共识和重要任务。

据著名文化史学家冯天瑜教授考证,"中华民族"这个复合词出现于晚清,曾与"中国民族"同位并用。冯天瑜认为梁启超1901年所著《中国史叙论》中多次出现的"中国民族"一词和1902年所著《论中国学术思想变迁之大势》中首用的"中华民族"一词,是在中国土地上的诸族之总称。1905年孙中山组建同盟会时,其誓词有"驱除鞑虏,恢复中华"一语,其中的"中华"和章太炎在其所著的《中华民国解》中使用的"中华民族"一词,均只是指汉族,是与革命派推翻清王朝统治的政治目标相关的口号。辛亥革命后,孙中山倡言"五族共和"说;李大钊1917年著《新中华民族主义》,主张对古老的中华民族"更生再造",在中国诸族融合的基础上形成"新中华民族";孙中山1919年著《三民主义》,阐述新的民族主义,主张汉族"与满、蒙、回、藏之人民相见于诚,合为一炉而冶之,以成一中华民族之新主义",晚年力主中华民族自求解放,中国境内各民族一律平等,才逐步回归到指称中国各民族的"中华民族"概念上来。经过近代以来的长期熏染,"中华民族"的含义才确定为中国诸族之总称,对内强调民族平等,对外力争民族解放、国家独立。① 冯天瑜的考证,与费孝通教授认定的中华民族作为一个自觉的民族实体,是在近百年来中国和西方列强对抗中出现的,但作为一个自在的民族实体,则是几千年的历史过程所形成的宏观论述相契合。② 问题是:这个中华民族的"一体"的自觉意识,即如梁启超所说"凡遇一他族而立刻有'我中国人'之一观念浮于其脑际者,此人即中华民族一员也"③的意识,是近百年来中国境内各民族人民的共识,抑或只是中国境内部分精英人物或知识分子的看法?是1840年鸦片战争时即已产生的共同意识,还是一个逐步萌发、产生、宣传、认同的结果?抑或在1949年以前只是部分精英人物的看法,1949年中华人民共和国成立以后,经历了中国共产党和人民政府所进行的社会改造、社会建设以及民族团结、民族平等教育和文化整合才成为全体中国人的看法?

---

① 冯天瑜:《略论中国文化史的几个基本概念》,载冯天瑜主编:《人文论丛(2003年卷)》,武汉大学出版社2003年版,第5—6页。
② 参见费孝通等:《中华民族多元一体格局》,中央民族学院出版社1989年版,第36页。
③ 梁启超:《中国历史上民族之研究》,载《饮冰室合集》专集第十一册,中华书局1936年版。

第三章　种族、族群与民族

记得我国老一辈社会学家、民族学家吴泽霖教授虚年九十之际，回忆自己1937—1945年间在贵州和云南民族调查及研究的经历时说：

> 在我所接触的民族中，大多数群众缺乏一种超越自己小集群的高一层的大集群的隶属感。他们所承认的"我群"，也就是说"自己人"，无非只限于小小地域内的，语言相同、服饰相同、习俗相同、信仰相同、互通婚姻的群体。凡在这几方面与本群体在一定程度上有所不同的人，尽管已长期混居在一起，彼此间仍互不认同，归依有别，甚至互相蔑视排斥。如在本群体中找不到配偶时，宁愿到遥远的同族中去寻找，也不愿就近在同他们极相似的群体中去解决。例如贵州省黄平一带有一种被称作"亻革兜"的民族，在解放后的民族识别时，根据语言、历史和其他一些特点被认为同附近的"长裙黑苗""短裙黑苗"以及其他地区的"青苗""白苗"等都属苗族，但他们中很多人以及相处近邻的长裙黑苗都不肯承认这一点，至今仍然有人不同意这个结论。又如云南圭山一带的彝族两个支系——阿细与撒尼，他们毗邻而居，各方面的差距也不大，但他们一向认为是不相同的群体。那时在他们中，多数人都认识不到有一个包括他们自己在内的彝族的存在，不能理解超乎他们之上的"民族"这一概念和它的作用。如果再扩大、再提高一个层次到"祖国"或"中华民族"，对这些概念的认识就更模糊了……
>
> 抗战爆发后，我来到边疆少数民族地区。从我亲身接触到的以及从别处听到的一些情况，才发现边境上或靠近边境的少数民族并不都是团结一致的，并不是一座坚固的长城。相反地，少数民族中的大多数人对国事了解不多，对民族概念、民族意识、民族多层次的范围、民族与国家的关系等等的认识都很模糊。同时我又注意到，我国少数民族中有很大一部分是跨国境而居的，而其中一部分人对国境和国籍的观念是淡薄、模糊的。①

吴泽霖教授当时的所见所闻是真真切切的，以至于过了四十多年还难以忘

---

① 吴泽霖：《吴泽霖民族研究文集》，民族出版社1991年版，"自序"。

怀。美国人类学家郝瑞(Stevan Harrell)关于我国西南彝族的研究中也发现过类似的情形。① 众所周知，民族是个世界范围内普遍存在的人们共同体，是代代相传、具有亲切认同感的群体。同一民族的人们具有强烈的休戚相关、荣辱与共的一体感。同属于一个民族的人们的认同感和一体感，是这个社会实体在人们意识上的反映，即一般我们所说的民族意识。从吴泽霖教授所述的情形看，至少在中华人民共和国成立前和成立初期，在不少国民心目中，不要说对"中华民族"这种"国族"的认同不是那么自觉，就是对超出自己生活所处地范围大一点的群体的认识和认同也是不多的。

不过，虽然边鄙地区少数民族群体的普通民众尚不具备"中华民族"的自觉意识，但并不等于各族中的精英分子也没有"中华民族"意识。自19世纪中叶鸦片战争以来，尤其是中日甲午战争以后，西方国家和日本的强盛、霸道，"天朝上国"中国的羸弱和成为任人宰割的羔羊的现状深深刺激了当时有血性的知识分子和民族精英。他们纷纷从西方和日本的发展中寻找富国强兵的真理，民族政治和民族主义思想就是其中之一。晚清时期立宪派和革命派的争论、辛亥革命、五四运动等，知识分子和国家精英都将近现代西方的政治理念和民族主义思想传播给大众。20世纪20年代以后，尽管中国共产党和中国国民党对国内各族体的立场和政策不同，对带领中国进入现代化民族国家进程时该依靠谁、团结谁的立场迥异，但就铸造中国境内各族体成为统一的现代民族、建设现代的民族国家这一点而言，目标大体是一致的。尤其是1937年以后，在日本帝国主义全面入侵中国、全国人民面临亡国危险之时，中国共产党和中国国民党中的精英分子以及其他党派的知识分子和爱国人士以"中华民族"相号召，组成抗日统一战线，宣传"救亡图存"，整合境内各族力量进行了艰苦卓绝的抗日斗争，并取得了伟大的胜利。这是一次真正意义上的属于全中国人民的"中华民族"的胜利。通过抗日战争，"中华民族"的民族自觉意识和爱国精神得到了空前的确立、锤炼和升华。日本学者松本真澄在深入研究后也认为："抗日战争时期，边境之民和边境之地就是'中华'之民、'中华'之地的认识在当时已

---

① 参见郝瑞：《田野中的族群关系与民族认同——中国西南彝族社区考察研究》，巴莫阿依、曲木铁西译，广西人民出版社2000年版，第24、263—266页。

经普遍化了。"①因此,国人对于中华民族的自觉意识是在近百年来外国列强的入侵和欺凌中逐步萌发、觉醒和发展的,在抗日战争中得到了空前的提高。因此,我们可以说,中华人民共和国成立前,国人对中华民族的意识觉醒和认同在不同阶层、不同群体、不同地区的不同集团中的表现是不平衡的,具有一定的非均质性。

中华人民共和国成立以后,中国共产党为了落实民族平等和民族团结的政策,根据对各少数民族社会历史和现状调查的情况,制定和颁布了相应的法律、政策和策略。如政治上既反对大汉族主义,又反对地方民族主义;帮助与汉族社会发展水平相当的处于封建地主制阶段的3000多万少数民族成员进行土地改革,废除少数民族中的农奴制和奴隶制,解救了约400万的封建农奴和约100万的奴隶;带领60多万社会发展还处于原始公社阶段尚未来得及分化的少数民族成员直接过渡到社会主义,让他们当家作主;②帮助部分少数民族创设了文字,为各少数民族群体编撰了简史简志,许多原先没有自己文字的少数民族开始有了书写自己民族历史、语言、文化的专著;颁布了《民族区域自治法》;等等。这些政策和措施,大大增强了各族对中国共产党和中央人民政府的向心力和认同感,不少普通民众纷纷超越了本族群的范畴,逐步转向了对中华人民共和国的国家认同。20世纪70年代末80年代初,我国实行"改革开放"政策以后,中国共产党和中央政府的工作转移到以经济建设为中心,先后带领全国人民实现了"翻两番""全面建成小康社会",目前稳居世界第二大经济体,经济和社会生活水平跟以前相比有了极大的提高。在这期间,为平衡东西部发展差距、城乡发展差距、汉族与民族地区发展差距,中央先后实施了全国对口支援民族地区、西部大开发、兴边富民、精准扶贫等措施,边疆民族地区的社会经济发展有了长足的进步。同时,由于国内经济文化联系的加强,汉族地区和民族地区人口的双向流动越来越明显。少数民族青壮年到内地大城市求学、打工、经商、工作的越来越

---

① 松本真澄:《中国民族政策之研究:以清末至1945年的"民族论"为中心》,民族出版社2003年版,第9—10页。
② 费孝通:《中华民族多元一体格局——民族学文选》,生活·读书·新知三联书店2021年版,第380页。

多,汉族人员到民族地区经商、打工、工作、旅游的也越来越多,经济联系和全国一体化进程越来越明显。人员的双向流动,就是文化的双向接触和涵化的过程,有利于增进汉族与边疆少数民族之间、边疆不同地区不同民族之间民间层面的了解和协作,体验中华文化的多元一体、博大精深和丰富多彩,不同民族、不同族群之间的交往、交流、交融达到了一个新的高度,为全民建设中华民族的共同精神家园和铸牢中华民族共同体意识奠定了坚实的基础。当下,我国已经进入社会主义建设新时代,作为全国领导核心的中国共产党的中心任务就是团结带领全国各族人民全面建成社会主义现代化强国,以中国式现代化全面推进中华民族伟大复兴。① 面对当前国际关系的波诡云谲,国内各民族各阶层共同富裕、共同繁荣的吁求和期望,必须加快国内民族地区的经济社会发展,改革民族地区的政治体制,坚持和完善民族区域自治制度,促进汉族与少数民族、不同地区不同民族之间的交往交流和交融,团结协作,铸牢中华民族共同体意识,建设中华民族共同的精神家园,强化国内各族人民的国家认同和对国家、对国族的归属感。只有这样,才能实现第二个百年奋斗目标,让中国以富强民主文明和谐美丽的社会主义现代化强国新面貌立于世界民族之林。

◆ 本章思考题

1. 什么是种族和种族主义?种族主义有何危害性?
2. 什么是族群和族群性?
3. 什么是民族?如何看待我国20世纪50年代所进行的民族识别工作?
4. 我国民族政策的主要原则是什么?
5. 试评析费孝通教授的"中华民族多元一体格局"理论。
6. 课堂讨论题:为何要铸牢中华民族共同体意识?铸牢中华民族共同体意识的途径有哪些?
7. 课堂讨论题:如何看待学术界对我国民族(族群)关系"政治化"和"文化化"路径的争论。

---

① 习近平:《高举中国特色社会主义伟大旗帜,为全面建设社会主义现代化国家而团结奋斗——在中国共产党第二十次全国代表大会上的报告(2022年10月26日)》,人民出版社2022年版,第21页。

第三章 种族、族群与民族

 本章主要参考及推荐阅读文献

1. 费孝通主编:《中华民族研究新探索》,中国社会科学出版社1991年版。
2. 费孝通主编:《中华民族多元一体格局(修订本)》,中央民族大学出版社2018年版。
3. 马戎编著:《民族社会学——社会学的族群关系研究》,北京大学出版社2004年版。
4. 马戎编:《西方民族社会学经典读本——种族与族群关系研究》,北京大学出版社2010年版。
5. 马戎、周星主编:《中华民族凝聚力形成与发展》,北京大学出版社1999年版。
6. 范可:《理解族别——比较的视野》,知识产权出版社2019年版。
7. 范可:《什么是人类学》,生活·读书·新知三联书店2021年版。
8. 黄光学、施联朱主编:《中国的民族识别——56个民族的来历》,民族出版社2005年版。
9. 谢立中主编:《理解民族关系的新思路:少数民族问题的去政治化》,社会科学文献出版社2010年版。
10. 马丁·N.麦格:《族群社会学(第6版)》,祖力亚提·司马义译,华夏出版社2007年版。
11. 斯蒂夫·芬顿:《族性》,劳焕强等译,中央民族大学出版社2009年版。
12. 纳日碧力戈:《现代背景下的族群建构》,云南教育出版社2000年版。
13. 庄孔韶主编:《人类学通论》,山西教育出版社2002年版。
14. 周大鸣主编:《中国的族群与族群关系》,广西民族出版社2002年版。
15. 王明珂:《华夏边缘——历史记忆与族群认同》,台湾允晨文化实业股份有限公司1997年版。
16. 保罗·康纳顿:《社会如何记忆》,纳日碧力戈译,上海人民出版社2000年版。
17. 哈拉尔德·韦尔策编:《社会记忆:历史、回忆、传承》,李斌、王立君、白锡堃译,北京大学出版社2007年版。
18. 弗雷德里克·巴特主编:《族群与边界》,李丽琴译,马成俊校,商务印书馆2021年版。
19. 郝时远:《类族辨物:"民族"与"族群"概念之中西对话》,中国社会科学出版社2013年版。
20. 关凯:《族群政治》,中央民族大学出版社2007年版。

第四章

符号、语言与文化

人类文化的发展,既得益于进化,更得益于传播,尤其是人类发明和利用高科技手段,摒弃了相互隔离的篱栅,在整个世界成为一个抬头不见低头见的"村庄"的今天,传播的意义更是非同凡响。

信息的传播、交换与接收,可以说是自然界中最普遍最平常的现象之一,也是任何物种在适应环境的过程中不可缺少的组成部分。与世界上的其他动物不同,人类适应周遭环境的能力不完全是天生的,也不是固定不变的。人类通过后天的学习来改变自身的行为,可以借助技术、社会组织、价值观和信仰等方式来适应和改造自身所处的环境,因而其适应策略是独一无二的,也是其他生物所无法比拟和仰望的。这种成就的取得主要得益于人类在生物进化过程中获得了一个具有高度智力水平的大脑,其中最主要的标志是拥有自己独特的语言和符号应用系统。没有符号和语言,就没有人类的文化。这种探讨人类不同群体之间如何沟通、不同群体间的文化在沟通过程中是如何表现的以及人类沟通手段与适应策略之间的关系等方面的学问,主要是语言人类学(linguistic anthropology)和象征人类学(symbolic anthropology)。

第四章 符号、语言与文化

第一节 符 号

一、符号的内涵

符号(symbol),是指传递信息、指示和称谓事物及其关系的代码,是信息的感性袒露和外在表征。作为一种观念中的东西,符号的存在不受事物存在的限制,它只代表被表示物而不代替被表示物。符号的存在改变不了事物的性质和形状,它只能通过准确地把握对象的实质来加以反映。

与符号不同,记号(sign)指的是任何能传达信息的东西,包括具象的物体、颜色、声音、气味与运动等。一般而言,记号与表示物之间的关系是一种极其简单的彼此对应的关系。事物存在,记号就存在;事物消失,记号就消失。因此,记号具有即时性、单一性和即物性的特点。符号是一种具有任意性定义的记号,符号传播信息具有无刺激性和非即物性的特征。如人类的语言表达不需要由直接的情形引起。我们不必在看到猴子时才谈论猴子,也不会只关注和谈论身边现时即景的事情。我们可以通过符号表达感情、描述感受、传达思想、回顾历史、展望未来、憧憬幸福、陈述痛苦等。因此,有人说符号是人类生命演化进程中创造出来的可以优化生命品质、磨砺人类精神的为人类所独享的特殊武器。人类可以将自己的思想、意识和事物的性质及关系转化为符号,并通过对符号的解读予以还原;符号也可在传播过程中释放出巨大的能量,使人类从中受益或受害。[①]因此,德国著名哲学家恩斯特·卡西尔(Ernst Cassirer)认为,符号是不可能被还原为单纯的记号的。它们分属于两个不同的论域:记号是物理的存在世界的一部分;符号则是人类的意义世界的一部分。记号是"操作者"(operators);而符号则是"指称者"(designators)。记号是有着某种物理的或实体性的存在;符号则仅有功能性的价值。[②]

信号(signal),也称为征兆,原意指的是一种"未经预谋和加工、未经授意"的记号。如云是雨的征兆,烟是火的征兆等,它所反映的是因果关系中一对一的

[①] 邵培仁:《传播学》,高等教育出版社2000年版,第124—125页。
[②] 恩斯特·卡西尔:《人论》,甘阳译,上海译文出版社1986年版,第41页。

表示对象,具有自然显示的特点,是一种本身不含目的性和密写性的信息。人类社会中所使用的信号包括视觉信号和听觉信号两种。视觉信号形式很多,其中烽火或狼烟较为著名。烽火的意义多是报告远客的来访、朋友的归家或警告侵略者的到来;狼烟的意义与烽火大体相同。一些民族或社会发展较落后的部落以饰树、束草、排石阵、插树枝于地上等方式作为通告,表明所属的疆界,或用于警告越界者前面会有危险,这也是信号。听觉的信号有哨语、鼓语、吹号角、吹喇叭、敲舟楫、敲木头、敲盾牌,或特殊的叫喊等,这些表示特殊意义的声音都属于听觉信号。人类社会中所用的信号或记号,一般已经过了加工,渐次具备了符号的意义,其所代表的含义为本社会成员所公认或接受,可以一望或一听就知其意义,只是其表达的意义比较单一、浅显和固定而已。人类社会中使用的记号与信号,不是依靠基因或生物遗传得来的,而是通过后天学习和社会传统的灌输得来的,因而也是文化的一部分。

当然,由于人类社会的复杂性和人类高度的思维能力,让符号只代表或只表示某种东西似乎并不是一件容易的事情。在现实生活中,一些人或多或少会把符号当作事物本身,对其或者顶礼膜拜或者仇视毁弃;还有一些人甚至相信符号本身就有魔力,于是出现了对符号的盲目崇拜和迷信现象。这种状况也是人类社会中特有的。正如语言符号学家龚鹏程先生所言:

> 老虎和猴子的世界里,没有钞票、皇冠跟文字,只有人的生活里才有。人对它们的追求,显然大于生肉或香蕉。而皇冠,其实不过是铁丝编缀成的一个符号;钞票也只是一张纸;文字呢,更是一堆符号系统罢了。可是它们就代表了财富、权力和知识。人类的所有活动,几乎都围绕着这类符号打转,为了它,寻死觅活。这是人类社会的特征……所以说人是生活在符号的世界里,没有什么比符号与人的生活联系得更密切的了。①

二、符号的特性

符号除了是人类所独创、独享的以外,有关学者还认为它具有这样几个特性:

---

① 参见周庆华:《语文符号学》,东方出版中心2011年版,龚鹏程"总序"。

第四章 符号、语言与文化

（1）任意性。符号是用来代表事物的。每个符号都有"用什么来代表"和"代表的是什么"两个方面，这就是符号的形式和内容（意义），在符号学中称为能指（signifiant，亦译为"符号施指"）和所指（signifié，亦译"符号受指"），在传播学中称为符号具和符号义。能指与所指之间的关系是任意的。它们之间的联系和结合并不是因为两者之间存在着必然的关系，而是完全出于符号制造者的主观规定和社会成员的共同约定。因此，同样的事物可以用不同的符号形式来表达，而相同的符号形式也可以表达不同的符号意义。

语言是典型的符号，语言的词汇和它所表示的对象之间可以几乎毫无联系。如英文中"dog"的形状与现实生活中的动物"狗"根本就挂不上钩。因此，语言比其他符号有着更大的随意性。正因为有这种随意性，人类使用语言才有了广阔的创造空间。创造语言符号的随意性使人们造出无限多的词语，用来表示人类需要认识的无限多的对象。另一方面，人们又确立出一套组织这无限多词语的语法规则，把简单的、单个的符号组织起来。于是语言就成了可以表示复杂事物乃至抽象对象的符号体系了。人就靠这种独特的符号体系，与他的环境和周边的事物建立起复杂的、独特的联系。

（2）约定性。虽然符号的能指和所指间的关系是任意的，但符号一经创造完成，其形式和意义一经本社会群体成员的认同和约定，就会成为一种社会习惯，具有某种约制性和固定性。本社会成员都应遵守，且不得随意改变。符号，作为社会约定俗成的表示意义的标记，一旦置于社会领域，不仅个人无权改变它，就是社会大众或政治集团也无法轻易改变现存的符号。

（3）组合性。符号是一个非常灵活的开放的系统。就语言符号来说，虽然字或字母的数量、句型的数量是有限的，但只要传播者掌握了一定数量的字和句型，就可以按照一定的规则组合成无限量的具体词语和句子。符号之间不是孤立的，而是既相互对立、相互区别又相互联系和相互制约的。符号的组合性既依赖于逻辑规律和语法规则，也依赖于符号本身的开放性、灵活性和适应性。如我们日常生活中表示"天气"的"云雾天"与"雾霾天"，虽只是一字之差，但人们所感受到的空气质量差距大着呢！

（4）传授性。人类识别符号、理解符号和运用符号来表达意义的本领都非天生的,而是后天习得的。传授性的特点让使用者既掌握了某符号系统的组合规则,又掌握了该符号系统的文化密码和语义内幕。同时,它又可以让使用者由一个符号系统转入另一个或几个符号系统,从而实现不同符号之间的交流、沟通或互译。符号传授就像授权一样,只要某人学习和掌握了某个符号系统,也就获得了这一符号系统的使用权,没有人可以剥夺。

(5)跨越性。符号可以跨越时空的限制,自由地传播信息。人们借助符号可以描述所作所为,可以叙说所思所想,也可以状绘所见所闻。人们利用符号,不但可以将信息传至全球,还可遗诸子孙后代,使人类的文化虽历千万劫而不灭。[1]

三、符号的功能

符号的功能主要表现在这样几个方面:

(1)指代功能。人类创造符号,首先是用来指代事物的。这种功能确定信息和它所指对象之间的各种关系,为指代对象建立真实、客观的信息。"沙发""椅子""凳子"不仅指代的是可见可触摸的客观事物,而且能使人们将同类事物区分开来,从而避免在符号与事物之间产生混淆。

(2)表意功能。符号学认为,事物的表现形态一般都是某种"符号"。人的认识活动就是识别各种符号所表示的"意义",而符号的重要功能之一就是"表意"。与指代功能不同,表意功能是通过符号表示,传达信息传播者自己的感受、情绪、见解以及客观事物的形状、对客观事物的认识等信息。

(3)自律功能。人类运用符号指代事物、表达意义、传播信息;同时,符号对人亦有规范、控制、约束的作用。当一些人以"口说无凭,立字为据"来要求别人信守诺言时,这"白纸黑字"对要求者自身亦有约束作用。

(4)显示功能。符号的使用和传播,一般而言,除了能反映或显示一个人政治地位的高低、经济条件的好坏、工作关系中的主从秩序及其家庭背景、受教育程度,还可反映时代的背景和文化的变迁。如在我国君主专制时代,同样表达"我"的意思,皇帝对他人说话时用"寡人"或"朕";大臣对皇帝说话时自称

---

[1] 邵培仁:《传播学》,第128—129页。

第四章 符号、语言与文化

"臣",对尊长时自称"卑职",对属下和百姓则自称"本官";普通百姓见官时多自称"草民某某"或"贱民某某";佣人和奴婢对主子则自称"奴才"等。这些称呼和符号,现在大多只在电视剧中才能看到了。亚文化群体的成员往往通过使用隐语、黑话、行话等来显示他们是该社会中与众不同的一群人。

(5)认识功能。这是指符号接收者通过对符号的解读获得对客观世界的间接认识。因为一个人的生命、精力、时间都非常有限,不可能事事经历。个人的大部分知识还是要依靠符号来习得和传递。符号的认识功能在于它可以巩固和贮存人类的认识成果,变个人的知识为集体的知识、民族的知识、人类的知识,并一代代地往下传,不断积累、扬弃和发展。

(6)交流功能。符号的交流功能在于以符号的使用来确立、维持和中断传播,或用于检验传播是否通畅,或用于吸引交谈者的注意力。符号是社会存在和发展的必要条件,又是人际关系的润滑剂。"您好""再见""我喜欢您"这类用语,虽然没有多少实际的信息,但却是人际交往中永久有效的黏合剂,具有很强的交流功能和实际效益。①

当然,符号的这些功能,不是以一种平均的状态分布在传播过程和传播类型中,而是以不同的比例和主从关系分散在不同的信息和传播活动之中。有时是这一种功能占主导地位,有时是另一种功能占主导地位。此外,并不是所有的功能都是正向的、积极的,也有反向的、消极的功能。如此等等。

由于人是文化的动物,社会中的人对他生活于其中的现实所做出的反应,无一不是针对人类文化体系的,而人类的文化体系又是通过它的"象征体系"——符号作用于人的。因此,德国哲学家恩斯特·卡西尔就认为,人是符号的动物(animal symbolicum):

> 人不再生活在一个单纯的物理宇宙之中,而是生活在一个符号宇宙之中。语言、神话、艺术和宗教则是这个符号宇宙的各部分,它们是织成符号之网的不同丝线,是人类经验的交织之网。人类在思想和经验之中取得的一切进步都使这符号之网更为精巧和牢固。人不再能直

---

① 邵培仁:《传播学》,第129—130页。

接地面对实在,他不可能仿佛是面对面地直观实在了。人的符号活动能力(symbolic activity)进展多少,物理实在似乎也就相应地退却多少。在某种意义上说,人是在不断地与自身打交道而不是在应付事物本身。他是如此地使自己被包围在语言的形式、艺术的想象、神话的符号以及宗教的仪式之中,以致除非凭借这些人为媒介物的中介,他就不可能看见或认识任何东西。①

第二节 语言与言语

在人所创造的符号体系里,最具典型性的象征物就是语言。一方面,语言的高度组织化、普同化、实用化,使人们不能须臾与之分离;另一方面,语言以社会统制形式存在和以个体分散形式存在是完全不同的。在这方面的研究中,瑞士语言学家费迪南·德·索绪尔(Ferdinand de Saussure)是最著名的代表。

一、索绪尔的贡献

索绪尔被称为"现代语言学之父",对语言学和符号学理论都有很大的贡献。索绪尔的语言学理论和主要思想集中反映在他的《普通语言学教程》一书中。这部书被认为是20世纪西欧最重要的语言学著作,对20世纪整个社会科学和人文思潮的发展变化产生了广泛而深远的影响。后人确认《普通语言学教程》归纳并提出了结构语言学的四项法则:一是历时与共时的方法;二是语言与言语;三是能指与所指;四是系统差异决定语义。这四个法则通称为"四个两项对立"。②

对于人类学、社会学而言,索绪尔最重要的贡献主要体现于三个方面:

(1)将语言作为一种社会事实、一种社会制度加以研究,而忽略语言中的物理的、机械的表现。他把语言现象区分为语言(langue)和言语(parole),指出言

---

① 恩斯特·卡西尔:《人论》,甘阳译,第33页。
② 参见赵一凡、张中载、李德恩主编:《西方文论关键词》,外语教学与研究出版社2006年版,第250页。

语是个人实际使用、执行和进行交流的语言行为,它是个人的、或然的、暂时的;而语言则是人们言语活动底层的结构和一般规则,是社会的继承性系统的语言制度,是看不见摸不着的,只有通过语言符号才能把握。他认为我们在日常生活中实际接触的只是言语而不是语言。语言是一种系统,它以语音为物质外壳,以词汇为建筑材料,以语法为结构规律,言语只是对语言的具体运用,人类的语言是通过言语表现出来的。我国有语言学者对此进行了补充,认为语言是由语音、词汇、语法构成的体系,言语则是人们使用语言的社会事实。言语包含两方面内容:一是使用语言的过程本身,即人们利用语言这一工具所进行的言语活动;二是使用语言的结果,即在言语活动中所产生的言语作品的总和——话语。①

(2) 把语言放在人文事实的层面上进行观照,认为语言是表达观念的符号系统,剖析语言符号,把语言分成概念(即内容或意义)与声音形象(即形式),也就是符号学里所说的所指(signifié)和能指(signifiant)。由于语言符号是概念(内容或意义)和声音形象(形式)的结合,而非事物和名称的结合,因此,符号就具有了任意性,符号的意义也就取决于作为社会事实的语言制度对它的规定。

(3) 把语言现象分为共时(synchronic)和历时(diachronic)两类。共时是指时间历程中某一点上的语言状态,相当于静态的或相对稳定时期内的语言现象,如各种现代语。历时是指从时间历程中某一点往后的语言现象,如从古代汉语到现代汉语。在做出这种区分后,索绪尔强调的是语言的共时性。

大致说来,索绪尔开创的现代语言学所强调的是对语言做系统的、共时性的描述,把语言看成人类符号系统的思想使得索绪尔的学说成为后来欧美结构主义思潮的先驱。法国结构主义人类学大师列维-斯特劳斯对索绪尔的评价就非常高:

> 依我看,最接近于把它(指社会人类学——编者注)的性质界定下来者,非费迪南·德·索绪尔(Ferdinand de Saussure)莫属,虽然他用的是暗示法——当他把语言学作为一门有待诞生的科学的一部分推出

---

① 参见范晓:《语言、言语和话语》,载赵蓉晖编:《索绪尔研究在中国》,商务印书馆2005年版,第204页。

的时候,他为这门学科取了符号学(séméiologie)这个名字,并且把它的研究对象规定为符号在社会生活中的生命。此外,当他把语言行为跟"文字、聋哑人字母、象征性礼仪、礼貌形式、军用信号等"进行比照时,他不是已经预见到,我们最终也将参与其事吗?人类学本身的领域里至少包括这些符号系统中的某些系统,无人会否定这一点;而且许多别的系统也跻身此列:神话语言、构成仪式的口语符号和肢体符号、婚姻规则、亲属制度、习惯法以及某些经济交换的形式。①

二、人类语言的特征

到目前为止,学术界还是认为语言是人类特有的文化现象,当然,这并不是否认其他的灵长类动物具有一些语言能力,如非洲黑猩猩已被证实精通一些初步的语言技巧。除灵长类外,其他动物也有交际能力。如一只蜜蜂发现一片花丛后,会飞回蜂房,跳一种"舞蹈",它的同伴不久便会出动,飞往那片花丛。但是,动物"语言"不能算作一种真正意义上的语言。最新研究表明,蜜蜂舞蹈所起的作用并不像人们想象的那样大。苏联学者温纳曾做了大量实验证明,蜜蜂回到蜂房时身上携带的花蜜香味是最主要的因素,蜜蜂是凭借它们灵敏的嗅觉来找到蜜源的。没有蜜蜂身上的香味,任何舞蹈都不起作用。可见,所谓"蜜蜂语言"仍然是一种生理信号,同作为符号的语言相差甚远。黑猩猩的手势、表情、叫声都比较原始,远不能同人类语言相比。

人类特有的语言具有哪些特征呢?美国语言学家霍凯特(Charles Francis Hockett)指出:人类语言具有"时空位移性",即能用符号表示时间和空间上相当遥远的事件,动物"语言"不具备这一特征。德国哲学家恩斯特·卡西尔认为,人类语言不仅以感情的方式运用着,也以命题的方式运用着。他说:"动物发声中通常缺少的东西,正是人类语言最鲜明的特征,即人类语言的客观的'命题

---

① 克洛德·列维-斯特劳斯:《结构人类学(2)》,张祖建译,中国人民大学出版社2006年版,第473页。

第四章 符号、语言与文化

性'性质。"①日本人类学家祖父江孝男表示:人类语言具有"符号性",使人类的语言"不限于仅仅表达出感情、情绪及迫近即来的消息,还能够叙述出不久以前,或者过去了很久的事情"②。我国学者卫志强提出,人类语言与动物"语言"相比有五大特征:迟延性、延伸性、内在性、能产性(或生成性)和分离性。迟延性使人类在解释或发出信息时,将信息内容跟情感成分区分开来;延伸性使语言不限于表达目前正在发生的事情;内在性使人类具有十分独特的天赋,即自言自语,心理语言学上称为"内部言语";能产性或生成性允许人类将有限声音组合排列而获得无限多的意义;分离性使一句话能够分解为个别的概念,动物叫出的声音也是一个"句子",但它不能分解。③ 综上所述,对语言的特征可以从两个方面理解:从语言符号的特殊性来理解,语言具有线性、任意性、相对稳定性与可变性、系统性四大特征;从人类语言与动物"语言"相比较来理解,语言具有时空位移性、命题性、内在性、能产性和分离性五大特征。

那么,语言系统是由什么组成的?每种语言都有语音、词汇和语法三个组成部分,这是从一种语言内部的情况来研究的;从外部情况讲,还要考虑社会和语言的相互影响和制约,在不同环境下使用语言所产生的不同意义。从普通语言学的观点看,语言至少可分出三个层次:(1)词汇,是公认的语言最小运用单位;(2)句子,是词汇的生成使用;(3)在前两个层次上经过意义附加的象征性词语、句段和篇章。从这样的语言概念看,它应当有三重意义:(1)语言是人类文化创造活动的产物,是社会维系的重要媒介,是工具,是被动的。(2)语言是文化的象征,它作为符号系统能够反映民族文化,同它所象征并参与其中的民族文化相互作用。(3)语言是民族文化的核心,它可以表达民族精神,或者说,它具有表达民族特点的潜力,但并非民族精神本身。即便如此,语言形式的能动作用却不可低估。

---

① 恩斯特·卡西尔:《符号·神话·文化》,李小兵译,东方出版社1988年版,第94页。
② 祖父江孝男:《简明文化人类学》,季红真译,作家出版社1987年版,第17页。
③ 参见卫志强:《当代跨学科语言学》,北京语言学院出版社1992年版,第173—175页。

第三节 语言与民族、族群的关系

一、语言是民族或族群的重要标志

人类学之所以研究语言,首先因为它是构成民族或族群的重要特征之一,也是划分民族或族群的主要依据。一般来说,一种语言是与使用该语言的人联系在一起的,不同的民族会有不同的语言。在一定意义上说,语言代表着民族。其次,语言也是族群的重要分界。在我国,汉族操汉语,黎族操黎语,壮族操壮语,维吾尔族操维吾尔语,这些都表明语言也是族群的重要标志。基础语言学的奠基人威廉·冯·洪堡特(Wilhelm von Humboldt)就曾论述:一个民族所在的生活环境、气候条件,它的宗教、社会建制、风俗习惯等,一定程度上都可以跟这个民族脱离开来。然而,一个民族无论如何不能舍弃的就是语言,因为语言是一个民族生存所必需的"呼吸",是它的灵魂所在。通过一种语言,一个人类群体才得以凝聚成民族,一个民族的特性只有在其语言中才完整地铸刻下来,想要了解一个民族的特性,若不从语言入手势必会徒劳无功。[①]

正因为语言是一个民族或族群的重要标志,所以人类学家、民族学家常常会以语言为中心,再结合其他文化因素来识别民族或族群。在我国20世纪50年代进行的民族识别工作中,语言在其中起了很大的作用。例如,我国最后一个确认的少数民族——基诺族,由于其所处自然环境以及受邻近民族的影响,其文化和邻近傣族、布朗族的文化一样,具有孟高棉族体的特点,族属一时难以认定。后来民族学家从语言入手,证实基诺族属汉藏语系藏缅语族彝语支,从而排除疑点,认定基诺人为我国的单一少数民族。

二、语言的研究离不开对民族、族群的研究

一般来说,语言与民族、族群有相当大的一致性,但事实上也常有出入,不能绝对而论。一种语言可以是几个民族或若干族群的共同语,如在世界范围内,讲

[①] 威廉·冯·洪堡特:《论人类语言结构的差异及其对人类精神发展的影响》,姚小平译,商务印书馆2008年版,"译序"第39页。

第四章 符号、语言与文化

英语的有英国、美国、澳大利亚、菲律宾、新加坡等国家,但这些国家里讲英语的人并不属于同一个民族。同理,一个民族或族群也可以使用一种以上的语言,如我国西北的裕固族就使用三种语言,东裕固族人操蒙古语族的裕固语(恩格尔语),西裕固族人操突厥语族的裕固语(尧乎尔语),还有一些裕固族人说汉语。我国南方的瑶族也使用四种语言:勉语——属瑶语支,布努语——属苗语支,拉珈语——属壮侗语族侗水语支,还有一支平地瑶人使用一种汉语方言。

　　正因为民族、族群与语言之间有这么错综复杂的关系,所以,在有的情况下要判定某种话是一种独立的语言还是方言,主要的依据不是语言的特征,而是使用该语言的民族的特点。例如,我国境内的哈萨克语和柯尔克孜语差别很小,基本上可以互相通话。但以民族或族群的特点来讲,它们分属不同的民族,故定为两种不同的语言。又如彝族诸方言之间的差别比上述两种语言之间的差别要大,但属于一个民族使用,故定为一种语言的不同方言。所以,研究语言离不开民族学和人类学的知识。

三、语言的谱系分类

　　全世界共有多少种语言?学术界至今没有定论。有人估计有八九千种,有人估计只有两三千种。主要原因在于,学术界对于什么是语言、什么是方言还难有一个统一的标准。不过,全世界使用人数较多、影响较大的语言并不多。

　　早在19世纪以前,就有人想对世界上不同的语言进行分类。语言学家相信,语言可以像家族、世族那样按谱系分类,来源于一个共同母语的不同语言是亲属语言,来源于远古同一始祖语言的各种语言也是亲属语言,只不过它们的亲疏程度有所不同罢了。这样,就可以把世界上各种语言归并为大的语系,语系以下分为语族、语支,语族、语支以下就是各种独立的语言。语言的历史比较离不开使用该语言的民族(族群)的历史比较,因为亲属语言的形成是语言分化或融合的结果,而语言的分化或融合是民族(族群)分化与融合的结果。

　　目前,语言学家根据语言的亲缘关系对世界上众多的语言进行了谱系划分,其深层的含义是考虑到了不同语言(集团)的人们共同体的历史交往与文化交流。这样,世界上的语言大致可分为汉藏语系(Sino-Tibetan Family)、阿尔泰语系(Altaic Family)、印欧语系(Indo-European Family)、阿非罗-亚细亚语系(Afro-Asiatic Family)、南岛语系(Austronesia Family)、柯伊散语系(Khoisan Family)、达罗毗荼语系(Dravidian Family)、南亚语系(Austro-Asiatic Family)、尼罗-撒哈拉语系(Nilo-Sahara Family)、乌拉尔语系(Uralic Family)、高加索语系(Caucasian Family)、班图语系(Bantu Family)等十二大语系,各语系之下又分为语族、语支、方言、土语等。我国56个民族所使用的语言主要分属于汉藏、阿尔泰、南岛、南亚、印欧五大语系,其中京语、朝鲜语的系属尚未确定。① 对民族语言进行谱系分类,证明语言与民族、族群之间确实存在密切的关系。

社会学家和人类学家掌握语言分类的目的主要是想弄清楚民族、族群之间关系的历史渊源。至于语言谱系为什么如此排列,涉及语言内部语音、语法、词汇等方面的描写与对比,这是语言学家才涉猎的研究领域。

表4—1　中国民族语言系属简表②

汉藏语系	一、汉语 二、藏缅语族: 1. 藏语支:藏语、嘉戎语、门巴语 2. 景颇语支:景颇语 3. 彝语支:彝语、哈尼语、纳西语、傈僳语、拉祜语、基诺语 4. 缅语支:载瓦语、阿昌语 　语支未定:白语、羌语、普米语、珞巴语、独龙语、土家语、怒语 三、苗瑶语族: 1. 苗语支:苗语、布努语 2. 瑶语支:瑶语、勉语 　语支未定:畲语 四、壮侗语族: 1. 壮傣语支:壮语、布依语、傣语 2. 侗水语支:侗语、水语、毛南语、仫佬语、拉珈语 3. 黎语支:黎语 　语族未定:仡佬语

---

① 参见《中国大百科全书·民族》,中国大百科全书出版社1998年版,第554—555页。
② 本表材料来自《中国大百科全书·民族》,第557—558页;《中国少数民族》修订编辑委员会编:《中国少数民族(修订本)》,北京:民族出版社2009年版,第883页。

(续表)

阿尔泰语系	一、蒙古语族:蒙古语、达斡尔语、东部裕固语、土族语、东乡语、保安语 二、突厥语族: 1. 西匈语支:维吾尔语、哈萨克语、撒拉语、乌孜别克语、塔塔尔语 2. 东匈语支:柯尔克孜语、西部裕固语、图佤语 三、满-通古斯语族: 1. 满语支:满语、锡伯语、赫哲语 2. 通古斯语支:鄂温克语、鄂伦春语
南岛语系	印度尼西亚语族:高山族语言、阿眉斯语、排湾语、布嫩语等
南亚语系	孟高棉语族:佤德昂语支:佤语、德昂语、布朗语
印欧语系	一、斯拉夫语族:俄罗斯语 二、伊朗语族:塔吉克语
语系未定	京语、朝鲜语

第四节 语言、思维与文化

一、语言与思维的关系

"认知语言学"认为,人类语言的创建、学习及运用,基本上都必须借助人类的认知加以解释,认知能力是人类知识的根本来源。语言不是直接表现或一一对应于现实世界的,而是有一个中间的"认知构建"层次,是这个中间的"认知构建"层次将语言表达和现实世界联系起来。在这个认知中介层上,人们因应现实世界而形成各种概念和概念结构。现实世界通过这个认知中介层"折射"到语言表达上,因而语言表达也就不可能完全对应于现实世界。举个简单的例子,现实世界中墙角并没有明确的边界,我们无法划出一条界线来确定墙角的范围,但是在语言表达上我们仍然说"一个墙角"和"在墙角里",这是因为,在认知上我们把墙角"识解"为一个有边界的事物,"墙角"因此是一个"有界"概念。[1] 在这里,话语的意义等同于概念化,即心理经验的各种结构或过程,而不是可能世

---

[1] 沈家煊:《"认知语言学"的基本假设》,《光明日报》2006年7月3日,第12版"理论周刊"。

界中的真值条件。也就是说,话语的意义存在于人类对世界的解释之中,它具有主观性,体现了以人类为宇宙中心的思想,反映了主导的文化内涵、具体文化的交往方式以及世界的特征。这一原则表明,意义的描写涉及词与大脑的关系,而不是词与世界之间的直接关系,这就牵涉到了语言与思维之间关系的问题。

思维是人脑的功能,思维逻辑本身并不具备民族性,但与思维形影相随的语言表达形式和方式却具有民族性。民族语言并不决定某个民族的思维逻辑,可是却能够决定一个民族的思维方式。这二者之间的辩证关系,一直是语言人类学者孜孜以求的课题。

语言是思维的工具,思维离不开语言。在语言学史上,持语言可以影响人们思维方式的观点的代表,当属基础语言学大家德国的洪堡特及洪堡特学派。洪堡特认为:语言介于人与世界之间,人必须通过自己生成的语言并使用语言去认识和把握世界。语言记录下人对世界的看法和存在于世的经验,加之它又有自身的组织和规律,于是,语言逐渐成了一种独立自主的力量,一个相对于使用者的客体,即形成了一种独特的"世界观"。每一种具体的语言都是这样的一种"世界观",它来源于人,反过来又作用于人,制约着人的思维和行动。[1]

虽然洪堡特秉持着不同的人类语言影响着不同人群的思维这种观点,但他还不绝对。他认为语言影响人,人也影响语言,而且在人与语言相互影响的双向关系中,人这一方还起着决定的作用。继承洪堡特语言学说的心理语言学家施坦塔尔(Heymann Steinthal),根据洪堡特关于语言与民族精神(思维)的思想,试图通过个人的言语与心理来了解社团的精神生活,从而确定语言类型与民族精神(思维、心理)的联系。20世纪二三十年代德国语言学界出现了"新洪堡特学派",其主要代表性人物魏斯格贝尔(Johann Leo Weisgerber)就曾反复强调语言的文化价值和认识作用,认为语言介于主体与客体、人与外界之间,它是一个特殊的中间世界,是一种永远创造不息的力量;语言把物的世界转变为精神财富,从而形成文化造就了历史。[2]为此,他还对语言这个中间世界做了大量的案例

---

[1] 参见威廉·冯·洪堡特:《论人类语言结构的差异及其对人类精神发展的影响》,姚小平译,"译序"第48—49页。

[2] 同上书,"译序"第53—54页。

第四章 符号、语言与文化

分析。不过,把洪堡特语言与思维关系学说推向极致,甚至认为语言可以决定人群思维的,是20世纪上半叶极有影响力的美国语言学家爱德华·萨丕尔(Edward Sapir)和他的学生本杰明·沃尔夫(Benjamin Lee Whorf)。其最为著名的观点体现在"萨丕尔-沃尔夫假说"(Sapir-Whorf Hypothesis)里。

萨丕尔认为,不同的语言表达方式会对同一客观世界做出不同的分析和解释,人们主要是通过语言去理解世界的。他说:"人们不仅仅生活在事物的客观世界中,也不仅仅生活在社会活动的世界之中——像我们通常所想象的那样;他们在很大程度上还处在该社会用来作为交际工具的那种具体语言的影响之下。……实际上,真实世界是在该族人的语言规范的基础上不知不觉地建立起来的。"[1]萨丕尔的学生沃尔夫引申了萨丕尔学说中的思想萌芽,将语言之于文化的作用推向极端。他说:"我们迄今所具有的关于思维的最好说明,是由语言的研究提供的。语言的研究表明:一个人的思想形式,是受他所意识不到的那些不可抗拒的形式规律所支配的……人的思维本身总是在一种语言中,在英语、梵语或汉语中。每一种语言都是一个庞大的不同于其他的形式体系。在这样一个形式体系中,形式和范畴都是一种文化规定——人们不仅应用这些形式和范畴来交际,而且还应用它们来分析自然,来注意或忽视诸类关系和现象,来引导他的推理,来建造他的意识大厦。"[2]"使用不同语法的人,受其语法结构的支配,对外表相同的事物进行各种不同的观察,做各种不同的评价。因此,作为观察者来说,他们不可能是相同的,因为他们对世界所持的观点不同。"[3]沃尔夫的意思是,因为不同的语言具有不同的语法范围,故操不同语言的人对世界的认识是不同的。沃尔夫的结论主要是通过对美国本国语言的研究得出来的。

"萨丕尔-沃尔夫假说"引发了人们对语言与文化间关系的浓厚兴趣,同时也激发了诸多的讨论和争议。至今,这还是一个未得到证实的假说。

---

[1] E. Sapir, "Conceptual Categories in Primitive Language", *Science*, 1931, Vol. 74, No. 1927, p. 578.
[2] B. Whoof, *Language, Thought and Reality*, edited by J. B. Carroll, MIT Press, 1956, p. 252. 转引自庄孔韶主编:《人类学通论》,山西教育出版社2002年版,第180页。
[3] B. Whoof, *Collected Papers on Metalinguistics*, Dept. of State, Foreign Service Institute, 1952, p. 11. 转引自庄孔韶主编:《人类学通论》,第180页。

二、语言与文化的关系

"萨丕尔-沃尔夫假说"的核心是语言与文化的关系。人类的文化分为物质、制度和心理三个层次,文化与语言间的关系,一方面是语言受制于文化,另一方面是语言又反作用于文化。文化与语言之间的这种关系具体表现为文化与言语之间的关系。

(一) 语言是文化的一个组成部分

文化是社会成员共同拥有的生活方式和为满足这些方式而共同创造的事物,以及基于这些方式而形成的心理和行为,包括物质文化、制度文化和心理文化三个层次。语言也是一种文化现象,自然也具备文化的特点。

(1) 语言也是人类的创造物之一。我们在前面谈语言的特征时,专门比较了人类语言与"动物语言"的区别,由此看出"动物语言"要么只是一种本能的生理反应(如蜜蜂"语言"),要么还只是一种语言的萌芽(如黑猩猩"语言"),只有人类才拥有符号的、能产的、分离的、延迟的、命题的语言。因此,语言毫无疑问是人类的创造物。

(2) 文化不受控于基因的遗传,是后天习得的。语言当然有某种先天的机制,例如对儿童习得语言的研究表明,儿童掌握本族语的能力跟发音器官的完善和大脑神经网络的成熟有密切关系。但是,儿童说何种语言往往跟后天环境有关。儿童是在不断模仿、巩固和学习的基础上掌握语言的,离开了后天学习,儿童也不会自动掌握整个语言系统,"狼孩"便是例证。所以,语言是先天本能和后天学习的结晶,先天本能是一种生理现象,在介入后天的学习后便成为一种文化现象。

(3) 文化具有共享性,它不是属于某一个人,而是全社会成员的共同财富。语言是社会成员约定俗成的符号系统,一旦形成就具有相对稳定性,全社会成员都得遵守其语言规则。从语言和言语的区分也可以知道,语言是社会的,而言语可以含有个人的东西。每一个人说话各不相同,但都要遵守语言的规则。因此,语言是全社会的共同财富,具有共享性。

(4) 凡是文化都具有符号性和一定的象征意义,如宗教、婚姻、神话等都具有很强的象征意义。语言是一种符号系统,其符号性和象征意义比其他人类的制度文化显得更为突出。它可以作为符号中的代表,正如索绪尔所说:"语言是一种表达观念的符号系统,因此,可以比之于文字、聋哑人的字母、象征仪式、礼节形式、军用信号等等,等等。它只是这些系统中最重要的。"①

(二) 语言对文化建构、传播和传承的作用

语言虽是文化的一个组成部分,但与文化的其他部分相比,又有其特殊性。文化的其他组成部分可能只反映特定的层面,如饮食文化只反映饮食的发展变化,家庭文化只反映家庭生活方式,等等。语言则不同,它不仅反映语言本身,还对文化的建构、传播和传承起着重要的作用。

(1) 在人类创建文化的过程中,语言起了重要作用。第一,语言使人类的信息联络显著发达;第二,使知识积累变得容易;第三,使记忆力和思维能力发达。因为这三点进步,人类便有了"加速度式"的发展,结果把其他动物远远甩到后面。也因为这三点进步,人类最终建构了自己的文化。西方著名的文化学家埃尔伍德(Charles A. Ellwood)认为语言是人类文化中最早发生的部分。德国语言学家魏斯格贝尔也说:"应该把语言作为形成文化的力量来研究,因为正是语言,是创造人类文化的必要条件,并且是形成文化成果的参与者。"②

(2) 不仅是创建,人类文化的传播和传承很大程度上也是依靠语言。语言是人类最重要的交际工具,由于有了语言,人们可以传播先进的技术、知识和经验。传承是指上一代和下一代之间的传播,下一代总是先习得上一代的语言,并通过语言的学习继承上一代的知识、经验和生产生活方式。文化的传承也可以通过其他手段诸如示范、模仿、行为影响等来进行,但最重要的还是靠语言。因此,美国人类学家基辛(Roger M. Keesing)说:"人之所以异于禽兽,主要是因为人类有创造并运用象征符号(symbols)的能力。语言使人类得以超越许多生物性的限制,也使人类得以建构其文化模型,并传诸后世。"③

---

① 费尔迪南・德・索绪尔:《普通语言学教程》,高名凯译,商务印书馆2008年版,第37—38页。
② 转引自邢福义主编:《文化语言学》,湖北教育出版社1990年版,第216页。
③ R. Keesing(基辛):《当代文化人类学》上册,于嘉云、张恭启合译,陈其南校订,台湾巨流图书公司1981年版,第216页。

（3）语境还是理解不同国家和不同民族文化表达方式的一个重要途径。美国人类学家爱德华·霍尔（Edward T. Hall）在其1976年出版的《超越文化》一书中，提出文化具有语境性。语境，指的是使用语言的环境。他把语境分为高语境（High Context）和低语境（Low Context）两种。在高语境文化中，说话者的言语或行为意义是比较隐晦或不清晰的，其所表达的东西往往比他所说出的东西要多，因此，必须通过说话者当时所处的具体情境来体会；而在低语境文化中，人们强调的是当时双方语言表达和交流中的内容，而不是所处的具体情境。即高语境社会的成员在表达信息时喜好含蓄隐晦的方式，低语境社会的成员则喜好直接的沟通。他把世界各国区分为高语境文化国家和低语境文化国家，德国、瑞士、斯堪的纳维亚国家及美国等都属于低语境文化国家，中国、日本、韩国及阿拉伯国家都属于高语境文化国家，法国则处于中间。霍尔认为，在低语境文化中，言语承载了大多数传播中的信息。人们之间关系的维系通常比较脆弱、正式且合法，人们间的相互卷入度很低，组织内部和外部的人之间的区别很小。在高语境文化中，讯息的口头部分包含的信息很少，传播的语境包含的信息则较多，如背景、联系和传播者的基本价值观等。这种文化中人们之间的联系通常很强，人们相互的卷入度也很高，他们处理的合法书面工作比低语境文化中的少很多。高语境文化中，一个人的话语就是他与他人的联系，共享的责任感和荣誉感代替了人际合法的法律关系，因此几乎没必要提供文化中外部合法的、将注重责任和信任作为重要价值观的法律。①

（三）语言是记录文化的特殊系统

美国语言学家萨丕尔说："语言是文化的载体，它是不能脱离文化而存在的。"②语言本身是文化的一个组成部分，但它同时又是记录文化的特殊系统。语言既有其结构系统，又有其深厚的文化背景，因此，研究语言可以从中发掘出许多文化内涵。

（1）文化对语言的制约和影响。语言不能脱离文化而存在，它总是受到文

---

① 参见爱德华·霍尔：《超越文化》，何道宽译，北京大学出版社2010年版，第六章、第七章、第八章。

② E. 萨丕尔：《语言论》，陆卓元译，商务印书馆1964年版，第129页。

化的制约和影响。文化对整个语言系统,包括词汇、语法、语音和语句等方面都有影响力,最明显地反映在对词汇的影响上。例如,马这种家畜,在我国古代,既是重要的生产工具,又是交通工具,还是战争的利器。因它在人们的日常生活中占有重要的地位,故体现在语言上就是对马的称谓分得很细很复杂。如把不足一岁的马称为"駣"或"騇",一岁的马称为"䭶",二岁的马称为"駒",三岁的马称为"駣",四岁的马称为"駣",八岁的马称为"馴",等等。至于对不同毛色的马,称谓就更复杂多样了:前足全白的马称为"騤",尾巴黑毛的赤马称为"騮",黄色有白斑或黄身白鬃尾的马称为"驃",青白杂毛的马称为"驄",白额头的马称为"駮"或"駒",浅黑色的马称为"駹",紫色的马称为"騇",多鬃毛的青黑色马称为"騄"或"騧",黄色脊毛的马称为"騹",毛色呈鳞状斑纹的青马称为"騂",鬃尾黑色的白马称为"駱",毛色苍白相杂的马称为"騅",黑色的马称为"駭",黄白杂毛的马称为"駓",赤鬃缟身眼若黄金的马称为"駮",毛色黑白相杂的马称为"骊",毛色不纯的马称为"駁",青黑色的马称为"䭲",后左足白色的马称为"驆",黄白色的马称为"驊",白腹的赤马称为"騵",口黑的马称为"駩",黑唇的白马称为"駼",黑脊的白马称为"騽",面额白色的黑马或青色马称为"駭",赤色的马称为"騂",赤黑色的马称为"䮍",黑脊的白马称为"驙",臀白的马称为"驠",深黑色的马称为"驪",身有青黑纹如棋盘的马称为"騏",白尾巴的马称为"騇",额白至唇的马称为"駣",黑嘴的黄毛马称为"騧",等等,不下五六十种。①一般而言,对一个民族或社会越是重要的东西,该民族或社会对它的语言区分往往越精致细微。而今,马这种家畜在我国社会中的重要性已大大降低,只是偏远地区一些农家的生产工具及极少部分人观赏和体育竞赛的动物(如赛马),因此,上述对马的称谓已经湮没无闻,除个别字以外,大多成了世人不识的冷僻偏生字。

人类的生产方式在言语中也会有自然的反映。如英语中一般表示"负担"的词只有一个"carry",而汉语中反映"负担"的词却相当丰富,有荷锄、挑米、背小孩、挎篮子、提箱子、抱被子、拎篓子等。这种不同是由古代的中国人与英国人

---

① 详见汉语大字典编辑委员会编:《汉语大字典(缩印本)》,湖北辞书出版社、四川辞书出版社1992年版,第1886—1906页。

的不同生产方式和生活方式所决定的。关于狗的叫声,英语中有 bark、howl、growl、snarl、whine 等表达,字(词)字(词)不同;汉语中相对应的只能是"吠叫""狂吠""怒吠""吼叫""哀叫",实际上只有一个"叫"字。这与狗在两个民族古代生产方式和生活方式中所处的地位有关系。

不同的民族、不同的文化往往还会形成一些特有的词语,这些词语又叫非等值词,是其他民族所没有,无法对译的。例如,汉语中的"五行""八卦""宗庙""筷子""饺子""虚火上升"等,其他语言就没有这一类词,这跟中国特有的物质文化和精神文化密切相关。同样,英语的"fair play"(费厄泼赖)、法语的"salon"(沙龙)、德语的"konzern"(康采恩)、俄语的"ВОДКа"(伏特加)等词语也跟它们民族特有的文化有关。

还有一类词语是不完全等值词,即虽然各民族语言中有相同的词语,但在意义、用法、感情色彩上并不完全相同。例如,汉语中的"狗",英语是"dog"。但在中国人眼里,"狗"的意象负面,所以有"狗东西""狗杂种""走狗""狼心狗肺""狗腿子""狗眼看人低"等贬义词;而在英国人、美国人眼中,"dog"是忠诚善良、跟人交情深厚的好伙伴,所以常说"Love me , Love my dog""a lucky dog""my dear dog"等。相同的词所具有的不同的意义,是由其文化影响和背景决定的。

言语还反映了人类的社会制度。美国人类学家摩尔根在其《古代社会》一书中记录了古夏威夷人的亲属称谓,其中"Waheena"意为"我的妻"。但这里的"我的妻"却是既包括我的妻子,也包括我的大姨子、小姨子,还包括我兄弟的媳妇、我堂兄表兄的媳妇等。① "我的妻"完全不同于今天我们专偶婚中的妻子。原来,这个词反映了古夏威夷人的"普那路亚"婚姻制度(Punaluan Marriage)。

言语也反映了人们的普遍心理。古人忌怕凶猛的老虎,因此,旧时的浙江温州人改称老虎为大猫,长沙人由于"虎""腐"同音,因此将腐乳避讳称为猫乳。清朝晚年,社会动荡,为了表明抗清志向,一些革命党人纷纷易名,"章太炎"表达的是对抗清志士顾炎武的景仰;蔡元培改字子民,明言自己为炎黄的孑遗之民。一般而言,文物易毁,而民族不亡则其语言就不会灭,人类或民族的历史播

---

① 路易斯·亨利·摩尔根:《古代社会》下册,杨东莼、马雍、马巨译,商务印书馆1981年版,第408页。

迁在语言中能够打下深深的烙印。

文化对语言分化也有影响。语言分化较重要的两种形式是地域方言和社会方言。

地域方言是指同一种语言在不同地区所产生的变化和差异。例如现代汉语,在统一的民族共同语下,又可分为官话、晋语、吴语、赣语、徽语、湘语、闽语、粤语、平话和土话、客家话等十种方言。① 每一种地域方言既有自身的特点和发展规律,同时也都与一定的文化背景如地理环境、地方习俗、文化传统、人们的观念等相联系。清代学者李光庭曾说:"言语不用,系乎水土,亦由习俗。如齐之邱盖,楚之颗颐,固是方言。若前人诗中之遮莫、底事、尽教、那得,词中之抵多少、破不刺、兀的不也么哥,或为发语,或为助语,皆然也。"②

社会方言指的是,在同一种语言中,由于年龄、性别、职业、阶级等的差别而产生的语言的变化和差异。行话、黑话、小孩话、礼貌语、禁忌语等都属于社会方言。社会方言的产生受文化的影响甚深。例如,男女性别不同,往往在使用的词语、语音、词调甚至语法上有所不同。一般说来,在公共场合,妇女说话要比男人文雅,粗话、脏话少一些。对性别造成的语言差异进行研究的结果表明:男女说话之所以不同,跟社会上对男女性别的角色期望相关。这证明文化对性别语言差异的形成是有影响的。

文化对语言接触也有影响。语言接触是在不同社会中操不同语言的人相互接触下产生的。语言接触一般总是以引进借词的方式开始的。如汉族在古代同西域一带的民族接触,引进了"葡萄""苜蓿""狮""骆驼""哈巴(狗)""八哥"等词,这些都是西域的植物和珍禽异兽的名称。五代时期《高昌馆杂字》载,当时吐鲁番和哈密一带的维吾尔语中也有不少汉语借词,如"开""莲花""龙""凳""茶""功劳""太师""总兵"等。中国的一些词语也有被别的民族借用的,如印度尼西亚语中的 cawan(茶碗)、sosi(锁匙),土耳其语中的 bez(白布),伊朗人把硝称为"中国雪"等,都是汉族物质文化对外传播的证明。数量较多的借词是通

---

① 中国社会科学院语言研究所等编:《中国语言地图集(第2版)·汉语方言卷》,商务印书馆2012年版。

② 李光庭:《乡言解颐》,中华书局1982年版,第30页。

过书面语引进的,如汉语的"佛""菩萨""刹那""和尚""弥勒""阎罗"等,都是通过翻译佛经从梵语中引进的,这也称为译词。译词有些是音译词,如"可汗""马达""托拉斯""麦克风""坦克"等;有些是意译词,如"民主""导弹""热核聚变"等。借词和译词是文化间接触和交流的产物,反映了文化的传播和影响。

文化的交流还会在特定的情况下导致语言同化或语言融合。语言同化是指一个民族放弃自己的语言而采用另一个民族的语言。语言同化往往是经济文化相对落后、人数较少的民族放弃自己的民族语言,采用经济相对发达、人数较多的民族的语言。如清朝的满族,虽居于统治地位,但是到乾隆时就已多数只会说汉语而不会说满语,不久就彻底改用汉语了。语言融合是指人数、文化、经济发展水平差不多的民族在语言上"融合",形成一种混合语,如青海省的五屯话就是融汉语和藏语为一体的一种新语言。

洋泾浜语(Pidgins)是指在使用过程中简化而且结构也起了变化的混合语。它一般是随着征服者和殖民者的船队,随着外贸商人的足迹,产生于沿海或港口地区的一种混杂话。它既不是单纯的成分借用,也不是完全的语言替代,而是两种语言接触后产生的一种非甲非乙的简便的交际体系。例如,旧中国上海滩的洋泾浜英语,词汇成分基本来自英语,在语音语法方面则受到汉语的影响而产生了变形。洋泾浜语是不稳定的,是临时凑合使用的非正式的交际工具。

有时一些说洋泾浜语的人不再使用他们的本族语而完全依靠洋泾浜语来进行交际,使它起到民族语言的作用,其词汇量必然会大大增加,以适应使用者的日常生活需要。简化的语言经过再次扩展后,就叫作克里奥尔语(Creoles)。例如,海地和加勒比海其他地区的语言就是典型的克里奥尔语。

综上所述,语言的词汇和语法、语言的分化和融合、语言的变化和接触等都受到文化的影响,文化在某种程度上对语言有制约作用,因此语言反映了文化的内涵。

(2) 语言对文化的约束和影响。作为客体世界与主体世界之间桥梁的"中间世界",语言自有其相对独立性。语言对文化的这种作用表现在这样几个方面:

第一,语言直接制约着人的思维或交流。马克思、恩格斯在《德意志意识形态》中说:"语言是思想的直接现实。"①显而易见,离开了语言,一个人既无法思考,也不可能与他人交流。旗语、数字符号、电报代码等都是建立在一定语言系统上的语言符号或语言的代用品。

第二,语言是一个既受制于又独立于客体世界与主体世界的文化世界。作为媒介,语言在联结主体世界与客体世界时,只能也必须有所遗漏、有所补充或有所含蓄,既不可能完全等同于客体世界,也不可能完全等同于主体世界,言难尽意,意义本身就是从言语组成的信息中产生的。因此,人类社会在支配语言世界的同时也受到语言世界的反控制。离开了语言对客体世界或主体世界的"命名",人类的耳目之内则是一派混沌。客体、主体与语言构成了人类存在的三位一体,而不仅仅是客体、主体两维。由于语言的这种独一无二的权威,在一定意义上说,语言具有霸权性。新洪堡特学派学者瓦尔特布尔格(Walther von Wartburg)曾说:"我们说掌握语言,但是,实际上是人被语言所掌握。"②

第三,语言关乎民族的集体意识或集体无意识。民族文化的传承离不开语言,民族之间的区分也主要借助于语言。语言是民族文化的活化石,是一个民族的文化积淀。满族入主中原,创有清一代统治全中国的同时也全盘接受了汉语汉字,踏上了不再北向大漠荒林的文化融合之路。汉语支撑起满汉一家的中华民族文化心理。语言累积着民族意识。不少海外华人华侨要求他们的子孙学习中文,主要是期望唤起后代对中华文化的认同感。而要让一个海外华人"黄皮白心"最彻底的做法就是从小根绝其接触汉语汉字。

第四,语言对民族语言艺术的制约也是显而易见的。中国古代律诗为什么独盛"五言""七言"?为什么讲求平仄粘对?而英美诗歌为什么会主要依靠重音的交替出现来构成轻重和谐的韵律呢?这与汉语与英语的不同语言特点直接相关。英语是利用重音作为主要的非音质音位的,多音节词居多,英文又是表音文字,这些决定了英美诗歌的韵律主要依靠语言的轻重长短而不是高低,不能像中国古代律诗那样普遍地采取排比对仗。而汉语利用音高作为自己的主要非音

---

① 马克思、恩格斯:《德意志意识形态(节选本)》,人民出版社 2018 年版,第 127 页。
② 瓦尔特布尔格:《语言学的问题与方法引论》,第 185 页。转引自钟年:《文化之道》,湖北人民出版社 1999 年版,第 226 页。

质音位,汉字又长期处于以表意为主、表音为辅的表意文字阶段,单音节词或词素多,缺少词形变化,除了作用于听觉,还可作用于人的视觉。所以,无论中国古代律诗讲平仄、讲对偶、讲意象,还是英美诗歌音韵讲轻重,实际上都是各民族语言对民族语言艺术的必然要求。

我们认为,"萨丕尔-沃尔夫假说"中的那种语言决定文化、文化完全被动的看法难免唯心主义,但那种文化决定语言、语言完全被动的观点也是错误的。应该说,语言与文化之间是相互影响、相互制约的关系。在这种关系中,文化影响制约语言为主,语言制约影响文化为次。

三、文字

文字,是记录语言的书写符号体系,广义上也属于语言的一种,称为"书面语"。它既有较强的民族性和地方性,也有人类文化所拥有的共性。文字的产生是一个演化的过程。最初人们用结绳、刻木等实物方式记录,后发展为用图画记事。例如,北美印第安人要表达一只海狸换了两只狐狸的情况,就画上一只海狸、两只狐狸和两只交叉的手。有时候,某种意思难于用实物图形来表示,就用一些假定性的图形来表示。如北美地区有些土著用两个相对的箭头表示"战争",用初升的太阳表示"早晨",用连着线的两颗心表示"爱情",等等。我国居于西藏东部、云南北部的纳西族也曾使用过一种原始的图画象形文字,叫"东巴文",主要为东巴教徒传授、书写东巴经文所用,纳西话叫"司究鲁究",意为"木迹石迹",即见木画木,见石画石。

文字是在记事图画的基础上经过简化、整理、抽象和充实后产生的。迄今为止已有定论的世界上较早的文字有我国的甲骨文、古苏末人(苏美尔人)的楔形文字、古埃及的圣书字,以及中美洲的玛雅文字。这些文字最初都是象形文字,后来有的文字进一步发展,从表意走向了拼音。

以古埃及文字为例。古埃及文字最初是图画文字,表示鹰就画一只鹰,表示鹤就画一只鹤。后来图画中有些竟被用来代表声音,于是进入了表音阶段。例如,鹰字不代表鹰的意而是代表鹰的音。但由于这种文字只能代表声音,其意义不很明白,于是每个字再加上"定意号"以明其意。定意号也是一个图画字。所以说，埃及的文字实际包含两种要素，一种是表音的，另一种是表意的。后腓尼基人采用埃及的字母，弃去表意的部分只取其表音的部分，拼成词语，创立了纯粹表音的文字。其后的希腊文、拉丁文和近代欧洲文字都源于此。

我国汉字的文字构成法有六种，即所谓"六书"：象形、指事、会意、形声、转注、假借。其中的"象形""指事""会意"早期皆属图画文字的范围，都是表意的。"形声"兼用表音和表意二法，每个字由两部分构成：表形的部分即"定意号"，我国又称为偏旁；另一部分是表音的。如"铜"字是由表意的"金"字和表音的"同"字合成的；"江"字是由表意的"水"和表音的"工"字合成的；等等。"转注"与"假借"都兼用表音法。所以说，我国的汉字实际上是兼表意和表音二法的，只不过音的方面不曾形成文字罢了。

文字产生后对人类社会生活影响极大。文字的出现克服了言语交际在时空上的局限，不仅使语言得以记录和保存，而且大大促进了语言的丰富和发展。在文字产生以前，口语是语言存在的最有效的形式，文字产生后便出现了新的形式——书面语。书面语是在口语基础上形成的，但比口语更加稳定、完善、精密。文字把人类的全部知识记录下来，使后人能够掌握前人所积累的全部知识，因此，文字也成为社会发展的强大动力，成为人类进入文明社会的里程碑。

第五节　人类的非言语交流

语言并非人类互换信息的唯一工具。人类交流思想、表达感情、从事社会活动，除了借助口头言语、书面言语的符号系统之外，还要使用言语之外的非言语交流系统。据美国艾伯特·梅拉宾博士的研究，人们在交流中接收信息的路径是：所使用的言词占7%；言词的表述方式——语调、音量、音高和其他副言语成分的质量占38%；非言语的面部表情、手势、身体的姿势等占55%。[①]

非言语(non-verbal)符号是建立在一定的语言符号系统之上的符号系统或语言的代用品，交通红绿灯、旗语、电报密码、船舶的汽笛鸣声等都脱离不了一定

---

① 参见菲利普·R.哈里斯、罗伯特·T.莫兰：《跨文化管理教程（第5版）》，关世杰主译，新华出版社2002年版，第43页。

的语言。例如,在现代城市的街道上,红绿灯是告诉司机可以前行或禁止前行的指示器;斑马线则告诉司机要减速行驶,同时告诉横穿马路的行人在此处横穿有安全保障。站在十字路口的交通警察则通过手势调度来来往往的车辆。在足球比赛中,巡边员高举小旗,这是在宣布进攻一方"越位"。黑衣裁判手掏黄牌举到一个队员头上,这是在表示:"你有严重犯规行为,如果再犯类似错误,你将被罚下场。"比赛90分钟后,裁判员吹哨子,哨声两短一长,这就表示:"比赛时间到,全场比赛结束。"这种"红绿灯""斑马线""警察手势""裁判的小旗""黄牌""哨声"等,都可以毫无困难地译成相应的言语。这类非言语的交流手段很多,如手势语、体态语、哨语、鼓语、信号和文字等。这些非言语交流都属于语言的大系统之列。虽然它们的运用范围、作用、意义各不相同、各具特色,但都是研究语言和文化所不可缺少的内容。

一般而言,大部分非言语交际不是代替言语而是伴随着言语产生的。虽然学术界对于全世界的人采用了多少种非言语动作仍没有统一的意见,但大都同意全世界的人的非言语交际可归为三大类:动态无声的、静态无声的和有声的。学术界通常将其概括为手势语、体态语、近体学和副语言等。

一、手势语

手势语是指运用手势、身体姿势、面部表情等来进行交际的一种交流方式,也有人称之为"拟势语",它是最常见的视觉非言语交流方式。点头、微笑、皱眉、抚摸、拥抱和人的其他触摸行为都可归入手势语的行列。不少学者认为,手势语是先于有声语言产生的一种语言。例如,摩尔根在《古代社会》一书中就说:"必然是先用姿态或手势表达语意而后才有音节分明的言语。"[1]残存于世界某些偏僻区域的当代原始部落仍有丰富的手势语。例如在瓦拉孟加人那里,有时禁止寡妇说话达12个月之久,这期间,她们与别人交谈只能通过手势语言。在迪埃利族中,"除有声语言外,还有丰富的手势语言。一切动物,一切土人,男人和女人,天、地、行走、骑乘、跳跃、飞翔、游泳、食、饮以及其他许许多多的事物

---

[1] 路易斯·亨利·摩尔根:《古代社会》上册,杨东莼、马雍、马巨译,商务印书馆1981年版,第5页。

和动作,都有自己专门的手势符号来表示,所以这些土人不发一言就能交谈"①。

手势语的确是一种真正的语言,它有自己的词汇、句法和形式。例如,达科他印第安人说"我要回家"时,只要屈臂以食指指胸,便是说"我",次伸臂向前,表示向前走,最后握掌急向下落,这便是说到家。据有关专家的研究,手势语和有声语言表达上有所区别。它往往把最重要的事物置于前,把无关紧要的词删去。例如:"我饿了,给我面包。"用手势语表达则改为:"饿,我,面包,给。"疑问句常先作肯定语,然后用疑问的态度表示客观存在,如问:"你有何事?"便说成:"你哭,你被打?你被射中了?"等等。

另外,手势"言语"有时具有鲜明的民族性,手势符号的创造常跟一个国家一个民族的文化背景相关。例如,普通中国人用手指表示"8",其手势是跟汉字"八"相像的;两手食指交叉表示"10",跟汉字"十"相像。英、美等国的人用大拇指和食指圈成一个圈,其他三指张开表示"同意""赞美"之意,这个符号同英语中的"OK"相像;用食指和中指做出"V"形向外,表示"胜利",这也与英语的"Victory"(胜利)的第一个字母相像。用手招呼人,中国人是手掌向下,手指向内拨动,而美国人虽然也是内拨手指,却是手掌朝天。用美国人的这种手势招呼中国人很容易被视作侮辱,因为中国人往往用这种方式招呼猫狗或瞧不上眼的人。

手势语具有完整的系统,但跟有声语言相比,它也存在弱点。例如,在黑暗中,手势语便失去了效果;又如在劳动中,要进行交谈,就不得不停下手中的活;等等。而且与分节性的有声语言相比,它的表达速度也慢得多,能创造的词汇量也没有口语丰富。若要表达抽象概念,往往要同具体事物联系起来才行。正是因为手势语存在诸多弱点,今天手势语一般都被口语所代替,只有在聋哑人那里以及特殊环境中才使用。

二、体态语

体态语(kinesics),也称为身势语,这个词是美国社会心理学家伯德惠斯戴尔(Raymond "Ray" L. Birdwhistell)发明的。他设计了一套可用来记录面部表情

---

① 列维-布留尔:《原始思维》,丁由译,商务印书馆1985年版,第151—152页。

和身体动作的代表"身势语"最小单位的符号,这个符号系统精心细致地描绘了由代表人体八个部分的八种基本符号派生出来的各种不同符号:整个头部;脸;躯干;肩、臂和腕;手和手指;臀部、腿和踝;脚动作及走动;颈部动作。他认为,在这个系统中不是每个记录下来的动作都有意思,但大部分动作像组成词的字母和音素,是意思表述的组成部分,它们结合在一起组成"身势语词素"——身势话语,身势词素按句法结构原则进一步组成"扩大的,互相联系的行为组织,即复杂的身势形式结构。这些结构具有很多口语句法的特点"。[1]

以身体姿势和姿态传递信息,它们的作用是很明显的。这些姿势既可以是简单的、直接的,也可以是很难捉摸的。例如,目光接触是非言语交流中一种特别有趣的形式。它经常被用于调整谈话;人们也可以用它来表明他(她)有没有兴趣(好莱坞电影中经常可看到男女主角相互凝视着对方,以表示爱情、热情和极大关心等情节),还可以用来表示威胁、吓唬或害怕,等等。

跟手势语相比,体态语不是一种真正的语言,而是伴随言语活动的一种交流形式。体态语同手势语有相似之处,都是通过手势、身体姿态、面部表情等来表达的,但体态语不是一个完整的系统,只是各种伴随语言手段的一个综合的称呼,它只是对口语的一种补充。正如《礼记·乐记第十九》中所说:"说之,故言之;言之不足,故长言之;长言之不足,故嗟叹之;嗟叹之不足,故不如手之舞之,足之蹈之也。"

有学者提出,体态语可能是一种遗传行为,黑猩猩在交际行为中已能运用手势、身势和面部表情来传递信息,人的体态语可能是动物遗留下来的交际手段。然而,更多的学者认为,体态语不是一种遗传行为而是一种后天习得的行为,它跟文化密切相关。在表达同一种意思时,不同文化的人会用不同的手势或姿势。例如,在西方文化中,当你要给人家一块糖果时,用左手或右手递没有什么差别;在许多亚洲文化中,用左手拿东西给别人会被认为是不礼貌的行为。又如,中国人表示祈祷或祝福时,常双手合掌,这是受佛教影响而形成的姿势;西方人表示祈祷、祝福时则常在胸前画一个"十"字,这是受基督教的影响。可见,体态语是

---

[1] 详见克特·W.巴克主编:《社会心理学》,南开大学社会学系译,南开大学出版社1986年版,第320—321页。

第四章 符号、语言与文化

与文化密切相关的,体态语也透露出文化内涵。当然,由于所有人的基本的身体结构都很类似,所以世界上大部分的身体语言也都有各地基本一致的意义。譬如,微笑所欲传达的信息可能在世界各地都大致相同,等等。

目前,体态语言的研究已成为社会语言学和心理语言学的重要项目,一般把人们交际时伴随的手势、身势、面部表情、视线接触、人与人之间的空间位置等都作为研究的内容。

三、近体学

近体学(proxemics),是一种探讨空间在文化上的应用的研究。据说,有一位心理学家做过这样一个实验:在一个刚刚开门的大阅览室里,当里面只有一个读者时,心理学家就进去拿椅子坐在他(她)的旁边(被试者不知这是在做实验)。实验据说进行了整整80人次。结果证明,在一个只有两个读者的空旷的阅览室里,没有一个被试者能够忍受一个陌生人紧挨自己坐下。更多的人很快就默默地远离到别处坐下,有人则干脆明确表示:"你想干什么?"这个实验说明了人与人之间需要保持一定的空间距离。当这个空间距离被人挤压或感觉到受侵犯时,便会产生不安甚至恼羞成怒。美国人类学家爱德华·霍尔在1966年出版的《隐藏的维度》一书中,根据人们在日常生活中不同的心理距离将人际距离分为四大类:(1)亲密区,从皮肤向外至0.45米,身体可接触,只有至亲的人才能进入这个空间,主要是贴心朋友、恋人、夫妻;(2)个人区,0.45—1.2米,身体偶尔有接触,好朋友和熟人才能进入的区域,在这种距离下可以讨论个人问题;(3)社交区,1.2—3.6米,关系比较疏远,交往的人彼此不一定熟悉,是一种社交性的较正式的人际交往距离范围,与同事通常保持这种距离;(4)公共区,3.6米以外,双方已没有特殊心理联系,是人际交往界域的最大距离,是一切人都可以自由出入的交往空间范围。据说,日本国际表演研究所对令日本人和美国人感到不愉快的最近距离进行了实地调查,其结果是:日本人与家人和恋人的最近距离为59厘米,美国人为46厘米;日本人与朋友、同事的最近距离为70.5厘米,美国人为122厘米;日本人与初次见面的人的最近距离是98厘米,美国人为360

厘米;日本人对在街上遇到不相识的人的最近距离为113厘米,美国人为368厘米。① 一般而言,人际距离越近,人际关系越亲近;相反,人际距离越远,人际关系亦越远。当然,人际行为中人们对自己周围空间的使用又具有较鲜明的民族或文化的特色。社会心理学家的研究表明:人们在个人空间的使用上是相当一贯的;民族的、种族的和性别的区别是存在的;人们所站的距离的确经常影响着感情和交流的意愿。

(一) 民族或族群差异

尽管这种研究学术界只在少数国家进行过,但区别明显存在且相当普遍,即具有不同文化背景的人,对于站得远近有不同的偏好。美国的白人、英国人和瑞典人站得最远;南欧的意大利人、希腊人站得较近;南美洲人、巴基斯坦人和阿拉伯人站得最近。即使在美国,不同族群和社会地位的人在选择距离上也有差异。一般来说,黑人和白人差别不大,处于同一社会阶级的黑人和白人喜欢同样的距离,但中等阶级的人比较低阶级的人站得要远一些;住在美国的墨西哥男人和其他来自拉丁美洲的人,比美国的黑人和白人站得要更近一些。②

这种事实上存在的人在距离上的不同偏好,会影响到人们的看法和交流,他们对来自不同文化背景、具有不同偏好的人甚至可能产生误解或曲解。如果把一个美国人和一个巴基斯坦人放在一起谈话,美国人喜欢双方保持大约三四步远的距离,而巴基斯坦人则喜欢双方站得近一些。假如他们不了解文化差异,就可能产生麻烦。巴基斯坦人想凑近一点,而美国人感到近距离不舒服想后退一点,这样又使巴基斯坦人往前凑近一点,这种情况继续下去,美国人或许被挤到一个角落,或许受不了会逃之夭夭。这样,巴基斯坦人可能会感到美国人冷漠、不友好,而美国人则可能认为巴基斯坦人热情得过分,让人受不了。若不加解释,则双方的隔阂将难以消除。

据相关学者的观察,日本人是一个对他人眼神十分敏感的民族,在一般的人际交往过程中,他们尽量避免与对方眼神相交,男女之间则更是如此。日语中称

---

① 详见祝大鸣:《日本式教养的"潜规则"》,《青年文摘》2008年第11期(下),第44—45页。
② 详见J. L. 弗里德曼、D. O. 西尔斯、J. M. 卡尔史密斯:《社会心理学》,高地、高佳等译,黑龙江人民出版社1984年版,第604—605页。

"眼睛为心灵的镜子",还称"眼睛同口一样会说话""不用口杀人,而用眼杀人"。日本人回避视线的行为方式与其典型的委婉含蓄的语言表达风格不谋而合。为了既回避视线直接接触又达到交际交流的目的,日本人想出了许多交际的方法。如:日式房间即"和室"里都设有壁龛,那里挂着应季的山水风景画或书法作品,前面摆放着各具特色的插花,这样人们的视线都集中到这些绘画、书法作品上,边欣赏边交谈,根本不必眼神交接,解决了令人头疼的视线问题。日本地铁、电车上有三多:各类悬挂张贴的广告多,看书看报的人多,发短信、打盹、睡觉的人多。这里不排除商业宣传促销的一面,但更主要的是为人们的视线提供了一个安全舒适并可以不断挑选的"落脚点"。在特别拥挤的电车或电梯里,眼神停留在对方的视线上是非常失礼的。日本的电影、电视剧的结尾大多是女主人公转过身去眺望夜空或花鸟风月,男主人公则慢慢地走近女主人公,与之并肩观赏相同的风景,接着坦白自己对对方的爱慕之情,从而电影或电视剧推向高潮并结束。这种结尾方式也普遍成为日本人认可和接受的男女主人公回避视线相交而相互认可的一种固定模式。[①] 仔细想想不同民族、不同族群间的这种文化差异,也是很有趣的一道风景。

(二) 性别差异

人与人之间的空间距离,在性别方面,不同的文化也有不同的表现。一般而言,两个女人往往比两个男人挨得更近一些。女人之间手挎着手走路,一般不会引人侧目;而外表正常的两个男人手挎着手在大街上闲逛,多半会引来别人猜疑的目光。

除了人际距离具有性别差异外,男性和女性对于空间的安排多少也有不同。美国学者 J. 费希尔和唐·伯恩通过观察和研究认为:在图书馆里,一个人单独坐在桌旁,当一个陌生人来到这人旁边准备落座时,女性最烦别人坐在她旁边的位置,而男性则最不喜欢别人坐在他对面的座位。男性往往会在自己前面放书来避免被打扰,而女性则把书放在旁边的位子上。这说明男性和女性对于空间的安排是有不同的反应的。当女人与她们认识或喜欢的人一起坐在桌边时,往

[①] 详见祝大鸣:《日本式教养的"潜规则"》,《青年文摘》2008年第11期(下),第44页。

往坐在那个人的身边,而男子则会选择对面的位子。①

（三）空间距离的意义

除了民族/族群和性别的差异在个人空间使用上有所体现外,还有一些本质上的区别取决于参与者彼此间的关系。一般而言,人们越亲密、友好,就站得越近。相反,彼此关系越陌生、越疏远甚至敌视,他们的距离就越远。

此外,不仅仅是距离,空间倾向也受彼此关系的影响。当一个人与一个朋友走进餐厅时,他们是面对面坐,还是挨着坐呢？或是坐在一个不被人注意的角落呢？这都是有讲究的,尽管作为个人通常情况下他对此都是无意识的。这就是说,个人空间的使用是一个重要的非言语的交流方式,具有特定的文化性和民族性。

四、副语言

副语言(Paralanguage)有广义和狭义之分。狭义的副语言指有声现象,如说话时的笑声、特意的语调等;广义的副语言则还包括无声而有形的现象,如人说话时的手势、表情、体态、对话时的位置或距离等。在某些特定的情况下,光听声音而不辨表情是没法判断说话者或行为者所表达的意思的。如笔者供职的学系以前有两个硕士研究生,好像在谈恋爱。一天我发现男学生精神有点萎靡不振,就开他的玩笑："怎么啦？跟你的小朋友吵架啦？""没有。""那她不理你啦？""倒也不是,只是有点捉摸不透。"我急忙开导他："那你愁个啥呀！女孩子都这样,故意考验考验你,对她们的话你要反着理解！"他说："老师,您说的这个道理我懂,但她昨天对我说的是'呸！',我就理解不过来……"这个"呸"就是一个副语言,脱离了当时的语境和表情,外人还真是没法理解它的意义！

上面的这个故事,当然是比较夸张的一个案例,除此以外,类似的现象还有很多。如噪声的音质是各种非言语的有声示意中比较有代表性的一种。噪声除了音量大小、音质柔软程度外,还有许多其他特点。在许多情况下,人们用其中的一个特点或把这些特点结合起来使用,以表示言语的意思。大家知道,在我们

---

① 详见 J. L. 弗里德曼、D. O. 西尔斯、J. M. 卡尔史密斯:《社会心理学》,高地、高佳等译,第 605—606 页。

普通话的表达中,"慧是个可爱的姑娘。""慧是个可爱的姑娘?""慧是个可爱的姑娘!"三者的意思是不一样的。最突出的例子是讥讽的语调。当我们用声音表达的意思正好与所说的话意思相反时(当然,经常会伴随着动人的面部表情和动作),讥讽的尖刻效果立马就产生了言语本身所不能表达的那种轻蔑。如:"慧是个可爱的姑娘?!哼哼!"因此,副语言是理解人的言语之真正内容的重要线索,大家都明白有时说话所发出的声音与动作所表达的意义是完全不同的,甚至是讽刺性的或相反的。

五、鼓语和哨语

鼓语、哨语、号角等也是人类的交际方式。它们不借助人的发音器官而是借助一些乐器如木鼓、口哨、号角等来发声,用特定的安排来传递信息,这一类交际方式多用于较远距离的信息传递,本属于信号的范畴,因有特色而在此提出来加以讨论。

英国语言学家卡灵顿对非洲刚果居民的各种语言进行了多年研究后指出,居住在刚果丛林中的奥洛姆波、托波凯、凯莱、科莫等民族远程传递消息的主要工具是木鼓。这种木鼓的特点在于可以敲击发出两种以上的音调,不同的木鼓发出的声音各不相同,每个村都有一两名技艺高超的"报务员",他们的敲鼓技艺都是经过多年磨炼出来的。在凯莱族中,报务员能够敲出170个句子,主要可分为六个类别:(1)物体和动物名称;(2)通告村寨生活的重大事件,如召集人跳舞、参加体育比赛、婴儿降生、宣布举行成年仪式等;(3)要求人们提高警惕、注意防范;(4)村名;(5)人名;(6)在暴风雨前召集人们返回村寨。木鼓语言的一个引人瞩目的特点就是,传递一个词时实际上总以整个句子来代替,这是为了便于区分在节奏和声调上都一样的那些词。[1]

另一种模拟口语的交际方式是哨语。美国语言学家科文曾长期研究墨西哥印第安人的生活习惯。玛扎杰科人同邻近的扎波杰科人和奇南杰科人之间就是用口哨来进行对话的。他们用一种四音哨子模拟日常生活口语的声调节奏,每

---

[1] 叶·潘诺夫:《信号·符号·语言》,王仲宣、何纯良译,生活·读书·新知三联书店1991年版,第112—114页。

个哨声代表一个音节。但当要用口哨表达口语中的几个音节数的声调都相同的词时就会发生困难。这时,正确理解哨语的含义取决于对话的具体环境。只有当谈话双方都明确谈话中心、主题时才充分有效。因此,哨语的使用环境十分有限,只有特殊情况下才使用。①

由此可见,鼓语和哨语是特殊环境下产生以弥补口语不足的一种信号语,它们的使用受到某种限制,跟口语相比,也存在着自身的弱点。但是对鼓语和哨语进行研究可以了解民族习俗和文化。

六、装饰

非言语沟通还应包括人类身体上的装饰。举凡一个人外表的各种装饰,如衣物、发型、化妆、佩戴的珠宝、文身等,都会影响与他人之间的互动。传统中,穿着打扮是一个人社会地位的指标。此外,它们亦会影响行为,尤其是陌生人之间的互动关系。一个穿警服的人所表现出来的行为,会不同于穿着小丑服装的人。

此外,身体上的装饰还有助于界定文化传统中的特殊情况。例如,发式是一种常见的女性文化符号,古代中国待字闺中的少女与已为人妇的少妇的发式是绝对不一样的。有的民族表示一个人婚否,着重于在身上佩戴一定的饰物,如戒指。古代中国官文化发达,清代的花翎就有标示官阶和身份的重要符号功能。花翎本是孔雀的翎毛,有单眼、双眼和三眼的区别。在我国古代对服饰的穿戴也有不少规定,《释名·释首饰》有载:"士人冠,庶人巾。"即只有读书人才可以戴帽子,没读书的普通百姓脑袋上至多只能蒙块布。诸如此类,都反映了特定社会中的文化信息和内涵。

七、非言语交流的特征

非言语交流不能直接与非言语符号画等号,一般而言它有如下重要特征:

第一,非言语交流是种沟通活动。比如,室内张贴奖状如果意在向来客展示自己的成就与荣誉就属于非言语交流,而卧室内插上几朵鲜花如果只是为了美

---

① 叶·潘诺夫:《信号·符号·语言》,王仲宣、何纯良译,生活·读书·新知三联书店1991年版,第108—109页。

化居室、自我陶冶,并没有信息的传递与接收,则是零符号功能体,不构成非言语交流。

第二,非言语交流不限于人际沟通(interpersonal communication)。既然语言的使用范围不限于人际沟通,非言语交流在辅助语言的过程中也常常突破人际沟通的限制。如三人以上的人群内部进行的信息交流为团体传播,那么小组讨论时就必然会伴随交流双方的打手势等非言语交流。再如组织与组织之间、组织内部的交流为组织传播,那么一个机构向另一个机构发去的贺信除了文字,还常常伴有红纸洒金等非言语交流方式。因此,那种认为非言语交际或非言语沟通仅限于人际沟通或人际传播范围的看法是不太妥当的。

第三,非言语交流是对言语交流的辅助,不具有相对的自足性。非言语交流多是无句法的符号集合(Sign-complex),没有非言语符号如电报密码那么严密精细的内部组织,本身又往往具有多种多样的模糊性。比如,挥动拳头,既可能表示"我要揍你",也可能表示"我要揍他",还可能表示"勇敢点儿""欢呼""祝贺""加油"等多种含义,所以非言语交流的含义要视具体交流环境而定。

总之,非言语交流是排除并辅助书面言语、口头言语的人的沟通方式的系统,是人的传播不可缺少的手段。作为语言学家的索绪尔认为,语言学不过是符号学这门一般科学的一部分①,而作为文艺理论家的法国学者罗兰·巴特(Roland Barthes)却认为,应把符号学定为语言学的一部分②。不管怎么说,既然非言语交流只对言语起辅助功能,那么,它亦既从属于语言,也从属于文化。人类文化与非言语交流之间同样存在有主次的相互作用关系:人类文化决定非言语交流为主,非言语交流制约文化为辅。

◆ 本章思考题

1. 人类的语言有什么特征?为什么说语言是人类特有的?
2. 谈谈索绪尔语言学理论对人类学的影响。

---

① 费尔迪南·德·索绪尔:《普通语言学教程》,高名凯译,第38页。
② Roland Barthes, *Eléments de Sémiologie*, Seuil, 1964. 转引自钟年:《文化之道》,第231页。

3. 什么是"萨丕尔-沃尔夫假说"?谈谈你对该假说的看法。
4. 简述语言与民族或族群的相互关系。
5. 什么是高语境文化与低语境文化?这对概念对于理解文化有何意义?
6. 什么是非言语交流方式?人类学为什么要研究非言语交流方式?

◆ 本章主要参考及推荐阅读文献

1. 皮埃尔·吉罗:《符号学概论》,怀宇译,四川人民出版社1988年版。
2. 恩斯特·卡西尔:《符号·神话·文化》,李小兵译,东方出版社1988年版。
3. 卫志强:《当代跨学科语言学》,北京语言学院出版社1992年版。
4. 费尔迪南·德·索绪尔:《普通语言学教程》,高名凯译,商务印书馆2008年版。
5. 邢福义主编:《文化语言学》,湖北教育出版社1990年版。
6. E. 萨丕尔:《语言论》,陆卓元译,商务印书馆1964年版。
7. 邵培仁:《传播学》,高等教育出版社2000年版。
8. 爱弥儿·涂尔干、马塞尔·莫斯:《原始分类》,汲喆译,上海人民出版社2005年版。
9. 列维-布留尔:《原始思维》,丁由译,商务印书馆1985年版。
10. 庄孔韶主编:《人类学通论》,山西教育出版社2002年版。
11. J. L. 弗里德曼、D. O. 西尔斯、J. M. 卡尔史密斯:《社会心理学》,高地、高佳等译,黑龙江人民出版社1984年版。
12. 克特·W. 巴克主编:《社会心理学》,南开大学社会学系译,南开大学出版社1986年版。
13. 威廉·冯·洪堡特:《论人类语言结构的差异及其对人类精神发展的影响》,姚小平译,商务印书馆2008年版。
14. 克洛德·列维-斯特劳斯:《结构人类学》,张祖建译,中国人民大学出版社2006年版。
15. 爱德华·霍尔:《超越文化》,何道宽译,北京大学出版社2010年版。
16. 张积家等:《民族心理学》上下册,华东师范大学出版社2019年版。

第五章

人格与文化

第一节 人格理论与人格研究

一、人格、人格理论及人格与文化的关系

(一) 什么是人格

人格(personality)是个日常用语,人们常说的人格是伦理性的,相当于人品,如说"别丧失人格"等。法律意义上的人格则是指人的尊严和正当享有名誉的权利,如《中华人民共和国宪法》第三十八条规定"中华人民共和国公民的人格尊严不受侵犯",就是从这个意义上说的。

在心理学中,有关人格的定义很多,至今还没有形成一个大家公认的定义,其分歧状况颇有点类似于人类学中的文化定义。一般而言,心理学界普遍认同人格大致有两个方面的内涵:一是把人格看作个体外在行为一致性或稳定性的行为倾向,是人们在适应环境的过程中形成并表现出来的一种稳定的行为模式或个人特点;二是把人格界定为个体的内部整体性,即在与环境的交互作用中逐渐形成的内心世界的组织与结构。因此,心理学家认为人格是个体心理世界的内在组织,既表现为外在行为的一致性与稳定性,又表现为内心体验与组织的一致性和稳定性。它既是个体的一种内在品质,也是个体的外在表现,且二者之间

具有一致性。① 简单地说,在心理学中,人格一词指的是人所具有的比较稳定的心理特性和性格特点的总和;狭义的人格有时就是指性格。

心理学家在对人格进行研究时,由于着眼点的差异,形成了大致可归为两类的人格理论:一类比较注重个体生理的与行为的特质,如人格的类型理论与特质理论;另一类则偏重人类个体行为的发展和改变,如人格的精神分析理论与学习理论。②

(二) 人格的类型理论与特质理论

1. 类型理论

类型理论(type theory)是受生物学分类研究的影响,将现实中人们的各种人格表现按其相似相异分为若干大的类型,分类的标准概括起来主要有两种:体型论和心理论。

体型论,即将人的人格表现与其身体结构形态联系起来。此论是由德国精神病学家克雷奇默(Ernst Kretschmer)在 1925 年提出的。他把人按身体形态划分为四类,每类皆具独特的人格:(1)肥胖型。这种人身体圆厚,多脂肪,手足粗短,性格外向,善与人相处。(2)瘦长型。这种人身材瘦长,手足长而细,性格外向,喜批评,多愁善感。(3)健壮型。这种人健硕强壮,肌肉发达,体力充沛,性格较内向。(4)畸异型。这种人身体发育不正常,或有障碍,或有残缺,或为畸形,性格多内向。古希腊名医希波克拉底(Hippocrates)的体液决定气质说也可归为此类理论。希波克拉底认为人体内有四种体液,当某种体液占主导时,其行为方式、反应、情绪表现就带有某种明显的特征。他把气质分为多血质、胆汁质、黏液质、抑制质四种,但还不能对气质做科学的解释。后人中有人依据大量的调查资料对体型理论做了修改与补充的。

心理论,即以人们的行为特征为依据进行分类,孔子在《论语》中所说的狂、狷、中行便属于此类。③ 此论由瑞士精神分析学家荣格(Carl Gustav Jung)创立,

---

① 崔红等:《解读中国人的人格》,社会科学文献出版社 2005 年版,第 1 页。
② 张春兴、杨国枢:《心理学》,台湾三民书局 1978 年版,第 430 页。
③ 《论语·子路》载,孔子云:"不得中行而与之,必也狂狷乎?狂者进取,狷者有所不为也。"见朱熹集注、陈戍国点校:《四书集注》,岳麓书社 1987 年版,第 213 页。

第五章 人格与文化

他把人格分为内向和外向两类。内向者情绪较敏感,言语不多,容易感到羞怯,喜欢独处,对事比较执着,不太愿意参加社会活动;外向者则喜好社会性活动,善于交际,常常喜欢高谈阔论,忧虑较少,遇事能伸缩变通,顺应环境。此外,他还主张把人格分为意识、个人无意识和集体无意识三层。

2. 特质理论

一些心理学家认为人格是许多个别特点的有机组合,这些个别特点即是人格特质。特质理论(trait theory)是对人格心理学研究领域贡献极大的奥尔波特(Gordon Allport)提出来的。他将人格特质分为个人特质和共同特质两部分,个人特质是某个具体的人身上的特质,共同特质是在特定社会文化形态下所有成年人都具有的特质。社会中的成年人在共同特质上是相似的,但在个人特质上却不会完全相同,所以每个人有关环境的经验和对环境的反应是不同的,因而他主张心理学家应集中研究个人特质。

美国人格心理学家卡特尔(Raymond B. Cattell)受奥尔波特思想的启发,也提出个别特质与共同特质的概念。他用因素分析法对人格特质进行了分析,提出了基于人格特质的理论模型。该模型分为四层:个别特质和共同特质;表面特质和根源特质;体质特质和环境特质;动力特质、能力特质和气质特质。表面特质是指从外部行为能直接观察到的特质;根源特质是指那些相互联系且以相同原因为基础的行为特质。表面特质和根源特质既可能是个别的特质,也可能是共同的特质。它们是人格层次中最重要的一层。根源特质又可以分为体质特质和环境特质两类。体质特质是由先天的生物因素决定的;环境特质则由后天的环境决定。动力特质是指具有动力特征的特质,它使人趋向某一目标;能力特质是表现在知觉和运动方面的差异特质,包括流体和晶体智力;气质特质是决定一个人情绪反应速度与强度的特质。卡特尔对人格特质理论的主要贡献在于提出了根源特质,他用因素分析法归纳了16种相互独立的根源特质:乐群性、聪慧性、情绪稳定性、恃强性、兴奋性、有恒性、敢为性、敏感性、怀疑性、幻想性、世故性、忧虑性、激进性、独立性、自律性、紧张性。卡特尔认为,每个人都具备这16种特质,只是它们在不同人身上的表现有程度上的差异。他和同事依据这16种最基本的根源特质,设计出测量人格因素的量表"卡特尔16种人格因素测验"(16PF)。

(三) 人格的精神分析理论

弗洛伊德(Sigmund Freud)创立的精神分析学说十分重视人格的研究,构筑了庞杂的理论体系,其中又以人格的结构及发展方面的理论影响最大。按照弗洛伊德的看法,人格主要由三部分构成,即本我、自我和超我。其中本我是与生俱来的,是人格的原始基础,人格的其他部分均由它分化而出。本我只包括一些本能的冲动,它按"快乐原则"活动。自我则是从本我中发展出来的,是人格的核心。它受到外界影响,尝试满足本能的要求,按"现实原则"活动。超我是人格结构中的最高层次,即通常所说的"良心"。它代表社会道德标准,压制本能表现,按"至善原则"活动。人格是本我、自我、超我三部分相互作用的结果,只有当三者处于协调状态时,才算得上是健全的人格。

对于弗洛伊德的人格学说,心理学界历来争议很大,就是他的弟子与同事也有不同意见,在其后出现的新精神分析学派中,弗洛伊德的继承人对其人格学说做了一些修改,更强调社会文化对人格的影响。

(四) 人格的学习理论

学习理论亦称社会学习理论,这一理论倾向的形成受到心理学中行为主义思潮的影响。此论认为人格是个体行为的总和,而不是制约个体行为的内在倾向或特质。与精神分析理论不同,学习理论指出,社会环境对人格的发展比遗传或潜意识的影响要大得多。每个人的人格之所以各不相同,乃是因为各人的学习经验不一样。

学习理论派别中最有影响的是新行为主义代表人物之一的班杜拉(Albert Bandura),他强调社会模仿在学习新习惯和破除旧习惯上的重要性,认为儿童仅观看别人的行动就可以习得某种行为习惯,而这种学习的产生并不一定需要个体实际的参与,也不一定需要外来的强化与鼓励。也就是说,个体可以自行观察学习并进行自我调整。

(五) 人格与文化的关系

近些年来,心理学家逐步意识到,文化在理解人格当中起着举足轻重的作用。这不仅仅是因为不同文化中的不同经验影响着人格的发展,还因为人格本身就镶嵌在社会的文化背景之中。相关研究表明,多数北欧国家和美国等社会盛行的个体主义文化强调个人的需要和成就,生活在这种文化中的人倾向于把自己看作独立的、独特的人;而亚洲、非洲、中南美洲很多崇尚集体主义文化的社会中的人则往往认为自己归属于一个较大的群体,如家庭、宗族或国家,他们对合作的兴趣一般会超过对竞争的兴趣。因此,将西方人格心理学家研究时常用的一些概念拿来研究集体主义文化中的人群时,就有了不同的意义。①

二、人类学对人格研究的介入

在人类学研究中,较权威的看法是:"人格指的是某一特殊的文化群体的成员所共有的欲求与情感的动态组织,以之使人们能对此一群体的主要社会价值作适应性的反应。"②这里,人格就不像心理学中所说的那样是个体的内在品质和外在表现,而是指一个社会中大部分人在社会化过程基本完成以后所表达出来的思考方式和行为方式的总和,这个社会的群体人格特点与文化类型是一致的。人类学中这种对人格与文化之间关系的研究,称为心理人类学;而在心理学中则被称为跨文化心理学。

在 20 世纪 20 年代以前,人类学家关心的问题是文化的进化或对某个民族早期文化的重构,对文化中的心理问题很少注意。随着研究的深入,人们逐渐发现个人在文化中的作用(文化的存在表现于个人的行为中,文化规则又经由个人传递下去),因此,要深入理解人类文化,就不得不触及文化中的个人的心理层面。

功能学派的创始人马林诺夫斯基最初的工作就受到了精神分析大师弗洛伊德的影响。马氏所做的一项重要研究便是到原始民族中去验证"恋母情结"(Oedipus complex,即俄狄浦斯情结),以此来进一步说明弗洛伊德学说的普遍性,虽然最后他得出了相反的结论。马氏的功能论也是心理性的,是建立在需要理论之基础上的。在他看来,文化就是"直接或间接地满足人类的需要"。③

---

① H. C. Triandis,"The Self and Social Behavior in Differing Cultural Contexts", *Psychological Review*, 1989, Vol. 96, No. 3, pp. 506—520; H. C.Triandis,"Individualism-Collectivism and Personality", *Journal of Personality*, 2001, Vol. 69, No. 6, pp. 907—924.

② 芮逸夫主编:《云五社会科学大辞典·人类学》,台湾商务印书馆有限公司 1971 年版,第 5 页。

③ 马林诺夫斯基:《文化论》,费孝通等译,中国民间文艺出版社 1987 年版,第 14 页。

在早期心理学的诸多理论中,人类学家对精神分析最感兴趣。精神分析学者重视人格问题的研究,强调早期经验在人格形成过程中的关键作用。而人类学家想弄清个人是如何接受文化的,文化又是如何经过个人传到下一代的,这样,他们就在心理学的人格研究领域找到了自己的兴趣点。于是,文化与人格(culture and personality)研究的思潮便孕育而成。这方面的大规模研究工作是在美国人类学的舵手博厄斯门下展开的。博厄斯很早就倡导对文化中的个人行为的研究。在他的学生中,萨丕尔在进行语言研究时便注意到人类的各种无意识行为,因此呼吁人类学与心理学"联姻"。后来成为民族心理学派(或文化与人格学派)主将的鲁思·本尼迪克特与玛格丽特·米德(Margaret Mead),在做学位论文时就大量运用心理学的理论观点和分析方法,米德本人更是在修完心理学硕士课程后转入人类学研究。作为博厄斯继任者的林顿(Ralph Linton),以哥伦比亚大学为阵地,引进阿布拉姆·卡迪纳(Abram Kardiner)等精神分析学家,正式开始了人类学与心理学的合作研究。

第二节 基本人格类型、国民性与社会人格

一、基本人格类型

林顿与卡迪纳等人经过共同研讨,形成了早期文化与人格研究中的一些基本概念。最著名的是他们二人提出的基本人格类型(basic personality type),这个概念是"指一个社会(或文化)中的每个成员在人格方面所共同具有的元素"[①]。卡迪纳认为,文化因素对人的心理发展起着主要作用,特别是生命开始的头几年,对于个人人格的形成是极为关键的时期。养育儿童的方式以及其他训练都深深地影响着儿童,使其留下了终生的烙印。社会中大多数成员具有共同的人格面貌,原因是这些人具有相似的早期经验。林顿则认为,基本人格类型使得社会成员在涉及他们共同的价值时,能产生情感上的一致反应。

与基本人格类型相关,卡迪纳提出了制度问题。卡迪纳把文化看成制度的

---

① 转引自芮逸夫主编:《云五社会科学大辞典·人类学》,第204页。

集合体,在其《个人及其社会》中,他将"制度"定义为"在一定的社会中得到传递、认可,一旦违反或越轨就将给个人和集体造成障碍的思考和行为的模式"[①]。为此,他将制度分为两大类:一是初级制度(Primary Institution),包括有关育儿方式的文化侧面,如哺乳和断乳的方式、排泄训练、性的教育、家庭结构和规模等;另一个是次级制度(Secondary Institution),包括宗教、民间传说、神话、艺术、禁忌等。基本人格是初级制度和次级制度间的中介、联系物,社会的初级制度塑造了社会成员的人格特征,即基本人格,而次级制度又是基本人格的反映或投射。

制度问题的提出使育儿方式(child rearing)在文化与人格研究中的地位得以凸显。林顿等人经过大量研究形成如下推论:(1)个人的早年经验对其人格有着持续性的影响,特别是对其心理投射系统(projective systems)的发展影响更大。(2)相似的早年经验会使受其影响的人产生类似的人格形态。(3)虽然社会中有许多不同的家庭,每个家庭的儿童教养方式不会完全相同,但是社会中的任何一个成员都会受其文化的影响而有类似的儿童教养方式。(4)每个社会受文化影响的儿童教养方式均与其他社会不同。[②] 这套理论对于人类学中的文化与人格学派的形成产生了极其重要的影响。

二、国民性研究

国民性(national character)研究,也称为民族性研究,其内涵指的是一个民族多数成员共有的、反复起作用的文化精神、心理特质和性格特点。[③] 也有学者认为,国民性是指一个国族,或是一个民族,其绝大多数人在思想、情操及行为上所表现出来的某种大概固定的形态。如老一辈的社会学家、人类学家杨懋春提出:一国之绝大多数国民无论在何种事、何种情况下,其自动自发的想法是求和平,反对或避免暴力;其所爱好或向往者是安静和平;其所做的各种事情或所采取的各种行动又都是旨在促成和平,避免战争;就可以说这个国家之国民的性格

---

① 参见绫部恒雄:《文化人类学的十五种理论》,中国社科院日本研究所社会文化室译,贵州人民出版社1988年版,第81页。
② 参见许烺光:《文化人类学新论》,张瑞德译,台湾联经出版公司1979年版,第39页。
③ 《中国大百科全书·社会学》,中国大百科全书出版社1991年版,第88页。

是爱好和平的。他认为国民性格不是天生的,乃是以人之天生性情或心理形态为基础,经由文化形成之路径而形成的,是一个国族之文化的精神表现。①

应该说,把一个国家的人想象成具有单一"民族性格"或"国民性格"的看法,在19世纪下半叶至20世纪上半叶的东西方思想界、学术界是非常普遍的现象。如1950年以前,以中国民族性、中国文化精神、中国民族精神为题的论作较多,大致可归为两类:一类是从民族性格、国民性、中国人的文化特性或中国哲学等角度入手来探讨中华民族精神,其中具有代表性的作品有美国人明恩溥(Arthur Henderson Smith)的《中国人的气质》(Chinese Characteristics)、辜鸿铭的《中国人的精神》、梁漱溟的《东西文化及其哲学》和《中国文化要义》、林语堂的《吾土吾民》、费孝通的《乡土中国》等。鲁迅也曾以犀利的笔法通过小说、杂文等艺术形式淋漓尽致地解剖过中国人的文化特性和民族精神。另一类是从救亡图存的现实目标出发,希望通过对中国民族性做呼吁性的阐述,来鼓舞民气、民心,以达到民族自强、国家存续的目的,其中具有代表性的作品有傅绍曾的《中国民族性之研究》、张厉生的《中国之民族精神》、潘光旦的《民族特性与民族卫生》、李笃行的《民族精神国防》、周岳钟的《中国民族性与抗战前途》等。无论哪一类,作者的共同点都是把中国人的国民性或民族性视为统一的、无区别的一个整体,都处于悠久的中国传统文化的影响和制约之下,是与外国文化精神迥然有别的。即使在20世纪下半叶,这种一国具有统一国民性的思想和认知在我国还有很大的市场,如沙莲香的《中国民族性(二)》、张岂之的《中华人文精神》等。

许烺光是另一位致力于中国国民性研究并有所成就的著名华裔美国人类学家。20世纪40年代初他从英国获博士学位回到中国后,在云南就曾写出《祖荫下:中国的文化与人格》等研究中国国民性的著作。赴美后,他又于50年代初推出力作《美国人与中国人:两种生活方式比较》。他在分析了中美两国艺术、两性、婚姻、儿童养育、英雄崇拜、宗教、政治和经济等领域的生活方式后总结道:"中国人和美国人的生活方式大约可以被简化为两个相对的系列:首先是,美国

---

① 杨懋春:《中国的家族主义与国民性格》,载李亦园、杨国枢主编:《中国人的性格》,江苏教育出版社2006年版,第106、107页。

方式强调个人,即一种我们称之为个人中心的特征,这与中国强调个人在其同伴中的恰当地位及行为的情境中心适成对照。第二种基本对比是美国生活方式中的情绪重心与中国深思熟虑的趋向适成对照。"① 在坚持国民性研究的同时,许烺光也有意对研究方法不断完善。例如,他吸收了霍贝尔(E. Adamson Hoebel)在法律制度比较研究中的"基本假设法",又在亲属研究中提出"二人关系"(dyad)的概念,以此入手推论中国及其他大而复杂的国家的国民性。② 他还建立了心理社会稳态(Psychosocial Homeostasis)的理论来分析中国人的性格。

从"科学性"的角度来研究一个国家或一个民族的国民性或民族性问题,确切地说,是从文化人类学家开始的。自20世纪30年代起,人类学家在一个民族或一个社会中做长期而深入的田野调查时,就已不满于对该民族的文化做简单、机械的描述,而想更深入地了解一个民族的文化是如何经由个人而存在,又是如何经由个人的学习、接受等心理过程而持续传递下去的。当时的实验心理学尚无法解答这些问题,于是人类学家便转而采纳了精神分析学说(psychoanalysis)中个人学习与教养方式的理论来探讨民族文化的传承问题,形成了人类学研究中的"文化与人格"学派。"文化与人格"学派的创导者美国人类学家萨丕尔、本尼迪克特和米德都比较推崇心理分析在国民性研究中的运用。尤其是本尼迪克特和米德,着迷于研究同一个文化或同一个社会中的人必有的共同特性——民族性,且著述颇丰。他们试图利用一个或若干简单、明了的概念来概括和描述一个民族的特性或一个文化的群体人格(group personality),其中最著名的就是鲁思·本尼迪克特的文化模式。她用"日神型"(Apollonian)文化、"酒神型"(Dionysian)文化、"妄想型"(Paranoid)文化等名词来分别描述她所研究的夸库特耳人(Kwakiutl)、祖尼人(Zuni)和多布人(Dobuans)。其中,"日神型"的基本特征是守秩序,重仪式,讲形式,不酗酒,去浮躁,不好暴力与放纵,崇尚谦和、中庸之道;"酒神型"的特征是在情绪上粗暴、猛烈,在行为上偏重"内向型",在取向上崇尚个人主义及攻击性;"妄想型"是相对于西方文化而言的,指的是异常的、富

---

① 许烺光:《美国人与中国人:两种生活方式比较》,彭凯平等译,华夏出版社1989年版,第12—13页。
② 参见许烺光:《文化人类学新论》,张瑞德译,第8章、第9章。

于妄想的人格类型。① 之后,她又用文化模式的理论来研究第二次世界大战中的日本人,出版了《菊与刀》一书,从日本儿童教养方式入手,考察了日本人群体人格特征两面性的成因,取得了很大的成功,将人类学中的"文化与人格"研究推向了高潮。受此影响,第二次世界大战以后,以国家为单位的国民性研究有了迅猛的发展,美国、日本、德国、英国、苏联、法国、捷克、波兰、中国、叙利亚、罗马尼亚、挪威、荷兰、澳大利亚、印度、瑞典、泰国和缅甸等国相继成为研究对象,国民性研究成为国际政治关系研究中的一个重要领域。

不过,本尼迪克特等人由文化模式理论切入的国民性研究,简单地把人格形成归因于儿童的养育模式,无法解释一个民族或一个文化内部为什么会产生人格差异,加上其理论解释中固有的简单化、僵硬化等缺陷,不免遭人诟病。继起的心理人类学家便开始将"文化与人格"研究推向更为系统的科际整合研究。如从事人类学研究的美国心理分析学家卡迪纳,为修正本尼迪克特等人理论的缺陷,和人类学家林顿一起提出了基本人格结构理论。他们认为,一个社会的社会化(socialization)过程是个人与文化传递的根本所在。社会通过奖惩方式,利用内化了的双亲偶像和升华的欲望,将社会成员都纳入该文化所期望的轨道。一个社会的成员从小学习同样的东西,参与同样的文化体系,因而具有同样的人格结构。下一代人向上一代人学习,成了上一代人的复制品,在这种情形下,社会文化的形貌与人格的构成圆满地结合,成就了本尼迪克特所说的在某一文化模式中存在的共同的人格特征,这就是基本人格结构。当然,卡迪纳指出,一个社会的基本人格结构是由这个社会的"初级制度"造成的。初级制度指的是生产方式、家庭、婚姻、儿童养育等制度,初级制度不仅为"次级制度"即宗教信仰和神话传说所反映,而且通过社会的再生产造就一定的人格结构。他反对把一定的人格类型全归属于一定的文化,并力图通过对人类共通的基本制度的理解,来寻找人格形成的通性。林顿也赞同卡迪纳的观点,认为人们只能说某一文化中的人具有大致趋同的"众趋人格"(modal personality),而无法论证一种单一的民族性,文化背景塑造了一个人们共同体中具有代表性的人格,而不是完全雷同

---

① 参见露丝·本尼迪克:《文化模式》,何锡章、黄欢译,华夏出版社1987年版。

的人格。① 怀廷(John Whiting)和柴尔德(Irving Child)还运用跨文化比较法(cross-cultural comparison method),从默多克建于耶鲁大学的"人类关系区域档案"里精选了65个不同文化中有关儿童养育的民族学资料,加上当代的10个民族志报告,从统计学的角度来研究文化渗入人格的方式,于1953年出版了《儿童教养与人格》(Child Training and Personality)一书,在人类学和其他行为科学的研究中产生了较为广泛的影响。

三、社会人格

20世纪四五十年代,心理学界中可与国民性研究相提并论的是关于"社会人格"的研究。将社会人格的定义表述得最清楚的当属美国心理学家、社会哲学家弗洛姆(Erich Fromm)。他说:"在研究一个社会团体的心理反应时,我们曾讨论到该团体中每一个人的人格结构,可是我们对每个人的不同的特性,并不很感兴趣;我们所重视的是该团体的每一个分子,都共有的一些人格结构。我们可以称此种人格为'社会人格'。社会人格必然是不及个人人格那么特殊,因为它是普遍性的,个人人格是指个人所具有的全部特征,而社会人格则仅包括一部分特征;这些特征是一个团体中多数分子的人格结构之基本核心。此种社会人格乃是一个团体共有的生活基本经验与方式所形成的,如果我们想要了解,在一指定的社会秩序中,如何诱导人类的精力,使其变成一种有生产性的力量,那么,我们便得研究社会人格了。"他指出,"社会人格将外在的需要内在化,并且驱策着人的精力,使其用在一个指定经济和社会制度的工作上"。他还认为,意识形态和文化产生于社会人格;一个指定社会的存在形式决定社会人格;主要的人格特征又成为有创造性的力量,决定社会的演变。"社会人格是产生于人性对社会组织的动态适应。改变中的社会环境导致社会人格的改变;换言之,就是导致新的需要和焦虑。这些新的需要又引起新的观念,同时使人们接受这些观念。在另一方面,这些新观念又倾向于稳定和加强新的社会人格和决定人的行为。换言之,社会环境通过人格的媒介,影响意识形态的现象,人格并不是消极适应社

---

① 参见王铭铭:《文化格局与人的表述——当代西方人类学思潮评介》,天津人民出版社1997年版,第69页。

会环境的结果,而是一种动态适应的结果。"①社会人格的研究在对第二次世界大战后期的"威权人格"(authoritarian personality)的研究中达到高潮,由于其具有与国民性研究一样的缺陷,在20世纪50年代遭到批判,日渐式微。

  在20世纪50年代对早期文化与人格研究及国民性和社会人格研究的反思中,一些学者提出诘问:育儿方式或濡化方式对人格的影响究竟达到什么程度?由某一个或几个民族得出的研究结论能否概化为普遍的行为理论?一种文化是否只有单一的人格结构?一个现代国家,尤其是文化十分复杂、内部差异极大且在不断变迁的国家,能否只用一两个标签标明其国民性或社会人格?这就牵涉到人文社会科学研究中非常普遍的"刻板印象"问题。

  刻板印象也称为刻板成见、定型观念等,指的是一套认知态度,它把一个人的品质和特点视为此人所属群体的基本品质和特点。定型观念是外人对于该群体的基本看法,是由人们得出的基本概括,使我们能组织和理解周围的环境。人类为了生存,需要能够形成关于形势、客体或人的紧急性判断,并把这些判断记在头脑里。在类似的条件下,我们会调出这些定型观念,以便我们迅速做出判断,采取相应的行动。定型观念有助于我们预见行为和减少不确定性。但是,切不可将定型观念的运用绝对化,因为个体行为与群体行为还是有很大差异的。"定型观念在某种意义上说,是一种为我们所用的速记符号,实际上它与谈判桌旁或面对的人绝对没有任何关系。"②

  20世纪六七十年代以后,人类学界内部对"文化与人格"理论提出许多批评,认为文化与人格研究明显带有这样几个缺陷:第一,它们在描写方法上属于一种印象式的掠奇,往往没有充分的民族志经验证据;第二,它们无论采用何种视角,都是以文化整体观为中介,把不同的人格与行为"还原"为没有内在差异性的"群体人格";第三,它们都忽略了文化中的个人通常带有一定程度的个人特性;第四,在"群体人格"的口号下,文化与人格理论带有"种族心理学"意识形

---

  ① 弗洛姆的上述观点,参见弗洛姆:《弗洛姆文集》,冯川等译,改革出版社1997年版,第116、120、125—126页。

  ② 菲利普·R.哈里斯、罗伯特·T.莫兰:《跨文化管理教程(第5版)》,关世杰主译,新华出版社2002年版,第42页。

第五章 人格与文化

态特点。① 有学者甚至较极端地认为,20世纪人类学的最大失误是用文化整体观(cultural holism)的论调来描述不同族群的"集体性格"(collective character),而其中最典型的是有关中国人的性格(Chinese national character)。② 还有学者认为,尽管20世纪后半叶的人类学家已脱离早期"文化与人格"学派所做的那种粗放式、笼统式的研究,改为较有层次、较为精细地分析一个民族的特性,但完全根据文化的产物来分析民族的特性,然后又经常以这种性格的存在来解释其他更高层次的文化,很显然易于陷入循环论证(tautological)的谬误,也不适于做跨文化的比较。③

在20世纪后半叶,进行国民性或民族性研究的大多是心理学家或受心理学训练的人类学家,传统的以文化产物来分析国民性问题的研究,渐次走向边缘。他们开始重视微观的研究。为了研究方法的科学性,跨文化比较的技术得到广泛的运用。如1953年出版的《儿童教养与人格》一书,便是怀廷和柴尔德运用默多克在耶鲁大学建立的"人类关系区域档案"中的几十个不同地区的民族志材料所做的跨文化比较研究。这项研究具有四个显著的特征:(1)它关心文化如何通过人格而整合。(2)它倾向于验证所有社会的人类行为之一般假设,而不是求取对某个社会之深度了解。(3)它使用了统计学的相关法(correlational method)来验证假设。(4)它以心理分析理论为假设的主要来源,而以一般行为理论的概念去构作假设。④ 这些研究对心理人类学产生了深远影响,也促使人类学家展开反省。如动机与行为的研究,证明二者间并不是单一对应的关系,而是有许多个别性的差异,因此相似的行为背后可能有不同的人格结构。受此启发,人类学家开始注意同一社会中的不同人格类型,即由阶层(级)、团体、年龄、性别等因素导致的人格差异。

---

① 参见王铭铭:《文化格局与人的表述——当代西方人类学思潮评介》,第71页;芮逸夫主编:《云五社会科学大辞典·人类学》,第49页。
② 王铭铭:《想象的异邦——社会与文化人类学散论》,上海人民出版社1998年版,第163页。
③ 李亦园:《从若干仪式看中国国民性的一面》,载李亦园、杨国枢主编:《中国人的性格》,第146—147页。
④ 参见 J. M. W. Whiting and I. L. Child, *Child Training and Personality: A Cross-Cultural Study*, Yale University Press, 1953;许木柱:《心理人类学研究晚近的发展趋势》,《思与言》(台北)1976年13卷5期。

第三节 文化濡化

一、文化濡化及其机构

就人类个体而言,一个人诞生之初不过是与世界上其他林林总总生存着的动物相差无几的生物体。要使这个生物体演变为符合社会要求的人,各人类群体都会施加种种社会文化的影响。这样一个后天教育的过程,在人类学中称作"文化濡化"(enculturation),在社会学中称为"社会化",其基本含义为:"人类个体适应其文化并习得适合其身份与角色的行为的过程。"[①]这个过程曲折漫长,对每一个体而言,可纵贯其整个生命历程。当然,在每个人生命的不同阶段,文化濡化有着不同的表现。

文化濡化的概念是美国人类学家赫斯科维茨在其《人及其工作》一书中提出来的。它所涉及的主体是人,且是从个体人的学习着眼,与以往人类学将注意力集中于文化、民族、社会等宏观方面有所不同。从人类学的立场看,文化濡化是不间断地进行的,学习悟道的濡化过程可以持续到人生命的最后时刻,用当前我们常挂在嘴边的话"活到老,学到老"来描述文化濡化的过程其实一点都不为过。当然,重要的、大量的文化濡化是在人出生后进行的。从个体的生命历程看,最初是儿童期,此时的濡化机构主要是家庭。弗洛伊德就十分重视早年儿童期经验对人一生的影响,在文化与人格研究领域运用弗洛伊德理论的哥伦比亚学派,是以儿童养育为关注焦点的。当代心理学、教育学、社会学界的专家也都承认早年经验对人们终身发展的重要影响。

心理学家曾做过许多家庭对人格发展影响的研究。例如,从父母对子女幼时的管教态度看,就可大致区分四种类型的家庭:(1)溺爱型。对子女的照顾无微不至,有求必应,深恐其在生活中遭受任何挫折或不如意。这样的家庭里长大的儿童,在人格上有较大的依赖性,喜欢惹人注意,要人赞许,遇到困难不能主动克服,注意力不集中,情绪不够稳定。(2)放任型。与前一类型相反,置子女于

---

① C. Winick, *Dictionary of Anthropology*, Littlefield, Adams & Co., 1984, p. 185.

第五章 人格与文化

不顾,对其行为完全放任,从不加以管教约束。这样的家庭里长大的儿童,难以养成是非观念,在团体生活中不易适应。(3)严厉型。对子女管教非常严格,有长期的、详尽的培养计划,但对子女的兴趣爱好等却较为忽略。这样的家庭里长大的儿童,多较诚实、谨慎、有礼貌、有责任感,但也常表现出羞怯、自卑、敏感、屈从等,同样有不利于适应的一面。(4)民主型。这种家庭中父母视子女为家庭中重要的一员,尊重其意见,适度满足其需求,鼓励其自发自动,养成其对人对事负责任的态度。① 心理学家和教育学家都倡导民主型的家庭氛围。

就大多数人而言,第二个遇到的濡化机构是学校。学校教育是有意识、有组织、有计划和有步骤地进行的,被教育者受特定人员(教师)的教导。从知识掌握的角度考虑,现代学校起到了十分重要的作用。但人类学家对学校教育进行研究后认为,教育其实不局限于学校,教育更多的还是来自学校以外。而且,通过学校进行的教育还受到社会和文化的局限。② 即以学校教育本身而论,教师的影响力也不是绝对的,同侪群体(peer group)在从世界观、人生观直至具体的待人接物、衣着服饰等方面都对其成员产生重要的影响,大学阶段尤其如此。

在现代社会,一个人在学校里接受了系统教育后就会走上工作岗位,无论这岗位是在工厂、企业、机关、社会团体还是军营,这些地方依然是进行文化濡化的机构。除了有组织有系统的自上而下的影响外,同事间横向弥漫的影响力也不可低估。相对于以前的濡化,此时个人意识的选择性的作用日益显著。

传播工具的发达是当代社会的一大特色。手机、平板电脑、计算机网络、电视、电影、书刊、广播等,无时无刻不在渗透进人们的头脑。在美国,儿童用于看电视和平板电脑的时间,早已超过他们与现实世界中的家人、亲友、教师相处以及用于玩耍、运动、念书的时间。难怪有人惊呼,对任何人都可闭门不纳,但广播、电视、电脑、平板电脑和手机等现代电子传媒却是堂而皇之地破墙而入。在当代中国,无论城乡,一有空就抱着手机或平板电脑刷屏看微信看剧的"低头族"也是随处可见,这种生活方式在青年人中已是不可或缺。

现代传播媒介的加入,使得现代人的文化濡化过程更加复杂、立体多变。为

---

① 张春兴、杨国枢:《心理学》,台湾三民书局1980年版,第408—409页。
② 辛格尔顿:《应用人类学》,蒋琦译,湖北人民出版社1984年版,第66页。

了叙述的方便,我们可以将一个人的濡化阶段分为家庭、学校、单位等,但实际上,很难有不受社会文化影响的家庭与学校阶段。发生在两千多年前的"孟母三迁"的故事,就说明社会环境的影响常常会胜过家庭教育。

　　文化濡化研究中的一个热点是成年礼(initiation)。许多民族志的材料表明,在整个成年礼过程中,孩子们常会被隔离一段时间,在丛林学校或类似机构中接受关于本族历史、为人处世以及新的义务和仪态举止等方面的系统教育,还要学习怎样打仗、狩猎及怎样处理日常生活事务等内容。成年礼的仪式过程有着某种心理上的效果,如增强自信心、克服恐惧心理等。成年礼如今在我国大多数地区已不流行,但多数学者认为我国古代是广泛存在成年礼仪的。如古代男子行的冠礼、女子行的笄礼,实质上就是一种成年礼。而在我国一些民族地区,至今仍保留着较为完整的成年礼习俗。如在云南宁蒗纳西族摩梭人中,男女少年13岁就要举行进入成年的仪式:女孩叫穿裙子仪式;男孩叫穿裤子仪式。整个仪式包括换装、祈祷、宴饮及一系列象征性活动。若从文化濡化的立场看成年礼,则此仪式正标志着社会对其成员初步濡化完成的认可。值得注意的是,一些现代化国家(如日本)仍保持着较完整的成年礼习俗。

二、角色系统

　　文化濡化,就是将个体成员训练成知晓如何在社群中为人处世、得体办事的合格一员。这里牵涉到社会心理学中所说的角色(role)扮演问题。所谓角色,即与某一特殊位置有关联的行为模式。换句话说,每一个社会角色都代表着一套有关行为的社会标准,这些标准规定了个体在扮演某一特定社会角色时所应有的作为与行动。角色乃是社会对职能的划分,它指出了个人在社会中的地位和社会关系的联系位置,也代表了每个人的身份。[①]

　　角色一词与人格相似,也是从戏剧舞台那里借来的用语,其特点是让由个人社会身份、社会地位决定的行为固定化、拟剧化,即将社会比拟为戏剧舞台,个人承接一定剧目中规定好了的角色,个人有什么样的身份和地位,也就必须像演员扮演规定好的角色那样说话和行事。社会心理学家一般将这种行为称为

[①] 林秉贤:《社会心理学》,群众出版社1985年版,第246页。

第五章 人格与文化

"角色扮演"。

在现代社会,每个人都在扮演许多角色。比如,在家庭中,个体相对父母来说扮演的是儿女的角色,而对弟妹来说又是兄或姐;在学校中,对教师来说是学生,与同班其他人则是同学;在单位里是职工,在大街上是行人,在影剧院是观众,在车船上是乘客;等等。每一个角色都相应地有一套行为规范需要个体去学习和掌握。当一个人恰如其分地扮演各种角色时,他既能符合社会的期望,同时也满足了个人的需要。也就是说,角色的扮演可以产生两个方面的心理功能,一是社会功能,一是个体功能。

社会是复杂的,人与人之间的关系也是各种各样的,由此产生的角色也就有了多种类型。依美国人类学家林顿的看法,各种角色都可归入如下两大类:

(1) **先赋角色**(ascribed role)。这是"指一个人不是通过后天的努力,而主要因出身、性别、肤色等先天因素所获得的角色地位"①。譬如,对于个体来说,一生下来就是某人的儿子或女儿,这角色便是先赋的。在某些实行严格等级制的社会中,个人所属的社会阶级或阶层也是先赋的,像以前印度的种姓便属此种情形。

(2) **自致角色**(achieved role),这是与先赋角色相对的概念,指的是"依靠自己的努力和行动而获得的角色地位"②。在实际生活中,人们的许多角色地位都是自致的,典型的如专家学者,便是个体经由一定时间的知识积累而取得的。即使在传统社会,人们也可以通过自己的努力获得新的角色。如我国自隋唐时期建立科举制以来,普通百姓可通过科举考试达到出将入相的目的。民间流传甚广的《神童诗》中便有一首说的是这层意思:"朝为田舍郎,暮登天子堂。将相本无种,男儿当自强。"自致角色依赖的是知识能力而非出身,故现代社会中人们的自致角色远较传统社会为多。

还有些角色难以归入上述两类。如同学、同事等角色,它们是伴随着人们的某些共同活动自然而然产生的,是由人类活动的同时性、社会关系的对等性造成的,我们不妨称之为伴随角色。又如顾客、乘客、目击者等角色,它们是在人们的活动中临时形成的,往往是短暂的、不稳定的,我们又不妨称之为偶遇角色。这

---

① 章人英主编:《社会学词典》,上海辞书出版社1992年版,第213页。
② 同上书,第220页。

种分类上的困难,正反映出人类社会生活的复杂多变,也说明了人类对自己生活于其中的社会及文化的认识远未穷尽。

角色理论虽非人类学家最先提出,却可以应用到人类学研究中来,帮助我们认识某些独特的社会文化现象。例如,在我国南方不少少数民族中至今犹存"早婚"与"不落夫家"①伴生的现象,便与人们的角色系统有相当大的关联。在相对封闭的文化里,由于社会结构简单,个人可以扮演的角色十分贫乏。角色的缺乏会在人们的心理上产生一种潜在的影响。在这种文化中生活的人,固然有其轻松的一面,但也会感到生活的单调。要摆脱这种潜在的心理影响,个体就必须设法增加自己的社会角色。婚姻就是增加角色的一种有效方法。婚前在家中十分简单的亲子关系与同胞关系在婚后立即大大丰富起来。就女子而论,出嫁后新增加的就有夫妻关系、婆媳关系、姑嫂关系、妯娌关系等;另外,在丈夫家中,还可以与邻里、夫家的亲友等建立各种横向的角色关系。因此,角色缺乏便成了导致早婚的一个重要因素。

然而,每一个角色都有一套相应的行为规范,因此,扮演的角色越多,同时又要做到在扮演时恰如其分,个体所花费的精力就越大。扮演角色是一个习得过程,要学习就需要时间。一个初从农村社区来到城市社区的人,对周围的一切都感到陌生不适应,就是因为他对城市社区中的角色的行为规范不了解。一些民族或族群中的男女青年为增加其角色而实行早婚,但一下子获得众多的角色又会感到难以扮演,产生新的矛盾,于是就出现了"不落夫家"的解决办法。在不落夫家期间,个体可以有意识地逐渐学习各种角色规范,将获致的众多角色任务的学习变成一个渐进的过程,从而达到缓解矛盾的目的。从这个角度看,"早婚"与"不落夫家"这一对看似抵牾的现象,在某种程度上倒是由同一种心理问题造成的。

---

① "不落夫家",又称"坐家"或"长住娘家",是中华人民共和国成立前流行于壮、苗、瑶、黎、侗、水、彝、布依、哈尼、普米、仫佬、毛南和汉等族部分地区的一种婚姻习俗。新娘在举行婚礼仪式后,当天或过二三天后即返回娘家,不居住在夫家,故得名。居住娘家期间,每逢农忙、节日或夫家办婚丧大事时,由夫家派人接妻子到夫家居住数日或半月,再由夫家派人送回娘家。妻子在娘家居住期间,可继续参加男女社交活动。新娘居住娘家的时间,短则一二年,长的有七八年上十年的。如果女子怀孕,或虽未怀孕但年龄太大,或已达到当地习俗规定男女可同居的年龄,则可结束"不落夫家"到夫家居住生活。该习俗与"早婚"有关。详情参见《中国大百科全书·民族》,中国大百科全书出版社1998年版,第54页。

三、竞赛

对于某一个体所扮演的角色,人们会有出色、马马虎虎、拙劣等不同等级的评价。出色的角色扮演,会为扮演者带来相应的声望与地位。而所谓出色,乃是与其他扮演同样角色者相比较而言的,既要比较,就引出了竞赛的问题。竞赛也称作竞争,是"个人或团体的各方力求胜过对方成绩的对抗性行为"[①]。竞赛可以是有组织的、直接的,也可以是无组织的、间接的,但其最终结果都是在参加竞赛者中分别出胜负优劣。

竞赛在人类社会中有着悠久的历史。人类自有了群体意识和自我意识,把我群(in-group)和他群(out-group)、自我和他人区分开来,竞赛就存在了。只是由于社会政治、经济、文化、地理等因素的影响,竞赛的表现方式各有不同。在社会生产力低下的社会里,人们主要靠自己身体的能量与自然界抗衡,这时最受重视的是人的身体力量。古希腊奥林匹克所进行的竞技正反映了这种力量的对抗。其后,随着社会的发展,智慧在生存发展中的作用愈来愈明显,逐渐引起人们的重视,竞赛的内容起了重大的变化。但力量的竞赛并未退出历史舞台,二者有一段共存时期。如在我国,智慧的化身诸葛亮和力量的化身项羽可以同时活在人们的心中,便是这段共存期的体现。到了近现代工业社会,尤其是电力和计算机系统技术的出现,对人类本身力量的需求锐减,对智慧和知识的要求日益增高,力量的竞赛便主要在专业的体育竞技中得以保留。

竞赛虽然由力量向智慧转化,但即使是在同一国家内,由于各地区、各民族或族群的社会发展水平不一致,文化变迁不同步,竞赛的形式也存在一定的区别。在我国,对城市社区和农村社区做一比较,便可发现它们之间存在的差异。从空间上看,城市社区居民的生活范围和社会接触面比之传统的农村社区大大扩展了,地域概念变得十分淡薄,发达的信息工具使人们不得不采取开放型的生活,流通(包括商品的流通、信息的流通、知识的流通、人才的流通等)成为城市文化的基本特征;从时间上看,城市社区的生活频率较之农村社区是大大加快了,人们计算时间的单位越来越小,生活方式、价值准则、伦理观念等迅速变迁,

---

① 时蓉华:《社会心理学》,上海人民出版社 1986 年版,第 224 页。

且呈现多元化趋势。这样,反映到竞赛上,城市与农村的差异就表现为多元和一元、复合与单纯的区分。城市社区居民的竞赛形式是多样的,更加重视智慧的因素并且随时随地都在进行,而传统农村社区却正好相反。

  竞赛的产生与人的需要有关。众所周知,人类的各种活动都是为了满足个体的特定需要。在人类学中,功能论的创始人马林诺夫斯基早就提出了他的"需要理论",只不过他所讨论的需要,仅限于人类的生物性需要,而现代科学研究表明,人类的需要不仅有生理性的,更重要的是还有心理性和社会性的内容。当然,马林诺夫斯基也指出社会文化对人类生理需要具有强大的制约作用,甚至会改变生理需要的表现形式。① 在诸多对人类需要的研究中,美国人本主义心理学家马斯洛(Abraham Harold Maslow)的理论十分引人注目。他在《动机与人格》一书中提出了"人类需要层级说",之后又不断对需要层级进行丰富和补充,最后定型的层级一共分七层,依次是生理需要、安全需要、爱和归属的需要、尊重的需要、自我实现的需要、对认识和理解的需要、美的需要。他把这些需要又分为两大类:因缺乏而产生的需要称为基本需要;体现存在价值的需要称为发展的需要。② 很明显,这里人类需要的层级是按从低级到高级的顺序排列的。

  在人类社会生活中,为求自我实现而进行的竞赛数不胜数,只是通常许多竞赛行为未被人们当作竞赛来认识,这在看待异文化时尤其如此。譬如在我国少数民族中,摔跤、赛马、射箭、叼羊、赛龙舟、爬刀竿、登山、套马、赛芦笙、竞走、斗牛等活动常被研究者视为具有民族或族群文化特色的传统活动,而蜡染、毛织、刺绣、挑花、织锦、编织等则被归入民族民间工艺,这从客位的(etic)、表层的立场看,并无不妥。但我们若再深入一步,则会发现上述活动往往有广泛的参与性,其中的佼佼者,在本族群本社区里享有相当高的声誉;年长者多为地方上的头面人物,年轻者则成为异性追求的对象。因此,从主位的(emic)、深层的立场看,它们实际上是文化的竞赛。③

---

  ① 马林诺夫斯基:《文化论》,费孝通等译,第24—29页。
  ② 弗兰克·戈布尔:《第三思潮:马斯洛心理学》,吕明、陈红雯译,上海译文出版社1987年版,第40—57页。
  ③ 钟年:《论少数民族文化中的竞赛》,《中南民族学院学报(人文社科版)》1986年第4期。

四、代沟

竞赛在不同的文化中有着不同的表现方式，这从某一方面说是濡化造成的。我们还提到，不同时代的竞赛也存在着差异，这表明文化濡化亦非一成不变。濡化涉及的起码是两代以上的人，因而与横向的文化传播不同，它是一种纵向的代际文化传递。文化传递的标准是毫厘不爽，但在实际过程中要保持百分之百的准确性是很难做到的，这样一来就出现了偏差，最终促成文化变迁。当变迁的速率过快且幅度过大时，世代之间就会产生隔膜，也就是我们常说的代沟。

代沟(generation gap)，是美国人类学家玛格丽特·米德首创的一个词，也称作代差、世代隔阂，指的是两代人之间在思想观念、生活方式和社会行为等方面所存在的差异、对立甚至冲突。它反映的是两代人在社会化速度和社会化阶段方面的差异性。代沟并不是某一天突然浮现出来的，所有的人类文化都或多或少地表现出时代的差异。只不过代际的差异，从未有像第二次世界大战以后表现得这么突出，这么令人失措罢了。

在代沟研究领域，人类学家的贡献令人瞩目。20世纪70年代初，玛格丽特·米德完成了她一生中又一本重要的著作《文化与承诺——一项有关代沟问题的研究》，在这项研究中，米德独辟蹊径，从整个人类文化史的视角，提出代沟现象既不能归结于社会与政治方面的差异，更不能归因于生物因素。她认为，代沟的产生首先源于文化传承方式的差异。为了深入分析代沟现象，她在书中依据文化传承方式的不同，提出了三种不同类型的文化模式：

后喻(Postfigurative)文化，也称为"老年文化"，指的是儿童主要向他们的前辈学习，未来重复过去的那种文化模式。这是传统农业社会的基本特征。在这种社会中，生产方式落后，劳动主要依靠人力，人们缺乏变革的自主性和自我意识，整个社会文化的变迁非常缓慢。这里，晚辈主要从长辈那里获得生活的经验、生存的技术和社会规范，年纪大意味着有知识，因而尊老成为这种社会所提倡和鼓励的美德。在这种文化中一般不存在代沟现象。

并喻(Cofigurative)文化，又称为"同喻文化"，指的是儿童和成人都向他们的同辈学习,全体成员以目前流行的行为模式作为自己的行为准则。这种文化出现在后喻文化崩溃之际,由于种种原因,如移民、战争和科技的发展等,后辈无法向前辈学习或获取生活经验,前辈无法再为晚辈提供符合新的环境和时代要求的全新的行为模式,晚辈只能以在新环境中捷足先登的同伴为自己仿效的楷模。米德认为并喻文化只在极少数社会中才成为唯一的文化传承模式,因此它是一种过渡性的文化。

前喻(Prefigurative)文化,又称"青年文化",指的是成人反过来向他们的孩子学习,由年轻一代将知识传递给他们生活在世的长辈,代表未来的是晚辈而不是长辈的文化类型。米德认为,第二次世界大战后,由于科技革命的发展,整个社会发生了巨大的变革,老一代人不敢舍旧与新一代人求新之间的矛盾所酿成的代沟成为全球性的现象,文化的传承呈现出条约性和间断性,从而导致两代人之间的价值观和行为方式存在更大的差异。米德认为解决这一问题的唯一办法只能是年长者虚心地向年轻人学习。①

米德关于代沟问题的研究以及三种文化类型的划分,影响了许多国家学者对青少年社会化过程的研究。用米德的理论来做对照,我国自20世纪70年代末80年代初打开国门走向世界以来,文化类型也发生了转变,困扰着许多人的代沟现象的出现,可以说是一个明显的信号。但我国的代沟问题与西方社会的代沟问题,只是现象上的相似。如果说在米德所处的美国,代沟现象的背后是并喻文化向前喻文化演变,则当今我国代沟现象的背后却是后喻文化向并喻文化和前喻文化转型。这样的转型,美国在开发之初就开始了,因为哥伦布所发现的美洲是个迥异于欧洲的大陆,在那里没有传统的经验可以依托,没有现成的答案可供选择,所以费孝通说:"美国的历史其实就是一部不靠祖宗余荫,靠自己,不买账,拼命、刻苦创造出来的记录。"②在美国,父母对子女的要求,并不是要他们做自己惟妙惟肖的摹本,而是要求他们在与同辈伙伴的竞赛中先执牛耳。若以

---

① 关于三种文化类型的论述,参见 Margaret Mead, *Culture and Commitment: A Study of the Generation Gap*, Natural History Press, 1970, p.1;玛格丽特·米德:《文化与承诺》,周晓虹、周怡译,河北人民出版社1987年版,第1页。

② 费孝通:《美国与美国人》,生活·读书·新知三联书店1985年版,第21页。

第五章 人格与文化

美国为缺少传统的代表,则我国的情况刚好相反,是富有传统的典型。心理人类学的倡导者许烺光教授在其对中国文化所做的基本假设中,就有一条是"年龄即代表智慧,并且是值得尊敬的"①。依此,便要求晚辈向长辈学习,奉传统为圭臬。中国文化的这个特征,迄今仍历历可辨。成长在这种文化中的个人,都免不了经历孔夫子"三十而立,四十而不惑,五十而知天命,六十而耳顺,七十而随心所欲,不逾矩"②的人生道路。

如前所述,若文化濡化的过程不失真,代沟也就无由产生。在我国一些偏远地区,以及亚洲、非洲和散居在太平洋诸岛的许多民族,在现代仍相当程度上保持着这种状况。例如,20 世纪 20 年代米德对南太平洋萨摩亚人青春期问题的实地调查研究,表明萨摩亚正处于青春期的男男女女通常不会经历"危机"或青春期的压力;20 世纪 80 年代有国内学者对广西桂北地区红瑶的调查报告也称"这里看不见异辈间的世代隔膜,也看不见疾风骤雨般的青年期危机"③。

然而,代沟却不是衡量一个社会优劣的标尺,依原样传播或传递的文化是缺乏创造力的,也是难以持久的。代沟的显隐,往往是社会发展变化的晴雨表,认识到这一点,并予以合理的引导,事态就会朝我们期望的方向发展。况且,一种文化想完全保持原样也是不可能的,在当今全球化浪潮波涛汹涌、城乡人口流动频繁、文化壁垒已被逐次打破、文化交往愈益深入的情势下尤其如此。

代沟会引发社会的不稳定,终究是一种社会问题,人们不得不正视它并设法予以解决或消除。前面的分析告诉我们,解决代沟问题,仅采用治标的方法而不把握其背后的文化转型实质,是不能见其功效的。在此,文化濡化可以发挥作用。人的濡化是一个自诞生之日始的终身过程,作为超越个体的濡化机构,应将对文化转型的认识传达给社会中的每一代人并着力培养人们对转型的适应力。如此,不仅转型的工作会更为顺利,就是代沟、隔阂与冲突等也会得到消除或缓解。

---

① 许烺光:《文化人类学新论》,张瑞德译,第 110 页。
② 《论语·为政》。
③ 钟年:《广西融水红瑶婚姻、家庭及习俗心态调查》,《广西民族研究参考资料》1987 年第 7 辑。

第四节　社会文化因素对异常心理、异常行为的影响

在日常生活中，打开电视或电脑，常常会不经意间看到一些有关异常心理或异常行为的报道，至于地摊小报、杂志或蹭流量的网站，与此相关的消息则更是不胜枚举。事实上，对异常行为(abnormal behavior)的研究，也是学术界颇为关注的一个领域。但对于什么是正常心理和正常行为，什么是异常心理和异常行为，学术界的意见并不统一。

一、区别正常行为与异常行为的标准

美国人本主义心理学家马斯洛曾经给出一个"充分发展、成长良好的人"的十个标准：(1)更清晰、更有效地感知现实。(2)更能接受经验。(3)增进了人的整合、完整和统一。(4)增长了的自发性、表现性；充分运行；生机勃勃。(5)真正的自我；牢固的同一性；自主、独特性。(6)增长了的客观性，超然，超越自我。(7)创造性的重新获得。(8)融合具体和抽象的能力。(9)民主的性格结构。(10)爱的能力等。① 这个"充分发展、成长良好的人"的标准显然带有很明显的美国烙印。而美国精神病学家赫维·克莱克利(Hervey Milton Cleckley)用一生的时间研究反社会人格，将反社会人格障碍患者的特征归纳为这样16条：(1)表面迷人和良好的智力；(2)没有妄想或者其他荒谬的思维障碍；(3)没有其他精神病、神经症的症状；(4)不可靠，没有责任感；(5)不真实、不忠诚；(6)没有悔过或自责的心理；(7)反社会行为缺乏充分的动机；(8)判断力差，不能从过去的经验中吸取教训；(9)病理性自我中心，不能真正地爱和依恋别人；(10)缺乏主要的情感反应；(11)缺乏内省；(12)在一般的人际关系中不协调；(13)无论是否饮过酒，都出现古怪和令人讨厌的行为；(14)很少有自杀行为；(15)轻浮而不正当的性生活；(16)对生活没有计划和长远打算。② 这 16 条被精神医学界称为

---

① 参见马斯洛：《心理学的论据和人的价值》，载林方主编：《人的潜能和价值——人本主义心理学译文集》，华夏出版社1987年版，第77页。
② 参见吴宗宪：《西方犯罪学史》，警官教育出版社1997年版，第536—541页。

"Cleckley 标准"。2000 年发布的《美国精神病诊断与统计手册》(DSM-Ⅳ-TR)对 15 岁以上者反社会人格障碍的诊断标准有七条:(1)不遵守法律与社会规范,表现为反复地出现足以让他被逮捕的行为。(2)欺诈,表现为反复说谎,用假名,为自己的利益或者快乐而欺骗他人。(3)冲动,事先无计划。(4)易怒,具有侵犯性,表现为反复地出现斗殴或者富于攻击性。(5)做事不计后果,无视自己或者他人的安全。(6)一贯不负责任,表现为反复地出现不能坚持工作或者无视经济责任。(7)缺乏愧疚感,表现为伤害、虐待或者偷盗他人之后,觉得心安理得或者无所谓。任何人只要有以上三项或三项以上的症状,就可诊断为反社会人格障碍。[1]

对于人类学家来说,用一种简单的、硬性的标准来衡量一个社会或文化中所有人的心理和行为,并不是一种科学的方法和态度。例如,妇女袒胸露背,在一些西方国家被认为是正常行为,但在有的国家就会被认为是过分暴露,是一种异常行为(裸露癖)。又如,在中国古代传说中,常有某女子扮男装到学堂念书或赴京赶考一举成名的描写,这被视为求知或上进的合理行为而加以赞扬,但在有的国家中这种举动却有可能被看成异性装扮癖。因此,不同的社会文化环境会造成一些独特的异常心理和异常行为,早已是不争的事实。

二、社会文化因素的影响

对于人类的异常心理、异常行为问题,不同的社会和文化自古便有不同的看法。例如,从自然力量引起疾病发生的因果性来看,我国传统的中医就认为,在人体的五脏六腑中,肾的主要功能是藏精,主水液,主骨,生髓,通脑,其华在发,开窍于耳,司大小二便。如果出现神经衰弱,则是肾亏所致。同样道理,在伊朗人中,若出现心脏不适,民间也往往归因于一系列的家庭问题,如家庭冲突、贫困、丧失亲人、犯罪等。在古代欧洲,一个人的精神错乱也常常被认为是大自然的某种力量或运动的结果。如英语中的"lunatic"(精神错乱者、疯子或月亮疯)一词来自拉丁语的"lunaticus",它是由"luna"(月亮)和"tic"(受打击)两词组合而成,人们相信满月不仅会影响动物的行为,也会增加人的犯罪率,引发精神错

---

[1] 刘邦惠、黄希庭:《国外反社会人格研究述评》,《心理科学进展》2007 年第 2 期。

乱、抽搐。希腊语中表示疯子一词的"seleniazomenoi",也是来自月亮女神"Selene"的名字。①

社会文化因素在民间不仅影响普通人的世界观,也影响着人们的价值观和日常生活方式。例如,斯科特等人 2007 年对哥伦比亚、墨西哥、美国、比利时、法国、德国、意大利、荷兰、西班牙、以色列、黎巴嫩、日本和新西兰等 13 个国家 62277 名 18 岁以上的居民进行调查,发现肥胖症患者罹患抑郁症与焦虑障碍的比值分别是总体人群的 1.1 倍和 1.4 倍,在进一步的亚组分析中发现,肥胖症与精神障碍的这种关联主要出现在女性身上。② 究其原因,这跟社会文化因素有密切的关系。虽然在东西方文化史上出现过以"丰腴"为美的时代,但在当今时代,大多数的社会并不欣赏肥胖,甚至对肥胖还有些反感和歧视,讲究的是"苗条"甚至"骨感"。在这样的社会文化压力之下,与男性相比,女性肥胖症患者对肥胖体验到的更多是不满意,甚至是病态和耻辱感,从而成为她们罹患抑郁症与焦虑症的社会文化因素。厌食症大多发生于年轻女性群体就是一个明显的例证。类似这样的社会文化现象还有很多。

世界文化精神医学协会的首任会长曾文星曾总结文化因素对精神病理的七大影响:(1)精神病理的发病机制作用。一般人所持有的某种文化观念有时会给自己带来心理上的应激或挫折感,从而产生与文化因素明显相关的精神障碍。如印度的一些年轻男子迷信射精过多就会对身体不利,出现过分担心的情绪反应,导致泄精症。(2)病理选择作用。当人们遇到强大的应激事件而又无法应对时,很可能会产生病理性的情感反应或异常行为。这些病理性的情感反应与人们所面对的应激事件的性质、强度有关,与人们各自的性格特点以及应对方式有关,与当地的社会支持有关,也与当地的文化背景有关。如日本人因经济破产而选择全家人集体自杀或家庭自杀,便是典型的例证。(3)病理塑型作用。精神病患者的社会文化背景不同,其妄想的内容可有所不同。如在偏远落后地区,患者妄想的内容可能是鬼神之类,而在发达的城市,患者妄想的内容可能是高科

---

① 李洁编著:《文化与精神医学》,华夏出版社 2011 年版,第 57 页。
② K. M. Scott, R. Bruffaerts and G. E. Simon et al., "Obesity and Mental Disorders in the General Population: Results from the World Mental Health Surveys", *International Journal of Obesity*, 2008, Vol. 32, No. 1, pp. 192-200.

技、电磁波、射线之类。(4)病理繁衍作用。如发生在马来西亚的马来模仿症,因其发作时有滑稽的表现而被当地社会接受,故有强化作用。(5)病理识别作用。一个人的行为是否正常与当地的文化观念有关。同样是在大庭广众之下的裸体行为,在不同的场合可有正常与异常的区分。(6)病理频发作用。它对精神病理的发生有影响。如不同文化背景下的自杀率有差异。据世界卫生组织2004年的报告,在90多个国家或地区中,日本男性自杀率为35.2/10万人,排在第11位;女性自杀率为13.4/10万人,排在第3位。这么高的自杀率,与日本的传统文化不无关系。切腹自杀是日本武士道文化的一种象征,它肇始于中世纪,源于人的灵魂藏于腹部的信仰,其切腹的逻辑在于:"我打开我的灵魂宝库,给您看看它的样子吧。是污浊的还是清白的?请您自己来看它吧。"或者说,它是日本武士用以抵罪、悔过、免耻、赎友或者证明自己忠实的方法。(7)病理反应作用。这主要指的是社会文化因素间接地影响到对疾病的认识、态度、治疗的效果与预后。例如,一般尼泊尔人相信人有时会受惊吓而失魂。因此,在当地看到有人出现精神恍惚、心情不好、易哭泣等精神异常,便会怀疑他(她)受到了刺激而灵魂失散,于是会赶快去请土著巫师设法将失散的灵魂"勾回来"。[①] 在历史上,西方的精神医学专家(包括接受西方医学理念和技术训练的东方精神医学专家)往往把来自非西方的具有不同地域文化背景的精神病患者的症状表现,以及一些"奇异的""少见的"精神障碍或异常的行为反应,统称为"文化约束综合征"或"文化相关综合征"。

◆ 本章思考题

1. 什么是人格?什么是角色?怎样界定基本人格?
2. 什么是文化濡化?从个人和社会两个角度分析文化濡化的功能。
3. 何为代沟?怎样看待代沟现象?
4. 什么是后喻文化、并喻文化、前喻文化?这种划分有什么意义?
5. 何为国民性研究?谈谈你对国民性研究的基本看法。

---

① 关于曾文星的文化因素对精神病理的七大影响说,参见李洁编著:《文化与精神医学》,第111—114页。

6. 试以主位(emic)方法,分析日常生活中竞赛活动的意义和性质。

7. 文化背景的差异对精神异常行为和心理异常有何影响?

8. 认真阅读一本有关中国国民性研究的著作,试着从人类学的视角写一篇读后感。

◆ 本章主要参考及推荐阅读文献

1. 黄淑娉、龚佩华:《文化人类学理论方法研究》,广东高等教育出版社 2013 年版。

2. 陈仲庚、张雨新:《人格心理学》,辽宁人民出版社 1986 年版。

3. 崔红等:《解读中国人的人格》,社会科学文献出版社 2005 年版。

4. 绫部恒雄:《文化人类学的十五种理论》,中国社科院日本研究所社会文化室译,贵州人民出版社 1988 年版。

5. 张伯源、陈仲庚编著:《变态心理学》,北京科学技术出版社 1986 年版。

6. 钟年:《心理学与文化研究》,中国社会科学出版社 2013 年版。

7. Jerry M. Burger(杰瑞·伯格):《人格心理学(第六版)》,陈会昌等译,中国轻工业出版社 2004 年版。

8. 杨国枢、陆洛编:《中国人的自我——心理学的分析》,重庆大学出版社 2009 年版。

9. 孙隆基:《中国文化的深层结构》,广西师范大学出版社 2004 年版。

10. 李亦园、杨国枢主编:《中国人的性格》,江苏教育出版社 2006 年版。

11. 杨国枢主编:《中国人的心理》,江苏教育出版社 2006 年版。

12. 杨国枢:《中国人的心理与行为:本土化研究》,中国人民大学出版社 2004 年版。

13. 许烺光:《美国人与中国人:两种生活方式比较》,彭凯平等译,华夏出版社 1989 年版。

14. 玛格丽特·米德:《文化与承诺》,周晓虹、周怡译,河北人民出版社 1987 年版。

15. 杨中芳:《如何理解中国人——文化与个人论文集》,重庆大学出版社 2009 年版。

16. 文崇一、萧新煌主编:《中国人:观念与行为》,江苏教育出版社 2006 年版。

17. 乔健、潘乃谷主编:《中国人的观念与行为》,天津人民出版社 1995 年版。

18. 张海钟等:《中国区域跨文化心理学:理论探索与实证研究》,人民出版社 2012 年版。

19. 拜伦·古德:《医学、理性与经验——一个人类学的视角》,吕文江等译,北京大学出版社 2010 年版。

第六章

生态、生计与文化

第一节 生态、能量与人类学家对生态的认知

一、生态与生态系统

生态,源于古希腊语"Oikos",原是指"住所"或"栖息地"。它有多种含义,一般是指生物在一定的自然环境下的生存和发展状态,也指生物的生理特性和生活习性。现在通常是指一切生物的生存状态,以及它们之间和它与环境之间环环相扣的关系。

在自然界的一定空间内,生物与环境构成一个统一的、不可分割的整体。在这个统一整体里,生物与环境之间相互影响、相互制约,并在一定时期内处于相对稳定或相对平衡的状态,这被称为"生态系统"(ecosystem)。

生态系统是由非生物的物质和能量、生产者、消费者、分解者等组成的,其中生产者是最主要的成分。科学界将生态系统分为森林生态系统、草原生态系统、海洋生态系统、淡水生态系统(其中又可细分为湖泊生态系统、池塘生态系统、河流生态系统等)、农田生态系统、冻原生态系统、湿地生态系统、城市生态系统等类型。这里,无机环境是生态系统的基础,其条件的好坏直接决定一个生态系统的复杂程度和其中生物群落的丰富程度。另一方面,生物群落也会反作用于无机环境,它们既在生态系统中适应环境,也在活动中改变着周边环境的面貌。

这一点,尤其体现在人类的活动对自然界面貌的巨大改变上。同时,处于不同社会发展阶段、处于不同文化境况下的人们,对各自所处的生态系统的影响是完全不同的。生态系统各个成分之间紧密相联,使生态系统成为具有一定功能的有机整体。

以人类学的视角和方法来审视和研究不同的人类群体与他们所处环境之间的复杂关系的学问,就是生态人类学(ecological anthropology)。人类不同群体的生存同其所处的土地、气候、植物以及动物种群等都有着密切的联系,人类群体对环境产生巨大的影响。同时,不同类型的环境因素亦反过来作用于不同的人类群体,使得不同人类群体的文化呈现出不同的形态。生态人类学就是试图探究不同的人类群体如何适应、改造其生存环境,并创造出富有自身特色的社会制度、价值观念和行为方式。

二、人类学家对生态与文化相互作用的认知过程

人类学发轫时是凭借研究非西方的殖民地土著人群而独立成学科的。当时人们受达尔文进化论思想的影响极深,人类学把殖民地人群所处的社会发展阶段和技术水平与欧洲白人的社会发展阶段和技术水平相比较,排列出一个"蒙昧→野蛮→文明"的单一的从低级向高级进化的社会发展路径图式,没有文字的殖民地土著显然处于文明发展的最低端,研究者完全无视这些土著群体生活所处的生态环境和生活条件。

20世纪初叶,持传播论思想的人类学家批判了这种无视环境影响的进化论思想,开始重视环境对人类文明发展所起的作用,他们中的一些人开始用统计学的方法来解释文化传播的历史和途径,有的人则用生物学的观点来阐释人类的文化现象。其中思想观点比较极端的如史密斯(Elliot Smith)等人认为,全世界的文明都发源于埃及,埃及人的航海技术将他们的文明带到了世界各地,有幸接触到埃及文明的民族就赢得了发展的机会,成为文明人;而地处偏远、被山河阻隔的部落和民族因得不到埃及文明的浸润只能处于不发展的野蛮状态,无法进入文明社会的堂奥。这种偏颇的思想和观点自然也无法得到后世的尊重。

真正开始从科学意义上探讨生态环境对文化影响的人类学家是法国的莫斯

(Marcel Mauss)。他在《关于爱斯基摩人社会季节性变化的研究》中认为,北极严寒而漫长的冬天,以及食物的匮乏,导致北美爱斯基摩人(现称因纽特人)的社会聚落在冬季和夏季呈现出明显的反差。冬季时人们会聚集在一起生活,以便度过漫长的严冬;夏季时由于气候宜人且食物丰沛,人们可以分散觅食,便过着小群体的生活。莫斯的研究翻开了人类学对文化与环境关系的探讨的新篇章。不过,人类学中能够较系统地体现文化与人类群体环境关系的是美国人类学家斯图尔德(Julian Steward)和他倡导的文化生态学(cultural ecology)。

文化生态学是一门将生态学的方法运用于文化学研究的交叉学科,其理论和概念主要用来解释文化适应环境的过程。斯图尔德认为,文化生态学是要对某一社会适应环境的过程进行研究,其首要问题是判定这些适应措施是否引发了带来进化意义上的变迁的社会内部转变。[①] 人类是一定环境中的总生命网的一部分,与物种群的生成体构成一个生物层的亚社会层,这就是群落。如果在这个总生命网中引进文化的因素,就是在生物层上面建立起一个文化层。生物层和文化层两个层次之间交互作用,形成一种共生关系。这种共生关系不仅影响人类一般的生存和发展,而且也影响文化的产生和形成,使之发展为不同的文化类型和文化模式。[②]

文化生态学主张由人、自然、社会、文化的各种变量的交互作用来研究文化的产生和发展规律,以此来寻求不同民族文化发展的特殊形貌和模式。斯图尔德认为,孤立地考虑人口、居住模式、亲属关系结构、土地占有形式及使用制度、技术等文化因素,并不能掌握它们之间的关系及其与环境的联系,只有把各种复杂因素联系起来进行整合研判,才能弄清楚环境诸因素在文化发展中的作用和地位,进而说明文化类型和文化模式是怎样受制于环境的。他把那些与人类群体生计活动和经济安排紧密关联的文化特征(包括政治、宗教以及人类集团的组织形式)等,称为"文化核"(Cultural Core)。斯图尔德指出,要建构生态文化论的方法论体系,需要经过三个基本程序:第一,必须分析开发技术或生产技术

[①] Julian Steward, "Cultural Ecology", in *International Encyclopedia of the Social Sciences*, Vol. 4, ed. by D. Sills, Macmillan, 1968, p. 337.

[②] 参见袁方主编:《社会学百科辞典》,中国广播电视出版社1990年版,"文化生态学"条目,第170—171页。

与环境间的相互关系;第二,必须分析用特定技术开发特定地域所涉及的行为模式;第三,确定在开发环境中所必需的行为模式影响文化其他方面的程度。①

文化生态学除研究文化对于自然环境的适应外,更主要的是研究影响文化发展的各种复杂变量间的关系,特别是科学技术、经济体制、社会组织及社会价值观念对人的影响。从文化生态系统的结构模式看:与自然环境最近、最直接的是科学技术,它与自然环境呈强相关关系;其次是经济体制和社会组织;最远的是价值观念,其与自然环境呈弱相关关系,它是通过经济体制、社会组织等中间变量来发挥影响的。反过来看,对人的社会化影响最直接的是价值观念,即风俗、道德、宗教、哲学、艺术等观念形态的文化,二者表现出强相关;其次是社会组织、经济体制及科学技术;最远的是自然环境,它对人类的影响主要通过科学技术、经济体制、社会组织一类中间变量来实现。

斯图尔德主要关注环境对文化造成的影响,而对文化的存在与文化运作方式对人类周遭环境的反作用关注不够,这是其理论的缺陷所在,引起了后人的质疑。

三、能量与能量流理论

1. 怀特的能量学说

在人类学领域,新进化论的代表人物之一美国人类学家怀特(Leslie White)于1949年出版了一本重要的著作《文化的科学:一项对人类与文明的研究》,提出文化是以使用符号为基础的现象体系,它包括行动(行为规范)、客体(工具及由工具制造的事物)、观念(信仰和知识)以及情感(心态和价值)等,而语言是人类符号能力最重要的形态。他认为文化是一个有其自身生命和规律的自成一格的系统,其功能在于使人类适应自然界,以保证种的生存和延续。于是,他结合文化史上的实际发展情况,阐释了人类文化演进的历史进程及人与文化之间的关系,提出了文化进化的能量学说。

他指出,文化系统包含技术的、社会的、意识形态的三个亚系统。技术系统是由物质的、机械的、物理的和化学的工具,以及使用它们的技术所组成,通过这

---

① 参见 J. H. 斯图尔德:《文化生态学的概念和方法》,玉文华译,《民族译丛》1988 年第 6 期。

第六章 生态、生计与文化

些,人类作为一个物种,与其自然栖息地相联结;社会系统由通过集体的和个人的行为模式表达出来的人际关系所组成,如亲缘关系、伦理关系、专业关系等;意识形态系统由通过清楚的言说以及其他象征形式表达出来的观念、信仰、知识所组成,如神话与神学、哲学、科学等。在这三个亚系统中,怀特认为:技术系统是基础的和首要的,它对整体的文化系统起着决定性的作用;社会系统是技术的功能,它依附于技术系统;哲学表达技术力量,并反映社会制度。因此,理解文化成长与发展的关键点就是技术。

为什么说技术是人类文化的决定性因素呢?怀特认为,所有的有机体都必须满足基本的能量需要,远离自然侵害,保护自己。文化整体的功能发挥取决于可资利用的能量和使用能量的方法。假设栖息环境不变,根据人类所需的物品与服务的人均常量而测量的文化发展程度,取决于人均利用的能量和利用能量的技术手段的效率。其中,能量是基本的、首要的因素,它是主要的动力。工具是服务于这一能量的手段。能量因素可以无限增长,工具的效率只能有限提高。由于能量是恒定的,文化发展至多能进展到工具效率极限。一旦达到这个限度,提高效率就会变得十分困难。但是,可资利用的能量的增长会促进技术全面进步,使原先的工具得以改善,新工具得以发明。因此,能量是推动文化向前向上发展的根本动力。怀特提出,文化发展的程度,以人均产出满足人类需求的商品和服务的数量来衡量,是由人均掌握的能量数量以及将其加以运用的技术手段的效率决定的。他用这样一个公式来表达:$E \times T \rightarrow C$。其中,C 代表文化发展的程度,E 代表人均每年掌控的能量数量,T 则是在能量耗费过程中所使用的工具的效率。因此,文化进化的法则是:其他因素保持不变的情况下,文化随着人均每年掌控能量的数量的增长,或者随着运用能量的手段的效率的提高而进化。

怀特主张,一个民族的社会系统,本质上就是由维持生计和军事攻防手段的技术决定的。原始人的社会系统由于自然环境和技术手段各不相同,体现在细节上会有所不同,但基于人类能量的社会系统(即前畜牧业社会和前农业社会系统)都属于同一类型。当农业发展到一定的时点,社会系统便会发生根本的变化。例如,农业技术生产出更多的食物,增加了人均食物量和单位平均劳动所得所能提供的食物量,于是社会便逐步地按职业进行分工,促成社会的发展和社会关系的转变。农业技术的革命促进和完成了文化中社会、政治和经济层面的革命，为社会发展带来了机遇和条件，但农业革命所确立的社会经济系统与社会系统之间的关系，使社会发展到一定程度便会出现停滞现象。每一个社会系统均依赖和取决于技术系统，但每一个技术系统都在社会系统内发挥自己的功能，因此又受社会系统的制约。[①]

怀特的能量学说对20世纪六七十年代的人类学影响很大。在生态人类学领域，建立在实地调查基础上的，对包括人类集团在内的生态系统的"能量流"（Energy Flow），即生态系统各构成要素间的能量流动的研究曾经占据主流的地位。

2. 人类群体的能量流

能量有光能、热能、化学能、力学能等不同的形态，它们之间能够互相转换。作为生态学系统构成要素的各种生物之间、生物与非生物之间的能量移动或转换，称为"能量流"。生物在食物链中的位置，是通过"营养水平"（Tropic Level）来表现的。植物、草食动物和第一肉食动物，分属于营养水平的第一、第二、第三层。人类这种杂食性动物则占据了食物链的最高端。据有关专家的研究，在食物链上，能量从一个营养水平向下一个营养水平转移时，大约90%的能量会失去，这一结构被称为"能量的金字塔"[②]。生态人类学的研究，可以说就是围绕着人类集团的能量流的研究，即探究一个人类群体为了生存，从什么样的资源中获得了多少能量，他们内部是怎样利用这些能量的，用什么方式与其他人类群体进行能量交换，等等。人类利用的能量不仅是食物，还包括畜力、燃料、自然力（如风力、水力、太阳能）等，但因对食物以外的能量的测算比较困难，人类学家一般只关注食物能量流。

人类群体食物能量流，大致可分为产出、摄取、消耗三个阶段。第一个阶段是能量的产出，可以用人类群体获得和生产的食物以及通过交易和赠与等方式

[①] 关于怀特能量学说的阐释，参见苏敏：《莱斯利·怀特〈文化的科学〉（1949）》，载王铭铭主编：《20世纪西方人类学主要著作指南》，世界图书出版公司2008年版，第164—173页；杰里·D. 穆尔：《人类学家的文化见解》，欧阳敏等译，商务印书馆2009年版，第201—204页。

[②] 秋道智弥、市川光雄、大塚柳太郎编著：《生态人类学》，范广融、尹绍亭译，云南大学出版社2006年版，第29页。

从其他群体那里得到的食物所包含的能量的总和来表示;第二个阶段是能量的摄取,可以用产出的能量在人类群体成员间怎样分配、怎样摄取来表示,通常以人类群体中一人一天平均的摄取量来计算,但在具体研究中应该考虑性别、年龄、健康状况、是否哺乳、生产生活活动的种类和强度、气温等一些具体因素;第三阶段是能量的消耗,指的是人类群体维持和再生产的能量消耗,特别是食物获取活动和交换产物的采集以及生产活动等,同时还包括虽然与食物获取没直接关系但与维持人类群体生存密切相关的其他活动的能量消耗,如获取建筑材料盖房屋、做家务、育儿等。据人类学家的研究,人类群体对能量的利用一般具有以下几个特征:

(1) 生态系统中人类群体的能量利用与其他动物种类有很多方面的差异,主要表现在食物的生产及生活中利用的燃料能和其他能量上。

(2) 人类通过个人之间、群体之间的分配和交易进行能量交换,且社会越复杂、分工越细,能量的交换也越发达。有人曾经统计过,除食物外,仅利用柴薪燃料能量的卡拉哈里沙漠的布须曼人社会,与依赖石油和煤炭等化石能源的先进工业社会相比较,先进工业社会一人一年的能量利用量竟是布须曼人社会的200万倍。

(3) 在不同的人类群体中,因生存环境不同,其能量流动的结构和利用量变异极大。人类群体占据了从几乎是纯粹的肉食性到植食性之间具有很大差异的营养水平。

(4) 在不同的人类群体中,能量效率(产生能量和为获取能量所消耗的能量之比)差别很大。如在狩猎采集群体中,肉食性程度高的因纽特人的能量效率大约是 2∶1,而植物性食物比例高(约 70%)的布须曼人是 10∶1。[①]

后世有人类学家批判了这种简单的能量还原主义倾向的研究,认为这种研究过于重视人类群体食物获取的活动,忽视了其他生存活动和生态系统的动态变化对人类群体的影响。生态系统其实是一个复杂的多层次且相互影响的系

---

① 关于人类群体能量利用和特征的详细分析,参见口藏幸雄:《能量和营养——生态系统中人类集团的基础研究》,载秋道智弥、市川光雄、大塚柳太郎编著:《生态人类学》,范广融、尹绍亭译,第 28—39 页。

统，其稳定的形态不可能是单一因果关系造成的。生态各子系统之间不仅功能可以互相渗透，有时在一定条件下还可互相替代。因此，人类学家应该关注的是利用生态学建构模型的方法去研究文化与生态系统之间关系的问题。

第二节 文化分区与生计方式

一、地理区域与文化分区

地理学家曾对各地的山川、地形、气候等自然环境及物产、交通、居民点等社会经济因素进行研究，并运用统计数字和文字等方式予以描述，但地球上的生态系统异常复杂，产生于其上的人类文化也千差万别，从而给针对人类文化的分析工作造成了相当大的困难。如果抽出某些特定的文化因素，对其进行区域划分，再展开对文化和特定生态环境之间关系的研究，则可能容易得多，于是就产生了文化分区研究。

地理学家的区域分类是以某些统一的特征为标准的。有的以地形为标准，划分出平原区和高山区、山区和丘陵；有的以气候为标准，划分出热带和寒带、湿润带和干燥带；有的以经济作物为标准，划分出稻作区和麦作区；等等。费孝通教授曾依据地理、方位和物候把我国大体分成这样几个区：北部草原区、东北角的高山森林区、西南角的青藏高原区、藏彝走廊、云贵高原、南岭走廊、沿海地区和中原地区。① 以地理因素来划分文化，不能说完全没有道理，毕竟环境因素不仅决定文化特性，而且也对文化产生一定的催化作用。文化之所以会出现类聚现象，是因为它们具有相同的地理类型以及若干看起来比较重要的相同特征。通过区域划分，复杂的自然因素和社会经济因素较为简单地呈现在人们面前，某些因素在一定区域内有相当大的一致性，而在不同的区域里差异则非常明显。这样，对一些地理现象的解释就有了基础。

随着地理学家区域研究的深入，他们不自觉地触及文化领域，创立了文化地理学。另一方面，一些人类学家也借鉴地理学的区域研究方法，对人类文化进行

---

① 参见费孝通：《从事社会学五十年》，天津人民出版社1985年版，第91页。

第六章 生态、生计与文化

区域划分研究,创立了文化区的概念。

文化区概念自产生之日起,就被人类学家当作一种重要的研究手段和工具加以运用。我国有些学者也根据文化区的研究方法,划分出许多文化区,并对它们分别做了考察,如南方就有百越文化区、濮文化区、吴越文化区、楚文化区等。与此同时,以单一文化因素为标准而进行的区域文化研究也得到了重视。如有的以语言为标准,划分出不同的语言文化区;有的以宗教为标准,划分出不同的宗教文化区;有的以政治为标准,划分出不同的政治文化区;等等。

通过对文化区的研究,有的人类学家还着重提炼文化区理论,将文化区划分出形式文化区和功能文化区两种类型。

所谓形式文化区,就是那些具有某一独特文化特征或一组文化特征的人们共同居住的地域,划分的标准是文化的一致性。如以某一特征或某几个特征为标志,具有这一特征或这几个特征的人所居处的地域应当属于同一形式文化区。比如,因纽特文化区就应当具备属于因纽特人的语言、宗教、经济类型、社会组织类型和典型的居住特征等。

功能文化区是一个业已组织起来并能够发挥政治、社会、经济和文化等方面作用的地区。比如一个国家或地区,一所学校或教堂所辐射的范围,一个经济区或贸易点等,都属于一个功能文化区。因为这一个文化区的组成源于其独特的功能,所以,它和形式文化区的区别在于,不是按文化的一致性而是按其独特的功能来划分的。

每个功能文化区都有一个中心点,即功能的起源中心。功能自中心点向四周扩散,因不同方向的条件不同,扩散的速度和影响也不一样,导致功能文化区内的文化分布呈非圈层结构。如一个国家功能文化区的中心点是首都,它的功能表现在政治、经济、社会和文化等多方面,但不同地区的功能强弱却是不均衡的。

有的功能文化区具有较明确的边界,一旦越过这个边界,就属于另一个功能文化区,如国家。有的功能文化区则没有明显的边界,如一个经济贸易区,人们出于对经济利益的追求,往往要求冲破人为设置的障碍,因而在文化区内,既有可能发挥本文化区的功能,也可以把不属于本文化区的功能吸收过来。

二、生计与生计方式

一个社会要生存下去,必须满足其成员的一系列需要——控制和规范人的行为,保障社会安全,男女婚配、抚养和教育后代等。其中最重要的是发展出一套能从生存环境中谋取衣食和居所的方法。这种谋取衣食和居所以维持生存的必要方法和手段,便是生计(subsistence),或称为生存战略(survive strategy);而生计方式指的是各个人类群体为适应不同的环境所采取的整套谋生手段。

不同环境中一定会有不同的生计,在古代社会则更是如此。但环境仅是限制性因素而不是决定性因素,否则无法解释同一环境中何以会有不同的生计。如珠江三角洲的农村,改革开放以前那里是鱼米之乡,而现在那里却成了国内重要的轻工业基地。环境没有大的变化,生计方式却大大改变了。同样道理,即使是在同一环境中经营农业,古代生产的粮食没有今天多,品种也没有今天丰富。这些都是科学与技术进步的结果。科学与技术是人们利用环境提供的资源来满足自己的生计及其他生活需要的文化因素。人类之所以比其他生物体更能适应环境,就因为他们有可以解决生计问题的科学技术,而且技术能随环境变化不断发展。但技术仍受环境制约:同样的刀耕火种技术,在森林再生能力不同的地区会有不同的产出;同样的灌溉技术在水资源多少不同的地区会有完全不同的效果。总之,生计是环境和技术相互作用的产物。

人类社会自古至今共发展出了五种生计方式,依次是狩猎—采集、初级农业、畜牧业、精耕农业、工业化谋食方式。第一种是向自然界求取和收集食物,称为攫取性经济;后四种是生产食物,称为生产性经济。多数社会并非只实行一种谋食方法,经常是几种混合使用。如刀耕火种多兼营狩猎和采集,牧人仍要从事采集以补充植物性食物,等等。这些在我国少数民族中可找到许多例证。但一个社会中占主要地位的往往只有一种生计,它决定这个社会的发展水平。如我们说狩猎—采集社会,即是以狩猎和采集为主要生计方式的社会。

1. 狩猎—采集

狩猎—采集,可以说是最古老的谋食方式,延续时间最长。有专家估计,假如人类已有四百万年的历史,99%以上的时间是靠从事狩猎(含捕鱼)和采集为

第六章　生态、生计与文化

生的；自古以来地球上约生活过800亿人，90%以上是狩猎—采集者。据有关专家的研究，到20世纪初，世界上只剩下163个狩猎—采集社会；而到20世纪中叶，全球仅有南非的布须曼人、澳大利亚土人、北极地区爱斯基摩人（现称因纽特人）、中非及东南亚少数居民是狩猎—采集者。①

我国境内早已不存在典型的狩猎—采集社会了。东北的鄂伦春人至迟在1915年即已"弃猎归农"，云南独龙族至迟到1909年亦已是刀耕火种农业了。但狩猎和采集作为一种谋食方法，在许多初级农业社会中仍占很大的比重。如20世纪50年代民主改革前，在云南独龙族的大多数家庭中，采集的食物约占其食物总量的25%以上，在一些特别贫困的家庭，甚至达到50%以上。东北的赫哲族还把采集到的食物加工后储存起来，以备缺粮季节食用。采集的种类繁多，除了植物的根块、果实、菌类以外，还有鸟蛋、小虫、螺蛳等小动物。采集使用的工具都很简单，大多是削尖的木棒。鄂伦春人的采集工具是临时削成的，用完后随即扔掉。采集以一定的组织形式为基础，大多数实行一夫一妻制家庭的民族则以家庭为单位进行。独龙族由于仍然存在着家长制家庭公社，其采集活动则是集体进行的。绝大多数民族的采集活动都有一定的季节性，云南的怒族、傈僳族等在每年农历的一二月份进行采集，独龙族则在粮荒月份进行。

捕鱼，是典型的狩猎活动之一。在赫哲族的经济生活中，捕鱼占有重要的地位。鱼是赫哲人的衣食之源，他们大部分时间从事捕捞活动。赫哲人的渔具可以分为四种：网、钩、船、叉。早年曾用树皮、黄芹和蝥麻等野生植物纤维捻线织成网，后来使用麻线网和棉线网。赫哲人使用鱼钩钓大鳇鱼，鳇鱼是赫哲人对外交易的商品，鳇鱼骨曾是他们送给清朝皇帝的贡品。赫哲人在长期的生活实践中对鱼的性状了解得较为清楚，捕鱼的方法多种多样，单用钩捕就有十几种，叉鱼技术亦很高明，往往百发百中。他们能够根据游鱼引起的水纹判断鱼的种类、鱼头方向和鱼在水中的深度等。

与鄂伦春人相类，东北的鄂温克人也有着悠久的狩猎历史，他们居处于大小兴安岭的原始森林中，那里有丰富的兽类和鸟类资源，一年四季均可狩猎。猎获的对象有鹿、熊、野猪、犴、狍子、獐子、狐狸、水獭、猞猁、野鸡、大雁等。狩猎工具

---

① 参见汪宁生：《文化人类学调查——正确认识社会的方法》，学苑出版社2015年版，第65页。

有弓箭、扎枪、猎斧、猎刀、火枪等。此外,还驯养动物作为狩猎的助手,或作为坐骑和运输工具。

当然,我国少数民族的狩猎采集经济活动都已不是原生的狩猎—采集经济。这是因为大多数少数民族都同邻近的较为先进的民族有来往,在它们还没有迈出原始公社的大门时,就已引进了周边较为先进民族或族群的先进工具和技术成果。就东北的鄂温克人而言,他们狩猎的传统工具是弓箭,但在20世纪初他们就从汉人手中买来火枪,后又从俄国人手中买来连珠枪,替代了弓箭。海南五指山地区的黎族人近两百年前才使用铁制工具,但在20世纪50年代以前他们还不会锻打铁制工具,这些工具都是从汉族地区以货物换来的。这样,他们在某些项目上的生产力水平,比他们原生的渔猎—采集生活实际上要高出几个时代。

2. 初级农业

初级农业,也称园艺农业(horticulture),指的是一切极为粗放的农业经营,从开辟小块土地种植薯芋之类的块根植物,栽种面包树、椰子、蕉类等木本植物以收获其果实,直到世界上广泛存在的刀耕火种农业。初级农业的特点是技术简单,生产工具仍以石器、木器为主,后来才逐渐有了些金属工具;没有犁耕和畜力的运用,不知道施肥和锄草,更不懂得水利设施建设;产量偏低,每隔几年须得迁徙。耕作方法是将山上的树林砍倒,待干枯后点火烧光,以清除杂草,用作肥料,到播种季节时进行耕种。每块山地耕种两三年后,地力耗尽,即行抛荒。到约二十年以后,原耕作的地方又长起了树木,再砍倒烧光,再进行两三年的耕种。所以,人类学著作里又常称之为"刀耕火种农业"。有专家认为,我国西南山区有一种耕地固定、已知用犁但因山高坡陡不便用犁的农业(即所谓"锄挖地"),也可归入初级农业范畴。①

1949年以前,我国西南边疆地区的独龙、怒、傈僳、拉祜、布朗、景颇、佤、基诺和中南地区的黎、瑶等少数民族中仍保留着初级农业的一些耕作方式。

独龙族的生产工具主要是木锄,名"戈拉"。这是一种质地坚硬的弯木,或是将树的枝丫倒过来削制而成,形如鹤嘴锄,锄身长约16.5厘米,柄长约60厘

---

① 汪宁生:《文化人类学调查——正确认识社会的方法》,第70页。

米。木锄一般用来松土和薅草,效率不高,又易损坏。此外,还用一种削尖的小木棒点种。铁制工具很少,主要是砍刀和斧子。就整个独龙河谷而言,拥有斧子的家庭不到总数的 1/3。后来,人们在木锄上装上铁皮,成为一种新式小锄,独龙语叫作"恰卡",其效率比"戈拉"高出 1 倍。每年四五月份,独龙人即持刀斧把选好的森林砍倒、晒干,然后放火烧光,草木灰冷却以后播种。播种时,男人用戈拉、恰卡戳洞,女人跟在后面放种子。作物主要是苞谷和稗子。采用休耕的方法,每块地方种植一年即行抛荒,另寻新地。①

一般而言,初级农业社会中已知饲养家畜,为了与大规模的畜牧业相区别,有时将其称为家畜饲养(animals husbandry)。

3. 畜牧业

过着渔猎—采集生活的早期人类,在偶尔出现食物过剩情况时,不把捕捉到的幼兽立刻杀掉,而是喂养它们,到了食物欠缺时才把它们杀来食用。这样做有很多好处,最为明显的是起到了储藏肉食的作用,可解饥荒时期的燃眉之急。还有可能,这种喂养的肉食比猎获的肉食要鲜嫩得多。于是,人们越来越多地喂养动物。一种新兴产业——畜牧业便应运而生。

畜牧业是一种依靠畜群为生的经济,即通过喂养牲畜,促进其繁殖,防治其病害,利用其产品的经济。畜群依水草而生,牧民也得逐水草而居,因而经常游动,故畜牧民族又称作游牧民族。以畜牧业为主要生计的社会,其特点是迁徙无定,一般称为"游牧社会"(pastoralism)。以畜牧业为主要生计,就意味着需要大批家畜维持社会的生存。如挪威北部以驯鹿为生的萨米人(Sami,这是他们的自称,过去一直称为拉普人 Lapps),人均要有 200 头驯鹿才能生活。为了保证牧草供给,人们要为不断更换牧地而迁徙。游牧社会迁徙共分为两种类型:一种称牲畜迁徙(transhumance);另一种称为人畜迁徙(nomadism),即人无固定住处,人畜一起"逐水草而居"。牲畜除食用外,有时会成为交换媒介及财富的象征。有一部分能进入市场交换,以换取牧民不能生产之物。

畜群是游牧民族的主要财产。但是,在今天,完全依靠畜群为生的纯游牧民

---

① 参见梁钊韬等:《中国民族学概论》,云南人民出版社 1985 年版,第 90 页。

族为数极少,它们大多与农业民族保持着一定的关系。我国以畜牧业为主要生产部门的少数民族有蒙古、哈萨克、柯尔克孜、塔吉克、鄂温克和藏等族。饲养的牲畜主要有绵羊、山羊、牛、马、骆驼、驴、骡子等,尤以绵羊、马和骆驼为多。马和骆驼用作运输,马还可用作放牧和狩猎。牲畜的肉和奶是上等的食品和饮料;皮毛可制作衣服。某些畜产品也是对外交换的商品。

游牧民族经常兼行采集,甚或种植少量蔬菜及水果。

4. 精耕农业

精耕农业,也称为集约农业,其主要特点是犁和畜力牵引、水利灌溉和人工施肥。它的产量较高,有更多剩余产物,能养活较多人口。正是精耕农业的发明,使大多数人进入文明时代。

就生产力而言,精耕农业的显著特点是犁和其他先进生产工具被广泛运用,畜力牵引代替了人力牵引,肥料的施用补充了土地自然肥力的不足,水利灌溉设施的兴修也提高了人们抵御自然灾害的能力。生产力水平的提高,增强了人们的生活能力,人们对于每块土地的投入增多,产出也相应增多,农业生产在相对集约的状态下进行。

在人与自然的关系方面,精耕农业也增添了新内容。初级农业阶段,人对自然具有极强的依赖性;而精耕农业阶段,此种依赖性已大为减弱,人们开始改造自然,使其为人类所用。以我国西南地区的佤族为例,经过长期的改造,他们的生产工具已有长矛、砍刀、斧子、镰刀、条锄、板锄、钉耙、钉耙、矛铲、犁、耙、白碓等几十种,大多是铁质,只有少数是木质工具。其中长矛用途最广,集生产工具、家庭用具和防身武器三种功能于一身。砍刀多用于砍柴、砍树、砍竹、砍木鼓等。犁的形状与汉族地区大致相同,长约37厘米,宽约26厘米,但犁架的构造与内地略异,犁地时只有部分犁头入土,翻土深度为二三寸。他们已知撒种前剪除杂草,撒种后盖上一层薄土。与初级农业相比,同一块地产量增长近40倍。佤族人还学会了轮作制,一般第一年种小豆,次年种旱谷,第三年种荞麦或其他作物。主要粮食作物是水稻、旱谷、苞谷、小红米、小米、小豆、黄豆、洋芋、小麦、蚕豆、豌豆、高粱等十几种。[①]

精耕农业对社会有着深远影响。由于粮食的供给较充分并略有剩余,可以

[①] 梁钊韬等:《中国民族学概论》,第94页。

第六章 生态、生计与文化

将部分劳动者从农业中解放出来，从事手工业生产和商业交换，还可以为一部分人从事文学、艺术、科学、宗教活动提供物质基础。同时，一部分人逐渐占有多余的粮食，将它作为财富或换成其他财富，成为社会的上层，掌握着权力，进而出现了私有制，产生了阶级，出现了国家。

5. 工业化谋食方式

工业是人类社会一大产业部门，它有独特的发展过程。依据其发展程度的不同，大致可以将人类社会的工业分为三大发展类型：一类是尚未与农业和畜牧业完全分离的原始手工业；一类是较为发达的手工业；还有一类是高度发达的现代工业。现代工业包括现代化农业（以科学育种，机耕，使用化肥、农药及除草剂等为特征）、使用科学方法的饲养业和水产养殖、利用现代机械捕鱼和狩猎等。最后一类工业是现代化社会的生存基础。今日中国农村大多数地区以精耕农业为生计，但已普遍使用化肥和农药，引进良种，部分地区使用机械耕作土地，进入商品农业或商品畜牧业阶段，也算引入了工业化谋食方式。中国农村现在可以说正处在由精耕农业向工业化谋食方式过渡的阶段。

在我国，20世纪50年代以前，尚未脱离农业和畜牧业的原始手工业主要存在于独龙、傈僳、怒、景颇、布朗、佤等少数民族中。他们从事的手工业主要有打铁、打制银器、纺织、酿酒等。他们使用的生产工具非常简陋，技术落后，生产效率很低。西盟佤族打铁使用的风箱，是由两根竖着的竹筒做成的，操作时由一人在旁边用手上下抽动筒里的压风棍，使风力从竹筒底部的小孔通过木管鼓入火塘，加氧烧红铁块。他们没有形成专业化分工，平时参加农业生产，闲时操起家什从事手工业生产。生产目的主要是满足自身生产和消费的需要，属于自给自足的自然经济的组成部分。

在那些处于阶级社会的民族中，手工业已经脱离农业或畜牧业而独立出来，有的甚至出现了资本主义萌芽性质的手工作坊。比如我国的藏族、回族、维吾尔族、纳西族等都有较为发达的手工业。就纳西族来讲，手工业行业较多，有铜器制作、皮革、纺织、造纸、缝纫、建筑、雕刻等，并出现了专业作坊，整个纳西族聚居区作坊从业人员达1000人以上。他们制作的产品精致美观，经久耐用。如铜锁为各族人民所喜爱，在国内外享有盛名。丽江制铜业最繁荣的时期，有铺面50

多家,工人 300 多名。

现代工业是到目前为止工业发展的最高阶段,它的形成才 200 年左右的历史,却给人类带来很多便利和财富,增强了人们改造自然的能力。工业经济冲破了小农经济的束缚,沟通了各民族、各国家的经济活动。目前,工业化使得世界经济一体化的趋向越来越明显,并使不同国度、不同民族或族群的社会面貌和文化发生了极大变化。

第三节　居所与聚落

居所,是人类生存的基本条件,受生态环境的严格制约。地形、地势、水源、气候、动植物资源,以及建立在这些因素之上的自然综合供养力,对人类的居所类型都有十分重要的影响。

一、多种形式的居所

由于生态环境的多样性,人类居所也具有多样性的特征。按居所的形式,可以大致分为以下几个大类:

(一) 风篱

风篱,可以说是人类历史上最古老的居所。它的结构非常简单,是将树干或树枝插入土中,形成一道垂直的墙,其上覆盖细小的短树枝、树叶、树皮或草,就能提供一处可防风雨的初步居所。[1] 我国云南的苦聪人清代时还居住在这样的处所,他们称之为"窝棚"。窝棚是用木杈做柱子,以树枝和竹子做墙体,房顶用竹叶或芭蕉叶覆盖,成"人"字形的住所。房中设有火塘,供取暖和照明之用。火塘周围是家庭成员歇息的地方。国外一些游牧部落,如澳大利亚土人、菲律宾和马来西亚的尼格利陀人、非洲的布须曼人和一些美洲的印第安人,因他们经常迁徙,其住所常随时毁弃或重建,故多半采用风篱式建筑。

(二) 穴居

远古的人们由于生产力水平低下,没有能力建造房子,常利用天然的洞穴,

---

[1] 利普斯:《事物的起源》,汪宁生译,四川民族出版社 1982 年版,第 3 页。

第六章 生态、生计与文化

稍加整理便成了人们憩息的场所。考古发现的我国北京猿人、山顶洞人和国外的尼安德特人、克罗马农人,都是以洞穴为自己的住所的。这种住所在我国少数民族中也存在过。西盟佤族传说就是从石洞里出来的,据说至今还能找到他们住过的洞穴。中华人民共和国刚成立时,国内仍有一些少数民族成员居住在天然洞穴里,后来人民政府帮他们修建了住房,并教会他们农耕方式,他们才听从政府的劝导下山生活。

对于穴居,我国古代文献中也有不少记载。如,《易·系辞下传》云:"上古穴居而野处,后世圣人易之以宫室,上栋下宇,以待风雨。"《新语·道基第一》载:"天下人民,野居穴处,未有室屋,则与禽兽同域;于是黄帝乃伐木构材,筑作宫室,上栋下宇,以避风雨。"《淮南子·修务训》亦云:"舜作室,筑墙茨屋,辟地树谷,令民皆知去岩穴,各有家室。"这些记载反映了我国古代曾经历过穴居的发展阶段。

远古人类的穴居多是以天然洞穴为基础稍加修理而成;当代我国北方人居住的窑洞,则是当地人依托当地的地形地势修建的住所,充分反映了当地的民风民俗和精神风貌,具有鲜明的地方文化韵味。

图 6-1　陕西窑洞

(三) 树居

树居,能更有效地防止毒蛇猛兽的袭击,也更需要复杂的建造技术和工艺,因而与穴居相比是前进了一大步的房屋建筑。在我国古籍中,树居多称为"巢居",历史上的记载亦不少。如《礼记·礼运第九》载:"昔者先王未有宫室,冬则居营窟,夏则居橧巢。"《庄子·盗跖第二十九》云:"古者禽兽多而人少,于是民皆巢居以避之。昼拾橡栗,暮栖木上,故命之曰有巢氏之民。"《西南夷风土记》也载:"赤发野人,无部曲,不识不知,熙熙皞皞,巢居野处,迁徙无常。"

  我国当代少数民族中也有留下树居生活印记的。如云南的傣族人,虽然室居已久,但仍然保留着树居的传说,其"山神树的故事"是这样的:在荒远的古代,洪水泛滥成灾,人类纷纷逃难。有五家傣族人巢居在一棵大树上,共同分吃野果,猎食野兽。以后人口增多了,他们才下来散居于各地,但还是常来这棵大树下团聚。① 据独龙族老人的回忆,他们以前也曾生活在树屋里,这种树屋在树上,以竖枝为柱,横枝为梁,在横枝上平铺枕木作横板,并用藤条捆紧,周围以细竹作壁,以芭蕉叶和阔树叶覆盖。②

(四) 水居

  由于地球上有广阔的水域,一部分靠水生活的人便与水域结下了难解之缘。《淮南子·齐俗训》载:"胡人便于马,越人便于舟。"《越绝书》卷八对越人的生活也有记载:"夫越,性脆而愚,水行而山处,以船为车,以楫为马,往若飘风,去则难从,锐兵任死,越之常性也。"我国南方少数民族居住之地,河流纵横,水网密布,人们的生活离不开舟楫。特别是一些渔民,以捕鱼卖鱼为生,渔船成了他们的居所,他们是最早的水上居民。中华人民共和国成立前,广东、香港一带的疍民,便是典型的水上居民族群。

  国外也有典型的例子,并将水上居所称为"湖居屋"。我国著名老一辈人类学家林惠祥教授曾述及:在史前时代,瑞士的居民建造村落于湖上,其下用木桩插入水中为基础。这种人便叫"湖居人"。他们自新石器时代经过铜器时代直至铁器时代的初期还存在。其村落常常很大,遗址常有千万根木桩。其木桩或深插湖底,或用土石架住,木桩之上先铺以地板,然后建筑屋子。将木柱直立,用树的枝条横编树上,并涂以很厚的泥土,屋盖用草葺成。关于其外形颇多争论,或说是圆的,或说是方的,然大抵近似于长方形。湖居不是全属过去的事情,现在有些地方还有。在委内瑞拉及新几内亚都有造于水上的乡镇,菲律宾摩洛上

---

① 李振蟠、卢勋:《中国南方少数民族原始农业形态》,农业出版社1987年版,第245页。
② 王均:《独龙族的穴居和巢居》,《民族研究》1983年第4期。

的屋子也建于水上。[①]

（五）室居

这是现代社会人们普遍采用的一种居住方式。它是在穴居、树居和水居的基础上发展起来的。基于生态条件的不同，又可以分为多种样式，最基本的可以分为三种：游牧草原的帐篷式、南方山区的干栏式和平原地区的上栋下宇式。

1. 帐篷式

帐篷式住房是与游牧生活方式相适应的。游牧民族经常迁徙，又多处于寒冷多风的地带，简单易拆的帐篷式住房就成了较为理想的居所形式。在我国少数民族中，最为原始的帐篷式住房要数东北鄂伦春族的"仙人柱"。"仙人柱"一般由若干柳树干或桦树干搭成，即先将树干插入地下，上端向中央倾斜，交叉固定，成锥形伞架，然后围上树皮或兽皮，再以皮条等绑牢。一般南向开门，中央有一火炕，顶部留有一个小孔，用于通风和放出烟雾。

蒙古族的"蒙古包"则是在这一基础上发展起来的。它由木条扎成的圆形围壁和穹隆形顶组成，围壁上留有门，穹隆形顶端留有小孔，用以通风采光，其上视季节的不同而盖上不同层数的毛毡、苇草、柳条和桦树皮。"蒙古包"同"仙人柱"相比，有了某些改进，最为显著的是锥顶变成了穹隆形顶，扩大了室内的空间。

图 6-2 蒙古包

---

① 林惠祥：《文化人类学》，上海文艺出版社 1991 年版，第 103—105 页。

2. 干栏式

干栏式建筑是我国南方民族普遍采用的居所式样,其历史较为悠久。三国时吴人沈莹在其《临海水土志》中曾载:"安家之民,悉依深山,架立屋舍于栈格上,似楼状。"这是最早记载百越居住于"似楼状"干栏式建筑的珍贵材料。魏收在《魏书·獠传》中记载:"獠(僚)者……依树积木,以居其上,名曰干兰(栏)。干兰大小,随其家口之数。"在我国史籍中,此为首记干栏之名。以后,各种史籍屡有记载。

干栏式建筑,在我国两湖地区的土家族中称为"吊脚楼"。"吊脚楼"依山势建在斜坡上,先立柱,其上架横木连接,再铺上地板,墙体及间隔均用木板,屋顶用茅草覆盖,呈"金"字形,楼上住人,楼下饲养牲畜,放置杂物。傣族的竹楼,其结构与"吊脚楼"大体相当。

图6-3　云南傣家干栏式竹楼

海南黎族的"船形屋",是干栏式建筑的变形,分高架和铺地两种类型。高架船形屋离地约1米,上面住人,下面饲养牲畜。这类船形屋在南渡江上游的"润"方言区比较常见。铺地船形屋离地仅0.2米,下面不能饲养牲畜,流行于昌化江上游通什、毛贵、毛栈等"杞"方言区。二者比较起来,高架式船形屋更为古老。船形屋均呈长方形,两头开门,留有较长的屋檐,以供人们谈天说地或休息之用。

3. 上栋下宇式

"上栋下宇"式住房流行于我国平原地区,建筑样式多种多样。就屋顶而论,有平顶和一面坡式或人字形两大类。平顶多见于北方少雨地区、南方城市和富裕农村以及西藏地区。在农村一般用石块和夯土筑墙,室内用木柱支撑,屋顶是泥土、石灰和枝条筑成的平台,用以晒粮。在城市则是以钢筋水泥为材料,精心建造的高层建筑。

一面坡式或人字形屋顶住宅,一般盛行于雨水较多的南方地区。如四川凉山彝族的房屋,夯土作墙,上有栋梁起架,屋顶用小块木板覆盖,再在上面压石块,呈人字形。正中为堂屋,旁边两间作卧室,无窗。

二、聚落类型

聚落,就其原始意义来讲,指的是农村居民点,现代意义上的聚落已包括城市,即人类生活地域中的农村和城市。根据不同的地理条件,聚落大致可以分为这样几种类型:

（一）平原聚落

平原良好的自然条件可以为人们的生活提供诸多的方便,如那里的土地肥沃、地势平坦、水源充足、交通便利等。这种天然优势是其他任何地形都无可比拟的。因此,人们一般都有择平原而居的倾向,只是到平原被占尽了,才勉强向山地移动。古今中外的一些较大聚落都处在平原上,特别是现代大都市,绝大多数都是以平原为背景的,如柏林、巴黎、伦敦、北京、哈尔滨、广州等。

（二）山地聚落

由于平原面积的限制,并不是所有的人都能生活在平原上。随着人口的增长,原先生活在平原上的人也不得不迁移到条件相对还算理想的某些山地生活。其实,山地的某些交通要道,生活也极为方便。另外,山麓,特别是平原与山地的过渡地带,既有灌溉的便利条件,又不会有积水现象发生,适宜于农业生产,因而也往往成为聚落形成的场所,如我国太行山下自古就形成了许多聚落。

（三）河岸聚落

河岸成为聚落发生之地,是因为河流在某些特殊地段流速减缓,泥沙淤积,形成冲积平原。这里土壤肥沃,水源充足,是人类生产生活的理想地点,因此往往是人烟聚集,聚落鳞次栉比。同时,河流又为交通提供了天然条件。如果说陆路交通需要大量的人力物力修筑路面的话,那么水路只需一根独木便可漂流到异乡,故人们通常也希望临水而居。再者,河流的凹岸是河流的深水线,适宜建造港口,停泊船只。当今世界上这样的港口很多,如鹿特丹、安特卫普、仰光、曼谷等都处于河流凹岸的一侧。另外,河流的主流与支流的交汇处也易于形成聚落,如长江沿岸的重庆和武汉等。

(四)湖滨聚落

内陆湖泊周边也为人们所青睐,因为那里交通更为便利,无需改造便可利用,与河流和海洋的水路交通条件比起来,虽然承载量受到了限制,但更为安全可靠。而且内陆湖泊多为鱼米之乡,便于交通。比如北美五大湖周围,发展出了钢铁工业和机械工业,形成了许多著名的大城市,加拿大有汉密尔顿、多伦多,美国有布法罗、克利夫兰、底特律和芝加哥。我国太湖沿岸的苏州、无锡、湖州等也是湖滨聚落的典范。

(五)沿海聚落

沿海是水陆的交汇之处,是内陆地区与外界联系的窗口,在基本的生存条件具备的地方,都会形成大小不等的聚落。我国沿海地区就有许多大的聚落,如丹东、大连、锦州、天津、烟台、青岛、日照、连云港、盐城、上海、宁波、福州、厦门、汕头、香港、澳门、湛江、海口、北海等,随着改革开放和我国经济的飞速发展,这些地区也越来越兴盛和繁荣。

第四节 经济文化类型理论

一、"经济文化类型"和"历史民族区"的概念与内涵

经济文化类型是苏联民族学家托尔斯托夫、列文和切博克萨罗夫在20世纪50年代提出的民族学科学概念之一,其基本定义为:居住在相似的自然地理条件之下,并有一定的社会经济发展水平的各民族在历史上形成的经济和文化特点的综合体。与经济文化类型相类的一个概念叫"历史民族区",指的是:由于共同的社会经济发展和人们的长期交往及相互影响,在居民中形成类似文化生

活(民族的)特点的人们居住的区域。后切博克萨罗夫到我国讲学,我国著名民族学家林耀华教授同他进行了直接探讨和交流,共同发表了《中国的经济文化类型》一文。在该文中,两位学者全面运用经济文化类型理论,从纵横两个方面对中国乃至东亚的经济文化类型进行了详细的划分,并周密地阐述了各个类型的特征和它们的地理及生态基础,开创了运用经济文化类型理论研究中国民族文化的先河。①

苏联学者的分类,出发点主要是物质文化层面的要素,中国民族学家接受了苏联同行的这些理论和概念,并予以发展和创新。他们将"经济文化类型"修正为:"居住在相似的生态环境之下,并操持相同生计方式的各民族在历史上形成的具有共同经济和文化特点的综合体。"②他们还将结构层次分析方法引入经济文化类型理论,提出了体系、类型组、亚型、分支等不同层次的概念。体系指的是一个研究范围内所有的经济文化类型组的总和;类型组是指生态学原理相似的几个类型的总和;亚型是指同一类型下面出现的地方性经济文化的变异形态;分支是指相同的类型和亚型下面出现的更为细小的地方性经济文化的变体。③ 他们认为应该从社会—经济—自然的立体结构来加以权衡,因为从生态环境到思想文化是一种多层次的结构,每一层次又由许多要素组成。尽管社会、经济、自然是三个不同性质的系统,但各处的生存和发展都受其他系统的制约,所以必须把它们作为一个复合系统来考虑。另外,在研究一个大区域范围内的经济文化类型时,也要强调系统性和层次性。

二、中国的经济文化类型划分

林耀华教授等人于20世纪50年代开始至90年代,在综合了国内外民族学研究成果和本国民族地区实际情况后,对我国经济文化类型进行了较翔实的研究。他们以我国20世纪50年代境内各民族的经济文化状况为基础,勾勒了我国经济文化类型的大致框架:

---

① 参见林耀华主编:《民族学通论》,中央民族大学出版社1997年版,第79—81、84—85页。
② 同上书,第86页。
③ 同上书,第88页。

1. 采集渔猎经济文化类型组

分布在东北大小兴安岭的森林地区及黑龙江、松花江、乌苏里江的交汇处，其中包括讲阿尔泰语系通古斯—满语族诸语言的赫哲族、鄂伦春族及部分鄂温克人。这一类型组内的各族均以渔猎兼采集为主要的生计方式，特点是直接攫取野生动植物，但其内部还可以分为以鄂伦春族为代表的山林狩猎型和以赫哲族为代表的河谷渔捞型两种经济文化类型。

2. 畜牧经济文化类型组

分布在东起大兴安岭西麓，西到准噶尔盆地西缘，南到横断山脉中段（云南中甸）的广大地区内，基本上构成了一个从东北到西南的半月形畜牧带。属于这个类型组的有蒙古、哈萨克、裕固、塔吉克、藏等族以及部分鄂温克人和达斡尔人，畜牧生产是他们的主要生计方式。其下又可分为四个类型：以部分鄂温克人为代表的**苔原畜牧型**；以蒙古族为代表的**戈壁草原游牧型**；以哈萨克族为典型的**盆地草原游牧型**；以藏族为典型的**高山草场畜牧型**。

3. 农耕经济文化类型组

分布地域遍及全国，从帕米尔高原东坡到台湾，从黑龙江到海南岛的辽阔地域里都有。其下又可分为六个经济文化型：(1) 山林刀耕火种型，主要集中在青藏高原与云贵高原接合部的横断山脉南段，属于这一类型的有门巴、珞巴、独龙、怒、佤、德昂、景颇、基诺等族，以及傈僳、苗、瑶、黎、高山等族的部分成员。(2) 山地耕牧型，主要分布在青藏高原的东南斜坡、雅鲁藏布江谷地和云贵高原中西部山区，属于这一类型的有羌、纳西、彝、白、普米、拉祜等族，以及部分藏族人和澜沧江东岸的傈僳人。(3) 山地耕猎型，主要分布在云贵高原中部以东的山区和华南的丘陵山地，其西端通过土家族和仡佬族聚居区与耕牧类型相接，向东则散布在长江、珠江之间的南岭及武夷山区，属于这一类型的有苗、瑶、畲以及土家、仡佬等族。(4) 丘陵稻作型，主要分布在由云南中南部经贵州、广西、海南、台湾到东北沿边构成的一个不连贯的大新月形地带，属于这一类型的有傣、壮、侗、水、仡佬、毛南、黎、朝鲜等族。(5) 绿洲耕牧型，主要分布在塔里木、准噶尔两大盆地边缘，经河西走廊到宁夏的地带，以及青藏高原东北坡的河湟地区。从事这一类型生计的有回、俄罗斯、维吾尔、乌孜别克、塔塔尔、东乡、保安、撒拉等族,以及裕固、达斡尔和锡伯等族的部分成员。(6)平原集约农耕型,主要分布在中国东部各大平原和关中、四川两盆地及其周边地区,属于这一类型的有汉族,以及散居于这些地区的满、回、维吾尔及蒙古等族的成员。这一类型生计方式的特点是在单位土地面积上密集地投入劳动力和技术,以此作为增加产品产量的主要手段。这一类型的地方变异形态十分丰富,又可以秦岭—淮河为界分为南北两个亚型。①

尽管人类社会已经过数百万年的历史,迄今在很大程度上仍然需要"靠天吃饭"。这个"天",可以理解为广义的生态环境。因此,作为人类适应环境的手段——文化而言,不可避免地带着生态环境与生计方式的烙印。在日常语言中我们会下意识地运用"游牧民族""农业民族""海洋文化""内陆文化"等字眼,这些词实际上反映的就是经济文化类型的观念。由此看来,除了运用语言谱系标准之外,从经济文化类型的差异入手对世界民族(族群)进行分类同样是有效的手段之一。

苏联民族学家开创的经济文化类型理论,与美国文化人类学家的一些文化分类概念以及德奥文化圈学派的理论之间,未必存在纵向的学术继承关系,但他们之间存在横向的相互影响却是显而易见的。对于今天的学术研究来讲,在具体操作的层次上,以上几种理论可以并行不悖。比如说,在经济文化类型的具体个案分析中,同样可以使用一套美国式的文化结构分析的模式或概念。由微观到宏观,这套概念依次为:文化特质和文化要素,文化丛,文化模式,文化形貌或文化区,等等。

◆ **本章思考题**

1. 试述生态环境与人类文化之间的关系。
2. 什么是"文化内核"?试用文化生态学理论阐述我国的聚落类型及其特点。
3. 简述"经济文化类型"和"历史民族区"两个概念的内涵,并试与美国人类学界的"文化区"概念做一番比较。

---

① 参见林耀华主编:《民族学通论》,第88—96页。

4. 什么是园艺农业和精耕农业？它们各自有何特点？

5. 以你自己所掌握的资料，谈谈对我国经济文化类型划分的感想及其意义。

◆ 本章主要参考及推荐阅读文献

1. 秋道智弥、市川光雄、大塚柳太郎编著：《生态人类学》，范广融、尹绍亭译，云南大学出版社 2006 年版。

2. 杰里·D. 穆尔：《人类学家的文化见解》，欧阳敏等译，商务印书馆 2009 年版。

3. 罗康隆：《文化适应与文化制衡——基于人类文化生态的思考》，民族出版社 2007 年版。

4. 童恩正：《文化人类学》，上海人民出版社 1989 年版。

5. L. 怀特：《文化的科学——人类与文明研究》，沈原等译，山东人民出版社 1988 年版。

6. 马文·哈里斯：《文化人类学》，李培茱、高地译，东方出版社 1988 年版。

7. 林耀华主编：《民族学通论》，中央民族大学出版社 1997 年版。

8. 王铭铭主编：《20 世纪西方人类学主要著作指南》，世界图书出版公司 2008 年版。

9. J. H. 斯图尔德：《文化生态学的概念和方法》，玉文华译，《民族译丛》1988 年第 6 期。

10. 汪宁生：《文化人类学调查——正确认识社会的方法》，学苑出版社 2015 年版。

11. 梁钊韬等：《中国民族学概论》，云南人民出版社 1985 年版。

12. 云南省编辑委员会编：《佤族社会历史调查》，云南人民出版社 1983 年版。

13. 黑龙江省编辑组编：《赫哲族社会历史调查》，黑龙江朝鲜民族出版社 1987 年版。

14. 李根蟠、卢勋：《中国南方少数民族原始农业形态》，农业出版社 1987 年版。

第七章

交换与再分配制度

  对经济制度的研究原是经济学家的任务。当代经济学家忙于探究工业社会复杂的经济现象,无暇顾及前工业社会,这一任务便落在了人类学家的肩上。在人类学家眼里,经济是一组制度化的活动,这些活动把自然资源、人的劳动和技术结合在一起,从而有组织地和反复地去获取、生产和分配货物。经济学家与人类学家的区别在于:经济学家常是以一个国家为分析单位,涉及的是非个人(impersonal)的资料,他们很少去探讨当地人的价值观念、态度、人际关系及文化模式,着眼点往往在于数据、比例、指标和概率。对于人类学家来说,什么是经济这是个难以回答的问题。人类学家所探讨的通常是传统的社会,他们常是以一个部落或乡村社区为分析单位,在这些部落或乡村社区里,几乎没有文献的记载或是精确的统计数字可作为分析经济发展的指标,更重要的是,人类学家在做分析时是把经济发展视为整个社会过程的一部分,即不把经济因素的变动看作一个孤立的单位,而是视之为与社会结构和文化模式互起作用的文化现象。因此,经济活动也是人类文化的有机组成部分。[①] 人类学家对经济的研究被称为经济人类学。

---

  ① 徐正光:《经济人类学的若干问题》,载李亦园主编:《文化人类学选读》,台湾食货出版社1974年版,第92—93页。

第一节 经济人类学的内涵及理论

一、经济人类学的内涵

经济人类学是一门从人类学角度出发,运用民族志等方式研究人类经济制度和行为的学科。经济人类学的研究视野非常广阔,包括对前资本主义阶段的原始民族、游牧民族和农业社会中农民的经济行为与制度的研究,也有关于工业化社会中的性别角色、非经济因素对经济发展的影响、欠发达的农业区域寻求市场发展的途径,以及市场的中心地位理论与市场条件下基础经济行为等的多项研究。美国著名经济人类学家乔治·道尔顿(George Dalton)认为,经济人类学的研究可以归纳为三个方面:第一,理论和方法方面的研究,主要阐述的是经济人类学的研究范围与研究内容、重要的概念和理论观点、经济人类学与历史学、经济学等社会科学间的关系等。第二,关于土著居民的经济研究,主要阐述和分析前殖民时代和前工业化时期的部落、乡民经济的传统结构与表现形式,以及这种传统经济结构与当时的社会政治结构、文化、技术和生态环境之间的相互关系。第三,关于变化和发展的研究,主要是关于殖民时期及后殖民时期,各民族经济的变化、发展及现代化问题。这方面经济人类学与社会人类学、发展经济学拥有许多共同的兴趣,即特别关注第三世界国家里各具特色的小型社区的经济发展问题。道尔顿认为,对经济人类学而言,最重要也是最具现实意义的研究目的之一,就是深刻理解遍及非洲、亚洲、拉丁美洲和大洋洲的小型社区中的经济生活与经济行为,而这种理解或认识应当从长期深入实际的人类学田野调查中获取。[①]

早期文化人类学的研究对象是所谓的"史前民族"或"原始民族",这些人类群体的经济生活比较简单,基本上不存在商品和货币交换的关系,因此,早期的社会学家、经济学家称这一时期的社会处于"前经济状态"或"无经济状态"。在他们眼里,只有商品货币经济形态才算得上真正的、典型的"经济"。早期的人

---

① George Dalton, *Traditional Tribal and Peasant Economies: An Introductory Survey of Economic Anthropology*, Addison-Wesley Publishing, 1971, pp. 1-4.

第七章　交换与再分配制度

类学家对"原始民族"的社会经济也有误解,他们常把工艺技术和物质文化与经济混为一谈。例如谈到原始社会经济时,更多的是描述生产工具,并由此推断相应的生产方式,很少涉及当时社会的再分配、交换以及资源配置等环节。当然,生产、分配、交换和消费乃至资本、利润等这些根据近现代社会实际得出的经济学上的分类和概念,在前资本主义社会中确实显得比较简单、稀少,但毕竟还是应该尽量把生产、消费与再分配各环节区别开来。因为技术和物质文化的研究不能等同于经济和经济学的研究。人类学研究中的经济,指的是人们为了控制生产、消费和衣食住所的循环流通而构建起的社会关系;人类学对经济的分析,指的是对人们日常生活的直接观察,以及对其最近历史资料的整理。其中最重要的是,关注原始资料的整理与分析。对经济人类学来说,研究的对象往往是位于某一时空的一个可选人类群体,而不是一大堆数据。[①]

二、形式论与实质论的争辩

关于当代经济学的原理是否适用于分析和研究前工业社会的经济问题,在经济人类学中有实质论(Substantivist)和形式论(Formalist)两派不同的意见。实质论者认为,在前资本主义发展阶段的各类社会中,物品、服务的生产和分配是在特殊的文化背景下进行的,因此不能简单划一地套用新古典主义经济学理论与方法,必须建立与之完全不同的经济行为分析模型。基于市场交换体系的经济学理论不能套用到部落社会和乡民社会中去。实质论者事实上强调了事物特殊性的一方面。而形式论者则认为,尽管经济学理论产生于工业社会,但是它具有普遍意义,由于人类追求利润最大化的心理特性是相似的,从西方资本主义市场经济中发展出来的新古典经济学的理论和方法,也可以被用于阐述和解释前资本主义社会的经济行为(包括比较原始状态下的经济行为),非西方的土著居民在某种意义上讲也属于理性的经济人。[②]

经济人类学的产生以及"形式论"与"实质论"之间的争论,源于围绕马林诺夫斯基(Bronisław Malinowski)关于原始经济行为的观点的争论。马林诺夫斯基

---

① 陈庆德:《经济人类学》,人民出版社 2001 年版,第 15 页。
② 施琳:《经济人类学》,中央民族大学出版社 2002 年版,第 22 页。

通过对特罗布里恩德群岛的大量调查，认为原始经济只是其他社会行为——诸如亲族制度、权力结构及象征行为的一种反映，人们的经济行为的目的在于维系及完成人与人之间的关系与责任，因此对原始社会的经济行为绝不能以现代的经济学理论及眼光来研究。这一看法遭到了以赫斯克维茨为代表的一些人类学家的质疑。

早在20世纪四五十年代经济人类学诞生和发展的早期阶段，美国人类学家赫斯克维茨对该学科的发展起了非常重要的作用。赫氏于1940年出版了《原始人的经济生活》，1952年修订再版时更名为《经济人类学》(Economic Anthropology)，被美国学术界视为当时最完备的经济人类学教科书。在该书中，赫氏考察了生活在西方世界之外的"原始"或"落后"民族的经济生活——他尝试按西方经济学的传统范畴去区分人类学素材，并运用一些经济学概念及分析方法去探讨这些大多数通过田野调查得来的资料。在具体分析"原始"民族的"劳动力""消费""交换"等内容之前，赫氏较系统和完整地阐述了关于经济化(economizing)与"理智"(rationality)行为、"机器"社会与"无机器"社会(machine and non-machine societies)、人类学与经济学等的重要关系的看法。赫氏认为，物品具有稀缺性是一个世界范围的现象，不论一个经济团体规模大小、机械化程度高低或经济结构是简单还是复杂，也不论它是开放型的、与其他经济团体有着密切联系的，或者是封闭型的、孤立存在的，各经济团体在物品的稀缺性问题上的差异只是程度上的，不是根本类别上的。因此，以最少的投入获取最大产出的经济最大化原则，在世界范围内是起作用的。但本质上一致的"理智"行为披上了各式各样民族的、文化的、宗教的外衣，所以经济人类学的任务之一就是透过分析不同的具体的经济表现形式，去发现共同的经济内涵。他认为，传统社区与现代西方资本主义社会有重大差别，这就是"无机器"社会与"机器"社会的差别。如，在"机器"社会中，经济发展有周期性现象，劳动分工非常细，随着技术不断进步还会出现阶段性失业问题，由于商业高度发达，世界各国及民族之间依赖性越来越大，大量的资源被用于非基本消费品的生产等，这都是生产力相对落后很多的无机器社会难以想象的。但赫氏指出，在进行经济人类学研究时，不应因为机器社会拥有发达的工业体系、较高的科技水平，就坚持认定这是唯一且最佳的生活方式,否则难以客观、准确地阐述与分析处于自然状态下的无机器社会的各种类型。至此,赫氏成为早期形式论学派最具影响力的旗手。①

针对 20 世纪四五十年代赫氏等人对马林诺夫斯基学术思想的质疑,以卡尔·波兰尼(Karl Polanyi)为代表的一些学者又进行了新一轮的反思,重新肯定了马林诺夫斯基的基本观点,并加以扩展和深化,逐渐形成了一套"实质论"的经济人类学理论。

波兰尼认为,传统西方经济学作为特殊的市场经济的产物,不适于分析非市场社会中的各种经济问题。在 19 世纪才随着工业革命崛起的似乎无所不能的资本主义市场经济,是主张个人物质利益至上、由市场需求决定人的社会行为的经济形态,它侵蚀了人们的社会生活,且不可避免地导致广泛的社会控制。因此,资本主义市场经济类型与历史上的其他经济形态相比有着根本性的区别。他通过引用和分析马林诺夫斯基等人的大量人类学报告,认为在原始经济和古代经济中,物品生产与分配制度是"嵌合"在整个社会制度中的,并且处于从属的、相对次要的地位。一个典型的例子就是土地及劳动力并非像在资本主义市场经济中那样作为商品买来卖去,而多是根据亲属关系、政治的或氏族的权利与义务进行分配。在原始经济或古代经济中,尽管也有市场及贸易行为,但是市场本身并不在整个经济生活中占支配地位,而是边缘化的,附属或服务于其他重要经济组织与经济行为。在前资本主义社会中,人们的基本生计是作为一个社区成员的道德权利被保障的。正是社会的权利使得人们在一般的情况下获得土地、劳动力和从事生产;而在紧急情况下可从亲属、朋友、领导及统治者那里获得帮助。这就是波兰尼所谓的经济"嵌合"在社会中的又一层含义。在对比分析了原始经济、古代经济与资本主义市场经济之后,波兰尼得出一个重要的看法:在古代经济中,往往由社会需求决定人们的经济行为;在资本主义经济中,则是由市场需求决定人们的社会行为。在市场经济社会中,人们的经济行为无疑遵循"最大化"等原则,研究对稀缺性资源进行理性选择的西方经济学也是科学的和有效的。但是,在非市场经济社会,经济与亲属关系、宗教信仰、传统风俗等种

---

① 参见施琳:《经济人类学》,第 31—33 页。

种要素复杂交织在一起,或者说是"嵌合"(embedded)在整个社会中,与西方市场经济相比,这些不同类型的经济显然建立在不同的逻辑原则基础上,因此,西方经济学也不是分析这些经济类型的适合的工具。波兰尼主张,应当从人与社会及人与自然环境发生交换关系的角度去考察经济,要根据各种经济类型的特点构建不同而具体的分析体系。①

与波兰尼相类,美国著名人类学家萨林斯(Marshall Sahlins)也是实质论的旗帜性人物。在其2003年新版的《石器时代经济学》的"前言"中,他指出,即便在这个新自由主义意识形态全球遍地开花的时代,仍应该像理解文化之于人们的日常生活一样,对认为原始社会中弥散着金钱效用和市场理性的论调予以迎头痛击。他认定经济人类学的形式论者已将文化与理性融为一体,把文化序列归入了实践理性(practical rationality),所有的文化实践都被化约为资产阶级那样的行为,只为自我利益蝇营狗苟——文化状况被贬为个人利益追求的结果。这种思想试图将经济学的研究对象——经济的起源、物质形式和制度形式这些纯粹的社会现象,以及它们对应在个体层面上的表述——完全从资本主义的立场定义为:个体为了自身生存,获取和处置物质资料的方式。他认定这种杂糅了文化与理性的论述框架是错误的。他以特罗布里恩德群岛岛民的日常生活为例:该岛的某个岛民把他一半的甘薯收成送给他姐妹的丈夫,然后指望收到他妻子的兄弟一半的粮食。如果他不这么做,他的社会评价就会每况愈下,如果他这么做了,就可以不费吹灰之力获得一定的道德声望。特罗布里恩德群岛的文化无法用经济理性来解释,但这种文化体现的经济原则,却同样适用于斐济、夏威夷和夸库特耳的酋长们。斐济酋长纵容他的外甥去劫掠欧洲人的贸易货物,夏威夷酋长囤积洋货只为束之高阁,夸库特耳酋长慷慨地分送各种货物,所有这些行为从他们各自的文化背景来看,对他们自身都是最有利的。他们唯一的不同,就是各自文化背景的差异,并由此产生相应不同的经济结果。因此,这些不同的文化背景本该用作解释造成各种经济结果的原因,不幸却被当作理性行动者主观选择的结果。他认为这就是经济人类学(形式论)受经典经济学影响的结果,

---

① 参见施琳:《经济人类学》,第64页。

第七章 交换与再分配制度

因为经典经济学认为文化只是一种"外在因素",经济关系才是社会的本质。萨林斯指出,资本主义生产方式对所有物品的商品化,使得所有的行为和欲求都要用金钱来衡量,这只是遮蔽了物质本身的联系。这种物质理性事实上根植于一个庞大的文化体系,这一体系是由事物的逻辑——意义属性与人们之间的关系构成的。文化序列在很多场合实际上是一种无意识的习惯,就像顾客在超市里是选鸡鸭还是选鱼肉,依据的标准只是需要和昨晚吃的有些"不同"——这个"不同"由主菜和备选菜式的复杂搭配所决定。实际上,资本主义的金钱理性,与上述特罗布里恩德群岛岛民的物质实践,虽然方式不同,但殊途同归,它只是更大文化价值体系的结果。他认为,无论西方还是非西方,理性只是文化的一种表述,它表现为围绕物质使用的意义体系,理性与文化绝不是对立的。为此,他大声疾呼:"向经济人类学说再见吧。我们需要的是一种真正的人类学的经济学(anthropological economics)。"[1]

在这里,实质论者与形式论者事实上想弄清楚的最主要的问题是:人究竟是一种冷静和理性地进行最大化分析的动物,还是一个被文化价值所引导、追求美好道德而非仅仅贪婪于物质利益的社会成员?

我国台湾地区有学者认为,经济人类学者中形式论者与实质论者所讨论的问题不在一个层次上。实质论者强调的是人对于习俗制度的服从,但如果我们将这种服从看作人对风险最小化的选择——因为违背习俗是有压力和风险的,那这种行为同样是符合经济原则的。在描述社会生活时,形式论者和实质论者看到的是不同的东西:形式论者是从人出发,看个人在制度上怎样使用自己的资源;实质论者描写的则是整个社会制度。在方法论上,实质论者用的是主位(emic)观点,形式论者用的是客位(etic)观点在描写。若从文化相对论的角度看,经济人类学不仅仅是研究经济制度,实际上,在很多社会中,并没有一个独立的经济制度存在。如在原始社会里,生产常是在亲属体系内完成的,政治又与宗教体系密不可分,而经济活动又可能涉及很多的信仰。因此,研究经济人类学,不是研究经济制度,更重要的是探讨"生产模式"。这里说的生产模式,除了指

---

[1] 上述萨林斯的观点和相关阐释,参见马歇尔·萨林斯:《石器时代经济学》,张经纬、郑少雄、张帆译,生活·读书·新知三联书店 2009 年版,"新版前言"第 1—7 页。

物质生产方式以外,还包括家庭分工、性别分工及宗教等其他社会内容。换言之,就是从生产活动入手,展开探讨社会生活的方方面面。①

第二节 互惠交易

每一种经济体制都包含产品生产和服务的领域,包含分配网络和消费类型。把全部经济汇聚在一起,将劳动和资源结合起来,就形成了一种交换体制,据此原材料进入生产过程并最终以满足消费者的需求而结束。由于受马林诺夫斯基等人类学家的深刻影响,卡尔·波兰尼和他的同事发展出了一套"社会整合模式"(Patterns of Integration)理论,来阐述一些社会制度是如何协调与整合人们的行为及社会结构的。这种社会整合模式的基础是人们的经济行为,分别称为互惠(reciprocity)、再分配(redistribution)和市场交易(market exchange),它们刻画了不同经济类型的不同特征。②

互惠,也称"互酬",指的是在亲属和朋友之间展开的互相"赠予"的义务行为。这种"赠予"是广义上的,并非仅限于财物或服务方面,而是一种互助互利关系。互酬有一个不言而喻的前提,就是所有的人都会尽其所能进行生产并且都有分享其产品的意愿。互酬行为的动机,显然不是谋取个人的私利,而是害怕在社会中受到轻视、排斥、孤立或降低声誉、丧失原有的身份等。在前资本主义社会中,互酬行为很常见,如男子狩猎、妇女从事采集和种植后的分享成果等。即使在现代社会里,互酬现象也以各种各样的方式存在着。

人类历史上最早、最简单的交换模式就是互惠交易。它指的是赠予别人某些东西,期望得到同类东西或者是其他利益的回报。互惠交易是不经过市场也不通过政治力量而直接进行的交换。从本质而言,互惠交易是经济交换,但这属于个体化的交换,发生在有关联的人之间,亦用于巩固这种人们之间业已存在的良好关系。在这种意义上,赠礼就是互惠性最名副其实的例子,因为礼物既具有

---

① 蒋斌:《经济人类学》,载周星、王铭铭主编:《社会文化人类学讲演集》(上),天津人民出版社1996年版,第456—457页。

② Karl Polanyi, Conrad Arensberg and Harry Pearson, eds., *Trade and Market in the Early Empires*, Free Press, 1957.

第七章　交换与再分配制度

经济价值和意义,又是予受双方关系的象征。

互惠交易共分三种形式:一般互惠、平衡互惠和负性互惠。

一、一般互惠

一般互惠,指不计算交换物品价值,也不指明回报时间的互惠式交换。例如,狩猎者一旦有所斩获,便在一定范围内(通常是在某一亲属群体或地域群体内部)分享兽肉。我国佤、独龙等族在20世纪50年代以前都有过这一习俗。人类学家认为,这并非如前人所猜想的那样完全出自原始族群好客和慷慨的"天性",而是为了日后自己狩猎无果而他人有所斩获时自己或自己的家庭也可"分一杯羹",以维持基本生存。猎物吃不完便会腐烂,而与人分享却经常有肉可食,这实质上就是一种交换行为。但猎人分配兽肉时并不指望在何时何地即可得到确定的回报,也不指望得到同样大小的一份。故这种交换属于一般互惠。通过这种特殊分配而实现的交换,是一种非常有意义的活动。其一,可以看作一种变相储蓄,保存了易腐食物;其二,在较为恶劣的生存条件下,生产力水平较低的人群往往没有生活保障,通过这种方式,人们的生活便每天都充满了希望;其三,促进了队群内部的团结和合作,个体可以在更有组织和纪律的条件下求得生存。

20世纪50年代初期,我国内蒙古自治区额尔古纳旗的鄂温克人中存在一种叫"乌力楞"的社会组织,该组织有关于猎物的特殊分配制度,是一般互惠的典型例子。据相关调查记载,亚格鲁其千"乌力楞"共有六家,如某一家打了一个"犴达罕",这家就会把犴肉平均分成六份,自己留一份,其余送每家一份。打到野兽的人自己绝对不要兽皮,而是送给没有打中的人。如果"乌力楞"只有五个人出猎,其中一人打中了四只野兽,皮子也不留给自己,只有等打到了第五只,这第五张皮才可留作自用。[①]

二、平衡互惠

平衡互惠,指的是在预定时期可获回报价值相等的物品或服务的交换。例

---

① 参见内蒙古自治区编辑组编:《鄂温克族社会历史调查》,内蒙古人民出版社1986年版,第192页。

如，在礼物交换中，规定了品种和数额，便构成了平衡互惠。最著名的平衡互惠是太平洋特罗布里恩德岛的"库拉"贸易圈（Kula ring）。据马林诺夫斯基《西太平洋上的航海者》一书的记载，在新几内亚东部包括特罗布里恩德岛、安弗雷特岛（Amphletts）、多布岛（Dobu）在内的一些岛屿的岛民群体中，贸易的物品有两类：一类是日常生活用品，如食物和技术产品；另一类是由用白色贝壳做成的手镯（Mwali）、用红色贝壳串成的长项链（Soulava）等物品组成的"维古阿"。用白贝壳做的手镯和红贝壳做的项链所形成的联盟关系，称为"库拉"（kula）。在实际的交换系统中，手镯按逆时针方向从一个岛传到另一个岛，而项链则按顺时针方向传递，双方只能用项链交易手镯或用手镯交易项链，故形成一个贸易圈。项链和手镯一般没有实际用途，交换只是一种仪式，它们仅具有声誉价值。当一个人接到、拥有，然后再往后传递这些物品时，他就获得了声望。为了保证他们在别的岛上的安全，库拉交易圈中的每个人在邻岛上都有交易伙伴，此人接待来者并给予关照和保护。日常用品交换中可以缺斤少两，讨价还价，但作为礼物的装饰品，应大体相当，而不能有欺骗行为。岛民可以通过"库拉"贸易提高自己的声誉和势力，结交朋友，保证贸易在和平的氛围中进行。

其实，库拉交易是有声望等级的，因为唯有重要人物才参加交易，其中也只有最具权势的人才持有最有声望的"维古阿"。库拉交易圈用于巩固阶层的等级制，把各岛上的头面人物联合起来。但在发生这一切的同时，普通日常用品也得以进行贸易和交换。这种交换具有决定性的经济功能，因为许多物品在某些岛上缺乏，经由贸易才能得到。日常贸易并不像库拉交易那样庄重肃穆，也不以类似的目光看待交换货物本身。人们很容易接受这样的事实并认为"库拉圈"制度只是为有用的日常物品的重要贸易提供了外壳和掩饰，因为不同岛屿之间的岛民相互之间怀有敌意。

"库拉圈"制度的发现，表明它并非单一的经济上的交换，而是包含许多感情与社会责任因素在内的交换活动。换言之，原始状态下的经济行为，与其他社会行为有着密切的关系，人们的经济行为不仅有着经济目的，而且有着人际关系与社会责任等方面的诉求。因此，在马林诺夫斯基看来，原始状态下的经济行为与现代社会中的经济行为有着重大区别，似乎难以直接用现代西方经济理论去阐述和分析。马林诺夫斯基的这种思想,后来成为美国经济人类学界激烈争论的焦点,甚至导致出现了泾渭分明的两大派别——形式论者和实质论者。

一些长期居住在森林中与外界隔绝的族群或部落,由于对外界心存疑惧或语言不通,经常采取"无声贸易"(silent trade)或"沉默交换"的方式进行交换。其形式是交易者不见面,放下自己准备交易的物品,取走对方所放的可满足自己需要的物品。国外如中非俾格米人,国内如云南苦聪人,过去都有这种习俗。它也属于"平衡互惠"的交换。因为若有人采取欺骗手段,不放下价值相当的东西,下次被骗者便不会再来,从此就断绝了贸易之路。

三、负性互惠

负性互惠,指的是期望从对方那里获得价值高于自己之付出的物品或服务的交换。这种交换一般发生在不同群体之间,而受到欺骗的总是很少与外界或市场货币发生关系的一方。如20世纪60年代以前,一些汉族商人到独龙族、怒族等的聚居区,以一盒火柴换一碗黄连,用一根针换一升苞谷;到基诺族那里用一碗酒换一筐茶叶;等等。这样的不等价交换,不是在市场上进行的,也不用货币,故属于负性互惠性质的欺诈行为。

有些实行互惠交换的人群亦会根据不同贸易对象采取不同的交易方式。最典型的例子应算独龙族。他们根据自己长期受人欺骗的痛苦经验,实行两种不同的交换,各有专门的词汇。一种称为"布嫩年",实行于本族及朋友之间,不斤斤计较物品价值的多少,更不欺骗对方,而且交换时有互相款待的习惯;另一种称为"布伦",实行于与异族的交易之中,虽然仍是不用交换媒介,但会讨价还价,力求多换回一些物品。前者属于"一般互惠"或"等价互惠",后者则相当于"负性互惠"。[①]

互惠交易的特点不是送人产品或为人提供服务而完全不想对方回报,而是:(1)不要对方立即报答;(2)不计较对方回报的服务或产品的产值;(3)公开表明不计较差额,即收支不必平衡。

---

① 汪宁生:《文化人类学调查——正确认识社会的方法》,学苑出版社2015年版,第112页。

第三节 再分配制度

以互惠作为主要交换模式的社会，总是趋于平等主义的，而再分配社会一般都是等级制社会。再分配，指的是一种从"付出"到"返还"的完整的连锁系统，表现为在一个人群共同体内部，普通成员向拥有政治权力或宗教权力的领导者义务奉献、付出财物或服务，然后领导者又通过节日盛宴或其他仪式，将自己聚集并保存的这些财物、服务等返还一部分给普通成员。

与互惠交换一样，再分配可与别的交换类型并肩而立。在从平等社会向分层社会（或称"阶等社会"）过渡的时期，酋长或首领常常就集中起来的剩余产品举行大规模宴会招待公众，夸示豪富，以提高自己的社会地位。人类学界中这方面最著名的例子有美洲西北岸印第安人的"夸富宴"（potlatch）。

"夸富宴"，也称"赠财宴"，是最初由美国人类学家博厄斯提出，后经法国社会学家马塞尔·莫斯和美国人类学家本尼迪克特加以详细阐释的一种"斗富"仪式。在本尼迪克特的名作《文化模式》一书中，她认为居住于美洲西北海岸英属哥伦比亚温哥华岛上的夸库特耳印第安人首领为了追求或炫耀其社会地位，往往采用两种手段向对手施以压迫：一种是向对手提供大量财物以致对手无法按要求的利息回赠财物，进而羞辱对手而最终获胜；另一种是与对手比赛毁坏财物，如果对手无法毁坏数量和质量相等的珍贵财物，则只好俯首认输。这类毁坏财物的比赛，往往是在主人精心设计的宴会上进行的。在这类宴席上，主人在请来的宾客面前故意毁坏大量个人财产或慷慨地馈赠礼物，其形式可以是大规模地烹羊宰牛，也可以是大把大把地散财，还可以与竞争对手比拼毁灭珍宝财物，目的是让那些受邀而来的宾客蒙羞，从而证明主人雄厚的财富和高贵的地位。这对于部落里的贵族来说，不仅仅象征着权力和奢侈，也是用来确定部落内部等级秩序的一项义务。本尼迪克特从文化与人格的角度，把这种"夸富宴"行为看作一种"酒神型"的"妄想自大狂人格"的结果。[①] 而后世其他人类学家则把这种现象看成尚缺乏统治阶级的初级等级社会中一种财富再分配的经济制度。

---

① 露丝·本尼迪克：《文化模式》，何锡章、黄欢译，华夏出版社1987年版，第146—157页。

与夸库特耳印第安人相类,在太平洋的美拉尼西亚和新几内亚的一些地方,社会中剩余的食物产品被敛集到首领或"大人物"手中,随之他会在饮宴上用掉或赐给某个等级的人作为期望的礼物。在世界许多地区,地位高的人必须更加慷慨大度,进贡或奉献给领袖的东西通常要由领袖人物予以分发。然而,领袖人物有选择地、策略性地赐赠财物,剩余产品实际上附加了权力和声望的色彩。20世纪50年代以前,我国西南地区苗族的"吃鼓藏"和云南佤族的大规模"剽牛"活动,在功能上也与"夸富宴"相类。

再分配,这一完整的"循环"分配财富的方式显示出人们的地位、阶层与重要性,从而在一定程度上强化了社会结构。因此,再分配是通过政治力量对剩余产品予以集中和分散。真正的全社会的再分配制度,只有在形成一个政治中心之后才会出现。这包括首领或其他统治者以兴修公共工程、为了公众安全、招待旅客、筹办宗教或节庆活动等名义,向公众征收的一切费用,以及他们以土地所有者的身份征收地租、赋税、徭役等。这些征收来的物品或服务,除了供养不从事直接生产而承担公共事务的人以外,多为统治集团所侵占。

第四节 市场交换

市场交换,是通过公认的交换媒介按照供求关系进行的物品或服务的交换。在这里,交易者之间不必有什么亲属关系、朋友关系(如"库拉"圈贸易中那样的伙伴关系)或政治关系。市场交换体制是欧洲和美洲资本主义经济占支配地位的特征。生产者把产品送往市场,购买者在那里出价。在这种经济形态下,生产者和消费者的行为要受到价格的支配,价格是一只看不见的手,决定并调节着生产什么、如何生产以及为谁生产等经济活动。在独立而强大的价格作用面前,社会价值、社会义务方面的考量一般来说是无足轻重的。因此,这种受价格支配的市场交换已经不再表达或暗示着什么社会关系、社会责任了,而是一种理性化的"纯"经济行为,它与显示着亲属关系、朋友关系、个人地位和等级制度的互惠交换方式,以及体现政治或宗教来源的再分配方式,是根本不同的。货币或其他交易媒介、各种交易地点(如市场)乃至非常繁荣的贸易港口等经济现象,都可以在前资本主义社会中发现,但波兰尼认为这并不意味着此时已是市场经济类型了,因为它们既没有独立的价格生成机制,也不是由价格变动来调节控制一切重要的经济活动的。它们所有的贸易行为及货币媒介等,都是在"互惠"及"再分配"这两种社会整合方式的背景下发生的,互惠和再分配才是非市场经济类型社会中起支配作用的交易方式。他指出,市场经济只能存在于市场社会中,这种以价格为核心的市场经济是在19世纪时随着工业革命崛起的。正因如此,波兰尼不赞同市场是一种无处不在且不可避免的经济组织,以及任何经济类型都可以用市场体系的概念去表达等看法。他甚至怀疑并反对在所有的社会类型(特别是在原始及古代社会,市场不占支配地位的情况下)中,经济都是决定社会组织和文化发展的力量的观点。

前工业社会的市场交换,主要集中在市场及交换媒介两个问题上。前工业社会交换不像现代化社会,买卖双方可以互不见面,通过电话、电传或网络即可交易。它需要有个固定的地方,这就是市场。我国民间北方所说的"集"、南方所说的"墟",即为市场最通俗、最普遍的原生形式。市场可以是公共场所的一系列货摊,也可以是商店,或证券市场和日用商品交易处。市场有利于把生产各类食物和原材料、具有不同经济贡献的地区联结起来,并把有专门特长的手艺人聚集在一起。因此,传统的市场不仅是买卖货物的场所,还是社交的或娱乐的场所。人们在这里会晤朋友,传播信息,观看表演,举行仪式,宴饮欢聚。它既是经济交流的中心,往往还是文化交流的中心。

市场交换的最初形式是物物交换,即不以货币为媒介进行的交换。这种交换方式在原始族群的日常生活中有很大的普遍性。比如,1949年以前,我国西南的独龙族可用一瓶水酒或一只小鸡换回一块土地。这时,交换还没有固定的场所,可以在双方的家里,也可以在野外交通方便的地方,但却不能否认其交换场所具有市场的意义。

货币是商品经济发展的产物。就其本质来讲,是一种特殊商品。任何商品都具有价值,在同其他商品进行交换时所表现出来的量的比例就是交换价值,并起着等价物的作用,反映与之交换的商品的价值。如前述独龙族一瓶水酒或一只小鸡同一块土地的交换,水酒或小鸡成了土地的等价物,反映了土地的价值。

第七章 交换与再分配制度

经常性的交换中,某些物品较常为人们所必需,更多地参与交换过程,并逐步形成较为稳定的交换比率。比如,中华人民共和国成立前,独龙族的商品交换中,一把大铁刀可以换回十碗盐巴或一口两尺大的铁锅;一把小尖刀可以换回一碗盐巴,有时也可换回两碗盐巴。这时的大铁刀和小尖刀已不是简单的价值形态,而是扩大的和总计式的价值形态了。商品的价值量基本上接近凝结于其中的人类无差别的劳动量。

如果某种商品获得了扩大的价值形态,其后越来越多的商品就会将它作为等价物,在具有价值尺度、流通手段、贮藏手段和支付手段的职能以后,它便成为一种实物货币。中华人民共和国成立前夕,云南怒族聚居区妇女的珠饰就是一种特殊的货币,可以用它换回家畜、粮食、土地等,而且有固定的比例,如一串小珠换一只鸡,两串珠子换一头小猪,三四串珠子换一头大猪,一串珊瑚珠饰换一头牛,等等。这种珠饰不仅用于妇女的装饰,还成为财富的标志,富有家庭常常购买和储存珠饰,谁家妇女珠饰多,就表明谁家富有。它可以用于陪嫁、赔偿和随葬。

西藏珞巴人用犏奶牛作为货币,以头为单位进行计算。另外,还用贝壳和一种石质串珠作货币。一般是五颗珠子换一只鸡,四串珠子换一头黄奶牛。富裕户也用粮食、牲畜换取贝壳、珠饰储藏起来,作为自己积累起来的财富。珞巴族多种货币并存的状况,正是早期货币形成时的特点。随着物物交换的进一步发展,携带便利、易于切割成了对货币的特殊要求,因而货币逐渐固定为黄金或白银。后来,又发展出了纸币,用以作为货币的符号。

◆ 本章思考题

1. 什么是经济人类学?它的研究内容大致体现在哪些方面?经济学和人类学之经济研究的方法和观点有何区别?
2. 什么是经济人类学中的形式论和实质论?这种争论有何意义?
3. 什么是一般互惠、平衡互惠、负性互惠?它们各有什么特征?
4. 何为"库拉圈"?它说明了一个什么样的问题?
5. 何为"夸富宴"?人类学研究"夸富宴"的意义何在?
6. 结合你所学的人类学知识,试述再分配与市场交换在社会经济活动中的区别。

本章主要参考及推荐阅读文献

1. 马文·哈里斯:《文化人类学》,李培茱、高地译,东方出版社 1988 年版。
2. 马歇尔·萨林斯:《石器时代经济学》,张经纬、郑少雄、张帆译,生活·读书·新知三联书店 2009 年版。
3. 汪宁生:《文化人类学调查——正确认识社会的方法》,学苑出版社 2015 年版。
4. 施琳:《经济人类学》,中央民族大学出版社 2002 年版。
5. 陈庆德:《经济人类学》,人民出版社 2001 年版。
6. 露丝·本尼迪克:《文化模式》,何锡章、黄欢译,华夏出版社 1987 年版。
7. 林耀华主编:《民族学通论》,中央民族大学出版社 1997 年版。
8. 马塞尔·莫斯:《礼物——古式社会中交换的形式与理由》,汲喆译,上海人民出版社 2005 年版。
9. 阎云翔:《礼物的流动——一个中国村庄中的互惠原则与社会网络》,李放春、刘瑜译,上海人民出版社 1999 年版。
10. 云南省编辑委员会编:《佤族社会历史调查》,云南人民出版社 1983 年版。
11. 童恩正:《文化人类学》,上海人民出版社 1989 年版。
12. 斯梅尔瑟、斯威德伯格主编:《经济社会学手册(第二版)》,罗教讲、张家宏等译,华夏出版社 2009 年版。

婚姻制度及其变迁

第一节 婚姻的内涵和功能

一、婚姻的含义

古人曾说:"食、色,性也。"[①]两性结合被看作天经地义之事。男女两性在生理和心理层面的性成熟,导致一种与异性亲近的欲望产生,这是促成婚姻的生物性因素。当然,人类学讨论两性结合,不单是指生物性交配,更重要的是说人类社会里文化性的规定。生物性是人类婚姻的基础,但并不是具有了生物性就是婚姻。短暂的满足生物性的两性结合(如卖淫、强暴)自不必说,就是较长期的两性结合,只要仍没有超出生物性的意义,也算不上婚姻。譬如同居,尽管是男女两性较长期的结合,既满足了性的需要,有时也生养后代,但因为没有得到社会文化的认可,双方不负任何法定的或社会认定的责任和义务,就算不得婚姻。在许多社会里,不是出于婚姻的后代地位低下,被人称为"私生子",无法享有婚生子的权利,甚至会被骂作"杂种""野种",受到社会的歧视。人类繁衍后代,是生物性的需要,但在一些社会中就变成了文化性的规定。我国古代就有"不孝有三,无后为大"[②]的说法,这是一个男子结婚的最大理由,也是一个不能生育的

---

① 《孟子·离娄章句上》。
② 同上。

妻子的最大过错。近年来,新闻里也常有关于父母想方设法对子女逼婚而上演闹剧的报道。婚姻变成衡量子女孝顺、父母责任、家庭地位和面子的一个重要变量。

那么,婚姻是什么?在我国,婚姻即指嫁娶。按古籍记载,前人对此有好几种解释。一是根据男女双方的父母来判断,男方的父亲称为姻,女方的父亲称为婚,如《尔雅·释亲》载:"婿之父为姻,妇之父为婚。妇之父母、婿之父母相谓为婚姻。"《说文十二下·女部》在解释婚姻二字时也与此相类:婚,"妇家也,礼娶妇以昏时,妇人阴也,故曰婚";姻,"婿家也,女之所因,故曰姻"。二是就男女双方本身来判别,称夫为婚,称妻为姻,如《礼记·婚义》孔颖达疏:"婿曰婚,妻曰姻。谓婿以昏时而来,妻则因之而去也。"还有一种不将婚姻二字分开来的综合性解释,视婚姻为人类社会生活里的重要礼仪,如《诗经·郑风·丰》郑玄注:"婚姻之道,谓嫁娶之礼。"总的来看,中国古代对婚姻的认识,在不忽略其生物性的前提下,更重视其社会性的因素。

国外很多人类学家试图对"婚姻"(marriage)给出明确定义,但鲜有成功者。下面是较为著名的人类学家对婚姻的定义,可资参考。韦斯特马克(Edward Westermark)认为,婚姻是"得到习俗或法律承认的一男或数男与一女或数女相结合的关系,并包括他们在婚配期间相互所具有的以及他们对所生子女所具有的一定的权利和义务"。默多克认为,婚姻"仅仅存在于当经济的功能和性功能结合为一种关系之时"。凯瑟琳·高夫(Kathleen E. Gough)则建议将婚姻视为"建立在一个女子与一名或几名其他人之间的一种关系,用以确立新生婴儿的合法性,并使其成为社会所接受的一分子"。有的中国学者在讨论云南摩梭人的"婚姻"现实以及"婚姻"普遍性定义时,为了避免纷争,采用了一个较少本族文化中心主义色彩的字眼:"婚姻是制度化的性结合"(institutionalized sexual union)。①

从西方社会的法学意义上讲,婚姻一词具有两种含义:一是指婚姻关系,罗马学者认为婚姻是男女以终身共同生活为目的的结合关系;一是指创设这种关系的行为,如德国、瑞士民法中称为婚姻的缔结,法国民法称为缔结婚姻,英美民

---

① 参见庄孔韶主编:《人类学通论》,山西教育出版社2002年版,第271—272页。

第八章 婚姻制度及其变迁

法则称为婚姻契约,等等。不同时代、不同法系对婚姻所下的定义也是不同的。就当代各国法学观点看,以一男一女结合为夫妻是一致的共识。综观现代各国婚姻家庭立法,婚姻具有如下特征:(1)婚姻关系必须是依具备法定要件的婚姻而成立的法律关系。因此,男女的结合并非都是婚姻,道德上、风俗上虽认为是婚姻,但法律上不一定认为是婚姻。(2)婚姻当事人须为一男一女。(3)婚姻以终身关系为目的,不得附有终期或解除条件,但允许离婚。(4)婚姻以夫妻的共同生活关系为目的。(5)婚姻须基于男女双方自由意志取得合意,并履行法定程序,故创设婚姻关系的行为,为要式的法律行为。① 这是从法学的角度看的婚姻。

因此,婚姻涉及性,却远远超越了性。它更多强调的是一种人类结合形态的社会性质,而非自然性质。人类学家发现,一旦想给出"婚姻"的明确定义,却总是很难涵盖各种社会和具体情境的所有类型。许多社会存在多偶婚现象,还有一些社会承认不同形式的同性婚姻、无性婚姻以及仪式婚姻等。例如,在喜马拉雅地区,一名女性可以和兄弟几人达成婚姻协议;非洲努尔人(Nuer)社会有女性与女性结婚的情况;印度喀拉拉邦中部的纳亚尔人(Nayar)社会中,与女性结婚的只是"仪式性丈夫",这种婚姻没有性的权利与义务。目前世界上已有一些国家和地区通过立法承认同性婚姻的合法权益。②

对这些富有文化多样性的材料进行比较研究,我们可以为婚姻归纳出一些本质性的特征:(1)婚姻建立起不同个体及群体之间明确的组织和结构关系。(2)它的真正内涵不只是生物性关系,而是在社会群体范围内对生物性关系予以认可和批准。因此,尽管有不少困难,但结合现代世界大多数社会的状况,我们认为给"婚姻"下这样一个定义是比较合适的:婚姻是男女两性基于社会文化认可的性的和经济的结合而产生的具有互惠性权利和义务的夫妻关系。

---

① 李双元、温世扬主编:《比较民法学》,武汉大学出版社1998年版,第878页。
② 参见康拉德·菲利普·科塔克:《人类学(第十二版)》,庄孔韶编审,冯跃改编,中国人民大学出版社2008年版,第296页;罗伯特·F. 墨菲:《文化与社会人类学引论》,王卓君译,商务印书馆2009年版,第90—91页;朱炳祥:《社会人类学》,武汉大学出版社2009年版,第132页;庄孔韶主编:《人类学通论》,第272—273页。

二、婚姻的功能

婚姻的功能至少表现在以下四个方面。

（1）保持社会（群体）的稳定。大多数男性学者认为，成熟的人类女性与其他物种的雌性不同，在性的活动中一直扮演着生物上的接受者，这种状况极有可能造成男性当中出现毁灭性的资源竞争，而这种性方面的竞争对社会的生存而言，是一项繁殖和经济上的威胁。婚姻作为一种规范能够减少由性方面的原因而招致的社会（群体）冲突，有助于社会的稳定。

（2）为繁衍后代提供适宜的社会和经济条件。人类的婴儿期比其他动物的长，对父母或其他成人的依赖很长久，这就和生计活动产生了矛盾。婚姻能够为社会提供合法后代以及婴儿成长的良好环境。

（3）实现某种类型的社会分工，使家庭成为一个有用的社会单位。例如，在早期的狩猎—采集社会——这个数百万年来人类最主要的经济适应形态中，婚姻可以提供以性别为基础的社会分工。男性通常猎捕大型猎物，而女性则采集可食性植物及猎杀小型动物。她们尽可能以成群结队的方式搜集食物，同时能共同分担照顾小孩的责任。男性则以更高更快更具机动性的方式出外捕猎。婚姻确保夫妻双方会将他们寻觅到的食物拿出来分享。通过这种合作，夫妻将家庭打造成实现生育、抚养、经济生产的社会基本组织。

（4）婚姻还可增进不同群体之间的联合。原始社会中，互相通婚的集团往往结成联盟，不仅能够提高生育能力和生产能力，对资源和地域的开发与扩张也有益处，从而有助于人们的生存与发展。

第二节 通婚的范围

结婚制度严格地说是社会对两性结合应当具备的合法条件和形式的规范，随社会的发展而发展。无论是何种形态的社会，总会将人们的社交群体划分为基本的两类：亲属和陌生人。婚姻就是把陌生人转变为亲属的初级手段，从而形成个人和群体的联盟。至于一个人选择配偶的范围，不同的社会有着不同的规定。这种对通婚范围的选择既遵循普遍性的原则,也受一些特殊因素的制约。

一、乱伦禁忌

乱伦禁忌(incest taboo),是社会习俗或制度规定的对某些亲属间的性关系或婚姻关系的禁止。乱伦就是对这种禁忌的违反。禁忌涉及的亲属种类在各个社会中不尽相同,但最基本的是禁止母与子、父与女以及亲兄弟姐妹之间发生性关系或进行婚配。

乱伦观念和乱伦禁忌是社会发展到一定历史阶段的产物。有的人类学家,如古典进化论者巴霍芬(Johann J. Bachofen)、摩尔根等人,都曾指出人类存在过对性行为不加限制的男女杂婚状态。我国的史籍对此也有所反映。《吕氏春秋·恃君览》载:"昔太古尝无君矣,其民聚生群处,知母不知父,无亲戚、兄弟、夫妻、男女之别,无上下、长幼之道。"《管子·君臣下》云:"古者未有君臣上下之别,未有夫妇妃匹之合,兽处群居,以力相征。"杂婚也曲折地反映在我国部分地区的神话传说故事中。如海南岛黎族传说,古时人群灭绝,只剩下母子两人。为繁衍后代,母亲改头换面,在脸上刺满花纹,与儿子结为夫妻。[①] 台湾高山族泰雅人也有关于接连两代亲子相配的故事。然而,杂婚和乱伦是有根本区别的,杂婚是人类的童年时代社会文化认可的父母和子女以及兄弟姐妹之间的婚配或性交关系,即"是说后来由习俗所规定的那些限制那时还不存在"[②]。乱伦则是继杂婚之后为社会文化所否认的父母子女间和亲兄弟姐妹间的婚配或性交关系。

乱伦禁忌作为人类婚姻制度的一种最普通的禁律,其产生的原因相当复杂。一百多年来,文化人类学家、社会学家、生理学家、心理学家等提出了种种假说和理论,如社会合作理论、童年亲密理论、精神分析理论、家庭破裂理论等,但大多数理论只能为人们提供一种对乱伦禁忌原因的认识,因为有多少种解释,便会有多少种反对意见。如说常在一起的人会产生性冷淡,有人会举出弗洛伊德的

---

① 中南民族学院本书编辑组:《海南岛黎族社会调查》上卷,广西民族出版社1992年版,第422页。
② 恩格斯:《家庭、私有制和国家的起源》,载《马克思恩格斯选集》第4卷,人民出版社2012年版,第43页。

"恋母情结""恋父情结"加以反对;又如说近亲繁殖会给后代带来不良的后果,则有人提出著名的埃及女王克里奥帕特拉七世的祖先已有十一代是兄弟姊妹通婚,而她本人未见有什么体力的或智力的缺陷;等等。

目前比较流行的是由泰勒(Edward Burnett Tylor)首先提出,后经列维-斯特劳斯进一步阐述的理论。列维-斯特劳斯从比较基本的概念出发,假设互惠性是构成人类社会的基础,人们通过自我克制与利他主义,建立起交往结构,这成为法国结构主义人类学的理论基石。与其他学者一致,列维-斯特劳斯认为,早期的人类并没有产生文化规范来约束性行为和婚配。但是,当个别的男性与其他人订立契约,就必然会冲破这种社会混乱。这些男性放弃对自己群体中女性的权利,并将她赠予外族男性,以换回一名女性做自己的妻子。与女性的结合从仅仅是配偶变成男性之间的正式契约,这就是婚姻。婚配在自然行为之外形成了文化意义。如此一来,男性通过交换女性建立起一种紧密的纽带关系,并使他们所属的不同群体之间也形成联盟。那么,在列维-斯特劳斯的理论建构中,这种禁忌与婚配塑造的特殊结构成为人类社会的起源和基础。①

当然,还有一种综合了生物学假设和马克思主义的观点认为,乱伦禁忌是历史选择的结果。在这种选择中,有两个因素起了积极的作用,一个是生产力的发展,一个是自然选择原则。生产力的发展对乱伦禁忌的产生具有重要的意义,尤其在排除亲子之间的婚配过程中发挥了决定性的作用。当人类进入氏族社会初中期时,狩猎经济逐步形成,这是一种跋山涉水追杀猛兽的强体力劳动,只有成年男女方可胜任,为了适应生产的需要,社会成员自然按年龄分为多个集团。成人集团出外狩猎,老人在山洞附近从事采集、看管篝火、照顾小孩和制造工具等工作。久而久之,成年人便单独作为一个婚姻集团而相互婚配。但老人(祖父母辈)同小孩(孙儿女辈)之间又不能通婚,因为孙儿女辈此时年龄尚小,在心理、生理上发育还不成熟。同时社会习俗也有规定,如果一个小孩能够婚配,便已成为社会的正式成员而加入成年人的行列,要参加狩猎活动了。这样按年龄划分的结果使人们由杂乱性交状态过渡到了血缘家庭,建立起了亲子婚姻的禁忌。随着社会生产继续发展和人口日益增多,人们的活动范围和择食领域也逐

---

① 参见罗伯特·F.墨菲:《文化与社会人类学引论》,王卓君译,第95—96页。

第八章 婚姻制度及其变迁

渐广泛,社会劳动便根据男女生理和心理的差异进行了新的分工,同一家庭内的男女尤其是成年男女在一起生活的时间日渐减少;同时,由于人口日益增长,一部分人必须从原生家庭中分离出去,造成旧家庭集团的分裂和新家庭集团的建立。这样,人们的择偶范围也就从家庭内部转向家庭外部,从而建立起了兄弟姊妹婚姻的禁忌。

当然,社会生产力的发展是乱伦禁忌产生的决定性因素,但不是唯一的因素,自然选择的原则在排除兄弟姐妹间的性关系方面发挥了积极的作用。血缘婚配容易使后代(子一代或二代)产生先天性遗传疾病,并造成婴儿的高死亡率。现代遗传科学表明:血亲婚配,会为隐性基因纯化提供条件,使隐性遗传病的发病率大大提高,对人们自身体力和智力的发展有害。有共同血缘关系的男女双方,获得基因的可能性是相同的,如果他们的祖先携带隐性致病基因,结婚后隐性致病基因结合在一起的机会大大增加,从而产生有遗传疾病的后代。据相关调查,由遗传因素造成的先天性疾病比环境因素造成的要高出一倍;先天性和遗传性疾病的发病率,近亲结婚的比非近亲结婚的高150倍,婴儿死亡率一般高出3倍。近现代近亲通婚的实例也说明了自然选择的作用。如意大利罗马东面附近的赛梯发梯村,由于与外界隔绝,几个世纪以来只在几个姓氏内互相通婚,结果这个村子的人变得越来越矮。[①]

现代遗传科学所揭示的血亲婚配的危害,在早期智人阶段即为人们所意识到。为了巩固劳动组织和种的繁衍,人们继形成亲子间性关系的禁忌后,又进一步排除同辈兄弟姐妹间的通婚。马克思对此曾指出:"这一过程是自然选择原则发生作用的例证。"[②]

其实,对自然选择作用的认识在我国文献中反映甚早,如《左传·僖公二十三年》载:"男女同姓,其生不蕃。"西周以降,我国便禁止同姓结婚。如唐代曾规定"同宗共姓,皆不得为婚"[③]。

[①] 转引自林耀华主编:《原始社会史》,中华书局1984年版,第170页。
[②] 马克思:《路易斯·亨·摩尔根〈古代社会〉一书摘要》,载《马克思恩格斯全集》第45卷,人民出版社1985年版,第348页。
[③] 《唐律疏议·户婚》。

二、内婚制与外婚制

外婚制（exogamy）和内婚制（endogamy）也是一种禁止规则，但涉及的群体和范围是不同的。外婚制禁止在亲属群体（如扩大家庭、世系群、氏族）内部进行婚配，实是乱伦禁忌的延伸；而内婚制则禁止在本地区、本民族或自己所属等级或种姓或宗教团体之外选择配偶。因此，两者可以而且经常并行于一个社会之中，并不矛盾。

（一）内婚制

内婚制，指的是必须在自己所属的某种群体内选择配偶的规定，又称族内婚。它有各种不同的内容，其通婚范围除与血缘有关外，也与民族、宗教、等级、阶级等有关。

以血缘为内容的内婚制在原始社会较为流行，一般一个部落的不同氏族之间通婚，就部落来说就是族内婚。如印度的托达人（Toda）社会分裂为两个半族，每一个半族再分成若干氏族，通婚在氏族间进行，因而半族实行的是内婚制。有西、胡、牙、峨、布、搓六个氏族，称为尔，在历史上曾属一个名叫"纳乙"的血缘集团。在"纳乙"内部，实行内婚制，即西与胡、牙与峨、布与搓互相通婚。

民族、种族间的内婚制也是常见的。如孟加拉的奥昂人（Oraon）和阿萨姆的帕丹人、非洲的柏柏尔人（Berber）等均不与外族通婚，阿拉伯人也实行族内婚制。

宗教的内婚制也较为普遍，一些教派的教徒一般自相通婚，不赞成与异教徒通婚。

不同等级、阶级的人在传统社会也多禁止通婚。如印度的种姓等级制度即严格规定种姓内婚。古罗马的贵族与平民，条顿人（Teuton）的自由人与奴隶各行内婚。古埃及和秘鲁的王室不屑与其他贵族通婚，只在近亲内寻求配偶，甚至兄弟姐妹自相婚配。古代的日本也在法律中明文规定阶级内婚，因而皇室只在近亲内通婚。近代大洋洲的波利尼西亚人（Polynesians）也明显地实行等级内婚，如塔希提人（Tahitians）贵族女子若与平民通婚，就要被处死。我国古代婚姻的缔结注重门当户对，严格门第，限制良贱、官民、士庶之间通婚。如唐朝法律规

第八章 婚姻制度及其变迁

定:奴婢娶良人为妻,不仅要离婚,还要服刑一年半;杂户与良人通婚,杖击一百。① 在我国少数民族中也有实行等级内婚的,如中华人民共和国成立前,四川凉山彝族社会的统治等级严禁与不同等级的人通婚。统治等级的女子如果与被统治等级的男子发生性关系,双方均要被处死。

(二) 外婚制

外婚制同内婚制相反,指的是必须在自己所属群体之外选择配偶的规定。狭义的外婚制又称族外婚。

外婚制以血缘外婚制最为普遍,而血缘外婚制通常又以氏族外婚最为典型。在氏族社会中,氏族内部严禁通婚,一个氏族的成员必须找其他氏族的成员通婚。例如,居住在我国大兴安岭的鄂伦春人,在历史上曾经存在过外婚制。他们的婚姻在两个集团间缔结,每个集团的男女分别与另一集团的男女通婚,凡属同一集团的成员都禁止婚配。我国云南永宁纳西族氏族"斯日"的成员之间也严禁通婚,同一"斯日"男女绝对不交"阿注"。随着社会的发展,外婚制有不同的表现形式。在原始社会的后期,由于氏族的扩大和分化,部分氏族内部的几个近亲集团之间可以通婚,但近亲集团内部则实行外婚制。近亲外婚制一直延续到阶级社会。我国古代同姓不婚和宗亲不婚就延续了几千年。

除血缘外婚外,在宗教集团中也有行外婚的。如罗马皇帝曾据基督教"灵的亲属"制定法律禁止教父教母与教子教女、教父与教母等的婚配。地域外婚也可见到,这种外婚被称为"地方外婚制"。如印度的一个名叫兰尼·凯拉(Rani Khera)的村庄中,267 名已婚妇女都来自 12 到 24 哩以外的 200 个村子;220 名当地妇女则嫁到了另外 200 个村庄里去。②

当然,外婚制和内婚制是相对的,对于低一级的集团而言是外婚,而对于高一级的集团而言则又为内婚了。例如,氏族行外婚制,但对部落来说又是内婚。外婚制的出现是人类婚姻史上一大进步,它可以加强各通婚集团之间的社会经济联系,并有利于人类体质的优化和种的繁衍。

---

① 《唐律疏议·户婚》。
② C. 恩伯、M. 恩伯:《文化的变异——现代文化人类学通论》,杜杉杉译,辽宁人民出版社 1988 年版,第 303 页。

三、优先婚

优先婚是指社会规定在某一亲属范围内优先择偶的婚姻。常见的属于优先婚的有交错从表婚、夫兄弟婚、妻姊妹婚等数种。

(一) 交错从表婚

交错从表婚(Cross-Cousin Marriage),又称姑舅表婚,简称交表婚,是一种姑舅表兄弟姊妹之间进行优先婚配的婚姻规则。从和表是我国的一种称谓,父的兄弟的子女称为从兄弟姊妹,父的姊妹及母的兄弟姊妹的子女合称中表,简称表。中表有内外之分,父的姊妹的子女为外,母的兄弟姊妹的子女为内。父的姊妹的子女又称姑表,母的兄弟的子女又称舅表,母的姊妹的子女又称姨表。表又分为交表(Cross Cousin)和平表(Parallel Cousin):父或母异性的同胞的子女与己身为交表,包括父之姊妹之子女和母之兄弟之子女;父或母同性的同胞的子女与己身则为平表,包括父之兄弟之子女和母之姊妹之子女。交表婚是世界上流行的最主要的一种优先婚的形式,这种婚姻往往带有强制性的特征。从理论上讲,交表婚有三种形式,即双边交表婚、父方交表婚(姑表婚)和母方交表婚(舅表婚)。实行双边交表婚时,一个男子既可以娶舅父之女为妻,也可以娶姑母之女为妻;如果一个男子只能选择其姑母的女儿为妻,称为父方交表婚;若只能选择其舅父的女儿为妻,则称为母方交表婚。

世界各大洲都存在过交表婚。我国古代的姑舅表婚即是交表婚的一种。《尔雅·释亲》记载,"妇称夫之父曰舅,称夫之母曰姑","妻之父为外舅,妻之母为外姑","姑之子为甥,舅之子为甥,妻之昆(兄)弟为甥,姊妹之夫为甥"。这些亲属称谓反映了中国古代交表婚存在的事实。在我国的汉、白、彝、侗、布依、傈僳、佤、苗、瑶、土家等族中,1949年以前民间传统中舅家一般有优先娶外甥女作儿媳的权利,俗称"姑家女,舅家娶""舅家要,隔河叫";在景颇、独龙、德昂等族及纳西族、拉祜族和汉族的部分聚居区,姑母的儿子有优先娶舅父的女儿的权利,但舅父的儿子却不得娶姑母的女儿,民间俗语又称为"姑家要,隔河叫"。

交表婚大多十分严格且具有强制性。在一些社会中,为了建立舅表的婚姻关系,男女双方往往婚龄悬殊。1949年以前,我国曾实行姑表婚的苗族中,姑家

第八章 婚姻制度及其变迁

女儿必须嫁给舅家儿子,如果舅家没有适龄的儿子或无意聘娶,姑家女儿才可另嫁他人;若姑家女儿不嫁给舅父的儿子,则必须送一定份额的钱给舅父作为补偿,否则会起纠纷,有的甚至还会导致争讼。①

(二) 夫兄弟婚

夫兄弟婚(Levirate marriage),指的是这样一种婚姻习俗:女子在丈夫死后必须嫁给亡夫的兄弟,而亡夫的兄弟也有娶寡嫂的权利和义务。一般寡妇由亡夫之弟续娶,亦称为袭嫂制,在我国民间又称为"叔接嫂"或"转房"。

夫兄弟婚在世界上相当普遍。英国人类学家泰勒曾说,世界上三分之二的民族都行过此俗。美国人类学家曾对当代185个社会进行过统计,发现其中127个社会有过夫兄弟婚的习俗。②

我国的许多地方也曾行过此俗。据《史记·匈奴列传》载,北方民族曾盛行"父死,妻其后母;兄弟死,皆取其妻妻之"的风俗。中华人民共和国成立前,我国的哈萨克、柯尔克孜、达斡尔、鄂温克、赫哲、羌、独龙、景颇、怒、佤、毛南、傈僳、布依、土家、彝、哈尼、苗、壮、黎等族中都不同程度地保留有夫兄弟婚的习俗。

夫兄弟婚被一些人类学家认为是群婚的残余形式,其价值在于维持原有的亲属关系,并保证财产在族内继承。

(三) 妻姊妹婚

妻姊妹婚(Sororate marriage),指的是男子在与某家长女结婚后,有娶妻子达到婚龄的妹妹为妻的权利和义务的一种婚姻习俗。妻姊妹婚一般有两种形式:一种是妻子在世时可同时或之后娶妻子的妹妹;一种是必须在妻子死后才能续娶妻子的妹妹。

妻姊妹婚是一种与夫兄弟婚同样普遍的婚俗。如北美纳瓦霍(Navajo)印第安人,有同时娶两个甚至三个姊妹为妻的。在亚洲的维达人(Vedda)、泰米尔人(Tamil)、西伯利亚的科里亚克人(Koryak)、非洲的班图人(Bantu),以及大洋洲的一些部落,都盛行过这一习俗。我国春秋战国时期行媵姊制,妹随姊同嫁一

---

① 孙秋云:《黔东南地区苗族"还娘头"婚俗剖析》,《贵州民族学院学报》1987年第3期。
② 转引自童恩正:《文化人类学》,上海人民出版社1989年版,第194页。

夫。1949年前，我国的独龙、景颇、苗、维吾尔等族中也行过此俗。如独龙族在固定的通婚集团内，几个姊妹可同时或先后共嫁一夫。有的是在妻子不育或死亡之后续娶妻妹的。一般情况下，妻姊妹婚流行的地区多同时流行夫兄弟婚，反之，没有夫兄弟婚的地区一般也没有妻姊妹婚。

优先婚除上述三种外，还有一些特殊的形式。在某些群体中，寡妇不是转嫁给亡夫的兄弟，而是续嫁亡夫的长辈（叔、伯）或晚辈（侄、甥或儿子）。如在聪加人（Tsonga）中，若一人有五妻，则其死后，前三个妻子嫁给其兄弟，第四个妻子嫁给其姊妹的儿子（甥），第五个则嫁亡夫与其他妻子所生的儿子。儿子承父之妻妾的风俗也流行于我国古代的匈奴族。近代彝族妇女转房，若平辈中无适当的人选，则依次嫁与晚辈或长辈。太平洋班克群岛的莫塔人有舅死娶其舅母的习俗，也可归入同一类型。

上述几种婚姻都是当事人必须履行的一种义务，但宽严程度各地不同。有些地方不顾年龄悬殊，当事人必须履行义务；有些地方如无年龄相当的合适对象，允许当事人另寻配偶，如中华人民共和国成立前我国云南少数民族的一些优先婚多属此类。

第三节 婚姻类型

一、群婚

群婚，是指一个集团的一群男子与另一集团的一群女子集体互相婚配的婚姻形式。古典进化论学派的人类学家假设，群婚是人类早期普遍存在的婚姻类型。很多学者对此意见不一，认为目前发现的一些性的共有现象并不能证明群婚是一个排他性的婚姻制度及婚姻发展阶段。有关被称为"群婚遗存"的现象的民族志材料并不多见。默多克曾对巴西的凯英刚人超过一百年的谱系进行过统计，发现真正的群婚只占全部婚姻的8%。[①] 一些学者区分出不同的群婚形式。一种形式是夏威夷土著人群中的族外群婚。这种婚姻的特征是在通婚范围

[①] 童恩正：《文化人类学》，第153页。

内,男子可与其他氏族的所有女子为妻;女子可与其他氏族所有男子为夫。丈夫之间,妻子之间互称"普那路亚",即"亲密的伙伴"。这种群婚被认为是"最高的、典型的群婚形式"。①

二、一夫多妻婚

一夫多妻婚(polygyny),是指一个男子同时拥有两个或两个以上的妻妾的婚姻形式。一夫多妻婚是世界上流行较广的婚姻形式。有关专家曾统计过1154个社会,其中有1000个社会允许男子多妻。②

一夫多妻婚的通行方式是在阶级社会中,显贵和商人利用特权强行掠夺、霸占和使用金钱购买妻妾。例如,东非乌干达境内的布干达人(Buganda),妻妾多寡依政治地位和财富而定。国王是最高统治者和最富有的人,他拥有妃子数百;地方酋长协助国王治理国家,可以拥有十个以上的妃子;一般的地主、小吏、工匠以及平民百姓若能获有两三个妻子便为幸事。我国君主专制社会的历代皇帝都有"三宫六院",各级臣僚也大都一妻多妾。《礼记·昏义第四十四》记载,周朝"天子后立六宫,三夫人,九嫔,二十七世妇,八十一御妻"。秦汉以降,历朝皇帝的嫔妃多超过这个数目。在皇帝之下,大小官吏、富人显贵也行一妻多妾。中华人民共和国成立前,我国少数民族中统治阶层也多过着多妻妾的生活。与此相比,家境贫寒的人甚至连一个妻子也娶不上。

一夫多妻婚的另一主要形式是妻姊妹婚(sororate polygyny)。即一个男子同时或先后娶几个姊妹为妻。妻姊妹婚是优先婚的一种,见于世界许多地区。其基本特点是夫之诸妻为姊妹,多数情况下是以姊妹招赘的形式出现,且主要盛行于下层社会中。有时同嫁者不仅有妻妹,还有妻之侄女(如中国古代"媵"制即是如此)。

在有的民族中,一夫多妻还是一种法定的婚姻形式。但实际上能够享受多妻权利的仍然只有少数的地主、牧主和宗教头人。用法律形式规定的一夫多妻制还见于非洲的一些民族和我国古代社会。

---

① 恩格斯:《家庭、私有制和国家的起源》,载《马克思恩格斯选集》第4卷,第38页。
② 汪宁生:《文化人类学调查——正确认识社会的方法》,学苑出版社2015年版,第123页。

一夫多妻婚的功能是多方面的,大致可以概括为以下几点:

其一,多妻可以获得经济活动的助手。一方面,妻子本身就是劳动力;另一方面,多妻还能繁殖后代,为家庭提供新的劳动力,这在无子的家庭更为明显。在奴隶制下,奴隶主有时为奴隶娶数妻,其目的也在于繁殖更多的奴隶,以提供劳动力。

其二,多妻可以提高男子的声望和社会地位。许多民族或部落中,男子的声望和地位与其妻妾的多少成正比,如刚果土人称其酋长伟大时必历数其妻。

其三,一夫多妻制是协调性比例失衡的一种手段。在一些社会中,男子的死亡率比女子高,这主要与杀男婴之俗和战争有关。如布干达人,一般家庭均有杀男婴之举,在一些特殊的祭典中,还常杀男子作为牺牲,国王也有随意杀人的恶习。同时,这个社会常常发生战争,使成千上万的男人战死,在战争中又掳获大批的妇女。结果,布干达人的女人与男人的性比例为3∶1。这样,实行一夫多妻制便是可以理解的了。

另外,阶级社会中统治阶级多妻妾则主要与他们的生活方式相关。

三、一妻多夫婚

一妻多夫婚(polyandry),就是一个女子可以同时有两个或两个以上的丈夫的婚姻形式。若丈夫们是兄弟关系,则称为兄弟共妻制(fraternal polyandry),这种婚姻制度较少见,我国西藏地区、尼泊尔、印度的托达人及斯里兰卡的僧伽罗人中存在过。

一妻多夫婚主要有两种形式:兄弟共妻和非兄弟共妻。兄弟共妻指妻子的多个丈夫是兄弟;非兄弟共妻则指妻子的多个丈夫不是兄弟,而呈较复杂的状况,如有朋友共妻、父子共妻、甥舅共妻及不同氏族、不同村寨男子共妻等多种。在某些社会中,兄弟共妻和非兄弟共妻往往并存。

在印度的托达人中,兄弟共妻相当普遍。一个女子嫁给一名男子后,就理所当然地成为这个男子所有兄弟的共同妻子。女子怀孕后,其中一人为她举行"授弓"仪式,从而成为孩子在法律上的父亲,其他兄弟也是父亲,但在意义和地位上有所差别。除兄弟共妻外,托达人还有非兄弟共妻的现象。丈夫们来自不同的氏族,分住在不同的村寨,妻子轮流到各丈夫那儿住上一个月。经过一个特定的仪式后,第一个丈夫就是前面三个孩子的父亲,其余的孩子依次分配。

我国古代也存在一些一妻多夫婚的变异形式。如唐宋以来,中原地区的"招夫养夫""挂帐十年"等就是一妻多夫的变异形式。所谓"招夫养夫"是指女人虽有丈夫,因其养不起家小,再招一个男人到家里来;"挂帐十年"是贫家妇女经丈夫同意,由媒人介绍再招一夫,为期十年,聘金归本夫。宋元以后,租妻、典妻也是一妻多夫的变体。在汉族民间也有兄弟共妻者,清代赵翼著《檐曝杂记》说甘肃省"往往有兄弟数人合娶一妻者"。

一妻多夫婚产生的原因是多种多样的,主要有贫困和性比例失衡两个原因。其一,在一些社会中,一妻多夫是男子生活贫困所致,兄弟共妻可以节省大量的聘礼。古代汉族地区的"招夫养夫""挂帐十年"均为男子经济穷困所迫。在农奴制度下的西藏地区,某些地方的一妻多夫婚主要存在于下层的农奴家庭。农奴从农奴主那里分到的土地极为有限,有限的土地上很难供养更多的人口,兄弟共妻、朋友共妻均可以限制人口的过多增长,以缓解土地和自然环境的压力。由于土地世传,兄弟共妻可以防止由兄弟分居带来的土地分裂。其二,在许多社会中盛行一妻多夫制主要是因为男女性比例失衡,男子的数目大于女子的数目。造成性比例失衡除了自然因素外,主要是文化上的因素。如印度托达人盛行杀女婴习俗,这样在托达约 800 人中,男人就要比女人多出 100 人。[①] 如果不实行一妻多夫婚,将有四分之一强的男子成为鳏夫。

四、一夫一妻婚

一夫一妻婚(monogamy)又称专偶婚或单偶婚,是一种以一个丈夫和一个妻子的结合为基础的婚姻,是人类十分普遍的婚姻形式。但单偶婚往往与其他婚姻形式同时存在,纯粹的单偶婚社会并不多。据默多克世界民族志抽样调查,565 个社会中只有大约 1/4 实行不允许其他婚姻形式的严格单偶婚制。[②] 大多数人类学家认为,单偶婚是人类婚姻的一种历史形式和人类文明的标志。但在

[①] 宋光宇编译:《人类学导论》,台湾桂冠图书有限公司 1979 年版,第 323 页。
[②] C.恩伯、M.恩伯:《文化的变异——现代文化人类学通论》,杜杉杉译,第 308 页。

不同的社会中,这种婚姻的性质和内容都有所不同。在早期私有制社会中,单偶婚是建立在父权和夫权基础上的,由于丈夫占有财富,在家庭中居于统治地位,而妻子则处于被支配甚至被奴役的地位,所以这种婚姻有时候表现了极大的片面性和对抗性。在现代社会中,虽然仍有不少国家处于私有制社会,但由于社会的进步和文明的昌盛,一夫一妻制家庭里夫妻从法律上讲已经处于平权的地位。

综上所述,人类的婚姻主要有群婚、一夫多妻婚、一妻多夫婚和一夫一妻婚四种基本类型。有的学者将前三种类型归为多偶婚,而将一夫一妻婚称为单偶婚。从民族志的材料看,一夫一妻婚是人类通行的婚姻;而一夫多妻婚和一妻多夫婚只能算是例外,经典作家曾断定这两种婚姻"都不能成为普遍通行的形式"①。中华人民共和国成立后,我国学者曾对前藏、后藏和藏北牧区共758户家庭进行调查,发现一夫一妻制家庭为634户,占总户数的83.64%;一妻多夫婚家庭有91户,占12%;一夫多妻家庭33户,占4.6%。默多克对巴西的凯英刚人的调查也显示,一夫一妻婚占60%,而一妻多夫婚和一夫多妻婚分别只占14%和18%。②

第四节　婚姻的形式与程序

一、聘金和嫁妆

婚姻,在大多数社会中都象征着不同家庭或家族间经济权益的互惠转让,即在缔结婚姻的过程中,经济上受损的一方往往需要得到对方的补偿。这种补偿以聘金和嫁妆的形式表现出来。

1. 聘金

聘金又称聘礼,是新郎为获取新娘,由新郎或新郎的亲属支付给新娘亲属作为补偿的一定数量的财物。

聘金常见于父系继嗣的社会。在父系继嗣的社会里,女人属于财产的一部

---

① 恩格斯:《家庭、私有制和国家的起源》,《马克思恩格斯选集》第4卷,第56页。
② 童恩正:《文化人类学》,第153页。

第八章　婚姻制度及其变迁

分,娶进一个媳妇,就必须付出相应的代价,因而聘金就是对女方亲属丧失了一笔财产的补偿。当然,这种特殊的财产主要表现为女子所具有的劳动能力及其被抚养的部分费用。

聘金的表现形式除金钱外,还有各种各样的礼品。如布干达人的聘金通常是2500个玛瑙贝(相当于一头牛的代价),再加上家畜、酒、树皮布以及其他东西。我国独龙族的聘金过去一般是两头牛、一口铁锅、一座铁三脚架、铁刀、麻布、毯子等。在我国台湾地区,聘金有现金、金首饰、衣服、酒、猪肉以及大量的礼饼。据调查,2016年我国有的农村彩礼标准是"一动不动"或"万紫千红一片绿"。"动"的是小汽车,"不动"的是房产;"万紫千红一片绿"是由一万张5元、一千张100元、再加若干50元的人民币组成。①

在某些社会,聘金的一种替代形式是劳务或服婚役。一种情况是女子的未婚夫到女方家居住一段时间,无偿地为女方亲属提供劳动,以劳役代替聘金,然后成婚;一种情况是新郎结婚后到妻方居住一段时间,提供劳役,等劳役期限完毕,携妻回自己家,共建小家庭;还有一种情况是男子入赘妻方,同妻方亲属永久地居住在一起。无论哪种情况,都表明男子无力偿付换取占有新娘权利的聘金。

聘金的多少在不同社会中往往不一样,即使在同一社会,不同阶层的人所支付聘金的数额也有差异,但多以男方偿付能力为极限,否则,要么婚姻缔结失败,要么以婚役抵偿。当然,也有选择其他办法的,如换婚。

聘金具有多方面的功能,如聘金可以加强家庭或家族间的经济合作关系。男方支付给女方的聘金,既可用于资助女方,使其摆脱生活的困境,或者用于扩大生产,也可作为女方兄弟娶妻的聘金。聘金对稳定婚姻也起一定的作用。由于男方支付了大量的聘金,当女方提出解除婚约时,往往要向男方赔偿聘金,这就意味着女方财产的损失。

2. 嫁妆

嫁妆是结婚时由新娘亲属支付给新婚夫妇的一笔财物。嫁妆的实质是新娘在自己的家族中应该继承的财产的一部分,它同聘金有很大的区别。区别之一

---

① 参见顾鑫鑫:《农村彩礼的演变——以天津A村为例》,河北大学硕士学位论文,2016年。

是聘金给女方的亲属,妻子本人往往无法享用,而嫁妆是给新婚夫妇的,不仅妻子可以享用,丈夫也可享用;区别之二是聘金主要用于对女方的补偿,而嫁妆则主要用于对新婚夫妇的资助。当然,嫁妆同聘金也有相同之处,它将家庭经济结合起来,为稳定婚姻提供良好的经济基础。

嫁妆有动产和不动产两种形式。作为动产的嫁妆是新娘出嫁时随身带走的,包括现金、生产、生活用具,以及其他礼品等。不动产的嫁妆是新娘不带走的其应该继承的财产,如1949年以前我国部分地区土家族姑娘出嫁时,娘家为其留有"姑娘田",由娘家代为耕种,直到该姑娘去世。这期间,可用"姑娘田"的收获为该出嫁姑娘提供经济援助,或用其他形式向该姑娘提供补偿。

嫁妆的多少视娘家家境而定。富裕之家的姑娘出嫁有一笔相当可观的陪嫁财物,而贫苦之家的女子出嫁一般只能备置简单的、象征性的嫁妆。

二、婚姻的民俗形式

婚姻制度在法律和契约层面实现对人类结合行为的社会规范,在不同的历史阶段缔结婚姻的具体形式有所不同。有人将其分为古代结婚制度及近现代结婚制度两类,也有人将婚姻沿革分为掠夺婚(marriage by capture)、对价婚(marriage by consideration)、共诺婚(marriage by mutual consort)三种形态。婚姻的民俗形式,指的是嫁娶的方式。人类婚嫁的方式五花八门,有补偿性的,也有非补偿性的;有强制的,也有自愿的。总的来说,主要有掠夺、买卖、交换、自由婚诸种。当然,婚姻的民俗形式的划分是仅就其主要特征而言,各种形式之间并非毫无关联,其中某些内容往往也有相同之处。

(一)掠夺婚

掠夺婚又称抢劫婚,指男子用暴力从其他可婚氏族中为自己抢劫妻子的婚娶方式。它是个体婚制形成的初期形式,是向一夫一妻制过渡的重要标志。掠夺婚流行于亚洲、美洲、大洋洲一些近现代原始民族和欧洲一些古代民族中。印度《摩奴法典》以掠夺为正当的结婚方法之一。

我国古代也实行过掠夺婚。许多朝代都曾实行过的"师婚"即是利用战争手段抢劫妻妾的真正掠夺婚;蒙古族入主中原以前,烈祖即抢劫蔑儿乞部落的妇女为妻,后来蔑儿乞部落又抢夺太祖家的妇女为妻;汉族民间,达官贵人仗势夺人妻妾和穷人因纳不起聘金而劫婚的更是屡见不鲜。

现在掠夺婚已近绝迹,作为一种历史残余,许多民族或族群还保留着一种佯抢亲习俗。这是一种仪式化了的掠夺婚,即新郎本人或与其亲友一起在正式婚礼时假装用暴力把新娘掠夺过来,其表现形式有假战、假被盗、藏匿女子等。我国云南景颇族曾盛行过的"迷确""迷鲁"习俗即为佯抢亲,蒙古、鄂温克、苗、瑶、彝、傣、德昂、布朗、纳西、傈僳、黎等族中也有类似的佯抢亲习俗。

(二)买卖婚

买卖婚是把女子作为商品,由男子或其亲属用一定数量的财金将其购买来作妻妾的婚娶方式。买卖婚存在于美洲、亚洲、欧洲和非洲的众多民族之中。我国古代和近现代许多民族也盛行过买卖婚。

真正的买卖婚是把女子作为货物,明码标价,予以出售。价格依其容貌、能力、年龄、生育能力而定。最常见的购买方式是一次性付款,也有分期付款的。如中亚的吉斯人,父亲为约10岁大的儿子购买一个女子为妇,其价高达81头牛,由男方分期付与,直到付完才完婚。不论哪种购买方式,被买的妻子均被视为丈夫的所有物,其命运由丈夫定夺。在有些民族中,已婚女子可由其父方亲属赎回。如北美夸库特耳印第安人中,在妻子生孩子后,可由妻子父亲赎回,但必须交还原价并加利息,往往生一个孩子,赎金为原价的2倍。孩子越多,赎金也就越高。

买卖婚还有一些变式,主要有媒聘婚和服务婚两种。

媒聘婚的主要内容为父母之命、媒妁之言和聘约。其核心内容是以金钱为基础的聘约。我国古代婚姻有纳采、问名、纳吉、纳征、请期、亲迎六礼。其中纳征是用玄色或浅红色的包袱包着财物,表示婚姻交易达到协议。

服务婚同媒聘婚相类,虽不是直接的买卖,但都以定额的聘金作为嫁女的补偿,只是服务婚的聘金不是财礼,而是劳务。劳务时限长短,以女子价值高低而定。当然,在某些民族中,服务婚还有试验新郎的意义,主要考验新郎是否勤劳和是否具有负担一个家庭的能力。

（三）交换婚

交换婚是两个或两个以上的群体相互交换妇女的嫁娶方式。交换的范围或为家庭，或为氏族，或为半族。从时间上说，交换有同时交换和异时交换之分。同时交换指换婚群体嫁女同时进行，有时严格到婚礼在同一时刻进行；异时交换指出于某种原因，双方互换女子不在同时进行，一方嫁女早于另一方。交换婚从人数来说，有个体交换和集体交换之分。个体交换是单个人的交换，如甲乙两个群体，甲方的某个女子嫁给乙方某一男子，乙方某一女子同时反嫁甲方某一男子。这类交换呈现单偶婚的特点。集体交换指人数同样在两个以上的交换，如甲方某一范围内两个以上的女子共同嫁给乙方某一范围内的男子，而乙方某一范围内两个以上的女子反嫁甲方某一范围内的男子。这种交换一般呈现某类群婚的特点。从方式上看，交换有直接交换和间接交换之分。直接交换是两个群体间的互换，如甲群团的女子嫁乙群团的男子为妻，乙群团的女子反嫁甲群团的男子为妻。这种交换形式较为常见，如澳大利亚的级别婚即是如此，我国西周时姬、姜两姓世代为婚也是直接交换的典型事例。间接交换是在三个以上的群体之间的交换，在这种交换形式下，妇女呈单向循环流动。甲方女子嫁乙方男子，乙方女子又嫁丙方男子，丙方女子又嫁甲方男子。我国云南独龙族的环形婚即是这种类型。独龙族实行严格的外婚制，一个家庭往往同另外多个家庭结成固定的婚姻关系，甲家族的女子只固定嫁给乙家族或丙家族的男子，但乙家族或丙家族的女子则不能反嫁甲家族的男子，必须嫁给丁家族或戊家族的男子，而丁家族或戊家族又嫁女子给甲家族的男子为妻，从而形成环状通婚网络。

（四）自由婚

自由婚是以爱情为前提条件的婚嫁方式。自由婚的特点之一是非强制性，婚姻的建立以双方自愿为基础，它不受外力的支配或左右；另一特点是非买卖性，爱情为男女结合的基石，尽管经济等条件是婚嫁不可或缺的因素，但不是决定性的因素。

自由婚在非阶级社会中较为通行。男女情投意合即可媾婚，中途也可以随时离异。一个人与谁结合在通婚范围内完全自主。我国古代即有这种自由婚。

第八章 婚姻制度及其变迁

《周礼·地官司徒第二》载:"中春之月,令会男女。于是时也,奔者不禁。"我国许多少数民族也有自由婚的遗俗。云南永宁纳西族摩梭人的"阿注婚"即为典型。阿注关系随时可以建立,也随时可以中断,完全以双方的情爱为基础,不需要任何苛刻的条件和繁缛的手续。

在阶级社会中,自由婚也普遍存在,但被打上阶级社会的烙印。有时,未婚男女的自由恋爱会遇到来自父母、社会及传统道德伦理观念等各方面的强大阻力,双方因而不能顺利结合。同时,自由婚还常受金钱的支配。现代社会的自由婚具有两个特征:第一,保障结婚自由,充分尊重并保障当事人的合法利益,促进以爱情为基础的婚姻的建立和巩固;第二,加强对婚姻问题的法律监督,维护当事人根本利益与国家利益、社会利益;实行登记制度,只有依法登记的婚姻才具有法律效力。①

自由婚的一种特殊形式就是私奔婚。私奔婚是强制婚、买卖婚的反抗形式。男女自由恋爱而私奔在许多民族中都存在过,如我国汉代卓文君与司马相如私奔即为典型。

(五) 其他婚姻形式

除了上述几种较为普遍的婚姻形式之外,还有一些特殊的嫁娶方式,主要有以下几种。

(1) 赘婚,也称入赘婚,即女婿入赘女家。这不同于原始社会中的从妻居。我国汉语中的"赘"有抵押的意义。《说文·贝部》载:"赘,以物质钱。"段玉裁注:"若今人之抵押也。"《汉书·贾谊传》曰:"家贫子壮则出赘。"颜师古注:"谓之赘婿者,言其不当出在妻家,亦犹人身体之有疣赘,非应有也。"可见入赘的原因是付不起聘金,同服务婚有一定的联系,可将入赘视为服务婚的特例,其服务期限为终生。从我国古代来看,赘婚的原因是多方面的。就男家来说,有的是家贫无力为子娶妻,借此为子成家;也有因为男子贪图女家富贵的。就女家来说,家中无男或有男痴呆,招婿可以为己维持家计,养老送终;家境殷实者,招婿可生后嗣,承继家业。

---

① 李双元、温世扬主编:《比较民法学》,第879—880页。

(2) 童养婚,或称养媳婚,即女子幼时被夫家收养,长成时成婚。童养媳在我国古代即已存在。如周代实行的媵制,女子出嫁时,其侄女和妹妹随同出嫁。秦汉以后,帝王选幼女入宫,等她长大后,或自幸,或赐子弟为妻妾。宋元以后,童养婚在民间颇为盛行,有些地区一直保留到中华人民共和国成立前。童养媳产生的原因主要有三个:其一,在买卖婚盛行的社会中,娶新娘花费巨大,童养婚可以省钱,而女方生活穷困,把女儿卖作童养媳,可以减轻负担;其二,童养媳可以确保新娘贞操;其三,统治者存养民间幼女于宫中,以供淫乐。

(3) 赠婚和赐婚。这两种婚姻形式均为强制性的。赠婚是女子被父母或其他有权支配她的人赠送给别人为妻;赐婚主要指犯罪者的妻子和俘虏来的女子等被帝王赐予别人为妻。赠婚与赐婚在我国古代较为常见。在世界上其他奴隶制社会中,奴隶主也往往将女奴隶赠或罚给别人为妻。

(4) 冥合,又称冥婚、幽婚、鬼婚、配骨等,指男女在生前未婚而死,或已订婚的男女未完婚而死,两家父母或亲友为之举行婚礼,使死者在阴间仍成夫妇。冥合充满宗教迷信色彩,在我国古代社会仅属特殊现象,在近现代少数地方还有一些残余存在。

此外,选婚、招夫、典妻、指腹为婚等婚姻形式也较独特。

三、婚姻的程序

婚姻的程序就是建立婚姻关系所经历的一系列步骤和过程。婚姻程序在不同的时代、不同的社会及不同的婚姻民俗形式中的表现均不一致。有的婚姻程序相当简单,有的则极为繁缛。但就各个民族婚姻所呈现的一般过程来看,大致有以下几个程序:

(一) 择偶

选择配偶是整个婚姻过程的第一步,对个人来说,具有重要意义。各个民族的择偶方式多种多样,大约分为两类:自由式择偶和强制式择偶。

(1) 自由式择偶。指的是凡已达到婚配年龄的男女青年,均自由地选择配偶。这种择偶方式在我国少数民族中十分普遍,且往往以歌为媒,建立恋爱关系。其中具有代表性的有苗族的"游方"、傣族的"串姑娘"、布依族的"赶表"、黎族的"布隆闺"（旧称"放寮"）等。

苗族的游方又称会姑娘、踩月亮、跳花、跳场、坐月、坐寨等，是青年男女择偶的社会活动。游方多在农闲、逢年过节或赶场时进行。有的地方游方还有特定的地点和特定的方式。如贵州黔东南各苗寨，利用"楼脚"、空屋设"游方坡"，供青年男女谈情说爱之用。一般说来，游方时三五成群集体活动，男青年用口哨、木叶或约定的信号邀请女方，以歌传情。男女经过多次接触，彼此有了一定感情，即可互赠一些小礼物表示爱慕。在双方感情加深后，两人可以私下交换信物，私定白首之约。

串姑娘是云南西双版纳傣族青年自由择偶的方式。串姑娘一般于十月十五"开门节"过后至次年二月的农闲季节，在赶街、做佛事、纺线等许多场合进行。如傣族过春节时，姑娘们打扮得花枝招展，各自带着精心绣制的花荷包到丢包场上，从事一种被称为"丢包"的娱乐活动。青年男女分列丢包两边，相距十余米。丢包开始时，由男青年先把彩包抛向女方，这样互相抛接，但双方互不言语，只见彩包在空中乱飞。后来，彩包逐渐转向相中的对象。小伙若看中某位姑娘，便反复将包抛给她，经过多次试探，将包越抛越近，借机对话。一连数日，钟情的小伙子便在包内放入手镯、耳坠之类的赠品。若姑娘不同意，便将有赠品的包抛回，若接受了赠品，即表示相许终身。

（2）强制式择偶。指的是青年男女的配偶由他人强行选择，自己不能表达意愿。掠夺婚、买卖婚及其他强制性的择偶方式均属此类。强制式择偶在我国君主专制社会里表现十分突出。我国古代君主专制社会婚姻的缔结从"广家族，繁子孙，求内助，别男女，定人道"的目的出发，严守门第等序，讲究"父母之命，媒妁之言"，将男女自由恋爱视为"大防"。对女子而言，只能按家长意愿"嫁鸡随鸡，嫁狗随狗"。

当然，自由式择偶和强制式择偶只是相对而言的，很多自由式择偶也是在一定的通婚范围内进行的，择偶的自由只是在通婚范围内的自由。

（二）订婚

订婚是男女婚姻关系的确定程序。这是择偶的继续，表明婚姻关系得到各方认可，被正式确立下来，不得轻易反悔。

订婚有一系列的仪礼。如我国云南地区的佤族送订婚礼称"都帕"。订婚礼要送三次。第一次送六瓶酒,称"氏族酒",其他还送芭蕉、茶叶之类,多少不定。这六瓶酒给女家同一氏族的各男性当家人吃,表示同一氏族的人都同意这桩婚事。第二次送邻居酒,也是六瓶。邻居吃了这种酒,可作婚事的旁证。第三次送开门酒,只有一瓶,这瓶酒专给女子的母亲吃。订婚送礼完毕,表示婚姻关系已经确立。但订婚仪礼中最主要的仪礼是聘财。过去汉族民间订婚分小订和大订。大订在小订之后,聘财多于小订。如中华人民共和国成立前,北京小订是一对或一个戒指,大订则由男方向女方送首饰、衣服以及钱币等。

(三) 结婚

无论是择偶还是订婚,都是婚前的准备程序,结婚才是婚姻的完成程序。结婚是通过特殊的仪礼来完成的,这就是婚礼。

婚礼,一般男女两方都举行,只是繁简不同。在从夫居的社会中,男方仪式比女方隆重;在从妻居的社会中,女方仪式则比男方隆重。

我国汉族男方婚礼仪式分为成妻之礼和成妇之礼两步。按照六礼中的亲迎规定,举行婚礼当天,新郎要到新娘的母家亲自迎娶。新妇到来要举行"花烛之典"。花烛之典仪式相当复杂,其中主要的是行交杯共食之礼,即"共牢合卺"。合卺之后,新娘即成为新郎的正式妻子。成妻之礼后,妻子要拜公婆,祭祖先,行成妇之礼。由此,妇女才正式加入男方家族,成为男方家庭中的一员。

云南西双版纳傣族实行"从妻居",其婚礼别具风味。结婚当天,男方宴会宾客,一切从简。到晚上,新郎穿上新娘亲手缝制的衣服,包上漂亮的头巾,背上背包,带上砍刀,在媒人、亲戚和伴郎们的簇拥下,一路鸣枪驱邪,到女家成亲。在女方家,婚礼则相当热闹。女方家在得知新郎到来时,设置重重关卡,阻止新郎进入竹楼;同时,将新娘隐藏起来,直到新郎花钱敬酒才请新娘出来。在婚礼上,还为新婚夫妇举行复杂的拴线仪式,将新郎新娘拴在一起,以示心心相连。拴线仪式后,开始正式婚宴,请民间歌手唱《赞哈》,祝愿新婚伉俪白头偕老。

第五节 婚后居住模式

结婚之后,新婚夫妇居住在何处,不同社会有不同的规定。婚后居处不仅是婚姻的延续,而且是一个社会继嗣规则和社会结构的反映。一般来说,婚后居住模式可以划分为单居制、两居制、分居制等几种类型。

一、单居制

单居制是无选择的居住模式,包括从父居、从母居和从舅居三种形式。

(一) 从父居

从父居(Patrilocality),又称从夫居,是新娘在结婚后搬到以新郎的父亲为首的家庭中生活的居住模式。这种居住模式相当普遍。默多克民族志抽样调查考察的 565 个社会中,有 67% 的社会实行从父居。[①] 我国古代汉族基本上实行从父居。

从父居产生的原因非常复杂。一般来说,从父居多见于犁耕农业社会和畜牧社会。在这些社会中,男子在人们从生态环境那里获得食物的过程中居于主导地位和起支配作用。

从战争的角度看,从父居一般同一个民族的内部战争同时存在。在内部战争中,妇女一般不作为战斗力,而男子在军事上的合作比女子在军事上的合作更加有效。因此,把已婚儿子留在家中,在遭到邻近居民的突然袭击时,能够确保有一支既忠诚可靠又可迅速动员起来的战斗队伍。同时,在民族内部的战争中,父亲、兄弟、儿子都生活在一起,也避免了同胞和亲子间的格斗。

(二) 从母居

从母居(Matrilocality),又称从妻居、从妇居,是新郎在结婚后搬到新娘的母亲为首的家庭中生活的居住模式。从母居社会比从父居社会少得多。在默多克

[①] C. 恩伯、M. 恩伯:《文化的变异——现代文化人类学通论》,杜杉杉译,第 323 页。

的统计中,从母居社会只占其统计总数的 15%。① 我国少数民族采取女娶男嫁从母居的情况相当多。部分非从母居社会的入赘婚,也是从母居的特殊形式。

与从父居相比,从母居主要存在于园圃农业社会或氏族社会中。在这些社会里,女子在日常生存活动中处于支配地位。从战争角度说,从母居往往同对外战争相联系。当一个社会内部战争被制止,战争威胁主要来自另外一个社会时,男子们通常组织起来进行远征。这样妇女就要承担大部分的生产和家务劳动,因此将女儿留在家中,组织以妇女为中心的家庭,无疑具有实际意义。再说,在母系家庭中,女子从小就共同劳动、共同生活,具有集体利益感,而母亲、姊妹、女儿在一起更容易相处,有利于家庭的稳固。如果实行从父居,媳妇来自其他不同的家庭,她们无法形成集体利益观念,婆媳妯娌也难以相处,所以容易造成家庭破裂。与战争原因相类似,当男子长期远出从事商贸、狩猎等活动时也会导致从母居的产生。

(三) 从舅居

从舅居(Avunculocality),指的是新婚夫妇同丈夫的舅父生活在一起的居住模式。这种类型亦比较少见。据默多克的统计,这类社会只占其统计总数的 4%②,比较典型的有马林诺夫斯基调查过的特罗布里恩德岛上的几个例子。

从舅居是母系社会内部矛盾的产物。在从母居的母系社会中,女子是社会的中心,但男子日益掌握了生产、战争、贸易等方面的主动权。因此,一个男子婚后要到其妻子的亲属群中居住并接受他们管辖的居住模式,是男方父亲所不愿接受的。同时,男子自己的经历也使他反对从妻居。解决这个矛盾的最常用办法就是从舅居模式,即男子和其妻子成婚后搬到男子的舅父家居住,共同组成一个家庭。在这样的母系继嗣的家庭中,家庭核心已不再是女子,而是母亲的兄弟和母亲的儿子们。

从理论上推理,假如在父系继嗣群中也存在上述矛盾,同样也会出现以兄弟的女儿和父亲的姐妹为中心的家庭,这个家庭实行的是从姑居。事实上,从姑居从来没有出现过,这是因为父系继嗣社会出现后,女子再也没有找到控制父系继

---

① C. 恩伯、M. 恩伯:《文化的变异——现代文化人类学通论》,杜杉杉译,第 323 页。
② 同上书,第 324 页。

第八章 婚姻制度及其变迁

嗣群的机会。

从舅居的另一个原因是继承财产的需要。当舅父家缺少男性继承人时,部分情况下要求外甥搬到舅父家居住,以继承财产。

从舅居与从父居的共同点是男子在两个居住模式的家庭中均居核心地位;其区别在于,从舅居主要存在于母系继嗣群,而从父居则主要存在于父系继嗣群。

二、两居制

两居制是可选择的居住模式,可分为两可居和两方居两种形式。

(一) 两可居

两可居(Ambilocality),指的是新婚夫妇可以选择到任一方父母家里或附近生活的居住模式。这在狩猎或刀耕火种族群中较为常见。

两可居模式主要存在于两类社会中:一类是由某种原因造成人口锐减的社会。在这类社会中,夫妇为了维持生活,往往随便选择与尚健在的一方父母或其他亲属共同居住。另一类是资源有限的社会,如狩猎—采集社会。在这类社会中,两可居对环境更有适应性。由于夫妇住所的选择比较自由,所以新婚夫妇有可能选择同拥有最好资源的亲属共同居住。如非洲的昆布须曼人在一个地方居住一段时间,等资源被利用完后,他们就离开这个地方,以分散的家庭单位迁入有丰富食物资源的亲戚所在的营地中去。所以,两可居增加了昆布须曼人寻找食物的机会。

(二) 两方居

两方居或称两边居,是新婚夫妇同两方亲属交替共同生活的居住模式,即一段时间同男方亲属共同居住,另一段时间同女方亲属共同居住。我国湖南瑶族的"两边走"即是两方居的方式:结婚之后,男子先入居女家,夫妇在女家劳动一段时间以后再到男家劳动一段时间。一年四季,夫妇在男女两家轮流生产和生活。[①] 两方居还见于我国的布朗、傣等族。

---

① 参见孙秋云:《湘桂边界地区瑶族传统婚俗与有待改革的几个问题刍议》,《中南民族学院学报(哲学社会科学版)》1990年第4期。

两方居产生的原因之一是两方居社会具有极大的流动性和灵活性,所以两方居也常见于狩猎—采集社会。与两可居社会不同之处在于,两可居不像两方居那样在家庭之间频繁地移动。两方居产生的另一原因是母权和父权的矛盾。在同一社会中,当父权和母权势均力敌时,两方居便是调和的一种方式。

三、新居制

新居制(Neolocality),指的是新婚夫妇结婚后搬离各自的家庭而单独生活的居住模式。新居制是当代社会中较为通行的居住模式,但在默多克民族志的统计中,新居制社会只占其统计总数的5%。因为在前工业社会,人们离开亲属很难独立生活,故这种婚后居住类型并不普遍。

新居制主要存在于具有货币或商品交换的近现代工业社会。在这样的社会里,新婚夫妇对亲属的依赖性减弱了。人们可以通过出卖劳动力或劳动产品来获取货币,然后用货币来购买自己所需要的生活用品;同时还可以将货币储存起来,在失业或丧失劳动力时,不需亲属帮助即可继续维持生存。另外,在商业化社会中,为了寻找工作,未婚男子往往远离父母,结婚后自然就地而居。同时,商业社会里人们的工作单位并非固定,而是具有较强的流动性,这也促使夫妻居所随工作单位流动,同父母生活在一起显然不能满足工作流动的需要。

四、分居制

除上述居住模式外,分居制是人类社会较有特色的居住方式,它包括原居制和独居制两种形式。

(一) 原居制

原居制(Duolocality),又称望门居和偶居制,是指青年男女结为配偶后,并不住在一处,而是分别住在各自原来家庭中的居住模式。在这种居住模式下,男女两性生活的主要形式是访合,大多由男子拜访女子,实行偶合。这种居制主要存在于母系社会,在印度的哈齐人、北美洲的印第安人和大洋洲的密克罗尼西亚人以及我国云南纳西族摩梭人中都曾流行过。在我国部分南方少数民族中,青年男女婚后第一个孩子出生前实行原居制,待第一个孩子出生后即实行从夫居。

第八章 婚姻制度及其变迁

这种习俗学术界称为"不落夫家"。

原居制产生的原因目前还不十分清楚。一种可能是,在母系氏族社会中,女子在生产、生活中均处主导地位,加之氏族的规模相对较大,一个氏族内部不可能缺少男性,这样女子不需要依靠外氏族男子就可维持正常的生产生活,基于乱伦禁忌的氏族之间男女性的结合比经济结合重要得多。另外,群婚和伙婚制下,男女结合的爱情基础并不坚实,多数性爱以非排他性为特征,一对男女的结合并不稳定,婚后随一方居住的可能性并不大,所以原居制发生在群婚和伙婚制盛行的母系社会是可以理解的。从战争的角度说,氏族社会中氏族间战争时有发生,而氏族往往又是通婚群体,无论是从母居,还是从父居,氏族间战争都可能把自己的亲属作为敌人。原居制是战争发生时避免伤害骨肉的最好办法之一。

（二）独居制

独居制是新婚夫妇结婚后,既不同原来的亲属居住在一起,也不建立新的家庭,而是分开独处的居住模式。

独居制同原居制的共同点是夫妇分开居住。但这种居制主要存在于当代社会。其产生的原因主要同商业化社会中人口流动性大有关系。一种类型的独居是夫妇均健在的两地分居,这种分居因职业等因素持续一定的时间。另一类型的独居是丧偶所致。他（她）有一定的条件独立生活,不必依赖或很少依赖亲属的帮助和照顾。当然,独居制也会因为个人生活习惯和夫妇感情不和等而产生。

值得注意的是,一个社会可以存在不止一种婚后居住模式,往往以某一种为主,而允许有少数例外。例如,在流行从父居的地方,可以有几户由于女方无子嗣而实行女方居住（西南少数民族称为"上门""出姓""招婿"）;也可以有几户由于夫妻双方均无亲属可以依靠,不得不单独居住;等等。

第六节 离婚、再婚与婚姻的权利

一、离婚

离婚是婚姻状态的结束,是通过合法的和社会认可的方式解除男女双方婚姻关系及由婚姻关系带来的权利和义务的现象和过程。离婚受多种因素的影响,在不同的传统中其表现有极大的差异性。即使在同一社会,不同时代,离婚现象也不一样。

(一) 离婚观念

离婚观念表明社会文化对婚姻永久性的态度和看法,它影响到离婚的其他方面。离婚观大约可分为三类:

(1) 开放性离婚观。有些民族或族群并不把婚姻看作永久性的结合,虽然它们也注重婚姻形式,但离婚是自由的、随便的,只需要非常简单的手续。中华人民共和国成立前,我国的布朗族在第一次婚后三年内,如果夫妻感情不和,只要剪断一根蜡条,便算正式离婚。云南永宁纳西族摩梭人的"阿注婚",阿注关系的结束有时简单到只需一句话。

(2) 封闭性离婚观。这是一种更为通行的对离婚的态度。基督教认为,婚姻是"神作之合,人不得而离之",并设置种种障碍来限制离婚,甚至实行一种别居制度,以维持僵死的婚姻。我国许多少数民族也认为离婚是不可取的,如达斡尔族俗语"写离婚书的地方,三年不长草",认为离婚是不吉利的事。如果要离婚,必须得到双方氏族的同意。

(3) 倾向性离婚观,即社会文化观念对于离婚,倾向支持男女中的一方。在这种状况下,一方的离婚是自由的,而另一方的离婚权利则受到限制。如我国古代社会,婚姻被认为是"合二姓之好",理应男女平等,但结婚之后,妇女脱离父家加入夫族,便归夫家所有。在"男有再娶之理,女无二适之义"的训条下,丈夫可以休弃妻子,而妻子只能从一而终。在澳大利亚的阿伦塔人中,男子要休妻,只要随便找个借口,而女人根本没有要求离婚的权利。北美纽约地区的易洛魁印第安人则相反,女人认为有必要,只要把丈夫的东西放在门外就算离婚了。

(二) 离婚类型

离婚观念只说明了不同社会中的离婚态度和男女在离婚权利方面的差异,并未说明离婚实现的具体方式。根据不同的标准,学术界将离婚划分为不同的类型。

依据当事人的存亡状况,可将离婚分为生离和死离两种类型。生离是指夫妻均健在的离异,这种离异需要一系列的手续,通常所说的离婚主要指生离。死离是夫妻一方死亡后的自然离异。当然,在一些社会中,从宗教观念出发,人们并不认为夫妻一方死亡就意味着分离。

依据当事人的意愿,也可将离婚划分为合意离婚、单意离婚和否意离婚三类。合意离婚是指双方都情愿的离异。这种离婚在原始社会和当代社会中常见,如部落社会中的自由离婚多属合意离婚。单意离婚指一方不情愿的离异。在部分社会中,情愿离婚的一方往往握有离婚的权利。如我国古代的出妻、休妻,很多情况下都属于单意离婚,离婚的权利在男方,而女子始终处于被动的地位。否意离婚是夫妻双方均不情愿的离异,这种离异一般具有强制性,主要来自外来的压力,如父母亲属的压力、社会的压力、宗教的压力,甚至国家和法律的压力等。

依据离婚的方式,还可将离婚分为协议离婚和判决离婚两类。协议离婚指男女双方或双方亲属经过协商在财产等方面取得认同后的离婚方式。协议的双方在非西方社会中,传统上往往是夫妻各自的家族长或其他亲属。如我国达斡尔人离婚要征得双方氏族的同意,否则离婚不能成立。在当代社会中,协议双方主要是当事者本人,但家长的观点也常是一种介入因素。判决离婚的主要形式是通过法律程序判离。在现代社会中这种方式最通行,即使是协议离婚,也要得到法律的认可。除法庭判决外,在非法制化社会中,常常采用其他形式判决,如我国元代以后出现的官府判离等。

(三) 离婚的理由

离婚是婚姻关系的破裂,而婚姻的破裂通常有一定的原因。

美国人类学家默多克曾对不同社会的离婚理由做了统计,包括日常生活琐事、互不相容、通奸、不育、性无能、懒惰(不事生产)、唠叨、虐待或残忍等。[①]

我国古代对离婚的条件也作了严格的规定。如《大戴礼记》规定了出妻的七项条件:"不顺父母,为其逆德也;无子,为其绝世也;淫,为其乱族也;妒,为其乱家也;有恶疾,为其不可与共粢盛也;口多言,为其离亲也;窃盗,为其反义

---

① 参见宋光宇编译:《人类学导论》,台湾桂冠图书有限公司1979年版,第331页。

也。"但有三种情况不能出妻："有所娶无所归,不去;与更三年丧,不去;前贫后富贵,不去。"除"七出"外,"义绝"也是我国古代社会离婚的另一条件,它包括夫对妻族、妻对夫族的殴杀,奸非罪,以及妻子对丈夫的谋害罪。"义绝"表示夫妻间已经情义断绝,因此从法律上规定这种婚姻关系应当解除,否则,国家就要予以惩罪。如《唐律疏议·户婚》规定:"诸犯义绝者离之,违者徒一年。"

二、再婚

离婚仅仅是夫妻共同生活关系的消亡,并不表明夫妻身份关系的绝对消亡。再婚就是建立新的夫妻生活关系的途径。

再婚主要有丧偶再婚和离婚再婚两种形式。丧偶再婚指夫妻一方死亡后的再娶或再嫁,主要存在于一夫一妻的婚姻制度中,由于配偶对象较稳定,所以丧偶后的再娶再嫁对于婚姻身份的延续比群婚制下的延续重要得多。一夫一妻制下,夫妇丧偶后,如果不再娶或再嫁就意味着人生中途婚姻身份的自然丧失,男子成为鳏夫,女子变成了寡妇。

丧偶再婚在不同的时代和不同的社会中表现形式也不一样。在现代社会中,丧偶再婚是一种自由权利,但在传统社会中,丧偶再婚则受到种种限制。我国古代社会里,妻子死后丈夫可以娶"继室"和"填房"。诸侯、帝王由于实行多妻妾制,即使死了正妻,也会有许多嫔妃"继室",所以再娶的限制对他们来说不存在。平民百姓"填房"则受到经济的限制,因而"续弦"之类的事只是富裕之家的权利。同男子再娶不同,我国古代社会女子再嫁则要受到礼仪的严格限制。由于要求女人"从一而终",所以丈夫死后,妻子应当守节,甚至终身守寡。但在法律上,改嫁在一定条件下还是允许的。这种条件就是妻子必须在丈夫的丧服期满(三年)后才能改嫁。

丧偶再婚的特殊形式是妻姊妹婚和夫兄弟婚。按照妻姊妹婚规定,鳏夫可以或必须娶亡妻的未婚妹妹,而后者也有嫁给他的权利和义务。按照夫兄弟婚规定,一个女子在其丈夫死后必须转嫁给亡夫的兄弟,而亡夫的兄弟也有娶她的权利和义务。有的甚至将寡妇转嫁给亡夫的长辈或晚辈。

离婚再婚在许多社会中与离婚本身具有大致对等的自由度。在群婚和对偶

第八章　婚姻制度及其变迁

婚下,离婚是自由的,离婚后的再婚也是自由的。在当代社会中,离婚后的再婚自由得到法律的保护。但在许多社会中,人们离婚后再婚比初婚要谨慎得多,考虑得更多的是家庭和社会,情感往往居于次要地位。有些民族或社会离婚后的再婚程序和仪式普遍比初婚要简单得多。在传统社会里,离婚后女子在重新寻偶时居于较男子被动或低下的社会地位。

再婚除上述两种主要形式外,还有其他一些特殊形式,如夫妇一方失踪后的再婚,现代社会严格一夫一妻制下的重婚,等等。当然,重婚属于不被法律和社会认可的再婚现象。

三、婚姻权利与同性婚姻

根据英国人类学家埃德蒙·利奇(Edmund Leach)的相关研究结果,与所在社会具体类型有关,婚姻能够(但并不总是)在联姻的个人和群体中规定这样一些基本权利:(1)确立一名男性作为某名女性的孩子父亲的法定身份,以及一名女性作为某名男性的孩子母亲的法定身份;(2)赋予配偶双方对彼此性行为的独占权;(3)赋予配偶双方对彼此劳动的权利;(4)赋予配偶双方对彼此财产的权利;(5)建立一份以孩子为受益人的伙伴式联合财产储蓄;(6)建立一种配偶与其亲属间的有着重要社会意义的"姻亲关系"。[①] 这些婚姻权利的指定,显示了社会所承认的由性结合带来的人际关系,同时涉及法律、经济、伦理等方面的问题。

在大多数社会,婚姻概念指涉的仍然是异性配偶间的合法社会关系,因此我们看到,特别是在西方社会,有人呼吁让同性婚姻合法化,同性伴侣群体为争取婚姻法律权利加入了少数族裔等弱势群体平权运动的社会浪潮。支持同性婚姻的观点基本上集中在"自由""平等""人权"等几个基本概念。他们认为,同性之间形成合法伴侣关系后,同样能够为家庭中的孩子建立固定的家长抚养关系,有助于减少同性恋者"假婚"现象,也可以使伴侣获得彼此劳动和财产的权利与义务。在利奇提到的最后一点"姻亲关系"上,同性婚姻确实仍面临许多挑战。尽管如此,他们希望享有与异性婚姻配偶一样或者相似的各种权利。相应的,反对

---

① 康拉德·菲利普·科塔克:《人类学(第十二版)》,庄孔韶编审,冯跃改编,第301页。

意见除了提出法律、经济、伦理方面的因素外,还经常突出宗教的教义禁止。

目前,同性婚姻合法化运动经历多年的抗争被渲染上"政治正确"的色彩,西方不少国家陆续承认了同性婚姻或家庭伴侣关系。荷兰、比利时、法国、巴西、美国等一些欧洲和美洲国家已经承认了同性婚姻的合法性。

从人类学所收集的资料看,北美某些印第安人、非洲某些部落社会都存在同性婚姻事实。西方人类学家尝试对此类关系进行分析,他们将典型的男女结合关系带入这种跨文化解释,认为这些同性(生物性别)婚姻中一方扮演了男性的角色,而另一方扮演女性的角色,实际上建立的仍然是传统社会性别婚姻关系。通过跨文化比较研究,我们了解到非西方与西方社会在同性婚姻这一问题上更多是关注社会性意义而不是生物性事实。

◆ 本章思考题

1. 什么是婚姻?从古至今人类婚姻有哪些类型?
2. 乱伦禁忌产生的原因是什么?它在人类婚姻制度中有何意义?
3. 什么是内婚制和外婚制?它们各有什么特点?两者在社会集团中是一种什么样的关系?
4. 婚后居住方式有哪些类型?其产生的社会条件是什么?
5. 讨论题:从人类学的视野,试谈谈你对当代同性婚姻的看法。

◆ 本章主要参考及推荐阅读文献

1. Michael C. Howard(迈克尔·霍华德):《文化人类学》,李茂兴、蓝美华译,台湾扬智文化事业股份有限公司 1997 年版。
2. C.恩伯、M.恩伯:《文化的变异——现代文化人类学通论》,杜杉杉译,辽宁人民出版社 1988 年版。
3. 路易斯·亨利·摩尔根:《古代社会》上下册,杨东莼、马雍、马巨译,商务印书馆 1981 年版。
4. 康拉德·菲利普·科塔克:《人类学(第十二版)》,庄孔韶编审,冯跃改编,中国人民大学出版社 2008 年版。
5. 罗伯特·F.墨菲:《文化与社会人类学引论》,王卓君译,商务印书馆 2009 年版。

6. 恩格斯:《家庭、私有制和国家的起源》,《马克思恩格斯选集》第 4 卷,人民出版社 2012 年版。
7. 庄孔韶主编:《人类学通论》,山西教育出版社 2002 年版。
8. 林耀华主编:《民族学通论》,中央民族大学出版社 1997 年版。
9. 宋光宇编译:《人类学导论》,台湾桂冠图书有限公司 1979 年版。
10. 童恩正:《文化人类学》,上海人民出版社 1989 年版。
11. 汪宁生:《文化人类学调查——正确认识社会的方法》,学苑出版社 2015 年版。
12. 乌丙安:《中国民俗学》,辽宁大学出版社 1987 年版。
13. 孙秋云:《族群文化与乡村建设》,社会科学文献出版社 2016 年版。

第九章

家庭、亲属制度与继嗣

第一节 家 庭

一、家庭的定义和特点

学术界曾对家庭概念做了颇多的探讨,但任何一个学者都无法找到一个适合任何文化类型的准确定义。一般而言,组织家庭的基础是几种特殊的社会关系:一种为夫妻之间的婚姻关系;一种为父母子女之间的亲子关系;一种为同源的兄弟姊妹关系。这几种关系又可归为两大类:婚姻关系和血缘关系。除此之外,有些家庭还包括收养、过继而来的家庭成员,这些家庭成员与其他家庭成员之间组成一种拟制的亲缘关系。因此,家庭的定义可以概括为:建立在婚姻关系和血缘或收继关系基础之上的基本社会组织形式,是社会的最小细胞。

一般而言,家庭具有以下几个基本特点:

(1) 社会基础性。家庭是社会的最小细胞,是社会存在的基础。从生产和消费两方面说,家庭都是社会的最基本单位。在传统农业社会中,家庭甚至是社会最主要的生产生活单位。家庭不仅是基本的经济单位,也是基本的教育单位。个人的社会化是从家庭开始的,家庭教育是其他教育的基础。家庭还是最基本的血缘单位,氏族、胞族、民族的存在均以家庭为基础。

第九章　家庭、亲属制度与继嗣

(2) 结构封闭性。家庭从结构上说具有封闭性特征。第一，从家庭与外部的关系看，家庭不是乌合之众，家庭成员的接纳要受到一系列的限制。从婚姻角度来说，有些家庭不可能因为婚姻关系本身的建立而改变家庭成员结构，如实行原居制的群婚；在大多数的婚姻状态下，通婚集团成员的接纳也要遵循严格的禁忌和程序。从收养角度来说，收养异族成员并非所有家庭的义务，即使有些家庭履行收养义务，也要遵照一定的规则，举行特殊仪式。第二，从家庭内部结构看，家庭成员的地位也是固定的，一般具有非替代性。如父子关系是封闭性的关系，无论何时何地，这种关系结构不会改变。同胞之间也有长幼之序，这种有序性也是恒定的。当然，就个人来说，他(她)的身份、角色在一定条件下也会改变，如男子原是儿子，他也可能有孩子而成为父亲，但家庭成员的关系结构是不变的。

(3) 功能整合性。家庭以姻缘和血缘为基础，夫妻通过性爱的结合达到一体化，尤其是建立在爱情基础上的夫妻间的结合更为紧密，其他家庭成员在血统上均具有统一性或可追溯的同源关系。这种建立在姻缘和血缘基础上的结合是最牢固的结合。在家庭利益上，由于家庭成员合居共产，个人利益和家庭利益往往可以自然地达到一致，即使出现分歧，也能快速得到调适。家庭成员在心理上均有很强的归属感和我群意识。因此，家庭在功能上是一种具有高度整合性的社会组织。

(4) 高频互动性。家庭是一个互动频率极高的群体。家庭成员一般具有直接、经常、长期互动的特点，这些特点都表明了家庭互动的高频性。直接互动说明家庭成员进行面对面的交往、交流，不需要中间环节，这种互动便于迅速地了解对方。经常互动表明家庭成员的交往、交流不是一次性的，而是连续不断的，这样有助于加深了解。长期互动意味着家庭成员的互动不是短暂的，有的可达几年、十几年甚至几十年。这样长时间的交往，必然会使家庭成员建立深厚的感情。

除基本特点外，还可以归纳出不同社会的家庭的其他许多特点，而且各个社会可归纳的特点也不一样。如根据许烺光教授的研究，美国家庭具有"非连续性""排他性""意愿性""性征性"等特点，而中国传统家庭则具有强调父系代相传的"连续性"、多子多孙兼容并蓄的"包涵性"、长幼尊卑的权威性以及传宗接代的非性征性等特点。①

二、家庭的演变历程

家庭是一个能动的历史范畴。最早对家庭史进行研究的,严格地说是瑞士人类学家巴霍芬。在他之后,又有英国人类学家麦克伦南(John F. McLennan)、美国人类学家摩尔根。尤其是摩尔根通过对美洲印第安人及世界上其他许多民族的亲属制度的调查,恢复与之相应的家庭形式,首先描绘了家庭史的发展脉络。马克思、恩格斯在上述学者研究的基础上,揭示了家庭的本质和演变的基本规律。这一成果集中体现在恩格斯的《家庭、私有制和国家的起源》一书中。由于缺乏实质性证据,除了社会进化论者,我们很难在其他学者的观点里找到这种对家庭演变史的假想。

(一)血缘家庭

血缘家庭是建立在原始社会血缘婚基础上的家庭形式,它是家庭的第一阶段。血缘家庭的基本特点是实行一种低级形式的群婚制,婚姻集团按辈分划分,即在家庭范围内,基本上排除祖辈与孙辈、父母辈与子女辈的婚配,但认可直系或旁系的兄弟姐妹相互通婚。在家庭成员关系上,同辈的所有男女既为兄弟姊妹,也为夫妻;上一辈的所有男子是父亲,所有女子都是母亲;下一辈的所有男子都是儿子,所有女子都是女儿。

血缘家庭在世界上已经绝迹,它的存在是摩尔根于19世纪70年代根据遗存在夏威夷群岛的马来亲属制和群婚的残余中推论出来的。这种家庭形式的产生除自然选择的因素外,生产力的发展起着决定性的作用。在旧石器时代的早中期,人们狩猎技术的提高引起了年龄分工。青壮年男女结成集团,担负起艰难的狩猎经济生产,并生活在一起。尤其是长期远途狩猎活动,加剧了青壮年同老人、孩子的分离。这样,原始群团便分裂为血缘家庭。

---

① 许烺光对中美家庭差异性的研究,可参见他的两本著作中的相关章节:《美国人与中国人:两种生活方式比较》,彭凯平等译,华夏出版社1989年版;《宗族、种姓、俱乐部》,薛刚译,华夏出版社1990年版。

（二）普那路亚家庭

普那路亚家庭是一种以氏族外群婚为基础的家庭形式,是群婚家庭中的高级形式。其特点是排除了兄弟姊妹之间的性交关系,由同胞的、旁系的或血统较远的一群兄弟与其他集团的一群女子互相集体通婚;同样,同胞的、旁系的或血统较远的一群姊妹,与其他集团的一群男子互相集体通婚。这种家庭因丈夫之间、妻子之间互称"普那路亚"(亲密的伙伴)而得名。在这样的家庭形式下,丈夫和妻子分别居住在自己的母系氏族中,只是在过性生活时,男子才到妻方氏族拜访,所生孩子归妻方氏族。

普那路亚家庭是从血缘家庭中发展而来的。这种演变,根据恩格斯的论述,有两种因素在起作用。其一,在一定意义上说是自然选择的胜利。人们在漫长的发展过程中,逐渐认识到血亲婚配的弊病,从而逐渐产生了禁止同胞兄弟姊妹间通婚的观念和行为。这种排斥血亲婚配的观念,最初是偶然的,后来成为一种习惯,于是非血亲婚配的普那路亚家庭就逐步取代了血亲婚配的血缘家庭。其二,是同社会经济的发展相联系的。旧石器时代中晚期,人工取火和食鱼方式的出现,促进了人口质量的提高,从而推动了人们智力的发展,使人们逐渐认识到血亲婚配的危害。同时,原始共产制下共同的家庭经济,决定着家庭公社的规模。随着人口的增多,原来的家庭公社容纳不下了,就把一部分人分出来,加之性别分工的影响,男女常作为不同的生产集团,共居的机会相对减少了。这样,随着血亲危害观念的产生,兄弟姊妹势必被分为不同公社的成员,从而引起旧家庭公社的分裂和新家庭公社的建立。① 普那路亚就是经过这样或类似的途径从血缘家庭中产生的。

（三）对偶家庭

对偶家庭是原始社会母系氏族公社时期的一种家庭形式。这种家庭由一对配偶在对偶婚的形式下结合而成,所生子女归母亲所有。由于这种家庭的婚姻关系很容易破裂,所以男女双方仍分别属于自己的氏族,没有独占和固定的同居

---

① 恩格斯:《家庭、私有制和国家的起源》,载《马克思恩格斯选集》第4卷,人民出版社2012年版,第46—47页。

生活,也没有独立的家庭经济。男女之间的性结合,起初是丈夫到女家拜访妻子,实行望门居;后来丈夫搬到妻子家中居住,实行从妻居。

对偶家庭是由普那路亚家庭发展而来的。其产生原因大致是:其一,自然选择继续发生作用。按摩尔根的说法:"两个正在进步的部落混合在一起了,新生代的颅骨和脑髓便自然地扩大到综合了两个部落的才能的程度。"①这种先进部落的带头作用推动了后进部落的婚姻向对偶婚转变。其二,经济的发展。由于经济发展和人口日益增多,群婚成为妇女的沉重负担,这样妇女就"迫切地要求取得保持贞操的权利,取得暂时地或长久地只同一个男子结婚的权利作为解救的办法"②,从而促进了对偶婚的最终产生。

(四)一夫一妻制家庭

一夫一妻制家庭又称个体家庭,是阶级社会中一男一女结为夫妻的家庭形式。这种家庭形式不是以自然条件为基础的,而是以经济条件为基础的。与对偶婚家庭相比,它具有两个特点:其一,家庭婚姻关系牢固,已不能任意解除;其二,丈夫在家庭中居于支配地位。

一夫一妻制家庭是在原始社会由对偶家庭发展而来的,它的最后确立是文明时代开始的标志之一。但在对偶家庭向一夫一妻制家庭的转变中出现了一些过渡的家庭形式,主要有双系家庭和家长制家庭。双系家庭包括母系和父系血统的成员,大家处于平等的地位,世系和财产按母系和父系两系继承。这种家庭在许多民族或族群中都存在过,如我国云南澜沧县的拉祜族、宁蒗县永宁的纳西族摩梭人和台湾高山族中的雅美人等,其家庭成员包括男子的妻子及其子女、女子招赘的丈夫及其子女。家长制家庭这一形式具有两个特点:一是把非自由人(奴隶)包括在家庭以内;二是父权。除此以外,作为对偶婚家庭向一夫一妻制家庭过渡的例外家庭形式,还有一夫多妻家庭和一妻多夫家庭。这两种家庭分别同一夫多妻婚和一妻多夫婚相联系,只存在于世界上某些民族或族群聚居的某些地区。

---

① 转引自恩格斯:《家庭、私有制和国家的起源》,载《马克思恩格斯选集》第4卷,第55页;又见路易斯·亨利·摩尔根:《古代社会》下册,杨东莼、马雍、马巨译,商务印书馆1981年版,第464页。

② 恩格斯:《家庭、私有制和国家的起源》,载《马克思恩格斯选集》第4卷,第61页。

第九章　家庭、亲属制度与继嗣

对偶家庭向一夫一妻制家庭过渡的决定性原因,是生产资料私有制的产生和家庭关系的变化。新石器时代晚期,随着生产力的提高,家畜的驯养和畜群的繁殖创造了前所未有的财富。这些财富逐渐由氏族公有转变为一家之长的私人财产。同时,畜群继续发展,需要更多的人来看管,把战俘用作奴隶来看管畜群是既简便又恰当的办法。又由于生产力的发展,男子拥有主要的生产工具而逐渐掌握了生产的主动权,从而成为财富和奴隶的所有者。随着丈夫在家庭中地位的改变,就提出了改变财产继承权的问题。但是当世系还是按女系计算的时候,孩子就不能继承自己父亲的财产,因为他不属于父亲的氏族。所以,男子为了利用增强了的社会地位来改变传统的继承制度,使自己的孩子能继承自己的财产,就必须废除母权制。结果,母权制被推翻,正如马克思所说,导向一夫一妻制的动力是"财产的增加和想把财产传给子女——合法的继承人,即一对夫妇的真正后裔"[①]。

三、家庭的类型

家庭类型,根据不同的标准可作不同的划分。如根据家庭规模可分为大家庭和小家庭;根据权力结构,可分为父权家庭、母权家庭、舅权家庭、姑权家庭、平权家庭;根据代际层次,可分为一代人家庭、二代人家庭、三代或三代以上人家庭;根据家庭关系状况,可分为和睦家庭、不和睦家庭、解组家庭;等等。人类学划分家庭的主要标准是婚姻和血缘关系,一般将家庭分为以下几种类型:

(一) 核心家庭

核心家庭(nuclear family),又称自然家庭、基本家庭,指的是由一对配偶及其未婚子女组成的家庭,俗称小家庭,与单偶制婚姻相适应,一直是人类最普遍的家庭组织。它是当代绝大多数民族群体中最基本的社会单位,配偶不仅在经济上共同合作,还需要承担起抚养子女的责任。若家庭中夫妻离婚或有一方死亡,也可划入此范畴。另外,没有孩子的夫妻组成的家庭也是核心家庭,大致包括以下几种情况:刚结婚还没有生育的夫妻;不能生育的夫妻;一个母亲及其非

[①] 马克思:《路易斯·亨·摩尔根〈古代社会〉一书摘要》,载《马克思恩格斯全集》第45卷,人民出版社1985年版,第368页。

婚生子女组成的家庭。另外还有自愿不要孩子的夫妻,西方社会称之为"丁克家庭"〔DINK(double income no kids family),意思是这样的夫妻"双份收入,不要孩子"〕。

核心家庭是一种普遍的家庭类型。默多克曾经对 250 个不同社会进行研究,发现核心家庭在 250 个社会中所起的作用是其他任何集团都不能替代的。①

核心家庭多见于狩猎—采集社会和工业社会。在狩猎—采集社会中,艰苦的环境和贫乏的生活资料迫使人们分裂成最小的单位游动,如北极荒野上的因纽特人、南部非洲卡拉哈里沙漠的布须曼人等。在工业社会中,求职的流动性很大,人们为了谋取生存也不得不以小家庭为生活单位。

(二)联合家庭

联合家庭(joint family),是由两个或两个以上的核心家庭通过男系或女系继嗣关系结合在一起的家庭。这种家庭的特点是几个核心家庭住在一起,共同担负经济方面和社会方面的义务。它一般包括几种情况:一种是从父居的联合家庭,由父母(含一方死亡或离婚)和两个或两个以上的已婚儿子组成。一种是从母居的联合家庭,由父母(含一方死亡或离婚)和两个或两个以上的已婚女儿组成。还有一种情况是多偶婚家庭,如一夫多妻家庭,一个男子的每个妻子及其子女各组成一个核心家庭,这些核心家庭以这个男子为纽带,共同组成联合家庭。在这个联合家庭中,这个男子既是各核心家庭的共同丈夫,又是各核心家庭子女的共同父亲。一妻多夫家庭也有类似的情况。

(三)扩大家庭

扩大家庭(extended family),指的是由血缘关系联系起来的在核心家庭扩大的基础上形成的家庭。扩大家庭是通过不同形式由核心家庭改变而成的,所以扩大家庭往往又被称为扩大的核心家庭。

一般而言,扩大家庭包括四种基本形式:第一种形式包括一对夫妻及其子女和夫的父母(男系继嗣,含父母缺一)或妻的父母(女系继嗣或赘婿,含父母缺一);第二种形式是一个已婚的兄弟或姊妹共同组成的家庭;第三种形式是一对

---

① 参见马文·哈里斯:《文化人类学》,李培茱、高地译,东方出版社 1988 年版,第 122 页。

夫妇和已婚的诸子(男系继嗣)或已婚的诸女(女系继嗣)组成的家庭;第四种形式特别复杂,包括三四代的成员,每一代都由众多的核心家庭组成,并且也分为男系和女系两类。上述第三、第四种形式实际上包含了联合家庭。

扩大家庭是世界上较为通行的家庭类型。这种家庭存在的原因主要是经济活动的需要。其一,扩大家庭一般存在于定居农业经济的社会,如我国的汉族社会、印度北部的拉杰普特人社会等。在这样的社会中,扩大家庭的存在能够阻止对土地等财产的再划分,以及提供充足的劳动力。其二,扩大家庭有助于社会分工与协作,尤其是家庭分工与协作。如在母亲离家劳动或父亲外出活动时,扩大家庭的其他成员可以承担生计劳动、照料孩子以及其他家务劳动的重任。

除上述三种主要家庭类型外,由于人们居住方式的改变,可能还存在一些特殊类型的家庭,如只包含一个成员的家庭等。学者们注意到,当今世界,许多社会有着一定比例的独居人士(solo)①,他们也许单身,也许不是,但他们都独自居住和生活。这些人是否可以被定义为"家庭"仍然存在争论,他们的生活境况引起大众关注那些我们习以为常社会基础是否能永恒不变。发生在美国、北欧、日本、中国等社会文化中的这些变化,值得我们思考人类为了过家庭生活在具体方式上的多样化选择以及在这些生存方式下所编织的"意义之网"。

四、家庭的功能

家庭的功能指家庭对社会所起的作用。家庭功能在不同历史时期、不同社会的表现也不一样。一般而言,家庭的功能主要体现在以下几个方面:

(一)限制并满足性的需求

性的需求是人类的生物本能,这种生物本能在人类童年时期没受到任何限制。一旦人们将性生活限制在一定的范围之内,家庭就产生了。家庭产生之后,它的发展仍然是在重新调整对性的限制中演进的。家庭的存在一方面限制了人们的性生活,另一方面也在法律、道德的保护下,满足了人们的性需求。同时,家庭将性行为限制在夫妻之间,有利于社会的稳定和繁荣,有利于子女

---

① 克里南·伯格:《单身社会》,沈开喜译,上海文艺出版社2015年版。

的抚育和成长。

（二）生产和消费的功能

家庭是一个生产和消费的单位，具有组织生产和消费的功能。在传统社会中，家庭担负着生产供自己家庭成员消费的产品的职能；同时，家庭又是一个同居共财、共食共用的组织，家庭内部的消费行为由家庭统一安排。在商业化社会中，家庭的生产功能虽然减弱，但并未完全消失，仍以一定形式存在；同时，消费功能依然存在，家庭成员将各自的工资收入或其他收入汇聚起来，统一管理，满足全家的生活开支与需求。

（三）抚育和赡养的功能

种的繁衍主要是家庭的功能，其他任何形式的社会组织都无法替代。一对男女结为夫妻，组成家庭，就意味着他们担当了生育和抚育下一代的责任。一般情况下，生育如果不在家庭中进行，正如性行为不在家庭以内进行一样，将得不到社会的认可。婴幼儿成长时期对家庭，尤其是对母亲有一个较长时间的依赖，因此，家庭又是婴幼儿成长的最好场所。父母抚育子女和子女赡养老人一般是家庭功能不可分割的两个部分。尤其是在社会福利不发达的传统社会中，赡养老人更是家庭承担的重要责任。

（四）教育子女的功能

在传统社会中，家庭承担着教育子女的重要职能，如生产、生活技能的传授，民族、族群、家庭历史的讲解等，这在部落社会中更为突出和重要。我国君主专制社会十分重视男子的"家学德业"和女子的"家庭礼法"。父母对子女要"制之以严，教之以正"，不仅向子女传授知识，也传授生存技能。现代社会中，家庭教育功能虽然由于社会教育的发展有所减弱，但在人的社会化初期，家庭仍然是一个重要的教育单位和场所。

（五）休息和娱乐功能

家庭是人们休息和娱乐的重要场所。在传统社会中，人们户外劳作之余的闲暇时间很大部分是在家庭中度过的，娱乐活动也主要是在家庭中进行的。在现代社会中，越来越多的文化娱乐活动和设施已经社会化了，但并不能代替家庭作为个人休息和娱乐场所的功能。家庭提供的轻松、宁静的生活气氛和夫妻、亲子之间的天伦温情是社会其他组织取代不了的。

第二节　亲属的含义及其区分的原则

亲属关系是人类在婚姻家庭关系基础上建立起来的最普遍的一种社会关系。这种关系在非西方社会中具有十分重要的意义,它决定着社会成员间最基本的权利和义务。因此,有文化人类学家认为,亲属关系网为非西方社会提供了主要社会活动的结构。①

一、亲属的本质

亲属(kin),是由血缘关系发展成的血亲(血族)及其配偶和由姻缘关系发展成的姻亲(姻族)及其配偶的总和。它是生物性因素和社会性因素相结合的产物。一个人同他的父母的关系首先是由生育造成的。兄弟姊妹的关系也是因为大家源自同一父母而建立起来的。然而,生物性因素仅仅是亲属关系建立的起点,它的展延和变异还受社会因素的制约。比如说,一对夫妇的子女,不仅包括他们自己生的孩子,也包括通过收养、过继等方式获得的孩子。在很多社会中,亲属关系还包容了根本没有生物关系的人,"干亲""把亲"等就是其例。一旦称呼者和被称呼者建立了"干亲"或"把亲"关系,双方就确立了一定的权利和义务的关系,恰如真正的父母子女、兄弟姊妹之间的关系一样。可以说,亲属是文化建构的结果。

亲属的范围,在不同时代、不同社会并不相同。以我国古代文献典籍中所说的"六亲"为例,《左传·昭公二十五年》所载包括"父子、兄弟、姑姊、甥舅、婚媾、姻亚",其中有直系血缘家族成员和很大一部分姻族成员;但《史记·管晏列传》张守节正义时确定的"外祖父母、父母、姊妹、妻兄弟之子、从母之子、女之子"等"六亲",只包容了血缘近亲和姻缘近亲;贾谊的《新书·六术》则根本排除了姻

---

① C. 恩伯、M. 恩伯:《文化的变异——现代文化人类学通论》,杜杉杉译,辽宁人民出版社1988年版,第330页。

亲,规定"六亲"为"父子、兄弟、从父兄弟、从祖兄弟、从曾祖兄弟、同族兄弟"。我国君主专制时代,依据宗法制度和男尊女卑的原则,将亲属分为宗亲、外亲、妻亲。宗亲是与男系血统相连的亲属,外亲是与女系血统相连的亲属,妻亲是专指对于夫而言的妻之亲属。1911年辛亥革命以后予以改革,分亲属为血亲、姻亲和配偶。

二、区分亲属关系的基本原则

亲属关系虽然纷繁复杂,但一般具有类分的性质。然而,区分亲属关系的原则,不同社会、不同民族是不同的。美国人类学家克罗伯(Alfred Louis Kroeber)于1909年发表了一篇题为《亲属关系的分类系统》的短文,指出人类学家的任务,不是识别人类许多语言所表示或可表示的成百上千种稍有差异的亲属关系,而是辨明构成这些亲属关系的基本原则或范畴。他列举了区分亲属关系的八个原则或范畴,被大多数文化人类学家所采用。这八个原则是:

(1)行辈原则。即不同的辈分采取不同的称呼,以确定亲属间的行辈差异。如同辈为兄弟姊妹;上推为父母辈,包括父母、伯叔、姑舅姨等;下推为子女辈,包括子女、侄甥子女等;父母辈以上为祖父母辈、曾祖父母辈;子女辈以下为孙子女辈、曾孙子女辈;以此类推。

(2)同辈长幼(年龄)原则。即对同一辈中不同年龄的同一类亲属采取长幼区别的称呼。如我国汉族的大伯、二伯、二叔、小叔、大哥、二哥,等等。欧美社会不太注重此项原则。在有些社会中,此一原则只限用于某一辈亲属。如纳瓦霍印第安人只在同辈中使用这个原则,对比自己大的兄弟用同一称呼,对比自己小的兄弟用另一称呼;其他的亲属,包括对长辈亲属和晚辈亲属,不分长幼,均用笼统的一组称谓。

(3)直系旁系有别原则。直系亲属是指直接的先人和后裔;旁系亲属则是指具有间接关系的亲属。如我国汉族,以自己为基准,垂直向上推衍直系长辈四代、向下推衍晚辈四代,为直系亲属,其他亲属均为旁系。直系与旁系完全是根据自己这个中心来区分的,己身所出和从己身所出是直系,其余的都是旁系。但有些社会并不分直系与旁系。如阿帕契印第安人称堂表兄弟姊妹与称亲兄弟姊

第九章　家庭、亲属制度与继嗣

妹相同；夏威夷土著居民对父亲和伯叔均用同一称谓。我国古代的"诸父""诸母"也是直系旁系不分的称谓。

（4）被称亲属性别原则。即用不同的称呼来区别不同性别的亲属，如父与母、兄与姊、弟与妹等。

（5）称谓人性别原则。即对于同一个被称呼的人，由于称谓人的性别不同，称呼也有所不同。如北美纳瓦霍印第安人中，父亲和母亲称自己的儿子用不同的称谓，称女儿也一样用不同的称谓。

（6）中介亲属性别原则。这一原则主要适用于某些旁系亲属。由于中介亲属性别的不同，借此中介人而发生关系的那个亲属的称谓也不相同。如我国汉族，若以父母及其兄弟姊妹为中介亲属，那么父亲兄弟的子女和父亲姊妹的子女的称谓不同，母亲兄弟的子女和母亲姊妹的子女的称谓也不同。同时，又由于父母性别不一样，所以父亲兄弟姊妹的子女的称谓又不同于母亲兄弟姊妹的子女的称谓。一般来说，自己与父亲兄弟的子女互称"堂（从）兄弟姊妹"，称父亲姊妹的子女为"姑表兄弟姊妹"，称母亲兄弟的子女为"舅表兄弟姊妹"，与母亲姊妹的子女互称"姨表兄弟姊妹"。

（7）血亲姻亲区别原则。这一原则将亲属分为两类：一类由出生决定，亲属间有血缘关系，如父母子女、兄弟姊妹等，称血亲；一类由婚姻决定，包括配偶一方所有亲属，称姻亲。

（8）亲属存殁原则。即亲属在生与死的不同场合有不同的称谓。如阿帕契印第安人，男人结婚后住到女家，同妻子的家人发生姻亲关系。若妻子亡故，他便不能再用原来的称呼。若要维持第一次婚姻所产生的亲属称谓，通常要求这名男子再娶亡妻家中未婚的妹妹或堂（从）表妹妹为妻。

第三节　亲属类型和亲等

一、亲属类型

不同的时代、不同的国度，对亲属类型的划分是有区别的。我国古代对于亲属有"九族"之分。九族往往再分为父族、母族和妻族三类。《白虎通义》卷三下曾解释九族为"父族四、母族三、妻族二。父族四者,谓父之姓为一族也,父女昆弟适人有子为二族也,身女昆弟适人有子为三族也,身女子适人有子为四族也。母族三者,母之父母为一族也,母之昆弟为二族也,母之女昆弟为三族也,母昆弟者,男女皆在外亲,故合言也。妻族二者,妻之父为一族也,妻之母为二族,妻之亲略,故父略为一族"。另外,我国古代对亲属还有宗亲、外亲、妻亲之分。宗亲为男系血统的亲属;外亲为女系血统的亲属;妻亲为妻之本亲。我国现行的法律所承认的亲属有三类:血亲、姻亲和配偶。但在某些国家,如德国、法国等,其现行法律只承认血亲和姻亲,而把配偶排除在外。

(一) 血亲

血亲,如前所述,是有血缘关系的亲属。血亲又分为直系血亲和旁系血亲两类。每一类又有自然的和拟制的差别。

(1) 直系血亲,指的是有直接血缘关系的亲属,其下分为自然直系血亲和拟制直系血亲。自然直系血亲指因出生自然形成的有直接血缘关系的亲属,即生育己身和自己所生的上下各代亲属。拟制直系血亲指通过法定程序,本无直系血缘关系的人之间发生直系血缘关系,成为享有与自然直系血亲同等地位的亲属。拟制直系血亲较典型者有养父母子女关系和继父母子女关系等。

(2) 旁系血亲,指的是有间接血缘关系的亲属,其下分为自然旁系血亲和拟制旁系血亲。自然旁系血亲是指因出生自然形成的有血缘关系的同出一源的亲属。如同源于父母的兄弟姊妹,同源于祖父母的堂兄弟姊妹、姑表兄弟姊妹,同源于祖父母的舅姨表兄弟姊妹等,都属于自然旁系血亲。拟制旁系血亲指通过法定程序,本无旁系血缘关系的人之间发生旁系血缘关系,成为享有与自然旁系血亲相同地位的亲属。拟制旁系血亲关系也是通过收养和父母再婚等方式形成的,主要有养兄弟姊妹、养伯叔姑与养侄子女、养舅姨与养甥子女、继兄弟姊妹、继伯叔姑与继侄子女的关系等。

(二) 姻亲

姻亲是因婚姻而形成的亲属。其下又分为直系姻亲和旁系姻亲两类。一方的直系姻亲就是配偶一方的直系血亲,如夫的父母为妻的直系姻亲,妻的父母为夫的直系姻亲。旁系姻亲要比直系姻亲复杂,一般包括以下几种情况:

（1）一方的旁系血亲即是配偶一方的旁系姻亲,如夫的伯、叔、姑、舅、姨和兄弟姊妹为妻的旁系姻亲,妻的伯、叔、姑、舅、姨和兄弟姊妹为夫的旁系姻亲。

（2）血亲与血亲的配偶也为旁系姻亲,如己身与兄弟姊妹的配偶,己身与伯、叔、舅、姨的配偶,均是旁系姻亲关系。

（3）己身与配偶的血亲的配偶也为旁系姻亲关系,这些旁系姻亲包括妻的兄弟之妻及姊妹之夫,妻的伯、叔、舅之妻及姑、姨之夫,夫的兄弟之妻及姊妹之夫,夫的伯、叔、舅之妻及姑、姨之夫,等等。

（三）配偶

配偶是一种特殊的亲属类型。配偶基于婚姻而形成,也基于婚姻而存在。如果依据法定程序离异,或一方亡故,配偶关系也就自然解除。

亲属关系实际上是一种权利和义务的关系。社会对不同类型的亲属间的权利和义务的规定都不一样。如我国法律规定,配偶间和直系血亲间均享有一定的权利和承担一定的义务。在旁系血亲中,只有二代以内的旁系血亲,即兄弟姊妹、养兄弟姊妹、有扶养关系的继兄弟姊妹间享有一定的权利和承担一定的义务。各类姻亲,除特殊情况外,均无法律上的权利和义务。

二、亲等

对亲属关系亲疏有别的认识,可以帮助我们更进一步地理解亲属概念。亲属关系亲疏远近有一些衡量的标准,这种衡量尺度被称为亲等。一般而言,亲等多则关系疏远,亲等少则关系亲近。从世界上看,亲等制主要分为两类,即等级亲等制和世代亲等制。

等级亲等制是一种按照世代的远近,参考地位尊卑、男女性别、恩情厚薄等来确定亲等级别的制度。我国古代的丧服制就属于等级亲等制。丧服制是以丧服的差等来区分亲属的亲疏远近的,将亲属分为五等,即斩缞、齐缞、大功、小功、缌麻。此五个等级标志了直系血缘关系与旁系血缘关系的尊与卑、亲与疏的差异。五服亲属在漫长的传统社会里维系着我国的宗族、亲属体系,强有力地控制着中央集权的君主专制时代的社会基础。等级亲等制在今天多已废止。

世代亲等制是一种以一世代为一亲等的计算制度。其下又分为罗马法和寺院法两种计算方法。大多数国家采用罗马法这一亲等计算法。罗马法的计算方法是：在血亲方面，直系血亲从己身上数或下数，每一世代为一亲等，如父母与子女是一世代，为一亲等；祖父母与孙子女是二世代，为二亲等；以此类推。旁系血亲的计算是从己身上数至共同的直系血亲，再由共同的直系血亲下数至要计算亲等的亲属，一世代为一亲等。上数、下数代数之和，即为己身与所指亲属的亲等数。如己身与伯、叔、姑、舅、姨为三亲等，其计算即先从己身上数至同源的祖父母、外祖父母，为二世代，再从祖父母、外祖父母下数至伯、叔、姑、舅、姨，为一世代，二世代与一世代相加即为三亲等。在姻亲方面，血亲的配偶从其血亲的亲等，如子为直系血亲一亲等，媳则为直系姻亲一亲等；配偶的血亲从其配偶的亲等，如岳父母为妻的直系血亲一亲等，则为夫的直系姻亲一亲等；配偶血亲的配偶，亦从其配偶的亲等，如夫（妻）与其舅父为三亲等的旁系血亲，所以妻（夫）与夫（妻）的舅父就是三亲等的旁系姻亲。

　　寺院法只在英国等个别国家使用。寺院法与罗马法对直系亲属亲等的计算方法相同，在旁系亲属亲等的计算上有差别。寺院法计算旁系亲属亲等的方法是：从己身上数至同源直系血亲，再从要计算的亲属同样上数至同源直系血亲，如果两次所数世代数相同，其相同数即为亲等数；如果两次所数的世代数不同，则按代数多的一方定其亲等。如自己与兄弟姊妹的亲等，从己身上数至同源直系血亲——父母，为一世代，再从兄弟姊妹上数至同源直系血亲——父母，也为一世代，二者代数相同，所以己身与兄弟姊妹的亲等为一亲等。再如，己身与伯、叔、姑的亲等，先从己身上数至同源直系血亲——祖父母，为二世代，再从伯、叔、姑上数至祖父母，为一世代。两次所数的代数不一，取其多者，所以己身与伯、叔、姑的亲等为二亲等。显然，对旁系亲属的计算，寺院法并不能准确地反映旁系亲属间的亲疏远近关系，故被大多数国家所弃置。

第四节　亲属称谓

一、什么是亲属称谓

　　亲属称谓(kinship terminology)，是用来标明亲属关系的一套称呼术语或名称。亲属称谓原则上是一种语言系统，不同的称呼反映的亲属关系的性质往往不同。但它与所标明的亲属关系并不具有严格的一一对应关系,而是呈现很大的变异性。首先,不同的语言系统,反映同一亲属关系所使用的语言形式不一样,如对己身所从出的男性和女性,汉语称父、母,而英语则称 father、mather。其次,在同一语言系统内,反映同一亲属关系的称名在不同的场合也不一样,如汉语中称己身所从出的男性,或为父亲,或为爸、爹等。再次,在有些社会中,对不同的亲属关系用同一种称名,如英语对与父母平辈的男性亲属,一律称 uncle,对女性亲属一律称 aunt。有的称谓是对"虚拟亲属"的标明,但也能看出它们对某些因素的强调,如我国有"干爹""干娘"的称谓,天主教国家有"教父""教母"的称谓,等等。

亲属称谓一般呈现三种形式:第一种为"关系称谓",即人们在第三者面前谈起某人,介绍他是自己的哪一类亲属时所采用的名称;第二种为"相呼称谓",即人们直接招呼其亲属时所使用的名称;第三种是"别呼称谓",即第三者在某人面前提起某一类亲属时使用的称名,如汉族的令尊、令堂、令郎、令爱(媛)等。

亲属称谓具有这样一些特殊的作用和价值:其一,亲属称谓是一种完全确定的、反映亲属间权利和义务的称呼,通过称呼可以确定和维护整个社会秩序。其二,亲属称谓可以加强非亲属群体间的团结与合作。如巴西有两个印第安人的部落,其间毫无亲属关系,但两个部落的男子却互称姻兄弟,目的在于当这两个部落发生冲突时,使用这种亲属称谓可以消除冲突,巩固和平。其三,亲属关系的使用还可以将不具亲属关系的成员整合进亲属关系的网络之中。普遍存在于不同发展阶段的社会中的收继现象即是典型。如果一个外人通过正式的收继仪式进入某一家庭,他也就像其他成员一样使用亲属称谓,并且具有同样的权利和义务。

二、亲属称谓制度的分类

亲属称谓制度,又称亲属名称制度,简称亲属制度。它是反映人们的亲属关系以及代表这些亲属关系称谓的一种社会规范。

尽管世界上有上千种语言,而这些语言又有许许多多不同的亲属称谓,但只要对这些不同语言的各式亲属称谓进行分类,就可以发现,世界上千差万别的亲属称谓都可以纳入几种基本的亲属称谓的体系之中。通过亲属称谓的分类,可以用最简单的术语来说明复杂的亲属称谓的性质和关系。因此,文化人类学家对亲属制度的研究在很大程度上是建立在对其分类的基础之上的。

最早对亲属制度进行分类的是美国人类学家摩尔根。摩尔根认为,人类历史上存在过三种亲属制度,即马来亚式亲属制、土兰尼亚—加诺万尼亚式亲属制(简称土兰尼亚亲属制)和雅利安式亲属制。这三种亲属制又可划分为根本不同的两大类,即类别式(包括马来亚式和土兰尼亚式)和说明式(雅利安式)。类别式和说明式具有不同的特征。类别式只计算群体而不计算个人的亲属关系,无论直系或旁系亲属,只要行辈相同,除性别不同外,均用同一称谓说明;说明式的特征是,直系旁系有别,或用基本的亲属称谓来说明,或将这些基本称谓结合起来加以说明。①

$$\text{摩尔根的亲属称谓分类} \begin{cases} \text{类别式} \begin{cases} \text{马来亚式} \\ \text{土兰尼亚式} \end{cases} \\ \text{说明式——雅利安式} \end{cases}$$

图 9-1 摩尔根的亲属称谓分类简图

在摩尔根研究的基础上,一个多世纪以来,许多学者对亲属制度的分类提出了自己的见解。其中,美国人类学家默多克通过对 250 个人群样本的婚姻家庭和亲属组织进行量化分析,于 1949 年写出了名著《社会结构》,将亲属称谓制分为六种图式,得到了众多研究者的认同和采用。这六种亲属制度的图式为夏威夷式(Hawaiian type)、爱斯基摩式(Eskimo type)、易洛魁式(Iroquois type)、克罗式(Crow type)、奥玛哈式(Omaha type)和苏丹式(Sudanese type)。

为了便于比较和说明,先介绍文化人类学关于亲属关系的一些表示法:

▲:作为计算起点的个人,男或女,用 Ego(自我)表示;

△:表示男性;

○:表示女性;

=:表示夫妻关系;

|:表示父母和子女关系;

⊓:表示兄弟姊妹关系。

---

① 路易斯·亨利·摩尔根:《古代社会》下册,杨东莼、马雍、马巨译,第 381、391 页。

第九章 家庭、亲属制度与继嗣

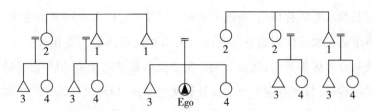

图 9-2 夏威夷式亲属称谓制

图式说明：1 为父母辈所有男性亲属；2 为父母辈所有女性亲属；3 为同辈所有男性亲属；4 为同辈所有女性亲属。

夏威夷式亲属称谓制，相当于摩尔根命名的马来亚式，主要流行于夏威夷和其他操马来—波利尼西亚语的地区，是人类社会最简单、使用称呼最少的一种称谓制。其特征是以辈分和性别为称谓区分原则，即所有同一性别同一辈分的亲属均使用同一称谓。例如，Ego 对上一辈所有男性亲属的称谓均同于生父，对上一辈所有女性亲属的称谓均同于生母；Ego 对同辈的所有男性，包括同胞兄弟、堂兄弟和表兄弟都使用同一称呼，对同辈的所有女性，包括同胞姊妹、堂姊妹和表姊妹都使用同一称谓。

从理论上来说，夏威夷式亲属制与两可系继嗣相联系。在两可系社会中，一个人在任何特定的时间都可以自由选择父方或母方而归属到一个亲属群体。这样，父母任何一方的亲属对于 Ego 来说，其重要性是等同的。在这一亲属制度下，由于核心家庭的成员与其他血亲（父与伯叔、母与姨母、兄弟与堂兄弟或表兄弟等）相混淆，所以核心家庭的地位不显著，以致在个人交往中，核心家庭成员与其他亲属具有基本同等的重要性。

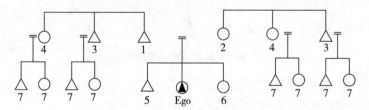

图 9-3 爱斯基摩式亲属称谓制

图式说明：1 为父；2 为母；3 为 Ego 父母所有的兄弟和父母所有姊妹的丈夫；4 为 Ego 父母所有姊妹和父母所有兄弟的妻子；5 为兄弟；6 为姊妹；7 为 Ego 父母的兄弟姊妹的子女及若干更疏远的同辈亲属。

爱斯基摩式亲属称谓制,美国人类学家罗维(R. H. Lowie)曾命名为直系式,主要流行于北美北部的因纽特部落以及美国和许多其他工业化社会中,其特征是将直系和旁系区别开来,父亲有别于父之兄弟和母之兄弟,但父之兄弟和母之兄弟用同一称呼;母亲有别于母之姊妹和父之姊妹,但母之姊妹和父之姊妹的称呼相同;同胞兄弟姊妹异称,而姑舅堂姨表兄弟姊妹同称。因此,爱斯基摩式主要强调了核心家庭的地位,在核心家庭以内,亲属称谓是描述性的,各成员均有专名;而在核心家庭以外,亲属称谓则是总括性的,父方的亲属与母方的亲属并无差异,甚至在姑舅姨堂兄弟姊妹中,除个别例外,多数属此制的亲属称谓均未作性的区分。

爱斯基摩式亲属称谓制一般只存在于具有双边亲属关系的亲属群中,因为这样的亲属群是一种以自我为中心的群体。就英美现代商业化社会而言,核心家庭一般都单独居住,远离其他亲属,除了一些礼仪性场合,核心家庭成员与亲属间的交往不多;同时,商业化社会的工作流动性很大,核心家庭随工作流动,就更加减少了同其他亲属交往的机会。就因纽特等狩猎—采集社会而言,为了获取资源,他们不得不以核心家庭为单位,不断地游移。这样,除了核心家庭成员外,不论是父方亲属还是母方亲属,其重要性都是一样,因而没有必要做严格的区分。

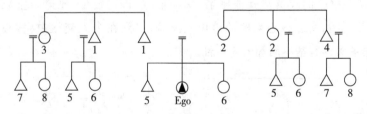

图 9-4 易洛魁式亲属称谓制

图式说明:1 为父及父之兄弟;2 为母及母之姊妹;3 为父之姊妹;4 为母之兄弟;5 为兄弟及平表兄弟;6 为姊妹及平表姊妹;7 为交表兄弟;8 为交表姊妹。

易洛魁式亲属称谓制,是以北美易洛魁印第安部落来命名的,相当于摩尔根命名的土兰尼亚—加诺万尼亚式和罗维命名的二分合并型。其特征是:父与父之兄弟同称,与母之兄弟别称;母与母之姊妹同称,与父之姊妹别称;父将其兄弟

第九章 家庭、亲属制度与继嗣

的子女称为自己的子女,母将其姊妹的子女称为自己的子女,即 Ego 的兄弟与平表兄弟同称,Ego 的姊妹与平表姊妹同称;父称其姊妹的子女为甥子女,母称其兄弟的子女为侄子女,即 Ego 的兄弟姊妹与交表兄弟姊妹异称,但姑表舅表兄弟或姊妹同称。

易洛魁式亲属称谓制是同单系继嗣相联系的。如果单系继嗣为母系,则父方的亲属与 Ego 的关系较母方亲属疏远;如果为父系,则母方的亲属与 Ego 的关系较父方亲属疏远。因此,不论是母方还是父方,都必然将平表和交表的兄弟姊妹区分开,而这种区分又是与把父亲的兄弟和母亲的兄弟区分开及把父亲的姊妹和母亲的姊妹区分开相联系的。

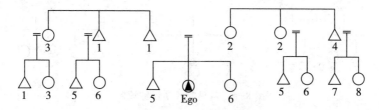

图 9-5 克罗式亲属称谓制

图式说明:1 为父、父之兄弟、父之姊妹之子;2 为母、母之姊妹;3 为父之姊妹、父之姊妹之女;4 为母之兄弟;5 为兄弟、母之姊妹之子、父之兄弟之子;6 为姊妹、母之姊妹之女、父之兄弟之女;7 为母之兄弟之子;8 为母之兄弟之女。

克罗式亲属称谓制,以北美克罗印第安部落命名,相当于罗维命名的二分合并型。其特征是:父、父之兄弟、父之姊妹之子称谓相同;父之姊妹与父之姊妹之女称谓相同;母与母之姊妹同称,父与母之兄弟异称;Ego 的兄弟与母之姊妹之子和父之兄弟之子同称,即与堂姨表兄弟同称,但与父之姊妹之子和母之兄弟之子,即姑舅表兄弟异称;与此相同,Ego 的姊妹与堂姨表姊妹同称,与姑舅表姊妹异称。

克罗式亲属称谓制与母系继嗣相联系。这种制度将母系亲属和父系亲属区别对待,因为母系继嗣通常实行的是从母居,所以对 Ego 来说,母方的亲属集团乃是他所在的一个集团。在这个集团中,人们居处相近,关系密切,而且不同辈分的人之间的态度都不一样,如母辈对 Ego 承担保护、教养的责任,而 Ego 对母辈则必须服从尊敬；又如同辈之间，一般具有兄弟相处态度，所以才有必要将亲属按辈分划分，这样不同辈分的称谓就不相同。但母及母之姊妹都属于同一继嗣系统的同一辈分，她们对 Ego 承担的义务和享受的权利又是一样的，因而母及母之姊妹用同一称谓意味着 Ego 的母系亲属中属于同一辈的所有女性成员。由于母及母之姊妹称谓相同，那么，母之姊妹之子女也就是自己的兄弟姊妹了。

与此相比较，父方的亲属与 Ego 不属于同一亲属集团，住在另外的地方，交往较疏远，所以对 Ego 来说不那么重要，这样，将不同辈分的同性亲属均混同称呼就是一件可以理解的事情了。

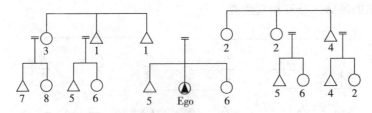

图 9-6 奥玛哈式亲属称谓制

图式说明：1 为父及父之兄弟；2 为母、母之姊妹、母之兄弟之女；3 为父之姊妹；4 为母之兄弟及母之兄弟之子；5 为兄弟、父之兄弟之子、母之姊妹之子；6 为姊妹、父之兄弟之女、母之姊妹之女；7 为父之姊妹之子；8 为父之姊妹之女。

奥玛哈式亲属称谓制，是根据北美的奥玛哈印第安部落而得名的，罗维命名为二分合并型。其特征是：母、母之姊妹、母之兄弟之女称谓相同；母之兄弟与母之兄弟之子称谓相同；父与父之兄弟同称，母与父之姊妹异称；Ego 的兄弟与母之姊妹之子和父之兄弟之子同称，即与堂姨表兄弟同称，但与父之姊妹之子和母之兄弟之子异称，即姑舅表兄弟异称；与此相同，Ego 的姊妹与堂姨表姊妹同称，与姑舅表姊妹异称。

奥玛哈式亲属称谓制同克罗式亲属称谓制正好相反，是同父系继嗣相联系的。这一亲属制度也将亲属分为两大类，即父系的一类和母系的一类，但 Ego 归属于父方的亲属集团。对于 Ego 来说，父方亲属中的不同辈分、不同性别的亲属都有区分的必要，因而各有专名；而母方亲属，由于较疏远，则只需将所有的男性总括为一群，将所有的女性总括为一群。

第九章 家庭、亲属制度与继嗣

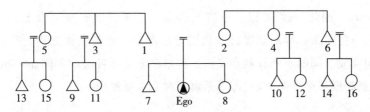

图 9-7 苏丹式亲属称谓制

图式说明：1 为父；2 为母；3 为父之兄弟；4 为母之姊妹；5 为父之姊妹；6 为母之兄弟；7 为兄弟；8 为姊妹；9 为父之兄弟之子；10 为母之姊妹之子；11 为父之兄弟之女；12 为母之姊妹之女；13 为父之姊妹之子；14 为母之兄弟之子；15 为父之姊妹之女；16 为母之兄弟之女。

苏丹式亲属称谓制，相当于罗维四分法中的二分旁系型，主要流行于中东至中国的广大地区。其特征是具有高度的描述性，通常不把父母辈和 Ego 辈的任何亲属总括在一起，不同的亲属用不同的称谓，如父、母、叔、伯、姑、舅、姨、兄、弟、姊、妹、堂兄弟、堂姊妹、姑表兄弟、姑表姊妹、舅表兄弟、舅表姊妹、姨表兄弟、姨表姊妹等。

苏丹式亲属制是同男系继嗣相联系的，但采用这一制度的社会却与采用奥玛哈式或易洛魁式的父系社会有区别。一般来说，苏丹式亲属称谓制的社会均具有复杂的政治体系、高度的阶级分化和职业分工。据研究，这种亲属称谓制可能反映了对职业或阶级体制中拥有不同机会和特权的继嗣群成员要仔细地加以区分的必要性。

我国汉族的亲属称谓可能是世界上最为复杂的文化现象。按照默多克的分类法，它应当属于苏丹式，但苏丹式并不能完全概括汉族的所有亲属称谓。许多学者认为老一辈中国人类学家、民族学家林耀华绘制的"汉民族父系家族亲属称谓表"是最为详尽的研究成果。[①]

第五节 继嗣制度和继嗣群

继嗣制度，或称继嗣法则，是根据已知的或推测出来的共同祖先，使每个人与特定的亲属发生关系的规则。按照这种规则组成的亲属群体就叫继嗣群（de-

---

① 庄孔韶主编：《人类学通论》，山西教育出版社 2002 年版，第 281 页。

scent group)。因此,我们可以将继嗣群界定为由某种继嗣规则限定的、具有共同祖先的一群血亲。继嗣制度将亲属网络限制在一定的范围之内,使人们熟知同一继嗣群成员间的不同权利和义务。但继嗣制度随社会的不同而不同。一般来说,继嗣制度可分为两大类,即单系继嗣和非单系继嗣。

一、单系继嗣

单系继嗣(unilineal descent),是根据父母双亲任何一方的亲子联结来追溯血缘,确立权利、义务的规则。单系继嗣是一种最普遍而又非常明晰的继嗣规则。这种继嗣又有两种主要形式:父系继嗣和母系继嗣。

(一)父系继嗣

父系继嗣(patrilineal descent),是只通过男性将个人与两性亲属联结起来并追溯共同祖先的继嗣规则。依据这种继嗣制,一个父系世系群包括一个男子(最早的远祖)和他的后代子孙。世系群的每一代人都有男性亲属和女性亲属,但从一代传到另一代,只有男性才起联结作用。由于女子必须与世系群以外的男子结婚,所生儿女只能属于她的丈夫的世系群,所以在继嗣的计算中,世系群女性亲属的孩子被排除在外。

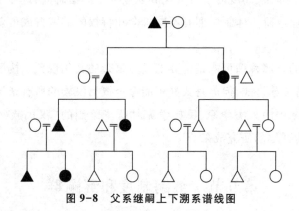

图9-8 父系继嗣上下溯系谱线图

图式说明:黑色表示父系继嗣传递的成员。

典型的父系继嗣主要存在于东非、南非的养牛民族和古代中国、罗马等社会中。一般来说,在父系继嗣的社会中,男子(特别是年长的男子)具有较高的权威,财产依父系传递给后代。妇女结婚后即从夫居住,因而在世系群内的地位较低,但也有例外,如西非的塔伦西人(Tallensi)虽实行父系继嗣,但妇女的地位却很高。

(二)母系继嗣

母系继嗣(matrilineal descent),是只通过女性将个人与两性亲属联结起来并追溯共同祖先的继嗣规则。母系继嗣的世系群包括一个女子(最早的远祖)和她的后代子孙。虽然一名女子的儿子和女儿都是同一血缘群体的成员,但只有她女儿才能把她们的血统传递给她的孩子。与父亲继嗣相反,由于男子必须同世系群以外的女子结婚,所以男子的孩子被排除在继嗣的计算之外。

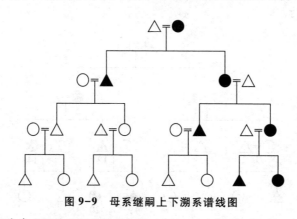

图9-9　母系继嗣上下溯系谱线图

图式说明:黑色表示母系继嗣传递的成员。

实行母系继嗣的民族主要有美洲印第安人,中非的班图人,加纳的阿肯人,澳大利亚、印尼、马来西亚的许多土著民族,以及我国的纳西族等。在母系继嗣的社会,真正的权力被女子的兄弟掌握。如美国西部的普埃布洛印第安人,名义上的首领是最年长的妇女,但负责保管宗教仪式用品及指导仪式的却是她的长兄,妇女甚至被禁止参加某些仪式。母系社会中,女子兄弟掌权的情况还见于美国的纳瓦霍印第安人、印度的纳亚尔人以及特罗布里恩德岛的土著居民社会等。

二、非单系继嗣

对于单系继嗣的认识是早期人类学家研究原始社会的成果。但随着研究的深入,人们发现人类社会并不都是单系继嗣的社会。如有的社会继嗣观念非常薄弱,有的社会习惯于从父母两方追溯亲属。这种不分父系或母系的继嗣,称为非单系继嗣。非单系继嗣也有两种主要形式:两可系继嗣和双边继嗣。

(一) 两可系继嗣

两可系继嗣(ambilineal descent)是个人可选择父方或母方任何一方来确定其与亲属间关系的继嗣规则。在两可系继嗣的社会中,一部分人通过其父亲而归属于某一亲属群;而另一部分人却通过其母亲而归属到某一亲属群。这种继嗣的计算并不是对称、平等地通过父亲、母亲、祖父母、外祖父母进行的,而显示了非对称性的特征,个人只要选择父或母一方即可归入一个亲属群体,但这种选择不能同时进行。

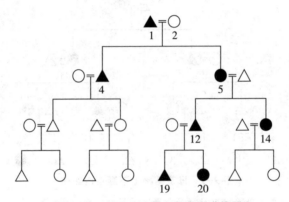

图 9-10 两可系继嗣上下溯系谱线图

图式说明:黑色表示的是一个假定的两可系继嗣群体。成员 4 和 5,因为选择了父亲 1 而归属到这个继嗣群;成员 12 和 14,因为选择了母亲 5 而归属到这个继嗣群;成员 19 和 20,因为选择了父亲 12 而归属到这个继嗣群。

(二) 双边继嗣

双边继嗣(cognatic descent),是个人同时通过父方和母方来确定其与亲属间关系的继嗣规则。双边继嗣与两可系继嗣的不同在于,它要求计算世系必须同时地、平等地、对称地进行。在这种继嗣社会中,四个祖父母、八个曾祖父母以及更上一辈的祖父母毫不例外地算作祖先。因此,以个人为中心,向外推移以确定其近亲和远亲比通过亲属关系的上下溯源以确定共同的祖先更有意义。在双边继嗣中,除兄弟姊妹外,亲属群的成员至少还包括父母、(外)祖父母、姑姨、叔伯舅以及堂兄弟姊妹等。

第九章　家庭、亲属制度与继嗣

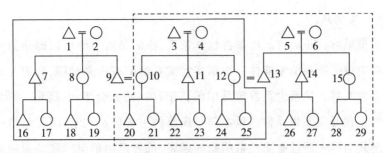

图 9-11　双边继嗣上下溯系谱线图

图式说明:20 和 21 两兄妹的近亲包括实线所覆盖的父母(9,10)、祖父母(1,2)、外祖父母(3,4)、姑(8)、姨(12)、叔(7)、舅(11),以及堂表兄弟姊妹(16—19,22—25)等。而 24 和 25 两兄妹的近亲则包括虚线所覆盖的父母(12,13)、祖父母(5,6)、外祖父母(3,4)、姑(15)、姨(10)、叔(14)、舅(11)以及堂表兄弟姊妹(20—23,26—29)等。(20,21)和(24,25)的近亲只有部分相同,另一部分则相异。

双边继嗣主要存在于欧美各国。由于这种继嗣主要以个人为中心,因此亲属间一般没有明确的权利和义务,社会地位和财产的继承、责任和义务的承担,往往因个人的感情而定,在平时的交往和合作中,对亲属的排斥和包含均具有很大的灵活性。

除上述两种主要的继嗣外,非单系继嗣中还有一些特殊的形式。在有些社会中,父系继嗣和母系继嗣并存,各在不同领域实行,这就是双系继嗣(bilineal descent)。如尼日利亚的雅柯人,一个人既属于父系继嗣群,又属于母系继嗣群,个人可以从父亲的亲属群体继承牧场,而从母亲的亲属群体继承牲畜及其他消费性财产。也有一些社会是母系继嗣和两可系继嗣的结合,还有一些社会则是父系继嗣和两可系继嗣的结合,不一而足。总之,继嗣制度因社会和时代的不同而不同。

三、继嗣群的类型

继嗣群的类型与继嗣制度关系密切。根据继嗣制度的分类,一般也可以把继嗣群分成单系继嗣群和非单系继嗣群两大类。

(一) 单系继嗣群

单系继嗣群根据人数多少、亲属关系远近的差异,可以分为世系群、氏族、联族(胞族)、半偶族。

（1）世系群(lineage)。世系群也称家系，指的是由一个可以确知的共同祖先的后裔组成的单系继嗣群体。根据实行父系继嗣或母系继嗣，分为父系世系群和母系世系群。父系世系群曾是中国长期存在的社会组织，所谓"宗族""家族"，实质上便是父系世系群。世系群与氏族的主要区别在于，前者是指一群血统上溯至共同祖先而且血缘关系明确的亲属，或者经由确定的联结而知道源自同一祖先的亲属群体；后者则是一群相信他们来自共同的祖先却又无法厘清血缘关系的亲属群体。从成员规模上讲，宗族要比家族大而比氏族小。汉族传统社会里最大一级的血缘组织便是宗族。宗族往下，次一级的血缘组织是大家族(extended family)，可以称为"房"或"房支"。再往下分，我们可以得到"户"，即由几个基础家庭组成的家庭复合体，它既可能是联合家庭，也有可能是扩大家庭，视具体情境而定。

（2）氏族(clan)。它指的是一群相信他们来自共同的祖先却又无法厘清血缘关系的亲属群体。氏族又分父系氏族和母系氏族两类。实行父系继嗣的称父系氏族；实行母系继嗣的称母系氏族。氏族经常与一种动物或植物或非生物具有象征性的假定血缘联系。这种动物、植物或非生物被称为氏族的图腾，它是氏族的标志，可以让氏族成员产生认同感。

（3）联族(胞族，phratries)。若有两个以上的氏族自认为出自一个共同的祖先，便称联族或胞族。组成联族或胞族的各个氏族由一个氏族分化而来，故原来这些氏族之间亦不能通婚，但这一禁制常随着时间的推移而取消。联族或胞族内各氏族间具有血缘亲属关系，但同氏族一样，其追溯谱系也无法明确规定。

（4）半偶族(moieties)。若一个社会仅有两个氏族，不能不固定地相互通婚，这就是半偶族。半偶族内部绝对不能通婚。这种关系亦称为"两合组织"(dual organization)。有的半偶族常常还有自己的名称。

由世系群，经氏族、联族(胞族)而至半偶族，组织层次递进，群体规模不断扩大。它们的关系如图9-12所示：

第九章　家庭、亲属制度与继嗣

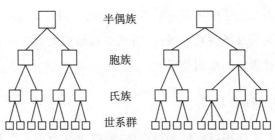

图 9-12　单系继嗣群结构关系简图

上述四种单系继嗣群是一种典型化理想型分类的结果。其实,很多社会并不只存在一种继嗣群,往往是两种或两种以上不同类型继嗣群的组合。例如,有的社会具有世系群和氏族的组合;有的社会则具有氏族和联族(胞族)的组合;有的社会又是氏族和半偶族的组合;等等。

(二)非单系继嗣群

非单系继嗣群也较复杂,一般来说,非单系继嗣群也可以划分为两可系继嗣群和双边继嗣群两个基本的类型。

(1)两可系继嗣群。两可系继嗣群是一个其成员既可根据男性又可根据女性追溯共同远祖,但又无法具体说出家系链环的亲属集体。两可系继嗣群与单系继嗣群在许多方面有相似之处。两可系继嗣群通常也有自己的名称;崇拜自己的图腾;土地及生产资料归继嗣群所有;婚姻受到群体成员的限制;部分两可系继嗣也实行外婚制;等等。此外,两可系继嗣群还同单系继嗣群一样可以划分出世系群、氏族等小的亲属群体。例如,南太平洋的萨摩亚人存在两种类型的两可系继嗣群——氏族,两类氏族都实行族外婚。每个氏族群体由年长首领命名;在氏族以下又分为若干亚氏族,亚氏族又由较年轻的首领来命名。

(2)双边继嗣群。双边继嗣群是一个以自我为中心的亲属群体。这个亲属群体又被称为亲戚(kins)或亲类(kindred),包含一个人的全部亲属。由于双边亲戚的范围无法确定边际,因此,双边继嗣群并非一个严格意义上的继嗣群体。在这个亲戚范围内,大多数人没有归属感,群体无共同的标志;除双重表兄弟姊妹(双方父亲各娶对方的姊妹为妻而产生的表兄弟姊妹关系)外,自我及同胞兄弟姊妹与其他任何成员的亲属均不相同;核心家庭成员以外的亲属非共居,也没有共同的利益。但双边亲戚也有一些不太明晰的认同纽带,在一定条件下,亲属间也具有某些权利和义务关系。因此,所谓双边亲戚的无边际的亲属范围和无数的世代只是一种理论的推演和假设。

四、继嗣群的社会功能

继嗣群虽然是血缘亲属成员的结合体,但这种结合的意义却不只在血缘联系这一个方面,它在社会、经济、政治和宗教等众多领域里均发挥着重要的作用。正如利奇所说:"此种社会集团成员之间的关系并非单纯依靠血统而建立的。确切一点说,只有当两个人具有共同的利益——经济的、法律的、政治的、宗教的等等,并且需要参考亲属关系以调整此种利益的分配时,他们才能说是属于同一亲属群。"① 单系继嗣群的社会功能和非单系继嗣群的社会功能有一定的差异性,下面我们分别加以叙述。

（一）单系继嗣群的社会功能

单系继嗣群的社会功能主要表现在婚姻、经济、政治、宗教等四个方面。

（1）婚姻功能。单系继嗣群具有调解婚姻关系的功能。在继嗣群内部,一般都禁止通婚。世系群、氏族,有的甚至包括联族或胞族在内,均将乱伦禁忌扩大到所有被认为属于单系亲属的人中间,实行外婚制。如我国纳西族的"斯日"成员间即禁止互交"阿注"。继嗣群外婚制产生的原因是多方面的。除了自然选择的作用外,一个重要的原因是在资源匮乏、战争发生时,外婚可以加强不同亲属群体之间的联合,以对付共同面临的困境。

（2）经济功能。单系继嗣群的经济功能主要表现在生产资料的共同占有上。在单系继嗣的社会中,土地、农业用水、狩猎的山林、捕鱼的河段,甚至包括部分产品等,都归继嗣群所有。继嗣群成员对生产资料只有使用权,没有占有权和分配权。如中华人民共和国成立前,拉祜西人,除水田为头人所有外,其余的土地归村寨公有,氏族成员只有开垦的权利,一旦抛荒,便不具占有权。

除共同占有生产资料外,同一继嗣群的成员间还有借贷、在困难时相互帮助

---

① 转引自童恩正:《文化人类学》,上海人民出版社1989年版,第194页。

第九章 家庭、亲属制度与继嗣

以及进行换工等生产协作的义务。如,继嗣群的某一成员在发生争端和诉讼案时,其他成员有义务在经济上给予支持。又如,继嗣群成员在开垦田地和森林时需提供援助,在宴会、散财宴、祛病礼仪以及出生、成年、婚丧等礼仪场合需提供食物,等等。

(3)政治功能。继嗣群的政治功能之一就是赋予继嗣群首领一定的权力,用以分配土地,管理本继嗣群的内部事务,协调继嗣群成员之间以及继嗣群成员与另一亲属群体成员之间的纠纷。这种将族权和政权合二为一的情况不仅广泛地存在于氏族社会,而且也见于某些初期的阶级社会。

单系继嗣群的另一重要功能就是组织战争。在需要用战争来解决纠纷时,继嗣群常常是这种战争的组织者。据研究者对全世界有关民族的统计资料,94%的单系继嗣的社会,在氏族与氏族之间、村社与村社之间存在着战争。① 组织这种战争的职能正是由继嗣群来承担的。

与组织战争的功能相联系,继嗣群还承担"血亲复仇"的义务。即任何一个继嗣群的成员如果被另一继嗣群的成员杀害或伤害,全体成员为了血亲的利益,均承担为其报仇的责任。报仇所及的对象,往往是凶手或当事者所在世系群的任何一个成员,也可能仅是凶手或当事者本人。前一种情况的复仇往往恶性循环,延续几年,甚至几十年;后一种情况一般采用同等一次性报复方式,即以命偿命,以伤抵伤,人类学家称之为"同态复仇"。血亲复仇的残余在我国古代也存在,如《大戴礼记·曾子制言》所载:"父母之仇,不与共生。兄弟之仇,不与聚国。朋友之仇,不与聚乡。族人之仇,不与聚邻。"

(4)宗教功能。世系群或氏族,均有自己共同的宗教信仰和仪式,崇拜共同的神灵和祖先。共同的宗教活动是继嗣群得以维系的重要手段之一。例如,非洲西部的塔伦西人,将世间一切无法解释的事件都归因于无时不在的祖先。祖先不仅可以用降大祸或小灾来表示对子孙的不满,也可以通过赐予子孙好运来表示满意。塔伦西人从对自己祖先的敬畏、崇拜中寻找到了一定的安全感,但对其他亲属群的祖先则非常淡漠。所以,塔伦西人的宗教是一种继嗣群的宗教。

---

① 参见童恩正:《文化人类学》,第196页。

印度纳亚尔人，每个世系群都有自己的神殿。他们供奉主管战争、流行病、土地和生育的薄伽梵迪女神。我国云南纳西族"斯日"成员每年也举行隆重的祭祖活动。

（二）非单系继嗣群的社会功能

非单系继嗣群的社会功能在不同的继嗣群之间和继嗣群内部都有很大的差异。

在两可系继嗣的社会中，不同系列的亲属关系往往具有不同的社会功能。例如，西非的阿散蒂人（Ashanti）社会实行的是从夫居，妇女在结婚后即搬到丈夫的父系扩大家庭中去，而且人们相信人的"灵魂"是通过父系传递的。但是，阿散蒂人的财产和职位却是通过母系继嗣的，祭祖、丧礼及其他祀典也都由母系集团负责。在尼日利亚东部十字河流域的雅柯人社会中，父系和母系也发挥着不同的社会功能。社会成员按父系集体聚居，土地是父亲氏族的财产；而牲畜、货币、工具等动产乃至社会地位都是按母系继嗣，所以母系亲属不仅要负责成员的债务和人死后的动产再分配，而且要主持丧葬、宗教等仪式，尤其是祭神的祭司必须从母系集团中选出。通过祭司的单独祀神和联系祀神，将被父系继嗣分开的散处于父系家族中的母系继嗣成员聚集起来，从而加强了继嗣群成员的联系。

双边继嗣群虽然不是严格意义上的继嗣集团，但在一些非工业化社会中仍然是形成亲属联盟的基础。例如婆罗洲的伊班人（Iban），在很短的时间内，一个男子可以通过联系在亲戚中组织一个狩猎集团。这种狩猎集团既是一个经济集团，也是一个亲属集体。在某些双边继嗣的社会中，有多种类型的亲属集团并存，从而显示了某种优越性。如太平洋的吉尔伯特群岛（Gilbert Islands）上，曾经发现有五种不同类型的亲属集团并存的亲属制度，其中有三种属于双边继嗣。这三种亲属集团具有极强的人口与土地的调适能力，即在一个人可以同时属于几个集团的情况下，当土地与人口发生矛盾时，一个人随时可以从土地少的亲属集团转移到另一个土地较多的亲属集团，从而使土地和人口得到重新调整，获得人类与生态新的平衡。

第六节　中国的宗族

中国的宗族是一种特殊形式的亲属集团,它往往同家庭组成互补结构,共同奠定我国传统社会的基础,一向受到文化人类学家的关注。

一、宗族的含义和特征

宗族是一种通常聚居一地、身份关系明确且具有一定经济联系的父系血缘亲属组织。宗族是宗和族的合称,实际上,宗和族具有不同的含义。族,一般指有血缘联系的一群人的集合,这里专指男系同姓同祖成员的集合,由众多的同姓同祖家庭组成,族人包括各个家庭的家长、妻子和子女等。宗,是指族人的主干和统帅。《白虎通德论》说:"宗,尊也,为先祖主也,为族人尊也。"宗比族的范围要小得多。

在我国古代社会,尤其是商周宗法制度下,宗在族中的地位很高。宗的首脑称宗子,由嫡长子继承,拥有主持祭祀、统管宗内财产、教导族人、掌管婚丧大事、会聚族人等权力,称为宗子权。宗又分大小,小宗尊大宗为宗。如周代,周王自称天子,王位由嫡长子继承,称为天下的正宗、大宗,是同姓贵族的最高家长,也是政治上的共主。天子的其他儿子有的被分封为诸侯,他们对于天子来说为小宗,在本国为大宗,其职位由嫡长子继承。诸侯的庶子有的被分封为卿大夫。大夫对诸侯来说是小宗,在本家又为大宗,其爵位也由嫡长子继承。大夫的其他儿子封为士,士对大夫来说是小宗,但在本家是大宗,其爵位仍由嫡长子继承。这样,天子、诸侯、大夫、士共同组成了井然有序的政治体系。

在春秋战国时期,随着宗法组织的衰落,宗在族内的地位日益下降。族虽仍由众多家庭构成,但已不像宗法制度下那么严密,逐渐成为一个较松散的族人自治联合体。实际上,我国的宗族制度在整个君主专制社会经历了一系列的历史演变。这种演变同各地特殊的经济和地理环境等因素相联系,并由此造成宗族的不同类型和不同特征。一般来说,我国的宗族具有以下几个主要特征。

(一)聚族而居

在我国君主专制社会里,基于儒家"宗族称孝焉,乡党称悌焉"的训条,为了增强宗族的协作,维护政治的、经济的和社会的秩序,多数宗族都采取聚族而居的形式。以族为单位聚居在一起的人称"族人"或"乡党"。聚族而居最早见于文献者是孔丘、颜回、孟轲的后裔。汉代的豪族遍布今河南、陕西、甘肃、四川、山西、河北等地。南北朝时期,宗族聚居的风气极盛,一些豪门世族聚居一地,有的成了独立王国。唐代的大族,山东有王、崔、卢、李、郑诸姓;关中有韦、裴、柳、薛、杨、杜诸姓;东南有张、朱、顾、陆诸姓。此外,还有从北方少数民族迁来的改从汉姓的王、谢、袁、萧四大家族。① 宋代时开始兴义庄,宗族聚居之风更盛。元、明、清各代因袭宋代旧俗,到处可见象征宗族聚居的义庄、义田、祭田、宗祠、宗谱等物化体。尤其是清代,强宗大姓随处可见,"山东、西江左右以及闽广之间其俗尤重,聚居多或万余家,少亦数百家"② 。清末福建侯官县649个村落中,除138个村落族姓不明外,单姓村有194个,约占30%;主姓村有182个,约占28%;杂姓村有135个,约占21%。如果不计族姓不明的村落,则单姓村和主姓村约占村落总数的74%。③ 可见宗族聚居之普遍。

(二) 身份关系明确

同一宗族的成员的身份关系通过许多方式划分后,泾渭分明。

其一,宗族成员有族长和族人之别。族长是宗族的领袖,有时又称族正、宗长、宗正。族长不同于宗子,不能世袭,也不由嫡长子继承,而是由族中公共推选的德高望重的尊辈长者担任。族长统率全族事务,是宗规、族约的主持者和监督者。若族内发生纠纷,族长即召集族中"宗贤"加以解决,并有权对不服统率者依宗规、族约进行制裁。部分大的宗族除设族长总领全族事务外,还设有许多分管各项具体事务的负责人,如宗纠、宗翼、总理等。族长以外的其他成员均称族人。族人必须服从族长的教令和统率,遵守宗规、族约,维护族内安定。此外,族人之间还须相互帮助,共同防御外敌。

其二,宗族成员有行辈之别。区分行辈的标志通常是行辈字,如湖南毛氏行

---

① 《新唐书·儒学传》。
② 参见张海珊:《聚民论》,载贺长龄辑:《皇朝经世文编》卷五十八《礼政》。
③ 郑振满:《明清福建家族组织与社会变迁》,湖南教育出版社1992年版,第152—153页。

辈字为"立显荣朝士,文方运济祥;祖恩贻泽远,世代永承昌……"①每一个字代表一个行辈,毛泽东属"泽"字辈,其父毛贻昌属"贻"字辈。有的行辈字并非用同一个字,而是用同一偏旁字,如从朱熹的父亲朱松始到其曾孙朱潜止,行辈字的偏旁分别为木、火、土、金、水,即朱松、朱熹、朱塾、朱鉴、朱潜。

其三,宗族成员有血统之别。同一宗族的成员世系计算和嫡庶亲疏非常清楚,这集中体现在记述这种世系和血统的族谱上。族谱又称家谱、宗谱、家乘、谱牒等,是记载同一家族或人物世系的簿籍。我国的族谱在周代即已出现,魏晋南北朝是修谱极盛时期,不仅国家设有谱局和谱官,而且产生了一大批谱牒著作。宋代,除皇家玉牒外,族谱开始由私家修撰。族谱的内容非常广泛,其主体部分详细记载着从一世祖至修谱日期止,宗族所有成员的名、字、号、生卒年月日、妻室、正妻及续娶的姓氏、父名、行次、子女人数及其有无子嗣(子)和出嫁何人(女),等等,这样从族谱中即可清楚地获得一族人的源流关系、血缘关系、繁衍、婚嫁等情况。因此,族谱就是辨析宗族成员血统差别的范本。同时,族谱还能将族人与非族人区分开来,使族人明确其归宿的宗族。对他族的女子来说,如果不履行一定的程序和具备一定的条件,即使是婚嫁夫方,也不能入族入谱。

(三)部分财产共有

我国的宗族虽然聚族而居,但并不是共居的生产和生活单位。每个家庭各自居住,是独立的经济实体。每家的生产生活由各家家长掌管,不受宗族干预。但宗族内的家庭之间也有一定的经济联系,即每一个宗族都有族产。族产是宗族的公共财产,这些公共财产主要是族田,包括祭田(太公田)、墓田、义田、义庄等。此外,部分地区的族产还包括宗族共有的山林、房屋、地基,甚至包括交通、水利等公共设施。

祭田、义田、墓田早在汉代即已存在。宋代在义田的基础上产生了义庄。义庄是在义田的范围内建造房屋,扩展而成庄园。元、明、清各代,义田、义庄到处可见。族田的数目多寡不一,或十数亩,或上百亩,有的可达几万亩。如福建各地的"乡族共有地"在总耕地中的比例,沿海各地占20%—30%,闽西北地区竟

---

① 见《韶山毛氏族谱》,转引自欧阳宗书:《中国家谱》,新华出版社1992年版,第126页。

高达 50% 以上。①

族田多由私人土地转化而来,其中多数来自历代分家时的提留。宗族保留族田的目的之一是满足"敬宗睦族"的需要,使族人保持较为密切的社会联系,以免分家析产导致骨肉分携、情义日疏;族田的另一目的是在聚族而居的情况下,保证宗族的公共费用,从而加强族人的经济联系。

二、宗族的功能

(一) 祭祖

宗族是出自共同祖先的一群人的聚合体,同一宗族成员都具有同宗共祖意识。为了加强宗族的凝聚力,每一个宗族都把祭祖作为神圣的职责。宗族祭祖有多种方式,如修族谱、立宗子、绵嗣续、保遗业等,但最主要的是建祠立庙祭祖。宗的本义即是近祖之庙。一般来说,宗族全族要为始祖建大祠堂(民间所谓的总祠),各支各派为祖先建小祠堂(民间所谓的分祠)。全族祭祖仪式在大祠堂举行,各支祭祖仪式则在小祠堂举行。除祠堂之外,以祖墓为中心的墓祭也是较为通行的简易祭祖方式,只是墓祭专祭一位祖先,而祠祭则是多位祖先的合祭。宗族祭祖的费用主要来自宗族祭田、祠田、墓产的收入。

当然,我国古代社会立祠祭祖是一种等级特权的象征。先秦时代,受宗法制度的影响,主祭权是宗子权最重要的部分,从天子至士各有不同的"庙制",而庶人则不许立庙祭祖,"但祭其父于寝"。② 后世,祭祖的等级特权虽有变化,但祭祖仍受"先王礼制"的局限。如清代规定,品官及庶人皆可奉祀四代祖先,对庶人来说,这是先秦"祭其父"的宽限。但清代又规定只许品官立庙,而老百姓仍只能"祭于寝"。

(二) 互助

同一宗族的成员,在生产生活中具有协同互助的权利和义务。宗族互助根源于成员的同宗共祖观念,这在宗规族约中一般都有明确的要求。宗族聚居使宗族拥有一些公共的利益和事业,如修筑公用道路、共建水利设施、穿凿共用水

---

① 郑振满:《明清福建家族组织与社会变迁》,第258页。
② 参见《礼记·王制》《孔子家语·庙制解》等。

第九章　家庭、亲属制度与继嗣

井等,需要宗族成员共同出力,协作完成。春耕、夏锄、秋收等农忙季节,劳动、畜力互换和对人力畜力不足者进行援助,也是宗族经常化的互助方式。抚老弱、恤忧患更是宗族的人伦之道,历代王朝都予以鼓励。如汉代崔寔《四民月令》规劝乡党互助时说:三月"冬谷或尽,椹麦未熟,乃顺阳布德,赈赡贫乏,务先九族";九月"存问九族,孤寡老弱不能自存者,分厚彻重,以救其寒";十月"五谷既登,家储蓄积,乃顺时令,敕丧纪,同宗有贫窭久丧不堪葬者,则纠合宗人共兴举之"。此外,在水灾、蝗灾、病疫等自然灾害面前,也要求族人携手,以共同应对灾害的压力。许多宗族还设有义仓,内藏谷物,主要用于对族人的救恤。

（三）教育

宗族内往往设有"义塾",在宗族内发展教育。这种义塾一般聘任教师,只招收族人子弟就学,目的在于鼓励族中子弟读书做官,壮大宗族势力。许多宗族为鼓励子弟读书,还从族产中析出部分作为奖学金,以对学有成就者进行奖励。如宋代范仲淹制定的《义庄规矩》就规定:"诸位子弟得大比试者,每人支钱一十贯文,再贡者减半,并须实赴大比试乃给;既已给,而无故不试者追纳。"宗族的教育功能除表现在学校教育外,还表现在家教上。传统的家教包括育德、育才,目的在于培养德才兼备可以保证世系相续的子女。宗族家教尤以育德为主,不少宗族都有"家训",成为子弟学习古代礼法和伦理道德的教材。宋代司马光还编著了《家范》十卷,广列名儒治家格言,成为后世一些宗族家训和家教的范本。

（四）自治

宗族是一个自然形成的较为松散的自治团体,它对于国家政权统治下的基层社会的自治发挥了一定的作用。尤其是明清时期,宗族组织甚至同里甲制度相结合,逐渐演变为基层的政权组织。宗族集团对族人之间的纠纷和族人违反宗族规约的行为具有自主的协调裁决权力。宗族自主的协调裁决权力一般归于族长,如宋代裘氏宗族"有竹箠亦世相授矣,族长欲挞有罪者,则用之"[1]。有的宗族则是由族长召开"宗贤"会议或族人大会共同协商解决族内纠纷。对违反宗规族约者的处罚有罚谷、罚酒、责打,甚至逐黜族籍。更为重要的是,不少宗族

---

[1] 参见《燕翼诒谋录》。

规约规定族内纠纷必须首先由族长、宗贤调停处理。擅自诉讼官府者,要严加惩罚。当然,宗族的内部协调裁决权力有时也能得到国家的默认,从而使族权和政权有机地结合在一起。宗族除内部协调外,一般都与邻族友好相处,以维护社会的安定。但一旦宗族间发生矛盾,"族人之仇,不与聚邻"①,宗族成员就会联手复仇和自卫。在我国传统社会里,宗族间复仇的械斗事件屡屡发生,如清初闽中漳泉地区"民多聚族而居,两姓或以事相争,往往纠众械斗,必毙数命。当其斗时,虽翁婿、甥舅不相顾也"②。在兵燹匪寇猖獗的动荡时期,宗族也能群起自守、自护以自存。宗族聚落一般来说都建有围墙、壕堑,有的宗族还"治场圃,涂囷仓,修窦窖,缮五兵,习战射,以备寒冻穷厄之寇"③。

三、宗族的形成与演变

从家庭到宗族,对其内部结构的考察有助于了解宗族的形成路径和演变过程。在此基础上,有些人类学家还试图创立宗族研究范式,将宗族的形成与演变推及整个中国社会的结构,以对比在有无国家存在的不同社会形态中人类社会群体的差异性,寻找人类聚类成群构造社会的基石。

我国老一辈民族学家、人类学家林耀华曾根据义序的田野材料总结了中国宗族结构的传统模式:家—户—支—房—宗族。④ 英国人类学家莫里斯·弗里德曼(Maurice Freedman)认为,房是重要的结构单位,不管人口如何繁衍,代际如何增加,房作为宗族结构的一种节点,其位置是永远不变的,房这一级的构成具有高度稳定性。然而,宗族分支由于各自的经济、政治等条件发展不一致,有的分支经济、政治条件优越,可能会在属于整个宗族的总祠堂下面单独创建新的分支祠堂,这就标志着宗族中间裂变单位⑤的产生:

这种中间裂变单位运用新建的分支祠堂将少数人容纳到祭祖等相关活动中,以形成与其他分支族人的身份区分。也就是说,富裕的房

---

① 《大戴礼记·曾子制言》。
② 赵翼:《檐曝杂记》。
③ 崔寔:《四民月令》。
④ 林耀华:《义序的宗族研究》,生活·读书·新知三联书店2000年版,第27—31、73页。
⑤ 莫里斯·弗里德曼:《中国东南的宗族组织》,刘晓春译,上海人民出版社2000年版,第61—65页。

(这一类群体中的族人因为经济条件的优势相应地拥有更多的权力和更高的地位)可能会出现新的分支祠堂而显示出更高程度的分化,而贫穷的房可能没有富裕的房内部分化程度高。再往下分裂的支系如果具备经济条件的话,也会出现类似的情况。尽管宗族内部各房之间保持着稳定的结构关系,但处于扩大家庭和房之间的各个裂变分支出现了不同程度的分化。由于中间裂变单位的存在,整个宗族组织的结构表现出一种不对称和不平衡。[①]

因此,宗族经历各种形式的扩张、分裂、取代等阶段,呈现出自身的形态特征、发展与循环过程。当然,这期间也不排除有的家族在发展过程中逐渐衰微,甚至消亡了。弗里德曼通过分析中国东南地区的宗族材料,提出A—Z类型模式,以期未来能够完成对中国宗族整体形态的现实估价。模式A和模式Z是对中国宗族极端模式的概括,"模式A规模较小,有基本的谱系裂变以及低层次的共同财产,但缺乏社会分化,而模式Z却显示了互为补充的相互关系"[②]。如果依据更多的材料,弗里德曼认为可以建构一个折中模式M,它是介于A和Z之间的过渡模式,也许更接近宗族的历史事实。

郑振满教授在其《明清福建家族组织与社会变迁》一书中以明清时期汉人社会的家族组织为例,论述了家族的动态转化过程。他认为在正常的情况下,每个家族都有一个共同的始祖;这个始祖经过结婚和生育,先后建立了小家庭和大家庭;而后经过分家析产,开始形成继承式宗族;又经过若干代的自然繁衍,族人之间的血缘关系不断淡化,逐渐为地缘关系和利益关系所取代,继承式宗族也就相应地演变为依附式宗族和合同式宗族。这一演变过程如图9-13所示:

```
     结婚        生育        分家         分化         融合
始祖 → 小家庭 → 大家庭 → 继承式宗族 → 依附式宗族 → 合同式宗族(不完整家庭)
```

图9-13 宗族发展演变简图

[①] 何菊:《仪式容量:当代宗族裂变的新模式——以云南大理周城白族村段氏宗族为例》,《民族研究》2013年第2期。略有修改。

[②] 莫里斯·弗里德曼:《中国东南的宗族组织》,刘晓春译,第169页。

他在此处讨论的家族组织包括家庭和宗族两种社会实体。"家庭"是指同居共财的亲属团体或拟制的亲属团体;"宗族"是指分居异财而又认同于某一祖先的亲属团体或拟制的亲属团体。以婚姻关系为标志来区分家庭,可以分传统的家庭为三类:包含两对及两对以上配偶的"大家庭",只有一对配偶的"小家庭",完全没有配偶关系的"不完整家庭"。依据实际上对宗族成员起规范和制约作用的不同的社会关系,可以将宗族组织分为三类:以血缘关系为联结纽带的"继承式宗族";以地缘关系为联结纽带的"依附式宗族";以利益关系为联结纽带的"合同式宗族"。

上述各种不同类型的家族组织标志着家族发展的各个不同阶段;结婚、生育、分家及族人之间的分化和融合,是联结各个发展阶段的不同环节。由此可见,家族和宗族组织的形成与发展,是一个循序渐进的连续系统。就其长期发展趋势而言,处于较低级阶段的家族宗族组织,必将依次向更高级的阶段演变,这是家族宗族组织长盛不衰的原因。同时,在家族宗族发展的较高级阶段,又会派生出较低级的家族宗族组织,从而呈现出周期性的回归趋势,导致多种家族宗族组织并存的现象产生。

本章思考题

1. 人类学所研究的家庭与社会学有哪些异同?
2. 现代人类社会为什么普遍推行一夫一妻制的婚姻和家庭?试从人类学的视角加以说明。
3. 什么是亲属?文化人类学为什么要研究亲属?
4. 简述亲属划分的原则和类型。
5. 何为世系群?何为氏族?两者有何异同?
6. 何为继嗣群?它有哪些类型?其功能如何?
7. 两可系继嗣与双边继嗣有何不同?
8. 我国传统社会中的宗族组织有哪些特征和功能?
9. 我国汉族传统家族演变有何特点?

第九章　家庭、亲属制度与继嗣

  本章主要参考及推荐阅读文献

1. C. 恩伯、M. 恩伯:《文化的变异——现代文化人类学通论》,杜杉杉译,辽宁人民出版社 1988 年版。

2. 路易斯·亨利·摩尔根:《古代社会》上下册,杨东莼、马雍、马巨译,商务印书馆 1981 年版。

3. 林耀华:《义序的宗族研究》,生活·读书·新知三联书店 2000 年版。

4. 莫里斯·弗里德曼:《中国东南的宗族组织》,刘晓春译,上海人民出版社 2000 年版。

5. 冯尔康等:《中国宗族社会》,浙江人民出版社 1994 年版。

6. 康拉德·菲利普·科塔克:《人类学(第十二版)》,庄孔韶编审,冯跃改编,中国人民大学出版社 2008 年版。

7. 林耀华主编:《民族学通论》,中央民族大学出版社 1997 年版。

8. 史凤仪:《中国古代婚姻与家庭》,湖北人民出版社 1987 年版。

9. 童恩正:《文化人类学》,上海人民出版社 1989 年版。

10. 郑振满:《明清福建家族组织与社会变迁》,湖南教育出版社 1992 年版。

11. 许烺光:《宗族、种姓、俱乐部》,薛刚译,华夏出版社 1990 年版。

12. 许烺光:《祖荫下:中国乡村的亲属、人格与社会流动》,台湾南天书局有限公司 2001 年版。

13. 孙秋云:《族群文化与乡村建设》,社会科学文献出版社 2016 年版。

14. 孙秋云:《社区历史与乡政村治》,民族出版社 2001 年版。

15. 黄涛:《语言民俗与中国文化》,人民出版社 2010 年版。

政治制度与社会控制

第一节 政治与政治组织

一、人类学研究政治的着眼点

在迄今为止的所有人类社会中,不论是人们要解决的最基本的衣食住行等生存问题,还是要向更高级社会迈进的发展问题,都离不开对资源的争夺与控制。人们不仅在获取实际的资源时进行竞争,在如何获得和如何使用资源方面也产生了或急或缓的竞争。试图影响或控制他人如何去发现事物,如何表现行为,以及如何分配事物和资源,都与权力有关。什么是权力?"'权力'在最低限度上讲是指一个行为者或机构影响其他行为者或机构的态度和行为的能力。"[1]得到社会公认且自愿服从的权力就是权威。人类社会中人们对于权力的角逐就叫作政治。为了在权力竞争中占据有利位置而将不同的人加以组织和规范,就产生了各式各样的政治组织和政治文化。

政治现象是人类社会文化现象的一种,对于当代社会中的政治现象,主要是政治学家在进行探讨,其涉及的问题主要有国家与政府的构成要素、组织原则、职权与功能及其实现的方法途径等。而从人类学的角度看,现代社会的政治,只

---

[1] 戴维·米勒(英文版主编)、韦农·波格丹诺(英文版主编)、邓正来(中译本主编):《布莱克维尔政治学百科全书(修订版)》,邓正来等译,中国政法大学出版社2002年版,第641页。

不过是人类社会中政治制度的一种形式,除此以外,人类社会早就有了种种非国家无政府的政治现象。

早期人类学家如摩尔根,还只是从社会普遍进化的角度来看待政治制度及政治组织的,那时对政治的研究还没有从文化人类学或社会人类学中独立出来。同时,多数人类学家认为,政治问题的研究是政治学家的事。1940年,英国人类学家弗提斯(M. Fortes)和埃文思-普里查德(E. Evans-Pritchard)公开出版了《非洲的政治制度》一书,讨论了前国家形态的政治制度,并试图超越西方特殊的政治现象,建立时空范围更为广阔的有关人类政治行为的科学,这便有别于传统的政治学研究而更具有人类学的色彩。在此书的影响下,一门新兴的综合性学科——政治人类学(political anthropology)逐渐形成。

在政治人类学的研究中,人类学家提出了自己对政治问题的见解。如有人认为,"政治"是为保障社会中权力结构的最佳利益而设计的各种活动,这里的权力指的是所有现存社会中强制他人行为的某种能力。还有人认为,政治人类学乃是对政治过程的动态研究,而政治过程即人们领导、组织、夺权和用权的过程,它必然具有公开性、目的性及权力分化这三大特征。[①]

政治人类学作为人类学的分支,自然而然地具有人类学的基本特征,即广泛的跨文化比较。它研究人类所有社会的政治组织、政治力量和政治过程,其领域不仅包括正式的政治制度,还包括非正式的政治制度,既涉及有国家社会的政治组织,也关注无国家社会的政治组织。政治人类学还重视以整体观来审视政治现象,将政治与亲属关系、经济制度、社会结构和宗教信仰等因素结合起来分析问题。

二、政治权力的基础

政治权力是以权威、思想、象征和斗争为基础的。权力具有最终强制性的本质。当拥有权力者的想法与受权力支配者的想法和行为一致时,这种强制性就被隐藏了起来;而当人们违反那些享有权力者的想法时,有权者经常以武力方式

[①] 参见芮逸夫主编:《云五社会科学大辞典·人类学》,台湾商务印书馆有限公司1971年版,第187—188页。

解决,这就显示了权力的强制性一面。

政治不仅基于暴力,也基于政治规范(political norms)——关于适当的政治目的与行为的想法。通过政治社会化的过程,人们在特定的环境中发展其目标,并学到实现这些目标的手段。虽然在实践时可能不会恪守这些规范,但它们却会影响政治行为。

权威,是指握有权力的人或群体,拥有下决定并让人主动服从的权力。最基本的政治规范是那些关于权威即下特殊决定与要求服从的权力的规范。权威反映出可被接受或容忍的权力的界限与内涵——一个政府有权对特定的活动课税,或在某个特定范围内控制市民的活动。但是,这种可接受或容忍的事并不仅仅取决于受统治者自愿与否。任何一个控制着充足资源(人民与财富)的政府都能在其权威的领域内影响人民的知觉,任何一个具有权力的团体或机构也能够操控运用权威的概念。

当思想有意识及有系统地组织成某种计划的形式后,就形成一种"意识形态"。政治上的意识形态关心权力的分配,即涉及现存社会结构的维护、改革或颠覆。近代历史上有各种资本主义的和社会主义的意识形态,都与维持或改变政治关系有关。

意识形态可分为有机性的与理性的两种。"有机性的意识形态"(organic ideology)指的是,社会团体或部分团体对于世界是如何安排的或应该如何安排所抱持的想法。这包括一般人对于公正的政府在课税、执法时应该如何如何的普遍想法。它来自社会成员的直接经验。"理性的意识形态"(rationalistic ideology)指的是,那些寻求有秩序的社会行为法则的人通过观察或内省所得出的方案。每一种意识形态的形成都可能包含另一种意识形态的元素。理性的意识形态当中的想法,通过布道、政治性演说、出版、传媒等潜入大众的信念,于是理性的意识形态接着又包含有机性的意识形态的精练元素,即以人们的经验、理想和梦想为基础的民俗智慧(folk wisdom)。

一般而言,当小型社会并入现代世界时,其成员会臣服于大规模工业社会的理性意识形态,当然,对这些意识形态的接受度会有所不同。有合作传统和重视同质性的社会成员无法接受个人主义及资本主义强调竞争的意识形态,而有企业家精神和贸易传统的人接受这样的想法却不会有大的困难。

通常来说,政治意识形态与政治主要依赖象征意象(symbolic imagery),如大部分美国人都十分熟悉美国政治中由来已久的象征:山姆大叔、国旗、国歌,以及与爱国主义、平等、自由、人权有关的广为流行的用语口号。这些象征借着将政治思想与强烈的情感结合起来的方式以支持政治思想。能够操纵控制这些有力的意象,对于那些具有政治抱负者是十分有益的。这正是政治家喜欢围着爱国的事物打转,也是政治家对于认同这样的象征竞争得如此激烈的原因。一般而言,政治象征以文化经验和传统为基础,但它们的使用反映了当时的政治现实。

政治权力一般不能持久。那些持有权力者,不仅需要与那些竞逐权力者周旋,也必须面对人终有一死的问题。因此,社会成员也须考虑权力如何转移、交接的问题。这种权力转移的秩序,依不同的政治背景而有所差异。"政治竞争"(political contest)乃是寻求权力、挑战权力与测试意识形态的过程。由于政治竞争可能变得混乱甚至暴力,因此所有的社会都会为挑战与转移权力的过程预设某种程序,于是就有世袭制、推举制和选举制等各种方式。在大规模的社会,不像以亲属为基础的小规模社会,世袭很少被视为基本或取得权力的合法途径,因为它通常与财富、军力等资源相结合。过去的几个世纪里,选举在许多国家成为转移权力最普遍的工具。自第二次世界大战以后,选举制度在美、英等地缘政治强权的庇护下传遍了世界。除了各种选举制度表面的相似性外,选举在不同的政治环境下经常扮演着不同的角色,具有不同的功能。

三、政治中的人类群体划分

大多数社会都有三种关于政治的人群分类:政治社群、政治精英及政治团队。

政治社群(political community),是指那些具有大体相似的政治规范与目标,且多半遵循相同政治程序的人。政治社群可以像核心家庭一样小,也可以像一个国家那样大。每个政治社群都有其独特之处,因为已演化出行为的特别模式和获取权力的特定方法。一般而言,有相同社会经济背景的人,会有相似的政治行为模式。

政治精英,指的是那些在一个社群中被赋予权力,或有机会取得权力和领导地位的人。这些精英分子在一个政治社群里,也分驻在不同的层级上:从统治国家的总统和独裁者到乡镇长或村长。有时政治精英指同质且界限明确的团体,但它的成员经常更多样化且富有弹性。"政治领袖",是在一个团体中有权力为此团体下决定的个体。虽然这权力所涉及的范围与维护权力的方式会因人而异,但所有领导者的政治权力都是个人化的,可以运用到他们身处的社会经济背景的宽广领域之中。

领导者的地位在大多数社会中并不安全,威胁主要来自那些觊觎这种领导地位的人,以及那些嫉妒他能对他们施行权力的人。为了保险起见,领导者会去发展支持他的网络,这种网络越广,愈多重叠处,其地位就越安全越巩固。对一个领导者而言,扮演好"中介者"(intermediary)的角色,是稳固其地位的方法之一。中介者可从团体或重要人物的政治经济、社会文化差异中得到利益。当然,并非所有的中介者都是政治领导者,但即使不是,他们也时常获得政治地位。中介者虽说可以促进不同团体或文化教育之间的联结,发挥协调的功能,但中介者在追寻权力时却会起到相反的作用。

政治团队(political team),是一群积极参与政治的人组成的团体。在所有社会中,有组织松散的政治团队,如政党联盟,属于政治目的很有限的暂时性联盟。在所有政治团队中,最具组织形式的是"政党"。政党是现代大规模社会的产物,反映着社会高度专业化的情形。在一个小规模的非工业化社会中,性质最接近政党的是世系群或氏族,其功能在某些脉络下类似于政治组织。然而,一个政党在形成时都怀着一个目的,即引导政府的政策。

当然,在现代国家中,还有多重目标的组织担当着政治角色。宗教组织与贸易联盟长久存在于国家内,甚至与政党相抗衡,在政治上发挥重要的作用,就像各种秘密组织与秘密社会一样。现代社会中的体育组织和跨国公司有时也扮演着政治角色。

性别经常在政治的权威、合法性以及各种政治参与的形式中备受关注。女人在政治中的地位,一般反映了一个社会的两性间是否有广泛的平等或不平等。因此,在女性比男性地位低的社会里,她们的政治角色也会受到限制。然而,人类学家早已知道,即使妇女在许多社会里的正式政治角色可能会受到限制,但妇女仍然经常会有非正式的重要影响,尤其是重要政治人物的妻子、母亲与姐妹。

四、社会的政治组织

如果从社会分层来考虑,人类社会可分为平等社会和不平等社会。人类社会中的政治制度也可以按其决策状况及权力使用的情形,划分为多种形态,如专制制度、集权制度、民主制度等。现在人类学家对政治组织系统由简单到复杂的演进大多采用塞维斯(Elman Service)的分类:游群、部落、酋邦和国家四种类型。这四种政治组织形式又可归入松散的和集权的两大类。

(一)松散的政治组织

1. 游群

游群(band),也被称为"队群",按塞维斯的说法,这是"一种小型的群体,依据其结构的简单或复杂,人数可在 50 人至 300 人之间波动;它缺乏正式的领导人,也看不到明显的社会分层"[1]。人类学家认为,游群是政治组织中最简单的一种形式,通常存在于狩猎—采集社会或某些游牧社会。游群是基于血缘关系(kin-based)而形成的一种地域小群体,所有的成员都因血缘或姻缘而联结在一起。它常占有一块领地,成员依此地域的资源而共同生活,因此它是一种地域性群体。南非的桑人(San)一度被某些人类学家认为是非常典型的游群代表,是石器时代保留下来的遗存。尽管他们确实保持着一定的狩猎—采集式生活方式,但也长期受到周边班图人(Bantu)和欧洲殖民者的影响。[2]

在经济生活中,游群是食物攫取者,为了寻找食物,常在广阔的地域游动,故这类社会的人口密度很低。游群的规模受制于资源情况。资源丰富,游群规模就大一些。由于自然资源与季节有关,故在食物短缺之季,游群就会分裂为更小的单位活动。如北极的因纽特人,在夏天食物丰富时,游群就大;在冬天食物短

---

[1] C. Seymour-Smith, *Macmillan Dictionary of Anthropology*, Macmillan, 1987, p. 21.
[2] 康拉德·菲利普·科塔克:《人类学(第十二版)》,庄孔韶编审,冯跃改编,中国人民大学出版社 2008 年版,第 259 页。

缺时,游群就小。

在政治生活中,游群是相当民主的,每一成员均有自己行为处事的自由,同时,人们的地位是平等的,任何群体的决议都要由全体成员共同做出。游群中的领导者由全体成员公推,其职位并不是长期固定不变的。领导者不拥有强权,他只是游群象征性的领袖。他无权干涉别的成员的活动,不能从其领导地位上获取报酬,成员有过失也只能听凭公众意见的判定与调整。一般来说,领导者要做的是在游群遭受困难与危险时挺身而出,在遭遇挫折与失败时则引咎辞职,故领导者不过是风险与错误的承担者。这个地位本身不会带来什么明显的好处,因而人们也不会积极地去谋求这个位置。

2. 部落

部落(tribe),也是一种松散的政治组织,主要见于农业社会和畜牧社会。目前,巴布亚新几内亚、南美热带雨林地区都有不完全自治的社会,其部落原则仍然在起作用。一个部落由一群具有共同语言模式和共同文化特质的人组成。他们以同一继嗣群(氏族和世系)的方式组织成血缘群体,拥有共同的领土和一些共同的文化特点,拥有自己的名称。这种名称,作为一种标志,既有对外的区别作用,也有对内培植认同感并加强感情联络的功效。

一般而言,部落是没有太多中央权威色彩的联盟,它没有正式的政府以及可靠的手段来执行政治决策。部落是食物的生产者,故部落社会的人口密度比游群大。与游群一样,部落中的领导权也是非正式的。领导者没有绝对的权力,也不是集权者。他的当选,是因为他身上有某些别人所不及的东西,如年龄、智慧、勇气、技能等。在对纠纷的处理中,他也没有正式的控制手段,不能强迫别人服从他的决定,他是依靠他的人格魅力来处理事务的。群议公决在部落社会生活中具有重要的地位和作用。

部落与游群在政治组织上的最大区别在于,部落中存在着某些泛部落因素。泛部落因素就是那些在部落的纵向组织原则之外起作用的因素,如亲属纽带就是一种泛部落因素。许多部落是由若干自认为有亲缘关系的氏族组成的,因而氏族便成了政治权力的组织单位和活动中心,由氏族首领组成的议事会共同商议决定部落内外的事务。又如年龄级(age grades)制度也是一种在部落内起作

第十章 政治制度与社会控制

用的因素。在很多部落社会中,每个成员都要按照其年龄进入一定的年龄级组织。各年龄级成员有着特定的角色任务,而这种对角色的认识在整个部落里是通用的,所以年龄可以和一个人说话的分量挂钩。此外,有的部落中存在着军事会社或战士俱乐部之类的社团组织,它们也作为泛部落因素发挥着作用。

游群和部落社会也称为无首领社会。亲属关系在无首领社会的政治组织中扮演极重要的角色。因此,这种社会有时被称为以亲属为主的社会。这种无首领社会的政治决定权主要环绕着氏族与世系群。在这些社会中,政治地位以个人在亲属网络中的地位为基础。世系群与氏族的长者,具有平息纠纷与处罚做错事者的权威。像世系群这样的亲属团体,就形成基本的行政单位。虽然他们可能与其他亲属团体有松散的联盟关系,但大部分的事务在世系群或氏族的范围内处理。当团体之间发生争执时,亲属团体之间的联盟才有政治重要性。

(二)集权的政治制度

1. 酋邦

酋长制社会,也称为酋邦(chiefdom),它不同于无首领社会的地方在于,行政组织有了正式的整合。游群和部落都属于松散的政治制度,而酋邦已是集权形态的政治制度。酋邦可能由好几个小单位(村庄、氏族等)组成,并由酋长、副酋长或委员会领导着。领导者的地位一般显著地高于社会中的其他成员。在社会等级中,酋长居于最高层,他手下有一个官僚机构,有若干地位不等的官员。酋长的权力几乎在一切事务中都起作用,如他掌握着土地的分配权、社会产品的再分配权,他可在社会成员中征兵役和劳役等。酋长的地位是永久并可以世袭的。酋长与其亲属构成一个精英阶层。酋长通常从贡物中累积财物,并会借夸富宴的方式施舍给有需要的人,将其中的部分财富再分配出去。酋邦中地位较高的群体(如高等级的家族)也可以做这些事,并以他们拥有的财富反过来证明他们的身份地位。这些人通常要向酋长奉献贡品,作为弥补,他们又会向地位较他们低的人索取物品。宗教信仰因素也起到了强化酋长权力地位的作用。除世俗权力外,酋邦内的人还相信酋长具有超自然的力量,因此酋长可能同时是群体中的宗教领袖。这种信仰使得社群内的成员轻易不敢冒犯酋长,因为酋长的权力和地位看起来是神授的。

与部落相似,酋邦也通常存在于农业社会或畜牧业社会,但酋邦社会与部落社会有一些明显差别:生产专门化程度高,具有更加固定的村庄和较密集的人口;有一个独裁的邦主和一套固定的核心政治机构;有正式的权力机构把跨村社的政治单位联结在一起。酋邦社会也不同于部落联盟:酋邦可以是血缘上不同质的社会,酋邦是势力较大的部落或社区对势力相对弱小的部落或社区进行吞并或征服的结果;而部落联盟是部落间自愿联盟的结果。目前,人类学界中关于酋邦的民族志材料很多都是来自欧洲扩张时期的波利尼西亚地区。

学界有观点认为,从原始社会向阶级社会过渡,其间必有一个既有前者特点又有后者特点的"非此非彼、亦此亦彼"阶段,他们通常称这个时期为"军事民主制时代"。马克思、恩格斯对此都有描述。恩格斯还指出国家和旧的氏族组织的两点不同:按地区来划分它的国民;公共权力的设立。现在的研究表明,早期国家的产生除氏族模式外还有酋邦模式。酋邦社会既有向国家社会过渡的可能性,又有作为一个特定社会阶段的自身的稳定性。而部落联盟则缺乏这种稳定性。这就是酋邦社会的过渡性和非过渡性特征。[①] 但是,酋邦、国家这样的概念都属于社会科学研究中的"理想型",它们成为人们认识、理解社会文化现象的工具,与现实仍有一定的差距。许多社会尽管有着很多酋邦属性,但仍然保留着一些部落特征。[②]

2. 国家

国家(state),可能是人类社会目前发展最完备的正式政治组织形式,通常作为衡量文明产生的重要标准而纳入研究。我国考古学家夏鼐曾说过:"现今史学界一般把'文明'一词用来指一个社会已由氏族制度解体而进入有了国家组织的阶级社会的阶段。"[③]

国家是一个自治、整合的政治单位,具有统一的政府、明确的疆界及保证政府权威得以执行的一整套强制力量。有人强调国家的三要素,即领土、人口、主

[①] 参见谢维扬:《中国早期国家》,浙江人民出版社1995年版,第73—76页。
[②] 康拉德·菲利普·科塔克:《人类学(第十二版)》,庄孔韶编审,冯跃改编,第266页。
[③] 夏鼐:《中国文明的起源》,文物出版社1985年版,第81页。

权,从而将国家视为一个有主权的地域团体。①

(1) 国家的特征。

国家一般出现于集约农业社会和工业社会,其生产发达,经济生活中的专门化程度高,人们的居住趋于集中,形成人口密度极高的城市社区。典型的国家是阶级社会,境内有许多不同性质的群体,如社会阶级、阶层及社团组织等,社会生活中的各个方面都存在着不平等。它的领土上会存在许多社群,并有一个高度专业化的中央统治权威。这个中央权威,会垄断维持内部秩序与调节外部关系的权力。不同国家的中央集权化的程度、权力的本质与范围、行政管理的方式、权力如何合法化,以及大众参与国家运作的层次和规范等,都不尽相同。在我国,传说中大禹之子启经过激烈的斗争,废除了民主式的禅让,确立最高统治权的世袭制,建立起了最早的奴隶制国家形式——夏。在世界其他地区,古希腊人、古罗马人、古印加人等也分别建立了各自的国家。国家的领导人,在奴隶社会、封建社会中是世袭的国王,进入资本主义社会以后,则大多是非世袭的国家元首。

尽管酋邦与国家的经济基础相似,大多建立在农业或畜牧业的经济基础上,但酋邦与国家有许多明显的区别,最基本的区别在于:①酋邦之内社会成员的关系是通过亲属关系、婚姻、继嗣、年龄、辈分和性别的原则来调整的;而国家则需要依靠政府、法律等手段来调整。国家中划分社会群体的依据是人们的社会经济地位。在早期的国家中,通常存在两个阶层:贵族和平民。②酋邦实行神权统治,对当局的服从采取宗教信徒对宗教首领服从的形式。酋长集"行政长官"、"军事首长"和"宗教领袖"于一身,他一般是完全脱离生产劳动而由他人供养的。③酋邦实行的是一种典型的再分配交换方式。酋长控制了从所属群体中抽调产品和劳动力的权力,他可以决定资源和财富的分配消费。社会成员要向酋长或其代理人交纳一部分劳动成果,酋长则要在每年举行一次或数次散财宴(或叫"夸富宴"),使得成员所交纳劳动产品的一部分又返回到他们手中。④与酋邦的再分配相反,早期国家取之于民的产品、劳务并不再返用于民。贵族一般不参加生产劳动,他们成为国家的行政管理人员、顾问、法官,也可能担

---

① 龙冠海:《社会学》,台湾三民书局1986年版,第295—296页。

任军职或者成为学术团体、宗教团体的成员。国家通过对产品生产、分配、消费的强行控制维持贵族阶层的生计。①

国家无时无刻不处在变化之中,而人类学家对国家的类别、起源、稳定与消亡等都很感兴趣。过去数千年,已形成了好几种国家,包括古希腊的城邦、波斯及罗马的帝国、梵蒂冈或古埃及等神权国家,以及近现代像法国、美国那样的民主国家。

(2)国家产生的原因。

国家是如何产生的,已成为长年来研究与辩论的主题。在分析国家形成过程时,会发现不可能简单到只有一个原因。有的人类学家提出了一个"复杂的互动模式"(Complex Interaction Model),指出国家形成有四个重要因素:①掌控经济;②意识形态;③社会的形成,包括人数、人口压力与空间分布;④一旦相关政治制度建立后,其政治组织的动量。另一些因素是已存在的国家的影响力,与经济因素相关的可获得资源的数量、各种生产的剩余量、贸易的角色,以及基本建设(如灌溉系统和道路)。战争与征服可以视为经济或意识形态竞争的必然结果,但它们本身不是基本因素。当考虑人口与生产工具及人口空间分布之间的关系时,人口成长就成为十分重要的课题。在这方面,环境如何影响人类的行为,与科技的发展及资源的空间分配之间的关系十分密切。

国家起源的理论被简单地概括为两大类:冲突论和融合论。冲突论认为,社会的结合和秩序是建立在力量和压制之上的,国家产生于社会冲突和阶级对抗;融合论则认为,社会成员的"价值共识"超越了意见和利益上所有可能的和实际的差异,国家产生于社会融合和阶级的合作。

恩格斯可以作为冲突论的代表。他在《家庭、私有制和国家的起源》中讲述了国家起源的三种形式。雅典形式,国家是直接从由氏族社会内部发展起来的阶级对立中产生的;罗马形式,贵族和平民的斗争炸毁了旧的氏族制度,建立了国家;德意志形式,国家是作为征服外国的直接结果而产生的。

也有许多学者在研究国家的起源问题时持所谓融合论的观点。塞维斯可以

---

① 国务院学位委员会办公室编:《同等学力人员申请硕士学位社会学学科综合水平全国统一考试大纲及指南》,高等教育出版社 1999 年版,第 672—673 页。

作为融合论的代表。他认为最初的政府不是通过强力而是通过权威和运用"神力"来进行统治的。在一个强大的中央集权的政府里存在着更多的整体利益,这些利益向早期国家的统治者提供了一种确保老百姓服从的和平手段。早期国家是酋邦合乎情理的发展,就好像是它的一个更大、更精致、更复杂的翻版。酋邦和国家这两个阶段都属于等级社会(ranked society),两者没有本质的区别。政府的发展不是对社会内部阶级冲突的反应,而是作为军事扩张和外部民族征服的结果。塞维斯还把经验材料中所见的一些"战争"解释为贵族之间为争夺继承权而发动的"王公之战",而不是阶级之战。①

还有一些学者提出了若干国家起源的原动力理论。例如,威特福格尔(Karl August Wittfogel,一译魏特夫)的"水利说"主张,控制洪水、实行水利灌溉的需要是许多国家形成的决定性因素。他的国家起源理论与"东方专制主义"的偏见联系在一起,又未能正确理解和解释中国的史料,因而受到批评。卡内罗(Robert L. Carneiro)认为,国家起源的原动力来自在一个封闭环境内的人口增殖。在对有限资源的竞争中产生了社会分层以及战争和征服,这时就需要有一个中央集权的政府。有些学者认为,国家往往出现在那些生态上呈现多样性的地区,国家的出现是为了调节居住在不同生态区域的居民劳动产品的分配和生产。区域间的协调可以说明国家的作用。

国家在世界不同地区的起源有着多种原因,不是单靠某一个变量就可以解释清楚的。为了探索国家的起源,人类学家要研究人口规模和密度发生变化的原因,还要研究伴随人口增殖而出现的协调问题及协调系统在程度和范围方面的变化。最后,还要注意国家组织的经济基础。大多数古代国家都以农业生产方式取得食品,但并非所有的古代国家都有农业。在那些以初级农业经济为基础的古代国家里,国家官吏往往对交换系统的协调起着重要的作用。在财富、权力和占有生计资源方面的世袭性差异,是国家组织的共同特征。任何国家的主要职能都是维护国家的正常秩序,捍卫社会经济分层的体制。国家都是分层的社会。国家发展出了一整套为履行基本职能服务的手段,包括:①人口控制,为此国家要划定疆域、统计人口;②处理各种案件,为此国家要制定民法、刑法、诉

---

① 参见乔纳森·哈斯:《史前国家的演进》,罗林平等译,求实出版社1988年版,第57—72页。

讼执法程序,任命法官;③保护主权,为此要维持一支军事和警察力量;④征税,取得完成上述职能的经济支持。①

国家是会消亡的,并为其他相似的国家或有时为新型的国家所取代。罗马的衰落,不仅导致了它被替换,而且也在欧洲产生了新型的国家。一个国家的衰亡或消失是个复杂且漫长的过程,经常受到各种不同的内在的与外在的因素影响。国家的灭亡并不只是过去的事。苏联和南斯拉夫的解体都标志着现代国家可能同样脆弱。此外,导致国家灭亡的压力,像环境退化、人口过多、资源基础的消失以及气候变化等问题,仍具有十分重要的影响力。

国家明显是集权的,故从游群、部落到酋邦、国家,政治制度是由松散型向集权型过渡的,政治组织则由简单向复杂转化。社会其他方面亦有相应的变化趋势,如人口由少至多,技术由低到高,社会各部门由泛化到专门化,劳动分工由粗到细,社会成员间的关系也由平等变为不平等,等等。

第二节 社会控制

一、社会控制的实质

社会控制(social control)是"通过社会力量使人们遵从社会规范,维持社会秩序的过程",它"既指整个社会或社会中的群体、组织对其成员行为的指导、约束或制裁,也指社会成员间的相互影响、相互监督、相互批评"。② 社会控制的概念是美国社会学家罗斯(Edward A. Ross)于1901年在《社会控制》一书中首先提出的③,他认为社会控制是社会统治的手段,它规定了社会生活的方式,并用以维持社会的秩序。

社会控制是随着人类社会的发展而逐步建立起来的。古籍中对人类社会的初始阶段做了生动的描述:"昔太古尝无君矣,其民聚生群处,知母不知父,无亲

---

① 参见格尔哈特·伦斯基:《权力与特权:社会分层的理论》,关信平等译,浙江人民出版社1988年版。
② 费孝通主编:《社会学概论》,天津人民出版社1984年版,第181页。
③ 罗斯的学生、我国著名社会学家、人类学家吴泽霖主张将social control译为"社会约制",并于1930年在上海世界书局推出《社会约制》一书,该书为孙本文主编之"社会学丛书"中的一种。

第十章 政治制度与社会控制

戚兄弟夫妻男女之别,无上下长幼之道,无进退揖让之礼……"①或曰:"长幼侪居,不君不臣;男女杂游,不媒不娉。"②可见那时的人尚处于一种散漫无拘的自由状态。

但是,既然群处,就必然发生群体中个体间的互动,互动而无规则,社会生活就无法维持。这一点,动物亦是如此。以珍·古多尔(Jane Goodall)为代表的一批学者对野生灵长类动物的长年观察研究,为我们提供了这方面十分有价值的材料。③ 不过,动物的群体规则是出于本能,还是真的可以被看作社会性行为,仍然有待进一步研究确认。

政治组织的一个重要功能就是进行社会控制,当然,由于政治组织的类型不同,实施社会控制的方式也存在差异。在人类学家所研究的各种政治组织中,酋邦与国家有某种集中的权力来调整社会事务,而在游群和部落中,人们并没有受到任何集中权力的直接干涉,而是按多数人期望的方式行事。在这种情况下,社会舆论(赞许、批评、闲言碎语、蜚短流长等)及对超自然力量的信仰往往是制止扰乱社会秩序行为的有效工具。

对于社会控制的实质,人们很容易以为是某种外力加于个人身上的现象,其实,社会控制的动力主要来自人的内心,它是一个与文化濡化相配合的心理过程。譬如,在现代社会,法律是极有效的社会控制手段,但在法律条文公布实施后,仍会发生令人痛心的有法不依、执法不严的现象,由此人们认识到,"法律是重要的,但更重要的是人们是否遵守法律"。在许多发达国家,作为推行法律的前提条件,从小就要培养人们的法律观念。有学者提出:"所谓社会控制,事实上包含着两个含义:一个是将外来的禁忌内化为良心的鞭挞力量;一个是将外来的禁忌以法律条文规定,起一种心理制约的力量。"④社会控制正是通过唤醒人们内心的某种心理机制而发挥其作用,具体就法律而言,只有当社会中全体(或绝大多数)成员对其产生认同(identification)后方才有效。

---

① 《吕氏春秋·恃君览》。
② 《列子·汤问》。
③ 参见古多尔:《黑猩猩在召唤》,刘后一、张锋译,科学出版社1981年版;郑开琪、魏敦庸编:《猿猴社会》,知识出版社1982年版。
④ 林秉贤:《社会心理学》,群众出版社1985年版,第298页。

二、社会控制的种类

社会控制可划分为若干类型,由于人们立足点的差异,对此可有多种不同的区分。学术界目前比较有共识的社会控制划分方式大致有这样四种:(1)外在控制与内在控制,这是从社会控制是否依靠外部力量执行的角度来划分的。(2)正式控制与非正式控制,这是从社会控制有无明文规定的角度来划分的。政权、法律、纪律、各种社会制度、社会中有组织的宗教均有明文规定,它们属于正式控制的范畴;风俗、习惯、舆论等则属于非正式控制的范畴。(3)积极控制与消极控制,这是按使用奖励手段还是惩罚手段来划分的。无论是正式控制还是非正式控制,都可以采取积极控制或消极控制的手段来达到社会控制的目的。(4)硬控制与软控制,这是从社会控制过程是实施强制手段还是使用非强制手段来划分的。政权、法律、纪律一般都依赖强制性手段实施硬控制,而依赖社会舆论、风俗、道德、信仰和信念的控制则属于软控制的范畴。[①]

我们现从第一个角度着重讨论一下内在控制(internal control)与外在控制(external control)。所谓内在控制,即社会通过各种影响在其成员内心建立起控制机制。在前工业化的农业社会及宗教意识浓厚的社会中,常可见到内在控制发挥着巨大的功能。例如,对超自然力量的信仰在人们心中有牢固的地位,这种社会里成员的一举一动均要考虑神灵的反应。实际上,神灵的好恶是从现实社会中来的,是人们依据自己的要求设计出来的,这就起到了社会控制的效果。在我国民间,流行着"善有善报,恶有恶报"的善恶有报观念,也常有人说"人在做,天在看""举头三尺有神明"等话语。当人们都信奉这种观念时,为恶者便会减少。内在控制不仅借助宗教的力量,在我国,儒家倡导的伦理道德准则同样可以内化到人们的心中,起到制约行为的作用。"慎独""君子不欺暗室"等都是儒家刻意追求的自我控制功夫。当代社会生活中的学先进、比修养、讲文明等依然属于内在控制,故很多学者认为:"最有成效并持续不断的控制不是强制,而是触发个人内在的自发性的控制。"[②]

---

① 参见《中国大百科全书·社会学》,中国大百科全书出版社1991年版,第314页。
② 横山宁夫:《社会学概论》,毛良鸿等译,上海译文出版社1983年版,第226页。

第十章 政治制度与社会控制

但是,只有内在控制并不足以完全约束社会成员的行为,因此,人们便求助于异己的力量,设立某些机构,引导或强迫人们遵守社会规范,这就是外在控制,即通过外在的力量控制社会成员的行为。

任何社会都会有一些既定的观念。如小孩子应服从他们的父母,驾驶员遇红灯时应该停车,医生应该救助病人,政府官员应该廉洁奉公,等等。这些关于适当的或受到期待的行为的观念就被称为规范。规范通常有三个类别:事实假定、评比规范、成员规范。事实假定(reality assumption),是一般的信念,涉及在一个特殊的背景脉络下,何种行动是有意义的和可能的。如在我们的社会里,若一个银行职员收了支票,在给我们钱之前独占它,就违反了事实假定,会被视为不正当的行为。评比规范(ranking norm),是评定人们及他们的行为有多接近某种标准。此种规范也许用来区分阶级和地位,如我国以前以土地占有数量来评定农民的身份;或以平均分数来评价一个学生;等等。成员规范(membership norm),则是一个人在某群体中或其社会地位被接受的标准。这些标准可能包括工作表现、遵守某些行为准则,或愿意穿某种特定的服装等。①

人们在社会中,出于各种不同的目的而适用不同的规范,这种规范的使用和我们对社会认同的知觉有着密切的关系,如,银行职员是什么,该做些什么,好职员的标准是什么,等等。人们对规范的支持,通常和自己认为别人会如何看待其行为有关,而不仅仅取决于自己的价值观。一个好的银行职员,面带微笑提供服务,并不表示他关心顾客,或是他本人很高兴,而是为了符合其他人期望的形象。

当然,规范会随着新的社会或环境现实而不断地改变,但若违反社会中既成的有效规范,会遭到社会的裁定。

在人类学中,学者们讨论外在控制时常使用裁处(sanction)一词,依照拉德克利夫-布朗(Alfred Radcliffe-Brown)的说法,裁处"是社会或它的大部分成员对某种行为方式做出的反应,因而一种行为方式可能受到赞许(正面裁处),也可能受到责难(负面裁处)。裁处可以进一步被区分为泛化(diffuse)裁处和组织(organised)裁处。前者是指作为个体行动的社区成员自发表达出来的赞许和责

---

① 拉德克利夫-布朗:《原始社会的结构与功能》,潘蛟等译,中央民族大学出版社1999年版,第230页。

难,而后者则是指按照某种传统的、被公认的程序来采取的社会行动"①。

在各种类型的社会中,我们都可以看到裁处的存在。"社会的裁处在一切群体关系内部逐渐发生作用。这些裁处不仅包括法律这种有组织的裁处,还包括邻居的闲话或自发产生于工厂工人当中的习惯性生产规范。在小规模的社区中……非正式的裁处可能比法律条文中规定的惩罚更为严厉……"②

由此又引出了对裁处的分类。在第一种分类中可将裁处分为正面裁处和负面裁处。前者即赞赏、奖励,如记功、表扬、授予称号、发奖品、评先进、提职、舆论的好评等,意在保护和强化被控制者符合社会规范的行为;后者即制裁、处罚,如记过、批评、罚款、降级、舆论的非议乃至逐出社群、监禁等,意在禁止和限制被控制者不符合社会规范的行为。

另一种分类则是将裁处分为正式的与非正式的,其间的转化以是否涉及成文法为界。这与程度有关。如某人于上课时在校园里唱歌,会招来白眼;若他拿着扩音器以更大的声音唱歌,就会受到干涉;严重到触犯治安管理条例,还会受到拘留或罚款的惩处。此外,还与场合有关。如有人深更半夜坐于大道当中,顶多引起偶尔路过者的诧异;而当他大白天坐于大道当中,就会有交通警察将其带走了。正式的裁处总是有组织的,是较为准确地调整规范人们行为的努力。非正式的裁处则是散漫无组织的,往往是群体成员自发的赞同或反对,与风俗习惯有密切的关系。

上述两种分类可结合起来考虑,如此便可组合成四种裁处方式:正式的正面裁处(如授勋、提职),非正式的正面裁处(如舆论的好评),正式的负面裁处(如判刑、降职),非正式的负面裁处(如舆论的非议)。人们重视何种裁处方式,在不同的社会中各不相同。在复杂社会尤其是组织严密的群体(如军队)中,正式裁处效用极高;在组织结构较为简单的社会中,人们可能更看重非正式裁处,如我国一些民族地区,社会舆论的影响超过了国家的成文法律。在社会动荡期或转型期,社会价值体系或失效或变动,正面裁处与负面裁处甚至可能易位,这时便常会出现"先进不香,后进不臭"之类的社会景观。

---

① 参见芮逸夫主编:《云五社会科学大辞典·人类学》,第239页。
② 威廉·A.哈维兰:《当代人类学》,王铭铭等译,上海人民出版社1987年版,第485—486页。

第十章 政治制度与社会控制

这里有必要特别提到超自然力量在许多社会里对人们行为的控制。譬如巫术（magic），这是一种广泛存在的宗教现象，指的是为达到某种目的，幻想借助某种超自然的力量对客体施加影响或控制而产生的一系列行为。[①] 虽然从科学的立场看巫术的基础是虚妄的，但在一个人人都信巫术的社会中，其社会控制的功能却是真实的。再如禁忌（taboo），这是"指与原始宗教观念相联系的行为上的限制或禁止"[②]。禁忌的社会控制意味十分明确，它不仅存在于原始宗教中，在以后的神学宗教中被进一步规范化，形成了戒律。在我国，禁忌作为一种社会控制手段长期存在，如民间流行的历书，每日都标有吉凶，并详细告诉使用者当日的禁忌（如忌出行、忌动土、忌会友等）。直到今天，人们在进行婚嫁、店面开张、建房动土等事项时，依然很注意避免触犯禁忌，为喜事择个好日子。

三、风俗习惯和习惯法的控制功能

生活在现代社会中的人们，一提起社会控制，所想到的就是法律。法律是一套具有约束力的规定，通过制定或根据习俗惯例而创造出来，从而界定正确与合理的行为。法律的执行通常由法院或具有相当正当性的团体（如部落社会中的长老群体）来负责。法律制度随着社会的变化而不断改变，这也是整个社会适应的一部分。任何法律制度重要的一点就是，执法者能动用强制力，确保服从或惩罚犯错误的人。

当然，法律制度并不是现代社会才有的，虽然现代社会有其独特的立法和执法程序。那些文化后进民族或人群都有他们自己的关于个人与超自然、个人与社会、个人与周遭环境之间关系的规定，即都有他们的法律制度可供遵循。这些民族或人群的法律包括履行与神话事件有关的仪式的义务，以及对待亲属的传统行为模式。这些法律虽然并不一定形成文字，但和我们写下来的法律条文一样具有强制力。这就是风俗习惯和习惯法。

风俗习惯对人们行为的控制从个体角度看就是一种典型的从众。在我国古代传说中，治水的大禹为教化裸国人民，自己亲身前往，但他也不得不脱光衣服

[①] 陈国强主编：《简明文化人类学词典》，浙江人民出版社1990年版，第245页。
[②] 同上书，第491页。

进入裸国,这正是风俗习惯导致从众的例子。美国学者萨姆纳(William Graham Sumner)曾著《民风》一书,专注于风俗对人们行为控制的研究。他强调民风是一种社会的基本力量,在不知不觉中增长,又在不知不觉中被人们接受,这些力量含有引导思想及行为朝向某种主导方向的作用。简言之,即伦理的制裁。①风俗习惯的社会控制作用,在越原始的社会中发挥得越好。正如恩格斯在《家庭、私有制和国家的起源》一书中谈到氏族制度时所说的:"没有士兵、宪兵和警察,没有贵族、国王、总督、地方官和法官,没有监狱,没有诉讼,……在大多数情况下,历来的习俗就把一切调整好了。"②

有些风俗习惯可能进一步演化为习惯法(customary law)。依我国法学界权威性的解释:"习惯法,指国家认可和由国家强制力保证实施的习惯,是法的渊源之一。习惯是在社会生活中经过长期实践而形成的为人们共同信守的行为规则。在国家产生以前的原始习惯并不具有法的性质,它是氏族社会全体成员共同意志的体现,如禁止氏族内结婚、氏族成员互相帮助、共同防御一切危险和侵袭以及血族复仇等,都是为了维护其生存而自然形成的共同行为规则。它是依靠传统的力量、人们内心的信念和氏族长的威信来维持的。阶级社会中存在的习惯也不都具有法的意义,很多属于道德规范。"③这已将习惯法说得相当详细明白了,但有一点要指出的是,这个定义将习惯法的出现放在国家产生之后(成文法不消说也是如此了),而人类学界对法律的认知却不一定与此相同。著名的美国法人类学家霍贝尔(E. Adamson Hoebel)在《原始人的法》一书中便给出了法律定义的"非国家说":"法律可以定义如下:这样的社会规范就是法律规范,即如果对它置之不理或违反时,照例就会受到拥有社会承认的、可以这样行为的特权人物或集团,以运用物质力量相威胁或事实上加以运用。"④

我国传统上的宗法制就是一种习惯法。众所周知,人类社会组织的构成,随着历史的发展,依次由血缘而地缘而业缘发生着变动。但是,"汉文化独特的格

---

① 参见芮逸夫主编:《云五社会科学大辞典·人类学》,第85—86页。
② 恩格斯:《家庭、私有制和国家的起源》,载《马克思恩格斯选集》第4卷,人民出版社2012年版,第108—109页。
③ 《中国大百科全书·法学》,中国大百科全书出版社1984年版,第87页。
④ E. 霍贝尔:《原始人的法》,严存生等译,贵州人民出版社1992年版,第25页。

第十章 政治制度与社会控制

局和传统,自有复杂的生成机制,而其中关键之一,是氏族解体不充分,血缘纽带在几千年的古史(乃至于近代史)中一直纠缠不休,社会制度和组织发生过种种变迁,但由氏族社会遗留下来的,以父家长为中心、以嫡长子继承制为基本原则的宗法制的家庭、家族却延续数千年之久,构成社会的基础单位"①。在宗法制下,作为社会组织实体的宗族,就行使着社会控制的职能,这可以从形成文字的宗规、族约中反映出来。宗法之制源于礼,但其实际施行却以强制力为后盾。历史上,宗族对违反规约者,轻则罚谷罚款,重则责打、逐黜族籍。直至20世纪20年代的湖南乡间,人们还可以看到"祠堂里'打屁股'、'沉潭'、'活埋'等残酷的肉刑和死刑"②。可见,宗规族约得到了最高统治者的认可与鼓励。自宋初宗族制度勃兴以后,历代政府均承认宗族对族人的裁定之权,如清朝皇帝规定尊长族人"训诫子弟,治以家法,至于身死……不当按律拟以抵偿"③。

村规民约也是一种习惯法。村规民约可追溯到宋神宗时关中的《吕氏乡约》。据《宋史·吕大防传》载:"凡同约者,德业相劝,过失相规,礼俗相交,患难相恤,有善则书于籍,有过若违约者亦书之,三犯而行罚,不悛者绝之。"类似的制度在我国民族地区常可见到,较著名的如瑶族的石牌制。瑶族乡民为解决纠纷、平息争端,推举出有威信的头人,制定共同认可的行为准则,勒之于木石,即为石牌律。各个石牌的具体条文并不完全一样,但概括起来无非以下几方面:(1)阐明订立石牌的目的是维护社会秩序。(2)保护私人财产。(3)保护生产。(4)保障人身安全。(5)保护入山公平买卖的行商小贩。(6)防匪盗。(7)维护山主的权力。④ 其他如苗族的"议榔",布依、侗、水等族的"合款",海南岛黎族的"峒",台湾高山族群的"社"等,均有类似的习惯法制度。进入20世纪后,在中国,村规民约仍在发挥着作用,例如民国初年倡导村治、20世纪80年代各地在政府指导下共订规约等。村规民约受到一定的范围限制,有着地域的变异,一旦越出订立规约的地区,便不再产生约制力。

当代社会已步入成文法的时代,但风俗习惯与习惯法的社会控制作用仍在

---

① 冯天瑜:《中国文化史断想》,华中理工大学出版社1998年版,第34页。
② 毛泽东:《湖南农民运动考察报告》,载《毛泽东选集》第1卷,人民出版社1991年版,第31页。
③ 《雍正朝起居注》五年五月初十日条。
④ 胡起望等:《盘村瑶族》,民族出版社1983年版,第116页。

某种程度上存在于人们的社会生活中。例如,在我国,宪法规定各民族地区可依其传统习俗对法律的有关条文作适应本民族特点的调整。又如,"在日本一般认为商业习惯法、共同使用权等具有优先于民法的效力"①。甚至国际法也被认为是习惯法,因为它缺少超越国家与民族的强制力为后盾。所以,在人类学家眼中,风俗习惯与习惯法在社会控制方面的重要性,至少不低于成文的法律。

说到底,社会控制的诸种手段,其效用都是建立在人类从众(conformity)之心理基础上的。"所谓从众,乃是在社会团体的压力下,个人放弃自己的意见而采取与大多数人一致的行为。我们平时讲的'随大流',就是一种从众行为。"②从众的发生,是实际存在的或头脑中想象到的社会压力与团体压力,使人们产生了符合社会要求与团体要求的行为与信念。西方心理学界设计了许多实验,证实了从众心理的存在,而包括中国在内的许多非西方国家重复了这些实验,又进一步证实了从众的普遍性。

第三节 维持社会秩序的途径

政治组织的重要功能,是通过社会控制维护社会的秩序。达到这一目的的途径在不同社会中是有差异的:有的重和平解决,有的重武力解决;有的采用正规方式,有的采用非正规方式。这可以从两个层次来看:一是在群体内部解决矛盾冲突,一是在群体之间解决矛盾冲突。无论采用哪种方式,其目的都在于维持社会秩序。

一、群体内部纠纷的解决

（一）习俗制约

这是许多非集权社会常用的方法,即使在集权社会中,风俗习惯仍然对人们的行为有极大的制约力量。以穿着习俗为例,一般说来,赤膊或穿内裤上街会遭

---

① 祖父江孝男等主编:《文化人类学百科辞典》,山东大学日本研究中心译,青岛出版社1989年版,第85页。

② 时蓉华:《社会心理学》,上海人民出版社1986年版,第177页。

第十章 政治制度与社会控制

人白眼,人们便不会去自找不快;而服装设计师若一昧追求新奇而不考虑传统习俗,其服装的推广也必遭失败。习俗有时无道理可讲,如在美国,个人有着装的自由,女子甚至可穿三点式上街,但人们不可穿睡衣睡裤在公共场合露面,除非罩件睡袍。[①]

前面提到的禁忌就是一种习俗制约,每个社会或多或少都有一些禁忌,其中往往包含社会文化的深义。如乱伦禁忌或对某些动植物猎取及砍伐的禁忌,便具有减少遗传疾患、维护生态平衡、保持社会整合诸种功效。一些社会(如因纽特人社会)有复杂的禁忌体系控制日常生活,社会因此似乎不需要成文法了。

(二) 非正规裁处

有些非集权社会的首领负有裁处之职,但他们不能强迫别人接受他们的裁处,他们只是冲突的调解人。一般说来,矛盾冲突双方的论争交涉按习俗处理,但当双方无法达成满意的协议时,就会找首领作为第三方来解决纠纷。为了与酋邦或国家社会中的正规裁处(可称裁定、判决)相区别,首领的这种非正规裁处可称为协商、调解。

在我国社会中,基层有居民(村民)委员会组织,有人民调解委员会,这些组织的行为类似这种非正规的裁处,可涉及离婚或邻里纠纷之类问题的调解。因为这些组织熟悉当事双方的情况及社区习俗,故常动之以情、晓之以理,依习俗办事,而一旦到法庭上就要无情得多了。

(三) 神裁

神裁(ordeal),也叫神判,是一种企图以超自然力量来鉴别和判定人间是非真伪的习惯法。[②] 其常见的方式也有一二十种之多,如捞油锅或捞沸水等。据明人杨慎记载,在我国西南地区,"有争者,告天,沸汤投物,以手捉之,曲则糜烂,直则无恙"[③]。

在某些社会中,有以服毒方式进行神裁的。据说有罪者会被毒死,无罪者则安然无恙。这有一定的心理学道理。争执双方或案件的嫌疑人所服毒药的剂量

[①] 徐国民:《这就是美国》,上海文化出版社1987年版,第6—7页。
[②] 夏之乾:《神判》,上海三联书店1990年版,第2页。
[③] 杨慎:《南诏野史》卷下。

通常不足以致死,但有罪者因心理紧张导致生理反应却有可能因此毙命。还有在烧红的炭或石上赤足行走,以是否烫伤而定是非的神裁法。目前,对神裁中的一些身心因素尚缺乏系统深入的研究。

与此相关的还有赌咒或立誓(oath)。如在我国景颇族中,发生偷盗而双方争执不下时,失物者与被怀疑者请人做证,到易遭雷劈的大树下分别发誓,前者表示若诬赖就死,后者表示如偷了就死,人们想象有罪者必遭惩罚。在史籍中,常有古人赌咒或立誓的记载,如折箭为誓、击掌为誓等。这在西方社会也极常见,至今一些国家元首就职时还要举行一个宣誓仪式。现代社会的日常生活中,赌咒立誓仍是人际交往中取信于人的一种手段。

(四) 法律

在以上几种解决纠纷的途径中,习俗制约依靠的是舆论,非正规裁处讲的是情面,神裁则仰赖对超自然力量的信仰,而法律靠的是社会组织的强制力。现代社会中,城市日益成为人类的主要居住地,人们不是依血缘,也不怎么依地缘,而是以业缘聚合在一起,人多事杂,矛盾冲突甚多,亲属力量、习俗等已不足以制约人的行为,因此需要法律出面充当裁判。

大规模社会聚集成国家之后,和小规模社会比起来会有不同的法律要求和法律制度。在国家中,财产和地位的不同以及文化的歧异会形成紧张关系。若要维持社会秩序,则需处理这种紧张关系。而国家的扩大和复杂性,意味着更难通过说闲话、羞愧心和其他人的介入义务等方式去维持,也意味着国家机器必须依赖专业化的制度像法官和警察等来诠释与执行法律。此外,在小规模社会中,不易看到有人被关进监狱以维持秩序的情形。国家的法律如何执行,大部分取决于权力和财富的分布与竞争。当一部分人控制国家机器时,通常会为个人的目的而建立有利于他们的法律和立法制度。在政治权力集中的国家,他们的立法对多数人不一定有利,当统治权威受到威胁时,他们会使用军队、警察、法庭等去控制人民。在政治权力较分散的国家,立法过程中会有很大的争执,人民对自己的权利有较普遍的认知。

若我们把眼光放到世界秩序的维持上,则会发现现代国家并不是完全自给自足的实体。大部分国家在贸易、文化、权力欲望等方面和其他国家有跨越国界

第十章 政治制度与社会控制

的交流。在此世界制度下,思考全球政治和经济就很重要。在国际层次上,许多国家在制度、财富和文化等方面差异很大,因此在互动中会产生巨大的紧张关系,如中东的国际石油工业和冲突就是很明显的例子。在20世纪,由于国际的纷乱情形,人们致力于建立一些至少在主要国家中能通行的原则。这些包括协定网络、音像著作权和邮件事务等。此外,也努力去建立处理纷争的国际机构以创造秩序,如联合国、国际法院、世界贸易组织等。这些机构的效率是有限的,因为它们并未拥有足够的权力。在一些例子中,联合国借用军事力量或经济制裁成功地解决了一些纷争。不过,在大部分情况下,联合国充其量只不过能降温及促使纠纷国达到相互了解而已。当政治和经济活动已达到全世界的层次时,也许就需要人类创造新的方式来应对冲突和矛盾了。

(五)决斗

有时群体内的纠纷不能和平解决,于是在一些社会中便出现决斗这一形式。决斗是个人间(有时是家庭间)的性命相搏,当然不一定会死,这在许多社会中是为社会习俗认可的一种方式,甚至法律亦承认此一解决途径。我国古代孔子的大弟子子路就是与人决斗而死的,那时决斗还要讲礼,要正衣冠;西方社会也长期存在被称作骑士之风的决斗,俄国著名作家普希金便丧命于决斗场。

有些民族中的决斗并不以生命为代价,在公证人的监督下,争执双方排成阵式,互掷石块,以退却者为负。还有更和平的例子,如斗歌。在因纽特人中,矛盾冲突双方会把问题拿到公众大会上去解决,这个大会有点像法庭,双方并不陈述什么理由,"只是轮流高唱侮辱对方的歌。'法庭'对每一首歌报以或褒或贬的笑声。最后,一个唱歌的人惊慌失措,语言前后矛盾,不支持他的人越来越多,以至全体喝倒彩——甚至他的亲属也笑不出来了……在对歌中失败的人可能从此善罢甘休认输了事,因为如果他要继续吵下去,他不可能指望什么人会支持他"[①]。

二、群体之间纠纷的解决

群体之间的纠纷也可有两种解决途径:和平的,就是谈判;武力的,就是战争。

[①] 马文·哈里斯:《文化人类学》,李培茱、高地译,东方出版社1988年版,第197—199页。

（一）谈判

谈判是现代社会最常用的方式，是和平时代解决纠纷的主要途径。在国际上，外交出访都是去谈判的：有为领土问题而出访的，有为党派或国家间意识形态纠纷而出访的，有为经贸问题而出访的，等等。外交谈判最终发表的联合公报会说双方在友好气氛下就共同关心的问题交换了意见，许多方面取得了一致的看法。其实，完全一致就不需要谈判了。谈判之所以发生，就是因为双方有了分歧和矛盾。

谈判的基础是共同认可的规则，国与国之间就是依据国际法。但实际上，完全依照国际公约、国际准则的情况还是少见，因为谈判双方存在一定的差异：你若有求于人，便不得不让步；你若弱于人，也得让步。

（二）战争

谈判的反面就是战争，当和平解决无望时，人们便诉诸武力。战争与决斗不同，它是"组成不同地域集团或政治集团的人群之间的武装战斗"[①]。在人类学的研究中，战争大致有以下三种形式。

1. 血亲复仇

血仇（blood feud）是指不同的家庭或血亲团体之间长期的敌意状态，这可能发生在一个社会中或不同社会的成员之间。当本血缘群体的成员受到外来伤害时，则视为对本群体整体的伤害，故以对方整个群体为复仇对象，这种情况一般发生在氏族之间。受伤害的人是个别的，但报复是群体的。在此情况下，群体是以血缘关系结合在一起的。

但在一些社会中，复仇的对象有所改变，不再以对方全体成员为报复对象，而只要求对等的偿还。如杀死我群一青年男子，则杀死对方一青年男子，或只对凶手及其近亲报复，这种形式便是"同态复仇"。另外，也可通过赔偿的方式了结，如对方用牲畜及其他贵重物品赎罪，受害一方接受后，大家可重归于好。

[①] 基思·奥特拜因：《战争人类学》，转引自马文·哈里斯：《文化人类学》，李培茱、高地译，第215页。

第十章　政治制度与社会控制

2. 袭击或掠夺

袭击或掠夺(raiding),一般而言是为实现一个有限的目的而进行的短期武力行动,其目的通常是获取另一社区(一般是邻近社区)的物资、牲畜或其他形式的财富。在觅食和小规模社会中,突然的袭击通常和人口压力及资源稀少有关。像我国古代一些北方民族就常掳掠中原地区。掠夺在一些农业社会也普遍存在。因为此种生计方式的适应策略具有选择上的优势。

袭击的实施可分两类:一类是临时性的简单掠夺,通常有临时性的领导或协调者,领导者的权威在执行袭击行动后就不复存在了;另一类是对周边社会领土、人口、财富、资源和权力等方面的长期觊觎,袭击发动者往往就是本社会中的政治、军事和宗教组织的领导者。袭击往往较血亲复仇规模更大,实施的一方有周密的计划和组织。袭击较容易通过有组织的方式予以结束,如签订停战协定等。

3. 对抗战

这是大规模的正规战,交战双方投入人数较多,且都制订了相应的攻守战略计划。对抗战通常发生在集约农业和工业社会中,因这些社会才有实力维持这样的战争,但其他类型的社会中也可发生对抗战。战争的起因,有关专家认为大致可分为六种:征服和纳贡、扩大疆土、掠夺、获取战利品和荣誉、报复、自卫。①

小规模社会内部团体间的血仇和一般的掠夺,因人口太少以及狩猎者和农耕者尚需顾及生计,纷争不会持续太久。规模较大且以农耕为基础的人群,才能进行时间较长的战争。当人口压力更明显时,人们开始发现有更多值得争战的事物。对那些住在人口稀少地区的狩猎社会和农耕社会的人而言,争夺领土很少是纷争的起源(虽然领土的侵占是战争的间接结果)。当人口压力增加时,才会增强为领土而战的动机。

在小规模社会里,战争的死亡人数和波及人数与大规模社会的战争相比,占整体人口的比例很大。如第二次世界大战时,参战国的动员率未超过15%,而小规模社会则可能是所有的成年男子。

---

① 奥特拜因:《比较文化分析》,章智源、张敦安译,河南人民出版社1990年版,第174页。

战争和国家的演进有密切关系。较大的政治单位是由征服而来的,而大的国家是由被征服的人进贡支持的。此种战争不能单以权力或财富加以合理化,而总是需要某种理由来为之辩护,譬如道德原则。

除了个人的专业化之外,另一项战争演进的重要特色,是大规模社会中科技的变化,最重要的发明是火器。科技的进步使火器在战争和社会控制中扮演着重要的角色,同时也是全世界殖民扩张的关键。现代世界体系的建立,伴随着不断扩张的战争。从16世纪至20世纪初,世界上许多地方的殖民战争,即是欧洲国家为争取殖民地而战。在20世纪,这种国家间的战争升到顶点而导致了两次世界大战。这种战争促使科技日新月异地发展,已到了几秒钟之内能在世界任何一个地方进行战争的地步,甚至可以进行太空战而摧毁人类社会。

人类学研究战争最主要的理由是,战争是文化的人为产物。它们不是生物性的特定条件产生出来的。因此,如果能改善这些条件,便能减少战争。要实现这一目标,我们得全面了解发生战争的所有状况,这就是人类学这种社会科学能扮演重要角色的地方。

◆ 本章思考题

1. 什么是酋邦?它有何特点?
2. 什么是游群?简述它的特点。
3. 国家是怎么起源的?简述国家起源的代表性理论。
4. 什么是社会控制?实现社会控制有哪些途径?
5. 什么是血亲复仇和同态复仇?
6. 什么是习惯法?谈谈习惯法在处理民间纠纷中的功用与局限。
7. 结合课内外学习资料,谈谈人类学对政治的研究与政治学有何不同。

◆ 本章主要参考及推荐阅读文献

1. C.恩伯、M.恩伯:《文化的变异——现代文化人类学通论》,杜杉杉译,辽宁人民出版社1988年版。
2. 马文·哈里斯:《文化人类学》,李培茱、高地译,东方出版社1988年版。

3. 康拉德·菲利普·科塔克:《人类学(第十二版)》,庄孔韶编审,冯跃改编,中国人民大学出版社 2008 年版。

4. 拉德克利夫-布朗:《原始社会的结构与功能》,潘蛟等译,中央民族大学出版社 1999 年版。

5. 特德·C.卢埃林:《政治人类学导论》,朱伦译,中央民族大学出版社 2009 年版。

6. 格莱德希尔:《权力及其伪装》,赵旭东译,商务印书馆 2011 年版。

7. 何国强:《政治人类学通论》,云南大学出版社 2011 年版。

8. 阮云星、韩敏主编:《政治人类学:亚洲田野与书写》,浙江大学出版社 2011 年版。

9. 埃德蒙·R.利奇:《缅甸高地诸政治体系——对克钦社会结构的一项研究》,杨春宇、周歆红译,商务印书馆 2010 年版。

10. Michael C. Howard(迈克尔·霍华德):《文化人类学》,李茂兴、蓝美华译,台湾扬智文化事业股份有限公司 1997 年版。

11. 高其才:《中国习惯法论(修订版)》,中国法制出版社 2008 年版。

12. 高其才主编:《当代中国少数民族习惯法》,法律出版社 2011 年版。

13. 夏之乾:《神判》,上海三联书店 1990 年版。

14. 孙秋云:《社区历史与乡政村治——鄂西土家族地区农村宗族文化与村民自治研究》,民族出版社 2001 年版。

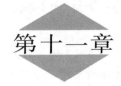

宗教信仰与仪式

人与超自然的关系,一直是文化研究中的永恒话题。在当代世界日益高涨的世俗化潮流中,虽然参加原有宗教教派的人数有所下降,但又有五花八门的宗教现象应运而生。在人们的日常生活中,神秘的宗教仍占有相当重要的地位。

美国人类学家克拉克洪认为,人之所以与一般的生物不同,主要体现于三点:系统地制作工具、运用抽象的语言和宗教信仰。① 这个观点是否偏颇,姑且不论,但宗教信仰为人类社会所独有且存在于目前所知的一切人类群体中却是不争的事实。尽管世界各地的人类群体由于时代不同、文化传统不同,对什么是宗教尚有歧见,但宗教是人们与超自然力量有关的信仰、态度和实践行为的观点已得到大多数人的认可。

对人类宗教信仰现象的比较研究,一般可分为两大类:其一是从事文明社会中那些教义有经典记载的制度化宗教的比较研究,称为比较宗教学;其二是着重于人类基本宗教行为或超自然信仰与信仰行为的比较研究。科学的人类学自开创之始便把宗教列为自己的研究主题,这种研究主要集中于比较世界各地各文化在信仰和仪式活动方面的异同。人类学家进行比较研究后发现,世界上的各种宗教活动,在信仰本质、仪式行为和在人们日常生活中充当的角色上大体是相似的;人们对待超自然神灵的态度基本上也是相同的。人们的宗教活动之所以

---

① 史宗主编:《20世纪西方宗教人类学文选》,金泽等译,上海三联书店1995年版,第1页。

第十一章 宗教信仰与仪式

呈现不同的景象,原因在于宗教活动反映的是现实生活,而各个社会中人们现实的生活方式并不相同,宗教活动的表现方式也自然不同。人类学对宗教的这种研究,被称为宗教人类学。宗教人类学的研究,是以全人类所有不同族群或文化为范畴,不仅盯着文明社会的宗教,还注重对许多"原始"民族宗教信仰的研究,以期对人类的宗教基本行为做一番彻底的探索。这是人类学家与其他社会科学家或行为科学家对宗教的研究的区别所在。人类学对宗教起源、本质等问题所做的假设,对世界各地宗教活动所做的独特阐释,深为学术界所倚重。

第一节 宗教信仰的历程

一、泛灵信仰与泛生信仰

(一) 泛灵信仰

文化人类学中对宗教的最早研究,是探讨宗教活动的起源和进化过程,其中最著名的代表是英国人类学家泰勒。泰勒的原始宗教研究是以"泛灵信仰"(Animism)为基础而展开的。泛灵信仰,也称"万物有灵观",是泰勒在其名著《原始文化》中提出来的。他认为,原始人在形成宗教之前,先有泛灵的观念,即人们从影子、水中的映像、回声、呼吸、睡眠,尤其是对梦境等现象的感受中,觉得在人的物质身体内有一种非物质的东西,使人具有生命。当这种东西离开身体不再返回时,身体便丧失了活动和生长的能力,呼吸也随之停止。这种东西就是"灵魂"。他认为原始人由己及物,推论出一切具有生长或活动现象的东西,如动物、植物、河流、日、月等,以至凡可出现于梦境中的任何东西,都具有"灵魂",这就是泛灵信仰。泛灵信仰在我国古代也有充分的表现,如《史记·封禅书》所记天子、诸侯每年对泰山、衡山、华山、恒山和嵩山等五岳,以及对长江、黄河、淮河和济水等四水的祭扫便是一例。即使在现代民间,泛灵信仰的例子也十分丰富,以我国东北地区的赫哲族为例:

> 赫哲和其他的原始民族一样,他们的宗教的基本概念是属于生气主义(Animism)。他们崇拜祖先,因为相信人与动物都有灵魂的存在;他们崇拜鬼神,因为天灾人祸,冥冥中都是神鬼在那里主宰;他们崇拜

自然界,以为日、月、星、辰、山、川、草、木,都有神主管的。

他们以为人有三个灵魂:第一个灵魂叫做[arən],人与动物都有,——在人死以后,此灵魂立即离开肉体。换句话说,即"生命的灵魂",他与人的生命同始终,他是创造生命的神所赋予的。第二个灵魂叫做[hani],他能暂时离开肉体,并且能到远的地方去。人在睡觉的时候,即是这灵魂的离开,他能到别的地方,能和别的灵魂或神发生关系,好像人在醒的时候的思想,所以有人给他一个名词,叫做"思想的灵魂"。第三个灵魂名为[fajāku],他有创造来生的能力,他是管转生的神所赋予的,可以叫他"转生的灵魂"。在人死之后,他立刻离开肉体。

在人死以后,生命的灵魂永久消灭,思想的灵魂不灭,他继续存在,在家看灵,在外守坟。至周年时萨满送之入阴间,否则为鬼,在天堂、人间、地狱的神鬼间,变成一个新鬼。转生的灵魂,在人死之后,把生前所走之路走过一遍,男子须走七天,女子九天,再归来在出魂之日随勾魂鬼回到他的来处去,再转入新生的人或动物。他们相信轮回说,以为好人死后仍变为人,父子互相更替不绝;次者则变为家畜;恶人则变为蒿子秆上的疙瘩,永远不得再投胎为人。

赫哲人以为灵魂的形状似人形,而分量甚轻,草秆羽毛皆能载之。人死后的灵魂坐于草秆上,觉已身轻,方知是死。在日落日出的时候可以看见灵魂:第一个相离不远,甚清楚;第二个稍模糊;第三个更远微。在出魂之日,只能闻灵魂之声,不能见其形。

他们用这三个灵魂来解释许多人生的现象:人的睡眠,是思想灵魂的暂时离去;人在醒的时候失去知觉,或患精神病,是因为失去了思想灵魂;人的死而复活,是一个已失去第二第三灵魂的人转入这个尸体;身体强壮妇女的不育,是因为没有转生的灵魂;孕妇的小产,是转生的灵魂被人攫去。[①]

[①] 凌纯声:《松花江下游的赫哲族》上册,上海文艺出版社1990年版,第102—103页。

第十一章 宗教信仰与仪式

泰勒认为，泛灵信仰是人类宗教信仰的最早形式，从泛灵信仰开始，随着人类社会的进化，人们宗教信仰的形式也渐趋复杂，出现了鬼神崇拜、多神教，最后才有文明社会的一神教出现。

泰勒的泛灵信仰观念，在"唯知论"和"进化论"两个方面受到后人的批评。一般的批评指出，泰勒忽略了宗教是一种具有强烈情感的文化现象。有人甚至认为，就宗教现象而言，感觉实际上重于思想。因此，他们相信，泛灵信仰观念本身是对死亡与永生观念等基本感觉的理性化，而不是理性的解释。现代一些宗教学家则认为，原始人，尤其是宗教尚未形成时的远古时代早期的原始人，其思维方式尚未达到能够综合各种现象而加以抽象推理的地步；再说至今尚未发现任何实例足以证明历史上的确存在过"万物有灵"的观念。

尽管如此，泰勒的思想无疑代表了当时欧洲最流行、最先进的进化论观点。这种从达尔文（Charles Darwin）生物进化观推衍而来的社会进化观，对欧洲社会思潮的影响达大半个世纪之久，对人类学理论的影响也至为深远。

（二）泛生信仰

英国人类学家马雷特（Robert Ranulph Marett）继承了泰勒的宗教进化观，但认为泰勒所说的泛灵信仰并不是人类宗教信仰最早的形式，在此之前应有一个以非人格化的超自然力为主的阶段。这种对非人格化超自然力的信仰就是"泛生信仰"（Animatism）。泛生信仰，也称为"前万物有灵观"或"物活论"。马雷特在其《宗教的起源》文集中指出，原始人的逻辑推理能力很弱，他们本能地觉得周围许多物体都同自己一样是活的。活动量越大的对象，物活感也越强。

马雷特用来反对泰勒泛灵信仰论的依据是太平洋小岛上的土人所信仰的曼纳。曼纳为美拉尼西亚语"mana"的音译，是中太平洋诸岛土著宗教的基本观念，指的是一种无人称的超自然神秘力量，通过自然力量或物件（如水、石、骨等）而起作用，可附着于物体或人，可为人所获得、遗传、转移或丢失。据说当地人认为鬼魂和精灵都具有曼纳。曼纳本身虽不是崇拜对象，但获得它的人能借其力而使别人得福或遭祸。马雷特表示，曼纳就是泛生信仰最典型的例子。他指出泰勒在宗教起源问题研究中对人类惊惧情绪重视不够，认为原始人在产生万物有灵观念之前，已具备了一种观念，觉得整个物质世界是活的，其中的每个东西也都是活的,因而无须以各物皆分别有自己的独立灵魂为前提。类似曼纳的这种灵力信仰在世界许多原始部落中普遍存在,如波利尼西亚人相信,如果一块用石头环绕起来的园圃收成特好,或一艘船驶得特别快,或一个酋长才能特别出众,都是拥有曼纳的结果。我国彝族信奉的"吉尔"亦被认为与曼纳相似,父亲死时据说可用"哈气"的方式将其传到儿子身上。

马雷特的泛生信仰也遭到不少宗教学家的质疑,认为它同泛灵信仰一样,找不到证明自己确实在历史进程中存在过的实例。不过,人类学对宗教起源问题的各种解释,现在大多已被心理学上的阐述所取代。当代人类学家在宗教起源问题上的着眼点已不再是推演宗教这种文化现象的演化阶段,而是着重探讨人类对自然界的各种看法。

其实,泛灵信仰与泛生信仰是一对姊妹花,并无截然的界限,两种信仰常是相互联系、相互包容或共存的。

二、巫术信仰

巫术,指的是人们企图借助某种神秘的超自然力量,通过一定的仪式对客体实施影响或作用的活动。巫术的表现形式,随一个民族所处的环境不同、社会发展阶段不同和受外民族文化影响的不同而千姿百态。

(一)巫术的类型

19世纪,英国人类学家弗雷泽(James George Frazer)在其名著《金枝》中,根据巫术构成的基本思想原则把巫术分为"模拟巫术"和"接触巫术"两类。建立在相似规律基础上的巫术称为模拟巫术或顺势巫术,巫师认为他仅通过模仿就可以做到任何他想做的事;建立在接触传播规律基础上的巫术称为接触巫术或感应巫术,巫师认为他能通过一个物体来对一个人施加影响,只要该物体曾被那个人接触过就行,不论它是否为那个人身体的一部分都有效。弗雷泽主张,不管是模拟巫术还是接触巫术,都是推定物体通过某种神秘的交感可以远距离地相互作用,即通过一种人们看不见的"以太"把一物体的推动力传输给另一物体,

第十一章　宗教信仰与仪式

因此,这两类巫术可称为"交感巫术"。① 功能学派人类学大师马林诺夫斯基及其追随者则把巫术分为生产性巫术、保护性巫术和破坏性巫术三大类。所谓生产性巫术,指的是在人们技术不足的情况下,为减少对失败的忧虑,增强成功的信心,保证生产顺利、丰收所进行的巫术活动;保护性巫术指的是为消除危险、治疗疾病、驱赶鬼灵纠缠所进行的巫术活动,也指使本社会成员免除自然侵袭或别的巫师算计所进行的巫术活动;破坏性巫术主要是指为谋害别人或破坏别人正常生产、生活活动而进行的巫术活动,也称为邪术(Sorcery)。有的学者按照道德价值观念来判断巫术活动在社会生活中所产生的功能,把巫术分成"白巫术"和"黑巫术"两大类。"白巫术"指的是以行善做好事为目的的巫术活动,大致相当于上述的生产性巫术和保护性巫术;"黑巫术"指的是以害人利己为目的的巫术活动,相当于上述的破坏性巫术。在人类学中,黑巫术又被细分为邪术和妖术。邪术的特征是针对在人身体验中能够观察到的事物;妖术(Witchcraft)的特征是针对人身体验中无法观察的事物,即指想象中的精神行为。即使妖术本身对被害者不曾有恶意,他也没有念过恶毒的咒语,也没有施行过其他象征性的行为,但人们同样认为他身上的这种神秘力量会给他人带来灾难。中华人民共和国成立前,我国海南岛黎族社会中的"禁公",大致就属于妖术师这一类。②

巫术的实施一般牵涉到三项基本要素:主持人、作巫目的和巫术程式。主持人可以是自己,也可以请萨满或其他巫师来主持;目的则因人因事而异,不外乎祈求成功、保护和破坏三种;程式则因一个民族的传统文化习俗不同而有较大的差异。一般而言,巫术程式可包括三个方面的内容:第一是巫术工具或法器的准备;第二是仪式,其中包含巫术原料的准备、药物的调配及法器的合理使用等;第三是念咒语。世界上的巫术程式大多涉及这三个方面的内容。当然,该程式中三个方面的内容是否完全具备或在实施过程中哪个轻哪个重则视具体情况而定。

巫术信仰在我国民间也十分普遍。名著《红楼梦》第二十五回"魇魔法姊弟

---

① J. G. 弗雷泽:《金枝》,徐育新等译,新世界出版社2006年版,第15、16页。
② 详见中南民族学院编辑组编:《海南岛黎族社会调查》上下册之"宗教部分",广西民族出版社1992年版。

逢五鬼"描写马道婆从裤腰里掏出两个纸人递给赵姨娘,让赵姨娘把贾宝玉、王熙凤两人的年庚八字书写在纸人上,自己回家作法,让宝玉、凤姐发疯生病,即是典型的"模拟巫术"。在我国民间,巫术信仰依然存在,其信仰者行巫术时往往是模拟巫术和接触巫术混合使用。例如,我国西南地区水族民间信仰中的黑巫术就是两者混合的:

> 水族中有一种为舆论所谴责的黑巫术,即利用放鬼害人或报仇的巫术。其方法,就是密取欲加害者的鞋或衣物等及其生辰八字,请鬼师查看黑书(用于放鬼、退鬼的《水书》),确定放鬼的时间及方位。届时备蛇皮一条,干螺壳一只,鸡、狗、鱼、猪肉各若干,将肉置案上,仇人衣物及蛇皮、螺壳放案下,鬼师念咒道:今具狗肉三牲,敬请某鬼降临。兹因某被某某无理欺凌,某家境清寒,欲诉请官府,却无金钱;欲诉诸武力,又因某某凶暴,难以对付。逼得无奈,恭请某鬼降临,主持公道。请某鬼于某时某刻到某方,将生于某年月日时之某某杀之。咒毕,鬼师以蛇皮紧缠仇人之衣鞋,再将螺壳击碎,表示杀死仇人。然后持鸡一只,割其咽喉,放之任走。若鸡倒毙时头部方向与仇人方向相同,说明放鬼有效。或者将鸡煺毛煮熟,观看鸡眼。若鸡眼紧闭,说明敌方已被杀死。否则无效,还需另择日施行巫术。①

(二)巫术的功能

巫术作为一种社会文化现象之所以产生、发展和广为传播,并不是偶然的。它在联系个人与社会、调节主观与客观的矛盾过程中,确曾发挥过自身独特的作用。马林诺夫斯基对这种作用曾做过令人信服的分析:第一,生产性巫术为它所联系的技术活动披上了一层神圣的外衣,使从事技术活动的人慎重行事,害怕由于自己的疏忽而受到惩罚。第二,生产性巫术又常为实际生产活动确定步骤。依据巫术的计划安排,各个阶段的生产活动必须在适当的时候进行,以使巫术能以适当的顺序进行。这样,巫术就成为有用的组织力量。第三,巫术能增加当事人的信心。他认为,"标准的和传统的巫术并非他物,乃是一种制度,这种制度

---

① 何积全主编:《水族民俗探幽》,四川民族出版社1992年版,第255—256页。

将人心加以安排,加以组织,使它得到一种积极的解决方法,以对付知识及技能所不能解决的难题"①。这类巫术主要是用在那种结果没有把握、成败不能预测的事情上,如农业中的水旱虫灾、航海中的风浪险阻、商业对手的意向、所爱的人变化莫测的感情等。巫术能够使人勇往直前,增添获得成功的信心。第四,巫术能够平衡人的心理。如保护性巫术能够使愤怒的被侵犯者得到宽慰,减轻要报复的欲念;作为破坏性巫术的妖术和邪术也使得人们对自己所经历的疾病和其他不幸做出合理的解释。他认为,巫术"使人在困难情形之下而保持心理的平衡与完整——那就是没有巫术的帮助,便会被失望与焦思、恐怖与愤怒、无从达到目的的忍与莫可如何的仇等等弄得一蹶不振"②。

我国学者也认为,在原始社会,如果没有巫术和巫师存在,便不可能获得积极的发展。重大的民族祭典,村社事务的裁决,消除疾病寻求康宁的积极愿望,同自然、外界的抗争,以及对氏族集体和个人行动的确定等,如果没有巫师的参与和提供决策,没有他们的主持和判断,没有他们的积极活动,就不可能有秩序、有组织、有意识地进行,也不可能求得有效的解决。然而,随着社会的发展,科学技术水平的提高,巫术的负面影响也越来越大,以至今日已成为人们认识和改造世界的障碍,这也是无可争议的。当今现实社会中仍有不少处于困境中难以自拔的人,对自身把握生活的能力感到失望,希望巫术能帮自己摆脱困境和厄运,借以提高生活的信心和勇气。但大多数事实证明,巫术无助于解决他们的现实问题,只能给他们增添进一步的打击和绝望。至于现代商业社会中,有些人利用巫术谋财敛钱,危害社会和人们的身心健康,则更是人类学家必须倾心研究的一个现实问题。

(三)巫术与宗教的关系

在弗雷泽看来,宗教是人们对能够指导和控制自然与人生进程的超自然力量的迎合或抚慰,宗教所认定的世界是由对那些意志可被说服的、有意识的行为者加以引导而组成的;巫术则认定自然的进程不取决于个别人的激情或任性,而是取决于机械运行着的不变法则。尽管巫术也经常与神灵打交道,但它对待神

---

① 马林诺夫斯基:《文化论》,费孝通等译,中国民间文艺出版社1987年版,第68页。
② 马林诺夫斯基:《巫术、科学、宗教与神话》,李安宅译,中国民间文艺出版社1986年版,第175页。

灵的方式是强迫或压制性的,而不是像宗教那样去取悦或讨好它们。他认为原始民族无法分辨超自然的巫术与实证技术之间的差异,等到人们了解了巫术力量的失败时,才有以祷告祈求形式出现的"宗教"。因此,巫术产生于前,宗教产生于后。他的这些观点集中地反映在其名作《金枝》之中。

功能学派人类学大师马林诺夫斯基也持巫术与宗教有别论,认为它们之间至少有四大区别:(1)在神圣的领域内,巫术是实用的技术,其所有的动作只是达到目的的手段;宗教则是包括一套行为本身便是目的的行为,除此以外别无目的。(2)巫术里面的信仰因为合乎它那种明白实用的性质,是极其简单的,就是说,人用某种咒语和仪式便可产生某种效果;宗教里面的信仰则以整个超自然界作对象:灵与魔、图腾的善力、保卫神、部落万有之父、来生的想望等,足以给原始人创造一个自然界以外的超自然实体。(3)巫术这种为特定目的而执行的特定技术,每一类都是人在某一时得来的,一辈传一辈,非得根据直接的术士团的系统不可,所以巫术自极古以来便在专家的手里;而宗教在原始状态下则是全体人的事,每个人都有相等的一份。(4)巫术与宗教还有一项不同在于:巫术有吉有凶;原始时期的宗教则很少有善恶的对比,更没有后来那样天使与魔鬼的分别。[①]

对巫术与宗教加以严格区分,是西方宗教人类学的一大特色。这与西方社会历史上基督教将巫术视为异端的社会传统是一致的。美国当代社会学家、人类学家威廉·J.古德利用典型标准方法,对西方人类学著作中所列举的有关巫术和宗教文化现象加以综合比较,发现它们之间最明显的差异性竟有13点之多。[②] 我国学者对巫术与宗教之间的关系如何,观点并不一致。有的认为巫术在性质上与其他宗教现象没有差别,西方人类学家所强调的差别性并不是巫术异于宗教的特殊性质,而是宗教本身特性的特殊表现;有的则认为从起源上看,巫术与宗教都渊源于原始社会人类对自然界和人类自身的错误看法,原始宗教与原始巫术是一回事,到文明社会后,巫术和宗教才逐渐分化而独立存在,成为

[①] 马林诺夫斯基:《巫术、科学、宗教与神话》,李安宅译,第75—76页。
[②] 威廉·J.古德:《原始宗教》,张永钊等译,河南人民出版社1990年版,第40—43页。

第十一章 宗教信仰与仪式

各具特色的意识形态。①

事实上，如果只使用一项标准来衡量，巫术和宗教是容易区分的。譬如以人们对超自然力量所采取的姿态或态度来作标准，我们或许可以简单地把人们对超自然力量采取从属的姿态或祈祷的态度称为宗教，把对超自然力量采取支配的姿态或驾驭者的态度的称为巫术。但在实际生活中，巫术和宗教都是十分复杂的文化现象，衡量它们的标准不应该也不可能只有一种，因此巫术和宗教并不容易区分。英国社会人类学家雷蒙德·弗思（Raymond Firth）就认为巫术和宗教是交叉分类的。许多通常被认为是巫术的内容，可以在通常被认为是宗教的仪式中发现，反之亦然。

表 11-1　巫术与宗教的交叉分类②

Ⅰ.通常所谓巫术情景中的内容	断言人具有超自然的控制力量 用咒语来命令服从 在仪式中使用有威力的巫术物质（丹药） 相信超自然的威力（如"曼纳"） 为个人利益而操作巫术	基本上是巫术的内容而在宗教中也常见到 话语的强制力 应用物质的和其他形式的象征物（如十字架）以及偶像、幻象 用来为部分人或个人的利益服务
Ⅱ.通常所谓宗教情景中的内容	依靠人力之外的助力 用祈祷来请求帮助 在仪式中使用象征物、献祭和牺牲品 相信有神灵 集体参加（如教会）	基本上是宗教的内容而在巫术中也常见到 通过神灵的作用来控制 集体的物质利益 求雨的祈祷 为生产工具和经济手段及经济附属物祝福

现代西方人类学家已很少去过问宗教和巫术的区分问题。他们认为在研究原始宗教时要涉及原始社会，因此很难得出一个确定的结论。于是，他们把注意力更多地投向原始宗教在社会中的职能和结构方面的研究。

---

① 孙秋云:《巫术研究观点综述》，《社会科学动态》1992年第4期。
② 雷蒙德·弗思:《人文类型》，费孝通译，商务印书馆1991年版，第127页。

三、图腾崇拜

"图腾"(totem),来自北美印第安人奥吉布瓦人(Ojibwa)的"ototeman"一词,有"亲属"和"标记"的含义。原始社会人群相信,各氏族分别源出于各种特定的物类,大多数为动物(如鸟、兽、鱼等),其次为植物,也有少数为非生物。对于本氏族或部落的图腾物种,大家都加以特殊的关爱,认为与它有特殊的血缘关系。据近现代学者的考察,图腾崇拜实质上是原始的自然崇拜和祖先崇拜相结合的产物,是对血缘关系的一种歪曲反映。在氏族形成过程中,原始人还不能将自己与周围的自然界区分开来,不了解男女两性的生殖功能。当他们基于区别氏族的需要而探索本氏族起源时,就很自然地追溯到与他们生存最相关的周围的动植物身上,从而把图腾作为自己的"祖先"。根据澳大利亚土著的图腾信念,图腾信仰崇拜的不是图腾动植物本身,而是与这种动植物共有的"祖先",一种半人半物的幻想物。他们觉得自己与这些图腾动植物没什么界限,或本身就是图腾动植物的化身。他们认为人死后灵魂又回到图腾圣地,在那里再次投生并得到化身。[①] 当然,世界各地各民族由于所处的自然环境不同,社会发展阶段不同,其图腾信仰的表现也不完全一致。我国古代也有不少图腾崇拜的现象,如春秋战国时期楚族的凤鸟崇拜和越族的龙蛇崇拜等。不过,最典型的要算当时被称为"蛮夷"的族群的"盘瓠崇拜":

> 昔高辛氏有犬戎之寇,帝患其侵暴,而征伐不克。乃访募天下,有能得犬戎之将吴将军头者,购(赠)黄金千镒,邑万家,又妻以少女。时帝有畜狗,其毛五采(彩),名曰盘瓠。下令之后,盘瓠遂衔人头造阙下。群臣怪而诊之,乃吴将军首也。帝大喜,而计盘瓠不可妻之以女,又无封爵之道,议欲有报而未知所宜。女闻之,以为帝皇下令不可违信,因请行。帝不得已,乃以女配盘瓠。盘瓠得女,负而走入南山,止石室中。所处险绝,人迹不至。于是,女解去衣裳,为仆鉴之结,着独力之衣。帝悲思之,遣使寻求,辄遇风雨震晦,使者不得进。经三年,生子一

[①] 托卡列夫等:《澳大利亚和大洋洲各族人民》,李毅夫等译,生活·读书·新知三联书店1960年版,第175—276页。

第十一章 宗教信仰与仪式

十二人,六男六女。盘瓠死后,因自相夫妻。织绩木皮,染以草实,好五色衣服,制裁皆有尾形。其母后归,以状白帝,于是使迎致诸子。衣裳班兰(斑斓),语言侏㒧,好入山壑,不乐平旷。帝顺其意,赐以名山广泽,其后滋蔓,号曰"蛮夷"。①

中华人民共和国成立前,我国南方瑶族、畲族中还有盘瓠崇拜的残存现象。

不过,早期人类学界对图腾崇拜的研究,是将其作为宗教产生的最早形式来考察的。其中最著名的是精神分析学家弗洛伊德和法国社会学家涂尔干。

弗洛伊德依据19世纪婚姻家庭的进化观念,提出宗教起源于人们未得到解决的"恋母情结"(Oedipus Complex,亦称俄狄浦斯情结),即男孩对母亲的性恋及同时发生的对父亲独占母亲和其他女性的恐惧和憎恨。他认为,初期的原始人生活在杂交的群体中,没有婚姻制度,对性行为没有约束,唯一所能凭借的便是武力。原始部落中被驱逐的儿子们最终联合起来杀死并吞吃了他们的父亲,占有了部落中的妇女。在这样做的时候,儿辈的仇恨冲动得到了满足,但这种冲动既是一种正常的儿童素质,也是大多数精神疾病的根源。它经常导致无意识的情感置换,尤其容易将情感转换到动物身上。儿辈弟兄在仇恨父亲的同时,始终保留着温情,一旦这种仇恨情绪得到纾解,温情便占了上风,并以悔恨和犯罪感的形式出现。他们依然怀念和钦佩父亲的力量和保护,于是通过禁止杀害父亲的替身即图腾来废除自己的行为,并通过不去占有被解放了的妇女,同时放弃了他们用武力争取到的果实,这就是图腾禁忌。弗洛伊德指出,图腾祭祀和盛宴缓和了儿辈因杀害和吞食父亲所产生的一种犯罪感的煎熬,并体现了一种和解,即儿孙们发誓要荣耀父亲的一生,而父亲图腾则满足儿孙们的所有祈求。后来的一切宗教都是对这一伟大事件的反映。弗洛伊德这种缺乏事实依据但想象力极为丰富的观点,主要体现在其《图腾与禁忌》一书之中。

涂尔干则认为,宗教起源于社会本身和社会的需要。人们总是怀着某种敬畏感甚至恐惧感来对待某类现象、某种活动和某种对象。这些东西被当作特殊且远离日常生活的实在物,并有某种超验之物存在以标明它们具有不同于日常

---

① 《后汉书·南蛮西南夷传》。

经验的秩序。这种不可把握的生活范畴就是"神圣的"领域,而与此相对的可用实在的具体方式来把握的则是"世俗的"世界。他指出,最简单最原始的宗教形态是图腾崇拜。原始人在大量仪式聚会活动中无意识地认识到自己只有作为社会的成员才能生存,否则便是死路一条。于是,他们逐渐把社会看作神圣的事物,并把它看作力量和文化的源泉。对于原始人来说,想象一个象征,并将自己的畏惧感和尊敬感指向这个象征,要比把这些情感指向氏族这样一个复杂事物容易得多。代表氏族的图腾便成为神圣态度的对象,实质上就是神,于是社会实际上把自己神化了,社会成员和代替社会的各种事物也被神化了,这就是图腾植物、图腾动物以及这类图腾的形象。由于它们具有"曼纳"的性质,就变成了崇拜活动的对象。他的这些观点集中体现于其名作《宗教生活的基本形式》之中。

四、神灵信仰

与一般的神力和精灵信仰不同,神灵信仰是将超自然力量或超自然物以拟人化的面目——神祇呈现的。他们的思想和行为方式与世人没有大的区别,也有喜怒哀乐和爱憎,只不过更富有洞察力,更有力量,更能决定世人的命运而已。

世界各民族所信仰或祭祀的神灵不可胜数,但就其来源而言,可分为两类:一类是先天地而生的,如基督教所信奉的上帝、伊斯兰教所信奉的真主、道教所信奉的"道"等;另一类则是由人或人的灵魂变成的,这些人生前或是英雄,或是自己的祖先,或是专业领袖,他们往往智慧、力量超乎常人,死后均被奉为神灵加以祭拜。不管属于哪一类,各民族往往给自己所信仰的神灵赋予特定的个性,让他们统管整个世界或主宰某一方面。

一般而言,在宗教信仰者所信奉的神灵世界中,凡神灵数目众多、各有特性且彼此不相隶属者,我们称之为多神教。例如,希腊—罗马的古典宗教中,神灵不仅数量众多,且每一个都有自己的姓名和形态,各有自己专擅的功能,其姓名、形态和功能的特殊性使他们不能互相替代。在多神中,有一个主神,其地位至高无上,其他神灵处于次要或从属地位的,我们称之为主神教。如我国的道教,神灵多且杂,以元始天尊为最高神,其下有三清(玉清、上清、太清),三清之下又有许多位秩不等的神仙。还有一些宗教,只承认一个神,该神不仅至高无上,而且

第十一章　宗教信仰与仪式

独一无二,全知、全能、全善,别的神灵或被认为不存在,或被认为是虚假的东西,甚而是魔鬼,这就叫一神教。犹太教、基督教和伊斯兰教就属于这一类型的宗教。当然,这些一神教的一神也不绝对。如基督教所信奉的上帝是圣父、圣子、圣灵三位一体;伊斯兰教也承认除真主外还有天使存在,并把大天使吉卜利勒作为真主安拉与其使者穆罕默德之间的中介,这天使可以说就是次级神灵。

我们说宗教意识是客观世界在人们头脑中歪曲的、颠倒的反映,这只说明了宗教信仰实质的一面,而实质的另一面是宗教意识的变迁反映了社会文化变迁的事实和轨迹。美国人类学家盖伊·斯旺森(Guy E. Swanson)在对50个社会的宗教资料做了对比分析后,总结了宗教信仰与社会结构之间的关系具有如下特点:(1)泛灵信仰与较简单的社会条件相联系。在这种社会中,核心家庭居统治地位,仅有一两个宗族团体,组织成小的村庄或狩猎—采集群。(2)祖先崇拜与扩大家庭占重要地位的社会结构相联系。这种社会往往以定居农业为基础。(3)多神教一般与阶级的划分及职业专门化相联系。这类社会的结构既不简单,也不复杂。(4)信仰一神教的社会,一定是政治体制复杂、等级森严的社会。(5)宗教中的道德教条与经济的、社会的复杂性有特殊联系,这种复杂性主要是指农业的发展,生产资料的私有,债务关系的流行,尤其是贫富的分化和阶级的存在。宗教道德教条的出现,是这种社会的上层统治者乞灵于上帝权威来保护其利益,防止或控制被剥削阶级反抗的一种表现。[①]

斯旺森的概括未必全面,但却真实地反映了社会文化变迁在宗教信仰意识中所留下的深切烙印,这一点在我国道教经典《真灵位业图》中的神仙位秩与我国魏晋南北朝时期门阀士族等级制度的密切关联中亦可得到佐证。

五、宗教的功能

随着20世纪初叶社会进化法则在人类学中失势,宗教起源问题的探索逐渐让位于宗教功能的研究,并出现了两位对宗教人类学产生持久影响的重要人物:马林诺夫斯基和拉德克利夫-布朗。

[①]　G. E. Swanson, *The Birth of the Gods: The Origin of Primitive Beliefs*, University of Michigan Press, 1960. 转引自童恩正:《文化人类学》,上海人民出版社1989年版,第252—253页。

在人类学家眼里,文化是一个整合的统一体。在一个特定的人们共同体的生活中,文化各要素都扮演着特定的角色,具有自身特定的作用。这些要素相互联系、相互作用,共同维持和保护社会结构的稳定,这就是功能。虽然马林诺夫斯基和拉德克利夫-布朗都是功能论大师,但他们两人所说的功能建构却并不相同。马林诺夫斯基的功能论是以研究新几内亚附近特罗布里恩德群岛渔民的巫术展开的。他发现岛上的土著渔民只有到风高浪险、收获毫无把握的大洋中去捕鱼时,才施巫术以求人身平安和收获丰富;到平静安全的珊瑚内海去钓鱼或叉鱼时,因没有风险且收获可以预期,就不施巫术。马林诺夫斯基从这个实例推论:巫术以及其他宗教仪式的存在,显然满足了一种需要,那就是弥补由捕鱼技艺不足而引起的忧虑与失望。"标准的和传统的巫术并非他物,乃是一种制度。这种制度将人心加以安排,加以组织,使它得到一种积极的解决方法,以对付知识及技能所不能解决的难题。"[①]巫术的存在使特罗布里恩德群岛上的渔民能勇敢地与海洋搏斗,并增强成功的信心,这就是巫术在当地社会中的功能。显然,马林诺夫斯基的功能论是偏重个人的、心理的。

拉德克利夫-布朗对马林诺夫斯基的观点并不赞同,他引用自己调查的安达曼岛人的超自然信仰为例进行反驳。安达曼岛的妇女在分娩前后,一定要遵守若干仪式性的禁忌,包括不能吃猴肉和龟肉等。她们并不是因为害怕发生难产而遵守禁忌,而是因为服从当地的社会习俗才行禁忌。她们并非在仪式举行前先有了心理上的忧虑不安,反而经常是在仪式举行后,因怕禁忌仪式没有完全按照应做的程序去做才感到不安。因此,拉德克利夫-布朗认为,宗教仪式的举行与其说如马林诺夫斯基所述,是出于个人心理的需要,不如说是由于社会制度的需要更为合适。宗教仪式的存在,就是为了巩固社会规范、维持社会制度。显然,拉德克利夫-布朗的功能论是侧重社会的、制度的。

事实上,不仅是巫术和原始民族的宗教仪式,包括当代世界三大著名宗教在内的所有宗教文化,在社会上都曾具有至关重要的社会功能,经现代人类学家详尽阐述并已得到确认的有以下几个方面:

(1) 给人生赋予意义。宗教为人们提供了一套有组织有系统的宇宙观念,

[①] 马林诺夫斯基:《文化论》,费孝通等译,第68页。

第十一章 宗教信仰与仪式

为人和四周的环境建立起相互的关系。宗教在这里回答了人们的经验无法回答的问题,如万事万物是如何起源的,有何归宿;人为什么会生又为什么会死,为何生于此而不生于彼;等等。这是对人的境遇做出的一种明确的解释,减少了人类由于对自然茫然无知而产生的恐惧和不安,并使本来可能毫无意义的天地万物有了目的性,使人们对未知的未来寄以无穷的希望。

(2)心理上的支持。在世界变幻无常的情况下,宗教通过解释未知事物,向人们提供一种清晰的应对可怕意外事件的程式化方法:人们可以求助或控制超自然力量,让它帮助实现自己的目的。如原始社会的人们在出猎前以绘画或泥塑等方式所进行的祈求狩猎丰收的巫术活动,对团结氏族成员、增强狩猎信心都是有益的;在居室或出行时携挂辟邪物,能增强安全感;生命周期中诸如出生、青春期来临、结婚、死亡等重大时刻,宗教仪式能为个人提供感情上的支持和慰藉。

(3)强化和维持文化的价值体系。世界上大多数宗教都会对信徒强调本社会文化所设计的行为标准和价值体系,当社会内部出现不同意见而影响到行动的一致性时,宗教往往成为最终的裁决者。它能调和各种不同的意见,从而提供一种大家都能接受的观点。

(4)减少冲突,增强社会控制。在任何社会中,人与人之间总会有矛盾产生,紧张和冲突难以避免。若不加以缓和和控制,则无法保证社会的正常运转。宗教从两个方面为社会的正常运转做出自己的贡献:一方面,宗教以其教义不断影响人、教育人,要求人们各安本分、各尽其责,容忍、谦让,同时帮助人们从宿命论和超自然力量中去寻找人间灾难的根源。这就相应地减少了人间的摩擦,或使已有的冲突得到缓和。另一方面,宗教通过自己的善恶观、道德观和戒律来控制人们或信徒的行为。例如,一个人做了宗教认为正确的事,他就会赢得一切神灵的赞赏;如果做了错事,就会受到神灵的报应和惩罚;等等。因此,社会上比较重要的价值标准和规范,诸如那些关系到人的生命、性行为和财产的规范,往往不仅体现在法律中,而且也体现在宗教教义中。

(5)维护社会集团内部的团结,增强集团成员内部的认同感。信仰同一宗教的信徒共同参加某一宗教仪式,以及信仰一致的基础,有助于把他们团结在一起;通过宗教仪式和祭典的配合,在宗教气氛中,人们所激扬的感情特别充分,体验最为深刻,这就为社会集团内的情感整合、加强集团的向心力提供重要支持。

（6）保存知识文化。宗教借着仪式和祭典保存了大量的知识文化,在很多没有文字记录的社会,祭典就是戏剧。它象征性地强化了文化意义上的各种活动,特别是有关食物生产方面的活动。在农耕社会里,祭典的内容都围绕着农业,一般都是强调如何创造五谷丰登的局面。狩猎民族的祭典内容则多是以舞蹈方式象征性地捕捉动物。凡此种种,虽有时过分强调传统而不鼓励创新,但无可否认它保持了传统文化中最有价值的各种技巧和方法。同时,上述祭典中对农业生产过程的表演,对野兽和狩猎方法的表现,等于是用形象生动的方式向本社会成员传授生产技能。至于生命礼仪中的成年礼,则更是给部落年轻成员提供一种难忘的学习场面,以保证无文字社会中文化的顺利传承。

（7）促进社会变迁。宗教的价值观念为世俗道德标准提供了一个参照物,人们可以用它来对照衡量现有的社会状况。每当发现世俗社会中有诸多不尽如人意的地方时,人们往往会从宗教的价值观念或道德标准中获取动力,要求改革。尽管大多数占统治地位的宗教在本社会发生剧烈变迁时,往往是表现出保守的一面,但新兴的宗教运动尤其可能对现有社会秩序持批判态度,并向它提出挑战,这样的结果很可能会激起或促进社会变迁。最典型的例子莫过于16世纪欧洲以德国马丁·路德（Martin Luther）和法国加尔文（Jean Calvin）为首的宗教改革运动,对欧洲资本主义发展所起的作用。

（8）调节人类与生态环境的关系。世界上许多狩猎—采集部落,其宗教信仰的主要内容大多与生产生活的资源有关。如加拿大东北部的阿尔贡金印第安人居住在生产率非常低下的北极圈附近地区,靠狩猎为生。为了合理地安排和利用其生活资源,表现在宗教信仰上就是猎人必须十分尊重其狩猎对象,不滥杀野兽,不浪费猎物,捕猎、宰杀和食用猎物时均按规定程序进行,以示对野兽的肉体和灵魂的尊重。当食物短缺而又无法确定何处可以找到猎物时,他们中的纳斯卡比人（Montagnais-Naskapi）即将驯鹿的肩胛骨放在炭火上烧灼,视骨上出现的裂纹（兆象）来决定出猎的方向。这样,他们狩猎捕食的路线就带有很大的随机性,不至于过于集中于一地捕猎,其客观效果则是保护了动物资源的平衡发展和繁殖。① 其实,不仅是这些部落所信仰的原始宗教,就是像佛教等世界性大宗教中也有诸多保护环境和尊重自然界其他生物的信仰。我国民间百姓由于对"龙山""神树""风水"的信仰而实施的禁忌和祭祀等宗教活动,对于森林保护和生态维护方面所起的作用也是有目共睹的。

六、神话与宗教的象征

20世纪60年代,神话研究受到宗教人类学的关注,并取得了杰出的成就,其中的代表人物便是法国结构主义人类学家列维-斯特劳斯。列维-斯特劳斯认为,文化与语言同是人类头脑思维的产物,歧异纷繁的文化表象与种类不同的语言现象一样,背后有着共同的最基础的结构原则,这种结构在无文字社会,尤其是在神话传说中保留得最为完整。他通过对希腊神话俄狄浦斯(Oedipus)和北美洲西北海岸钦西安印第安人(Tsimshian Indians)"阿斯迪瓦尔"(Asdiwal)故事的分析研究,推断世界上许许多多民族的神话都是借"二元对比"观念组合(如天与地、男与女、富足与饥荒、高山与深谷、左与右、东方与西方等)的重复出现及对应的说明来解说人们心灵深处的矛盾。世界各地的各民族,在社会文化形貌上尽管千差万别,但神话传说却可归纳出相似的类型,这就是存在于人类思维较深层次中的决定人类行为的基本法则。

20世纪70年代以后,美国人类学家对人类文化中广义的"意义"和"象征"表现出浓厚的兴趣。在宗教的象征问题研究中,较有代表性的人物之一是格尔茨。

格尔茨认为,宗教的象征可以从两个方面加以理解。首先,它提供了一种解决问题的框架,使个人可以明了自己在宇宙中的位置,并对若干人类自身无法解答的自然现象加以阐释,从而使生活有意义且可为人所理解。如《圣经·旧约全书》即用简单而富有象征性的语言描绘了世界的创造以及人类在其中的位置。世界上许多民族关于死亡的神话亦复如此。它们利用各种想象,如通过怪兽的巨颚、进入没有门户的神山、通过布满刀剑的桥等,来描绘一种肉体不能通行而灵魂却能通行的道路,以此解释死亡的现象。这一类的神话能将复杂的观

---

① O. K. Moore, "Divination—A New Perspective", *American Anthropologist*, 1957, Vol. 59, No. 1.

念编入一个人们根据自己的体验即能理解明白的框架。列维-斯特劳斯的神话分析,事实上也是以神话为例来解释宗教的象征性。其次,宗教的象征还往往代表了人类生存最基本的要素。如许多民族的原始宗教信仰中,土地、天空、月亮、太阳、生育的女性,无一不代表人类生存所必须依赖的力量,因此,象征本身就具有重要的意义。① 作为人类文化象征的事物,形式繁复,功能诸多,宗教人类学所注重的是非经验的文化知识中的象征和祭扫仪式中所运用的各种象征。宗教的象征不同于科学或数学里的符号,后者当初被构想时便是清晰明确的。宗教的象征可以同时包含许多内容,即使最简单的祭祀仪式也含有多重层次的意义,其所涉及的方面,可以远至宇宙,近至诸多的现实社会关系。不过,宗教的象征,首先是神圣的象征。例如,我们大家所熟悉的世界宗教中,基督教的十字架、犹太教的六芒星、伊斯兰教的新月,都是具有强大感染力的神圣象征。对宗教信徒来说,宗教象征把人的信仰具体化了。对有关宇宙以及人在宇宙中的地位的那些无法实证的宗教论断的信仰,对于宗教信徒来说是不容置疑的。恰恰是关于现实的这种自我肯定的断言特征,使宗教象征对于执着于它们的人来说,既具有理智的意义,又具有情感上的重要性。它能唤起强烈的情感,并产生巨大的力量。

　　引人注目的是那一时期国际人类学界出现了一批有关我国民间宗教与仪式的系统化研究成果。如美国人类学家武雅士(Arthur Wolf)认为,中国民间宗教存在一个共同的象征体系:神、祖先和鬼。这种崇拜的社会根源在于中国农民的社会经历。在农民的生活世界中,存在着三种人:一种是常来向他们收税、规范他们行为的官员;另一种是他们自己的家庭或宗族成员;还有一种是村落外部的"外人"和危险的陌生人等。神、祖先和鬼表达的是农民对他们的社会世界的阶级划分。而英国人类学家王斯福(Stephan Feuchtwang)则指出,神、祖先、鬼三者间的差别不在于他们各自代表什么社会阶层,而在于他们形成一种象征上的结构关系:神和祖先象征着社会对它的成员的内在包涵力和内化力;而鬼则象征着社会的排斥力和外化力。②

---

① 童恩正:《文化人类学》,第 243—244 页。
② 参见王铭铭:《社会人类学与中国研究》,生活·读书·新知三联书店 1997 年版,第 164—165 页。

第十一章 宗教信仰与仪式

20世纪80年代以后,宗教人类学更加注重宗教文化中认知和象征方面的研究,对我国民间宗教和仪式的研究也进一步深化。芮马丁(Emily Martin Ahern)认为,中国民间宗教仪式雷同于衙门的政治交流过程,是一种意识形态交流的手段,具有自己系统化的符号与程序。仪式过程中的人神交流犹如百姓向衙门汇报案件。中国社会中的仪式,因此是上下等级的构成以及等级间信息交流的演习,既反映了政治对宗教仪式的深刻影响,同时也反映了民间对政治交流模式的创造。魏勒(Robert Weller)则主张,研究中国民间宗教必须探讨民间宗教作为社会解释的现象。他认为,中国民间宗教的基本结构与程式是一致的。例如,在一个广大的区域(如台湾和福建)中,民间信仰和祭拜仪式有共同的特征与源流。但是,由于社会分层的存在,人们对于同一种文化体系有不同的解释。一方面,社区祭仪是地方政治的一种操演;祭祖是宗族伦理的再现;"普度"(鬼的祭祀)是对社区外人的界定。另一方面,一般民众对仪式采取的态度与道士和士绅不同。民众的解释偏向实用主义;道士偏向意识形态与宇宙观;士绅多持复杂的理性原则。桑高仁(P. Steven Sangren)提出,中国民间宗教包含一种认知结构,即阴阳说,是历史积淀的产物。但是,在仪式实践中,这一认知结构与社会生活糅合在一起,成为一种有社会—文化意义的实践活动。宗教仪式体现社会和个人辩证统一的逻辑,同时反映了人们活动空间的地理分布与宇宙观。①

进入20世纪90年代,后现代主义思潮在人文学科中深入人心,这对人类学研究也产生了影响。人类学家开始着手对大区域的、一个国家的或全球的历史的、政治的人类学研究进行重新评估和阐释。宗教人类学则继续从社会实践或具有社会功能的仪式以及文化象征和解释体系的角度探讨宗教信仰现象。我国人类学专家认为,我国民间宗教向来包括观念和社会行为两个层面:

> 观念层面主要包括:(1)神谱所代表的社会意识和世界观;(2)空间布局的阴阳观和时间进程的阴阳组合;(3)命理的推算;(4)病、死的解释;(5)透过如上观念所表达的政治-意识形态观念;(6)道德伦理和善恶观念等。它在民间宗教的表述途径主要有三种:通过神灵的假想

---

① 参见王铭铭:《社会人类学与中国研究》,第166—167页。

关系来表述;通过符号象征来表述;通过未知世界的"道"来解释。民间宗教的社会行为(仪式)层面主要包括:祭祀神灵的行为;人生礼仪;算命抽签卜卦行为;择时日、地点、方向行为等。①

对观念层面和社会行为层面的系统化研究,有助于全面理解我国的民间宗教,而对我国民间宗教的深入研究,也可为宗教人类学的研究和发展提供更为广阔的视野,打下更坚实的基础。

第二节 宗教师

在原始而简单的社会里,宗教活动是全民的事。社会中的每个人都有权利和能力参与宗教活动,以极其简单的方式与超自然力量进行直接沟通。而超自然力量对待每个人也都一视同仁,没有亲疏之别。随着人类社会向前发展,宗教信仰和宗教活动形式渐趋复杂,于是就出现了这样一些人:他们要么受过特殊训练,要么本身具有特殊的禀赋,或两者兼而有之,在宗教活动中比一般人更能感受超自然力量的影响。当群体或个人遇到极大的困难或陷入困境需祈求神灵的帮助或护佑时,只有以他们为中介或在他们的主导下表演一定的宗教仪式才能达到目的。这样的人,我们称为宗教仪式主持人或宗教师。

人类学家一般将宗教师区分为两种类型:萨满(Shaman)和祭司(Priest)。两者都是特定社会的神职专家。前者一般是业余的,后者则是专职的。

一、业余的宗教师——萨满

"萨满"一词源于通古斯语,原指北亚一带会施巫术为人治病且通鬼神的人,人类学界现用它泛称那些或可使神灵附体,或施行巫术为人治病,或可为人占卜解释预兆,或为社区中的人们主持祭祀和禳祓仪式的宗教活动主持人。以萨满为中心的宗教,称为萨满教。因各地方的文化传统不同,对萨满有不同的称呼,如"巫师""巫医""术士""鬼师""端公""道公""师公""过阴婆"等。

---

① 参见王铭铭:《社会人类学与中国研究》,第168页。

第十一章 宗教信仰与仪式

萨满一般只花部分时间来主持宗教仪式,而且往往只作神灵与个人之间的中介。他们没有固定的组织,常常独自作法,其影响力大小常由其法力来决定。他们可以是师授的,但更多的是神授的。下面以我国北方赫哲族的萨满为例加以说明:

做一个萨满要学会许多的技术,这技术的传授,汉语称之为领神。赫哲的萨满不是世袭的,也没有某阶级或某种人的限止。他们相信某人须做萨满,完全要凭神的意思。年龄在十五六岁至二十四五岁之间的人,害了精神病,久而不愈,请萨满跳神治病亦不见效时,乃由萨满祷告许愿云:"如病人得愈,愿教领神。"病人若果因此而得痊愈,即须至萨满处谢神了愿。再经过数月或一二年后,许愿领神者如又患病,是为领神时期的征兆。那时前次代他许愿的萨满为之预备领神的手续。在病人已入于昏迷状态的时候,扶之坐在炕上。一老人为"甲立"(汉语译萨满为大神,甲立为二神),坐在他的背后,双手扶其两肩。在炕前地上,正对病人供一"爱米"(即保护萨满和辅助萨满通神的神),烧"僧其勒"香草。萨满穿戴神衣神帽。坐在炕沿上,击鼓请神,口中念念有词。先报他自己的装束及所用神具,大意云:"十五根神杆,杆下一对朱林神,还有飞的神鸠,大的神鹰。身挂十五个铜镜,背后护背镜;头戴五叉神帽,胸前挂铜的布克春神,铁的萨拉卡神。服神衣,穿神袴,束腰铃,围神裙,手套神手套,足登神鞋,取鼓槌,执神鼓。鼓声起,神四布。"报至此再击鼓三声,继续报他所领的神名……如萨满所报之神及神具为领神的病人所当领的神,那时病人的双肩乃不断地微微震动,甲立即报说:"抖了。"否则不震动,甲立即报说:"不抖。"萨满便须改变其词为之另找某某神或某某神具,在南海或北山或某湖畔或某河边,各处去请神。并须一样一样地细细报告,直至说中发生影响于病人为止。萨满见病人的双肩微微颤动,身亦渐渐随之而动时,知诸神快要降临,乃更向神祝祷云:"室内已烧起了僧其勒香草,倘使你是真正的爱米,不要害怕,快快附入你的主身。"到了此时,领神的病人颤动全身,向炕前移动,愈颤愈甚,至炕沿则两足垂下,两手张开作抱势,直跳向炕上爱米扑去,那时便入于昏倒状态。旁人将其扶起,并将萨满的腰铃及神裙解下为之系上。萨满授之以鼓及槌。领神的病人自会击鼓跳舞,此时跳动若狂,必须两人扶着。跳行数周,愈跳愈急,鼓声亦愈大,扶者强之安睡炕上稍息。他休息片刻,喘息稍定,神智亦得恢复。他们相信此时爱米已离去其身。神智定后,萨满乃将方才请神的咒语与他发生关系的一种,从头至尾一句一句再述一两遍,领神者须牢记在心。授神的仪式即算终了。

授神仪式告终后,自即日起领神者须备萨满用的铜镜、神刀、神鼓、神裙、腰铃等等。在西炕上供萨满代做的爱米。每日早晚于餐前供酒食,焚香草。每日早间领神者坐在炕沿,击鼓念咒,下午练习鼓舞,摆腰铃。事前常找十多岁的小儿数人,穿裙、系铃、持鼓轮流先跳以助兴。然后领神者练习跳舞的步伐和摆腰铃的姿势。每天如此,九日则成为萨满,即可戴有流苏的神帽圈,乃自置备神衣及神具。在此后三年之内,家中不许杀生,因恐爱米见血嘴馋,吃血即变为血怪。且三年中不能为人跳神看病。只能在春季二三月间及秋季七八月间跳鹿神。如在三年期中该萨满得病,即可晋级改换三叉或五叉鹿角神帽,然因尚未满三年期限,仍不能为人跳神治病。①

人们去请萨满的一个普遍原因是请求他查明病因并得到合理治疗。因此,萨满的职责便是为人治病、驱灾、请神和求福。萨满看病,一般是以跳神的方式进行的,多在日落西山后举行。

其实,不仅是北方民族存在萨满信仰,在我国南方也普遍存在。例如,我国贵州水族把巫师称为鬼师,女性巫师称为巫婆或过阴婆。水族鬼师会识《水书》,能依据《水书》测算吉凶福祸,并掌握了请神送鬼、化灾趋吉的巫术;巫婆则可通过"过阴"请来鬼魂,与亡故的先人交谈,并求得神示,被认为是可以与鬼魂交往的人。因此,鬼师与巫婆均受到尊敬。不过,与北方萨满一样,他们行使职能时亦多属帮忙性质,并非以此为职业。他们平时都从事生产劳动,有人求上门

---

① 凌纯声:《松花江下游的赫哲族》上册,第114—116页。

第十一章　宗教信仰与仪式

时,才出门行巫。行巫所获报酬微薄,有的仅是吃一两顿饭而已。当时,由于当地鬼魂崇拜很普遍,业余行巫很盛行,故他们在水族人心目中的地位较高。①

除我国外,萨满教信仰在亚洲北部的许多民族中都曾存在过。学术界认为典型的萨满教具有这样一些特征:(1)经过社会承认的萨满,不管男女,都能直接与超自然世界进行沟通,因而能治病和预卜未来。(2)萨满往往是神经衰弱或癫痫患者,或具有骈指、赘牙等畸形,习惯于靠直觉办事,性情敏感而多变。(3)萨满都有一位或多位神灵佑助,且有另一附在动物或与萨满有性关系的异性身上的神灵暗中襄助。(4)神灵通常从青少年中选拔萨满,当选者往往在数年内因违抗神命而遭受病痛折磨,神灵以此强迫他接受使命而取得神力。(5)被神灵选中的人僵卧如死,据说此时上界神灵将他的身体切成碎片或以类似方法折磨他。(6)萨满能按照自己的意愿进入出神入迷状态,此时据说他的灵魂出窍而入灵界,或者他为神灵所附,代表神灵讲话。(7)萨满进入出神入迷状态或互相决斗时,以鼓槌、帽子、长袍、金属响器、杖等物为法器。(8)萨满使用民间歌词和萨满歌词照传统形式即席咏唱。② 其实,具有这些特点的宗教信仰不仅在亚洲,在世界许多前工业社会中也普遍存在。

二、专职的宗教师——祭司

随着神灵观念的发展,信众要求把幻想中的神灵物化为可被感触的偶像,并为之提供生活起居和供人瞻仰、礼拜的场所,这就导致神庙的产生。各种重要的宗教活动于是就以神庙为中心进行。有了神庙和神的偶像,就得有一批专职侍候神灵、全心全意进行宗教仪式活动的神职人员,这就是祭司。

祭司的基本职务是开放圣殿,为神像着装并奉献食物,为信众布道讲经,主持重大的或所有的宗教活动仪式。身为祭司,必须受过若干年正规而严格的训练,才有资格履行祭司之职。在此,以我国四川省西昌地区著名彝族祭司吉克·尔达·则伙自述的成长经历为例:

在我六岁到十二岁的岁月里,专跟老祭司鸠诺瓦尔念经文,学做道

---

① 何积全主编:《水族民俗探幽》,四川民族出版社1992年版,第256—257页。
② 《简明不列颠百科全书》第6册,中国大百科全书出版社1986年版,第851—852页。

场和法事……祭司带弟子传教不需办理严格的手续,只要师徒双方互相信任和尊重,祭司同意吸收传教,弟子父母与老祭司商定大概带多少时间(一般三至五年),学哪一类,学到哪一程度等即可。必要时双方可请合适的代表或只请一位双方都信得过的"中间人"作证人就可算数。成年人拜师,只需本人与老祭司直接对话洽谈便可作数。学费和待遇更不在乎,通常条件下的规矩是开头和结尾间相互赠偿。弟子给老祭司白银、布匹和买酒宰畜招待等,祭司给弟子衣物、书籍和法器用具等。书籍大多数是弟子自己在祭司指导下抄老版本。因为彝文古籍都是手抄本,所以不论多么著名的祭司的各种书籍都没有一式两本的……

老祭司教我做法事道场的具体要求是很严格的,掌握牢记哪类法事和道场用哪些经文,哪些步骤用哪几首经文,哪种法事和道场有哪些步骤,先后程序是怎样安排的,哪种法事、道场需要些什么牲畜作牺牲,要多少,要些什么种类的神枝和数量及怎样插、怎样摆,各组神枝和草像、木像代表什么,等等。在很繁杂的步骤中不说是缺漏章节,就连弄错顺序和插错位置也是不允许的。

老祭司对我的传统道德教育是:利用做道场法事的机会,常给我讲传说和故事。严格要求背熟经文、认真做道场法事。强调不能遗漏内容,不能残缺步骤,不许增删经文节句;不能颠倒顺序,不准看人马虎应酬。常以"祭枝不足伤主人,经文删减伤祭司"等教规来约束我做准确。用"盗贼三天探后面,看看是否露马脚;祭司三天听后面,问问是否吉祥平安"等谚语作解释;用给病人驱鬼祈神能使病员恢复健康,为人户祭祀祈祷能让人家人丁兴旺、六畜发展才有面子和增高威信等道理诱导我刻苦、勤奋和努力学好。

我十二岁那年,就作为那时代中一个学历最长而年龄最小就出师的祭司,单独做道场和法事了。①

---

① 吉克·尔达·则伙口述,吉克·则伙·史伙记录,刘尧汉整理:《我在神鬼之间——一个彝族祭司的自述》,云南人民出版社1990年版,第23—26页。笔者在引用时做了一些删节。

由于祭司受过专门的训练,且往往是某个宗教组织的正式成员,故其生活资源主要不是靠自己生产,而是由当地社会供应、资助或捐献。作为人与神灵之间的中介,祭司往往是从作为神灵的翻译者的角度来行使自己的职责。他按照神灵的启示行事,并通过祈祷和献祭的方式祈求神灵降福和保佑人类。由于各种社会制度复杂程度的不同,祭司内部也有等级之分。一般来说,先知是最高等级的祭司,是传达神谕的预言家。此外,还有为数不等的次级祭司,以及歌唱者、音乐师和奴仆等。有的宗教中祭司等级划分比较宽泛,一个祭司可身兼数职;有的宗教中祭司的等级十分森严,不可逾越。如欧洲中世纪的天主教,上层祭司不仅享有崇高的宗教权威,还握有很大的世俗政治权力,并拥有大量的财富,是名副其实的上等贵族。

当然,萨满和祭司的划分,仅是一种职能上的粗略分类,在实际生活中,职能往往是重叠的。在原始宗教中,祭司和萨满有时并存,有时则由同一人兼具两种职能。在进入文明社会以后,祭司的地位日益上升,最后基本上取代了萨满或巫师的地位与职能。一般而言,在文明社会中,凡是存在祭司集团的宗教,所关心的更多的是社会的整体利益,而不是个人利益。在某些社会中,宗教领袖与政治领袖是合二为一的,如中东地区一些政教合一的国家即是如此。

第三节 宗教仪式与生命周期

一、宗教仪式的内涵

宗教是一种信仰,但又不仅仅是信仰。信仰不能凭空存在,必然会表现为行为,人以行为来体现自己的信仰,这行为与信仰之间联系的桥梁便是宗教仪式。涂尔干在其《宗教生活的基本形式》中就说过:"宗教现象在本质上可以归结为两个基本的范畴:信仰和仪式。前者属于主张和见解,并存在于许多表象之中,后者则是明确的行为模式。"[①]因此,宗教仪式是宗教信众自己或通过宗教师以高度程式化的方式与超自然力量进行联系、沟通的行为模式。

---

① 参见史宗主编:《20世纪西方宗教人类学文选》上册,金泽等译,上海三联书店1995年版,第61页。

（一）宗教仪式的分类

世界各国家、各民族、各地区的宗教信仰不同，传统习俗不同，因而宗教礼仪也不尽相同。有的人类学家着眼于宗教礼仪的形式，把宗教礼仪分为三类：

（1）节庆礼仪。这是对应一年的自然周期而举行的宗教礼仪，以季节变换、月亮盈亏、星座移动为主要标志，庄稼播种前和收获前后是举行此类宗教礼仪的重要时节。

（2）生命礼仪。生命礼仪是象征一个人生命中的一个阶段结束，进入另一个阶段的标志，也称为通过礼仪或过渡礼仪（Rites de Passage）。出生、成年、结婚、为人父或母、死亡等，都是举行此类宗教礼仪的时候。法国著名民俗学家阿诺尔德·范热内普（Arnold van Gennep）曾把生命礼仪分为三个不同的阶段：分隔礼仪（rites de séparation），目的是使人离开原来的地位和状态，这在丧葬仪式中占了主要成分；边缘礼仪（rites de marge），目的是让人向新的地位和状态过渡，在怀孕、订婚和成年等礼仪中占据了主要地位；聚合礼仪（rites de agrégation），目的是让已过渡到新地位和状态的人再次进入社会，这在结婚仪式中占主要成分。① 其实，在很多社会中，从儿童期到成年期的转变都是通过一次复杂的仪式来完成的。仪式首先象征儿童时代的结束，其次是一段与正常村社生活隔离的时期，最后是仪式性的以一个成年人的身份重新加入社会，这也应该是聚合礼仪的表现。

（3）状态礼仪。状态礼仪是为了消除人生中突然来临的"灾祸"而举行的礼仪。当天灾人祸来临或触犯了禁忌，个人和社会都面临危险时，为回复到过去的良好状态，往往举行这类礼仪。

有的人类学家则不从礼仪的形式而从礼仪的目的出发，把宗教礼仪分为下面五种：

（1）技术性礼仪。这种礼仪以让人们的生活更加丰富，以便更好地驾驭自然界为目的。人们为获得正确的行动方向而行的占卜，期待狩猎或农耕丰收而举行的祀典，预防疾病、死亡、天灾袭击的保护性仪式，都是技术性礼仪的重

---

① 阿诺尔德·范热内普：《过渡礼仪》，张举文译，商务印书馆2010年版，第10页。

第十一章 宗教信仰与仪式

要内容。

（2）治疗性与反治疗性礼仪。这种礼仪包括以人类健康，尤其是以治疗疾病为目的的礼仪，以及以给人带来疾病为目的的反社会性礼仪。治疗性礼仪大多由被称为萨满或巫医的宗教专家来执行。在许多社会，尤其是原始民族中，生病和死亡往往被视为超自然力量作怪的结果。

（3）观念性礼仪。这种礼仪的目的是让个人能更好地在社会和集体中生存下去，从而把社会集团的价值观、道德观、合理的行为模式、社会的分工等传授给个人，使个人熟练地加以掌握并运用。这种礼仪最典型的便是原始民族中的成年礼。

（4）救济性礼仪。这种礼仪的目的是治疗个人的精神疾病。这种礼仪的具体程序是：让感到不安和压抑、不能消除不满的人，通过和超自然力量的礼仪交往，如灵魂附体、入迷、神秘体验等，回复本体或获得新的正身。潜在的萨满在一定程度上大多是精神病患者，他们经过特定礼仪的训练后，便成为在社会中起一定作用的正式萨满。

（5）再活性礼仪。如果说救济性礼仪与个人精神本体的崩溃有关，那么再活性礼仪则与整个文化或社会的破坏相关联。在既存文化与外来文化相接触的过程中，既存文化遭到破坏并发生变异时，人们常会发起推动文化往整体向好的方向改善的运动。这类宗教运动就是社会自身或文化自身的救济礼仪。如基督教文化圈中的千年王国运动就属于再活性礼仪。[①]

宗教仪式是宗教最基本的要素之一，因而颇受人类学家的重视。不过，迄今为止学术界还没有一个统一的宗教仪式类型划分标准，如我国学者就把宗教礼仪划分为由物象礼仪、示象礼仪和意象礼仪三种不同层次的礼仪方式组成的。物象礼仪是以物的形式向神祭献的宗教礼仪行为，宗教信仰者通过祭献贡物的形式来表达自己对神的敬畏和意愿；示象礼仪是以物的符号形式来向神表示虔诚、意愿和祈求的礼仪形式；意象礼仪主要是通过特定的符号动作来体现信仰者内在的宗教意识的礼仪。[②] 目前，国际学术界多数人把包括宗教礼仪在内的信

---

① 石川荣吉主编：《现代文化人类学》，周星等译，中国国际广播出版社1988年版，第157—159页。
② 参见陈麟书、陈霞主编：《宗教学原理》，宗教文化出版社1999年版，第90—96页。

仰礼仪大体分为这样几类:一是模仿型,大致指的是表达一种信仰,来源于神话的礼仪;二是正面和反面型,正面的常指献祭和续新礼仪,反面的往往是禁忌仪式;三是祭祀型,祭祀与供奉、奉献、献祭不同,其重要特点是将祭品部分地或整个地销毁;四是生活转折型,这类礼仪就是我们上面提到过的生命礼仪,当然它还包括参加秘密组织的仪式;等等。

(二) 人与超自然力量沟通的方式

美国人类学家华莱士(Anthony Wallace)认为,全世界的宗教概括起来是用以下12种行为方式来同超自然力量取得联系的:

(1) 祈祷。它是宗教信徒对神灵表示崇拜、感恩和吁求的一种方式。宗教信徒往往采取与日常用语不同的言辞进行祈祷,如喃喃细语或声嘶力竭地表白,并伴有特殊的姿势和表情,如顶礼膜拜、敬畏爱戴等。宗教信徒相信神灵懂得一切语言,了解所有人的心声。

(2) 音乐舞蹈。世界上许多民族在宗教仪式中都使用种类各异的乐器来吸引超自然神灵的注意,并且载歌载舞以达到娱神、悦神和迎送神灵的作用。

(3) 生理体验。在原始宗教中最普遍的方式是通过幻觉与超自然神灵直接交涉;在文明社会的神学宗教仪式中,常用苦行、禁食、禁欲等严酷的生活方式使宗教信徒产生某种精神恍惚和欣快感,在这种状态中再与神灵沟通。

(4) 布道。宗教师是神灵与人之间沟通的中间媒介,他们从神灵那里获取信息,然后再传给信徒。他们能告诉人们神灵有何要求,喜欢或将惩戒什么样的行为,等等。

(5) 朗诵经典。许多宗教,尤其是文明社会的神学宗教都有讲述神的言行和描述神灵所期望的有关道德行为规范的神话。有些敬神的文学也会被视为是神灵亲口所授,或被看成是特别受神钟爱的人物的著作。在举行宗教仪式时朗诵这些经典,被认为具有沟通人神的作用。

(6) 模拟。在很多宗教仪式中,模拟活动占有极重要的地位。装扮成动物跳舞以预祝狩猎成功,模仿植物唱歌以预祝农业丰收等,是狩猎—采集民族和农耕民族最常见的宗教仪式之一。在我国也曾有以人模仿鬼怪来驱赶邪祟的风俗。

第十一章 宗教信仰与仪式

（7）圣物和禁忌。许多宗教在举行仪式时往往有接触圣物以求福的内容。圣物的种类因宗教不同而有所不同，如神灵或先知的遗物、祖先的遗物、圣石、圣水、圣火等。在举行仪式时必须遵守一些禁忌，如禁止说某些话、接触某些东西或某些人，以免触怒神灵罹祸。因文化不同，宗教禁忌的种类和内容也多不相同。触犯禁忌意味着人们与超自然的神力发生了错误的交往。错误的交往对人类有危险，禁忌就是防御这种危险的必要装置。

（8）设宴。大多数宗教在举行仪式时，有一项不可或缺的内容就是设宴。这种设宴有时是象征性的，有时是真实进行的。在基督教的圣体拜受仪式中，饼和酒就是领受神的肉和血。由于"圣体"已进入自己体内，人们确信已与神结成更深的关系，可获得神圣的力量，并有与神融为一体的感觉。此外，设宴也是宗教信徒向神灵供奉食物，表示敬意和顺从的一种方式。

（9）牺牲。为平息神灵的愤怒和讨神灵的欢心，许多宗教都有向神灵提供牺牲的仪式。牺牲一般都是该社会中某种宝贵的东西，其种类因文化不同各有差异。有些个人为取悦神灵，做出诸如禁食某种特定的食物，停止抽烟、喝酒或性生活，作为个人向神灵奉献的牺牲。他们认为如果自己做出适当的牺牲，神就不得不代表其利益而行动了。

（10）集会。尽管任何人都可私下进行宗教活动，但许多宗教在举行盛大典礼时，都喜欢组成集团进行集会、游行。信徒在这种集体行动中，唱歌、跳舞、共同祈祷，既增强或巩固自己的信仰，又相互勉励和帮助，提高社会集团内的认同感和凝聚力。

（11）神灵启示。所有社会中都有这样一些人：他们能感觉到超自然神灵所发出的信号，在昏迷、鬼神附体、梦境、幻觉等状态中与超自然存在进行交流。萨满就是这种能获取神灵启示的人之一。每当他们或状若疯狂，或出神默想，或以行动治病，或预言吉凶祸福时，就是神灵启示或超自然力量显现的标志。人类学家认为，造成萨满这种精神状态的原因可能是外界刺激的结果，也可能是自我诱导的结果。

（12）符号象征。宗教中神圣的象征符号一般有绘画、雕像或塑像、面具，还有代表某一宗教基本思想的图案或物体。佛教中的雕像和莲花座、基督教的十字架、伊斯兰教的新月、犹太教的六芒星等都是这种神圣的象征符号。在某些原始宗教中,火、木、石、水和各类飞禽走兽都可作为超自然力量存在的象征。对某种特定宗教的信徒而言,神圣象征符号具有强大的感染力。它对信徒宗教感情的激发有时并不亚于宗教仪式本身,因而在宗教礼仪中占有重要的地位;但对不信仰这种宗教的人而言,该宗教中的神圣象征符号就没有任何意义。①

华莱士所列的这 12 种联系方式,只基本上点出了文明社会中构成神学宗教的基本要素,对于原始宗教或盛行于原始宗教且在文明社会民间信仰中仍得以广泛保留的另一种人与超自力量沟通的方式——占卜,却明显忽略或疏漏了。

(三) 占卜

占卜是人们利用自然的、机械的或人为的工具和方法,向超自然世界询问过去或未来人事和其他事物的结果,并根据占卜工具上所显示的兆文、信号等来判断吉凶祸福的一种信仰方式。占卜是遍存于人类社会的一种宗教行为,世界各民族或多或少都有某一形式的占卜方法存在。我国古代把占卜称为占筮,实际上是两种卜法:一种是占。《说文解字》曰:"占,视兆问也,从卜从口。"这种占卜的特点是人视事物的兆象而定吉凶。另一种是筮,以蓍草或竹棍占卜,又称数卜。《太平御览》卷 728 载:"蓍千岁而三百茎,同本以老,故知吉凶。"但民间占卜种类远不止这两种。就世界民族志材料中占卜者与超自然沟通的方式而言,占卜大致可分为两大类:第一类是自然讯息的观察;第二类是人为操作的沟通。

1. 自然讯息的观察

自然讯息的观察,是人们察看那些被认为是神之启示的自然现象,将这些现象的变化作为解释灾福征兆的根据。这一类大致相当于我国古代的"占",其中大致可细分为以下几种:

(1) 鸟兽占。鸟兽占有广义和狭义的区别。狭义的鸟兽占指的是鸟占和兽占。如我国台湾高山族民间就盛行鸟占,其中的泰雅人认为一种名叫"喜勒"的鸟是祖灵所托,听喜勒鸟的声音并观察它飞行的路线可占知吉凶,故他们凡有重

---

① 参见 C. 恩伯、M. 恩伯:《文化的变异——现代文化人类学通论》,杜杉杉译,辽宁人民出版社 1988 年版,第 489—495 页。

第十一章 宗教信仰与仪式

要行动时,均要行鸟占以决定行止。我国汉族民间习俗盛传的夜里听到猫头鹰叫附近必会死人的俗信,也是鸟占的一种。

兽占则以兽类的行为占知吉凶。如我国傣族民间认为水牛断角、母猪生独崽、蛇进屋、马鹿进屋等都是凶兆;布朗族出门遇麂子、马鹿亦为凶兆;等等。此外,家畜的异常行为也被列为鸟兽占,如犬对门狂吠、公鸡孵蛋、母鸡啼鸣等皆为凶兆,必须宰杀以禳解。

广义的鸟兽占则指对地面上一切自然现象的观察。除了判断动物的征象外,还包括占知植物和无生物的兆象以定吉凶,如火占、石占、灰烬占、嘉禾生、朱草现、竹子开花等。

(2)星占。星占也叫占星术,是占知天体现象以定吉凶的一种方法,包括日食、月兆、星兆、地震兆等。我国古代也盛行过占星术。如《国语·周语上》曾载:"幽王二年,西周三川皆震,伯阳父曰:'周将亡矣!夫天地之气,不失其序;若过其序,民乱之也。阳伏而不能出,阴迫而不能烝,于是有地震。今三川实震,是阳失其所而镇阴也。阳失而在阴,川源必塞;源塞,国必亡……'是岁也,三川竭,岐山崩。十一年,幽王乃灭,周乃东迁。"

西方国家的占星术起源也甚早,公元前3000年苏美尔人已有观察星象以了解神意的方法。希腊人在公元前5世纪也从小亚细亚人那里学得占星术。两河流域的占星术大都用于占知国家大事,但希腊人也有用占星术来占知个人私事的。

(3)人体占。人体占包括不变的体相和可变的或偶然的生理现象两类。可变的或偶然的生理现象包括面部发热、耳朵发烫、眼皮跳、打喷嚏、做梦、生多胎或畸形胎等。这类现象在世界许多民族中也被视为一种征兆,吉凶则由各民族社会自己解释。如我国的侗族,过去认为若一胎生男女两婴,则两婴前生是夫妻,长大后必然乱伦,必杀一婴以解凶。

体相则包括自然体相和天象体相两种。自然体相是直接观察人体各部分的状态,并以之为征兆作为判断、预测命运的标准,它一般包括痣相、眼相、头骨相、手相和骨相等;天象体相则以人体的有关部位与天象类比,来占知此人的命运,它一般包括额相(以额与部分天空类比)、掌相(以掌与天类比)、体相(以身体各部位与星座类比)等。

（4）梦占。梦占也是世界各民族中常见的占法之一。它是借梦中所见作为神的启示,以断吉凶。我国古代梦占就很盛行,并与阴阳、岁时等因素结合起来,形成一套理论。《周礼·春官·占梦》载:"占梦:掌其岁时,观天地之会,辨阴阳之气。以日月星辰占六梦之吉凶,一曰正梦,二曰噩梦,三曰思梦,四曰寤梦,五曰喜梦,六曰惧梦。季冬,聘王梦,献吉梦于王,王拜而受之。乃舍萌于四方,以赠恶梦,遂令始难,驱疫。"民间则大多以相背律或相似律来解释梦的吉凶。如我国瑶族认为,梦见被蛇咬,主将发财;梦见双亲死亡,主将下大雨;梦见唱歌,主有忧愁事来临;等等。这些是相背律的解释。他们还认为,梦见山崩,主逢凶;梦见大树倒,主家中老人死亡;梦见掉牙齿,主自己要破财等。这是相似律的解释。

梦占在一定程度上算是对自然讯息的观察,但是若利用药物或其他催眠手法去求梦,则已属于人为操作占卜的范畴了。

2. 人为操作的沟通

世界上有许多民族认为,若想预知未来或判断事情的吉凶祸福,光靠被动地占视自然现象是不够的,应采取人工或其他有效途径主动求得神灵启示,以便趋吉避凶。这在学术界称为神谕,在我国古代称为卜。卜的方法很多,世界各民族由于自身所处的地理环境不同、传统观念不同,卜的方法和种类也不一样。最常见的大致有这样几种:

（1）内脏卜。内脏卜,就是在杀牲时,利用动物的内脏如肝、肺、肠等器官的形状为征兆来判断吉凶。在民族志材料中,最特殊的一种内脏卜是古代南美洲印加人(Inca)用美洲驼的肺来占卜。印加人在出战前要杀一匹黑驼作祭,这匹黑驼要挨饿数天,然后将它拉到祭坛前,让它面朝东,由三四个人拖住它,另一人剖开它的胸部,立即把肺及心拉出胸膛。如它的肺尚在颤动,则认为是大吉。我国南方民间流行的内脏卜主要是鸡肝卜。例如,珞巴人对生活中的吉凶祸福、婚丧疾病、释疑辩理,都要请巫师杀鸡看肝纹占卜,从肝的各个方位看卦纹,判定吉凶丰歉和触犯何种神鬼。肝纹错综复杂,一个鸡肝很难看得出来,往往要杀几只甚至几十只鸡才能判断出来。据日本人类学家的研究,中南半岛、东南亚海岛区

第十一章 宗教信仰与仪式

以及东太平洋地区的许多民族都流行过内脏卜。[①]

（2）骨卜。骨卜是先把动物的骨甲取出，洗净晒干后用火灼烧使之破裂，再将裂痕的变化作征兆以判断吉凶。我国是骨卜发展和流行最早的地区之一，山东章丘城子崖、河北唐山大城山、陕西西安客省庄等新石器时代龙山文化的遗址中都发现过卜骨。在甘肃武威齐家文化遗址也发现过以牛、羊、猪的肩胛骨占卜的实物。但把骨卜发展到最高峰的是殷商时代。殷商时代的骨卜有时虽也用动物肩胛骨作卜，但大部分用龟的腹甲为材料，卜的过程也是用火灼烧龟甲里面，烧至其表面有龟裂的痕迹，再以裂痕为征兆定吉凶。我们现在所见的甲骨文多是当时负责占卜的贞人在卜问后将所问的事及其结果用铜刀刻于龟甲上作记录的遗迹。

在我国南方地区，流行最广的骨卜是鸡骨卜。宋代周去非的《岭外代答·蛮俗》载："南人以鸡卜，其法以小雄鸡未孳尾者，执其两足，焚香祷所占而扑杀之。取腿骨洗净，以麻线束两骨之中，以竹梃插所束之处，俾两腿骨相背于竹梃之端，执梃再祷。左骨为侬，侬者我也；右骨为人，人者所占之事也。乃视两骨之侧所有细窍，以细竹梃长寸余者遍插之。或斜或直，或正或偏，各随其斜直正偏而定吉凶。其法有一十八变，大抵直而正或附骨多者吉，曲而斜或远骨者多凶。"直至20世纪50年代初期，我国南方的德昂、基诺、布朗、佤、独龙、纳西、水、珞巴、彝、苗、侗、黎等族中都还有以鸡骨为卜来推断天气的阴晴、举事的成败、出门的顺逆、命运的吉凶等情况的[②]，尽管他们所使用的方法并不一致。

据有关人类学家的研究，骨卜的分布具有明显的区域性。环太平洋的亚洲、美洲两岸流行最多，欧洲、非洲仅有零星出现。所用的卜骨大多为牛、羊、驯鹿等动物的肩胛骨，也有用海豹、麋鹿、水獭的肩胛骨和鸡股骨作卜的。

（3）动物卜。动物卜就是巫师对某种动物作法后依据其所显示的征兆来占知吉凶。例如，我国广西民间流行的一种蚁卜，事先由巫师把捕来的鹧鸪鸟打死，以油煎之，把鹧鸪肉丢撒在地上，必有蚂蚁来吃。如属械斗性的占卜，则看蚂

[①] 李亦园：《说占卜——一个社会人类学的考察》，载李亦园：《信仰与文化》，台湾巨流图书公司1978年版，第63—90页。

[②] 孙秋云、陈宁英：《灵禽、祥畜、卜具与戏物——我国古代民间鸡文化漫说》，《文史知识》1993年第5期。

蚁种类:若黄蚁来吃,预示敌强我弱,主凶;若黑蚁来吃,则预示我强敌弱,主吉,可以战斗。不过,在世界许多民族中,动物卜更多是用来作神判手段,即用动物占卜的方法来决定犯罪与否。

根据民族学调查材料,直至20世纪50年代初,以动物卜方式作神判来决是非,在我国西南一些少数民族中尚在沿用。例如,广西天峨县白定乡壮族中发生盗窃案后,若失主怀疑某人有偷盗嫌疑,但无确证,头人难以裁决时,往往采用鸡猫狗的神判方式来做决断。具体做法是由失主准备雄性狗、猫及大雄鸡各一只,以狗代表被嫌者,以猫代表失主。先将雄鸡宰杀并煮熟后作供献品,到土地祠前点上香烛祭"土地公"。由道师念咒,请"土地公"当场鉴别是非真伪。然后将狗和猫放在一起,促使它们相互咬斗,以哪一种动物先向另一种动物发动攻击来定是非。若是猫先咬狗,则表明被嫌者确属偷窃,须对失主照价赔偿,并予以罚款;若是狗先向猫发起进攻,则表明失主诬赖良民,应杀猪宰羊摆酒宴请村寨父老,并当面向被嫌者谢罪。① 其实,在我国古代《梁书》《瀛涯胜览》等典籍中也有利用鳄鱼、猛兽等是否食人来辨是非曲直的记载。

(4)工具卜。工具卜有两种类型。一种是以生产工具为卜具来占吉凶。如我国云南怒族、傈僳族有人生病时,往往手拿一把砍柴刀,将刀柄拴在绳子中央,双手牵绳子两端,并前后摆动,不断念鬼的名字。如刀突然向左右摆动,此时所念的鬼即为巫师要找的鬼。类似的方法在我国东北鄂伦春族地区也流行,但工具是斧和枪支。

另一种工具卜,是以骰子、筊杯等为专门占卜工具进行占卜。骰子本是一种赌具,但在我国藏族地区过去有以掷骰子占卜或作神判的。如中华人民共和国成立前,在四川阿坝马尔康地区,土司是那里的最高统治者,他独揽当地政治、军事、司法大权,百姓之间发生纠纷都由土司裁决。但遇有是非不明的疑难案件时,可令当事者双方同去寺庙,让他们在菩萨面前各掷骰子一次,土司则依据各人所掷的点数多少而判定是非。以点数少者为无理,并按规定受罚。② 用筊杯

---

① 樊登等:《天峨县白定乡壮族政治及生活习俗的调查》,载《广西壮族社会历史调查》第一册,广西民族出版社1984年版,第17页。
② 四川民族调查组:《四川省阿坝州藏族社会历史调查》,四川省社会科学院出版社1985年版,第352页。

来作占卜,古今中外都非常流行。例如,古代罗马人就特别喜欢用膝盖骨来投掷作卜。除头骨、腕骨、踝骨外,作"筊"的东西还有很多,包括竹子、木块、干果、果壳、豆子、树枝、叶子、小石子、蚌壳等。占卜的人用这些东西当作骰子来投掷,由其出现的型式来决定征兆。① 在我国占卜史上,掷筊杯的历史非常悠久。宋代程大昌《演繁露》就载:"后世问卜于神,有器名杯筊者,以两蚌壳投空掷地,观其俯仰以断休咎。自有此制后,后人不专用蛤壳矣。或以竹,或以木,略斩削便如蛤形,而中分为二,有俯有仰,故亦名杯筊。"时至今日,国内许多寺庙天王殿中都备有一至数副筊杯,供诸多善男信女占卜用。

(5)其他。除了上述卜法外,各民族社会还有一些独特的卜法,如以石头纹理占卜、以泥巴占卜、以鸡蛋、猪胆占卜等,不胜枚举。还有以人体特殊部位进行占卜的,如我国民间流传的男子若遇眼皮跳,则"左眼进财,右眼招祸",等等。

二、生命周期中的人生礼仪

无论在哪一个民族哪一种文化中,人的一生或多或少都会被划分为几个阶段。不同阶段的人往往具有不同的社会地位和身份,社会对他们在履行社会责任、日常生活方式、待人接物等方面往往会有不同的要求和期待。在大多数文化中,人从一个阶段进入另一个阶段时,是由一种身份转变为另一种身份,因此都要举行一定的仪式以表示庆祝或纪念,这就是人生礼仪,也称为"过渡礼仪"。人生礼仪可以是世俗的,也可以是神圣的。但在前工业社会,人生礼仪的表达方式往往与宗教信仰密切相关。世界各地不同民族对人生阶段的划分不尽相同,与此相应,人生礼仪也繁简不一。最简单的划分,是将人生分作婴幼儿与成年两个阶段,人生礼仪则分为出生礼、成年礼、葬礼三种。

(一)出生礼

在大多数社会中,一个人的生命周期是从受孕开始的,因此对于孕妇和婴儿的出生都极为重视,一般都有一套禁忌和限制行动自由的仪式。在汉族民间,婴儿降临人世,一般都要举行一定的仪式,即出生礼,表示他来到社会,被承认为

---

① 李亦园:《说占卜——一个社会人类学的考察》,载李亦园:《信仰与文化》,第63—90页。

"人"。他的魂魄必须以某种方式固定在婴儿的身体内,否则以后不好养。不过,在我国汉族地区,婴儿的诞生礼更多的是以"三朝礼"的方式进行的。"三朝礼",一般在婴儿初生三日时举行。如江浙一些地区举行该仪式时,让事先请好的一位能说会道的妇女将黄连汤抹数滴于婴儿嘴上,说道:"好乖乖,三朝吃得黄连苦,来日天天吃蜜糖。"然后把肥肉状元糕、酒、鱼、糖等食品制成汤水,用手指蘸少许涂于婴儿唇上,并唱道:"吃了肉,长得胖;吃了糕,长得高","吃了酒,福禄寿","吃了糖和鱼,日日有富余"。① 这里,仪式的一举一动似都与婴儿日后的人生在信仰领域里紧密地联系起来,而"三朝礼"中的每一句话都具有某种魔力,对婴儿日后的人生会产生重大影响。当然,我国民间"三朝礼"中最典型的仪式是洗礼,俗称"洗三"。胡朴安先生对1949年以前北京城内的洗三仪式曾做过具体的描述:

> 是日必招收生婆到家,酒食优待,然后由本家将神纸(俗呼娘娘码儿)并床公、床母之像,供于桌上,供品用毛边缸炉(北京点心名)五盘。由收生婆烧香焚神纸,毕,将火煮之槐条水倾入盆内,旁置凉水一碗及两盘,一盘盛胰子、碱、胭脂、粉、茶叶、白糖、青布尖儿、白布数尺、秤权、剪子、锁、镜等物,一盘盛鸡子、花生、栗子、枣、桂圆、栗、荔等物,均用红色染过。诸亲友齐集床前,将各样果子,投数枚于盆内,再加冷水两匙,铜元数十枚,名为添盆。添毕,由收生婆洗小儿。洗罢,将小儿脐带盘于肚上,敷以烧过之明矾末,用棉花捆好所有食物,全由收生婆携去。②

"三朝礼"以洗的方式来进行,在我国南北民间都十分广泛,其象征意义当是利用仪式程序表示清除污秽、消灾免祸和祝福的意思。

在我国民间,不少地方婴儿的出生礼是与命名礼结合在一起的。我国汉族民间对初生婴儿的命名,或根据出生时期、季节,或依属相,或根据排行,或表达对婴幼儿的祝福,或反映一家人尤其是父亲尊长的期望等,不一而足。有为了孩子免遭鬼神的"嫉妒",易于长大成人,而故意起"贱名"的,如"狗娃""牛娃""狗

---

① 乔继堂:《中国人生礼俗大全》,天津人民出版社1990年版,第83—84页。
② 胡朴安:《中华风俗志》下篇卷一"京兆",上海文艺出版社1988年版,第30页。

蛋"等。也有依据其出生时生辰八字中缺何种成分,利用取名来加以补足的,如缺木则取名为"梅",缺金取名为"鑫"等。有的民族中还盛行由宗教神职人员来赐名的。

(二)成年礼

从人的生理特征看,性成熟一般标志着青春期的开始。在有些社会中,当男孩女孩进入青春期时,往往要举行特定的仪式,作为从未成年走向成年的标志,这通称为"成年礼"或"成丁礼"。成年礼对男女两性是不同的,要分开举行,且男性的成年礼比女性更为常见。世界各民族由于文化传统不同,所处的社会发展阶段不同,成年仪式千差万别,但其主要内容一般包括:在一段时间内与家人分离,过着幽居独处的艰苦生活,以考察自己的意志;被集中起来进行严格的训练;以某种特定的方式接受原来只有成年人才能知道的"秘密",如本社区或本民族的神话、道德规范等;最后再接受一次象征生命更新或生与死的考验,如凿齿、文身、割礼、猎人头或猎大型动物等。当然,有的成年仪式与生理发育并不完全同步。通过这些仪式,参加者便改变了原来的装束和身份,进入成年人的行列,可以有资格交异性朋友、过性生活、结婚、成家、参与社区事务决策等。我国古代的"冠礼"就是一种成年礼。《礼记·冠义第四十三》云:"古者冠礼:筮日、筮宾,所以敬冠事;敬冠事所以重礼,重礼所以为国本也。故冠于阼,以著代也;醮于客位,三加弥尊,加有成也;已冠而字之,成人之道也;见于母,母拜之;见于兄弟,兄弟拜之,成人而与为礼也;玄冠玄端,奠挚于君,遂以挚见于乡大夫、乡先生,以成人见也。"我国南方少数民族中还有一些"成年礼"的仪式残存,其中较典型的有瑶族的"度戒"礼、云南宁蒗纳西族摩梭人的"穿裙子礼"和"穿裤子礼"等。

当然,也有不少社会并不举行特定的成年仪式,而是以结婚作为成年的标记。如我国南方地区农村民间普遍流行的俗谚:"太阳没出,早呐;老婆没娶,小呐!"就是以结婚作为成年标记的一种反映。

(三)葬礼

从生理角度而言,死亡是人生命的终结。每一个人都会死,它是人生的最后一个关口。然而,不同的民族、不同的文化乃至不同的人对死的理解和态度是不同的,因而对死亡所行的礼仪也不一样。基督徒认为死是上帝救他的灵魂进入天堂;穆斯林认为死是进入"天园";佛教徒认为死是到"西方极乐世界"去享乐;我国民间则认为人死是到阎王爷统辖的"阴曹地府"去报到,阎王爷根据他生前的所作所为施行适当的审判,再决定其如何轮回投生。诸如此类,不一而足。生死虽是两个世界,但死亡本身不过是从人生的一个阶段向另一个阶段的转移而已。因此,单就人生礼仪来说,世界各民族中关于死亡的礼仪、规制和风俗要比人生其他阶段更为丰富多彩。

就我国汉族民间的丧葬仪式而言,表面上看,是对死者从阳世转入阴世的一种送别,是幽明转换的一种标志,但它更多的是对死者生前社会的一种展示,是对当地社会结构及价值观念的一种强化仪式。在丧葬礼仪举行的过程中,围绕死者而展开的亲情、社会结构和关系、本社会的价值观念以及对死后灵魂生活的信仰,不仅得到了充分的表现和展示,而且还借助传统的力量为以后的传承打下了坚实的基础。这类例子非常多,在此不一一列举。

三、观念的人生史

与现实的、活生生的人生相对应,许多民族或文化还在宗教信仰的观念中构筑了个人孕育、诞生、成长、死亡的图式,这可称为观念的人生史。一般来说,观念的人生史比个人的现实生命史长得多。个人现实的生命史只与观念人生史中的某一段相契合。在观念的人生史中,现实生命诞生之前和消亡之后,都还有"人生"在延续。例如,佛教文化所构筑的观念人生史认为,人类个体的一生可分为三段,即"三世":过去世、现在世、未来世。一个人的现实人生——今世,是与过去世和未来世密切相关的。一个人前世有所过失,导致今生来了冤孽,因而要含辛茹苦、广积善缘以求赎罪、济度,否则会因现世作为不够而在来世被罚做牛马或入地狱。这种观念人生史使人在现实生活中时刻谨慎小心,不敢忘却祛恶、积德、扬善等宗教信条。这种观念人生史,通过各种礼仪在现实生活中表现出来,因而具有非常真实和广泛的影响力。

不独佛教文化如此,世界上大多数民族和文化多多少少都有包含自身特色的观念人生史。就我国民间信仰所构建的人生礼仪体系而言,人生礼仪不仅覆

第十一章 宗教信仰与仪式

盖了一个人生命过程的始终,而且超越了这一过程,前后延伸,形成了一个绵延不断的连续体。若从父母婚礼上的祝吉求子算起,举凡孕育、诞生、三朝、满月、百日、周晬、命名、圆锁、成人、婚嫁、寿诞、死丧等生命关口都伴随或简或繁的人生礼仪,但这还不够。在我国几千年的宗法制度和宗法观念的影响下,家族或宗族世系的延续,祖宗名声的留存与光大,比个人的现实人生更为重要。因此,在我国民间信仰的观念中,一个人的肉体生命结束了,但他并没有死,他还在冥冥之中关注、佑护着他的家族和后辈子孙,为他们祛恶却灾、求福求禄。而后辈子孙对待已死的祖先也是视死如生,将其牌位奉入家庙或宗庙,配以祭祀,使其血食不断、香火不绝。由此看来,人生礼仪不啻行于现实生命的各个关口,它横跨现实生活和信仰生活两大领域,并把这两大领域串为一个整体。佛教文化宣扬的三世轮回和我国民间的信仰礼仪就是其有力的佐证。

第四节 宗教的变迁

近现代的社会文化变迁,必然会引起宗教的变迁。在当今全球经济市场化、文化世俗化的过程中,宗教继续存在着。虽然一些传统宗教衰落了,但是新的宗教又在源源不断地产生,这与世俗化的潮流似乎是背道而驰的。所谓世俗化,简单地说就是非圣化,即人们越来越以对科学的信仰来取代对宗教的信仰,宗教的势力、影响和作用,越来越让位于世俗社会的势力、影响和作用。世俗化是一个漫长的过程,它涉及两个方面的内容:一是社会与文化的变化,即指人类社会各个领域逐渐摆脱宗教的羁绊,社会的各种制度日益理性化;二是宗教本身的变化,即宗教不断调节自身以适应社会向"世俗"方向的变化。概括20世纪以来的宗教变迁历程,人类学界认为主要有以下两种宗教现象值得深切注意,即复振运动和新宗教运动。

一、复振运动

复振运动(revitalization movement),也称"复兴运动",是指通过向一种文化注入新的目标和新的生命,以拯救该文化的一种努力。也有人类学家认为,它是

"由社会中的成员进行的一种刻意尝试,他们想通过迅速接受一种带有多项创新的模式来建设一种更加令人满意的文化"①。当一种强势文明征服一种弱势文明,将后者变为殖民地,在殖民地实施剧烈的剥削或对当地的民族和族群进行强力的压迫,使弱势文明中的人民普遍承受很大的压力时,宗教往往会成为弱势文明反抗强势文明压迫和剥削运动的一面旗帜。它时常会通过自己的努力和行动,力争使当地人民的生活立即有很大的改善,或使人们将希望寄托于美好的来世。这种宗教运动有时被称为本土运动、宗教复兴运动、千年运动、救世主运动。

复振运动主要发生在殖民地文化中,其形式主要包括"船货崇拜"、排外主义运动、救世主运动、鬼舞(ghost dance)等等。

(一) 船货崇拜

船货崇拜(cargo cult)一词,普遍流行于新几内亚和美拉尼西亚,原意是描述自1935年以来流行于该地区的千年运动(millennium movement),即相信新千年将因死者之灵携带大量的船载货物(cargo of trade goods)归来而开始,货物将分配给参加此运动的所有人及其附和者。后来这一名词被广泛用来指称西南太平洋地区各种反欧洲人的运动。

在船货崇拜中,美拉尼西亚振兴运动先知的幻象特点是,相信船载回祖先的灵魂,也载来欧洲的货物,包括收音机、香烟、铁斧、酒、卡车,有时还有武器,等等。近代出现的飞机和宇航船成为他们心目中运载船货最好的工具。当地人认为:货船的到来将会带来一个丰收的时期,并能帮助他们从目前的痛苦中解脱出来。货物崇拜运动的成员将他们的生命投入到迎接货物的到来之中,为货船建起码头,为货物建起仓库。他们模仿欧洲的庆祝仪式,放弃过去的生活方式,并破坏庄稼、杀死牲畜,认为这样能加速货物的到来。②

当地的船货崇拜者经常讨论的一个重要话题是,祖先神灵已经在美国的港口把货物装上了飞机和轮船,但是本地政府不允许这些船货着陆。另一种说法是运货的飞机受骗上当,飞错了方向,把本该给他们的货物运到了别的地方。从

---

① 威廉·A. 哈维兰:《文化人类学(第十版)》,瞿铁鹏、张钰译,上海社会科学院出版社2006年版,第471页。
② 史蒂文·瓦戈:《社会变迁(第5版)》,王晓黎等译,北京大学出版社2007年版,第173页。

第十一章 宗教信仰与仪式

隐喻的意义上看,他们的这种感情其实用来描述殖民地人民的真切感受倒是非常合适的,因为殖民的宗主国确实用不正当的手段从殖民地人民那里掠夺了当地的土地和资源。

(二) 鬼舞教

19世纪美国土著宗教复兴运动中最著名的是"鬼舞教",又称"弥赛亚狂热"。这个运动兴起的地点在美国加利福尼亚州和内华达州交界的地方,时间差不多是在美国太平洋铁路完工的时候。帕维奥佐人(Paviotso)的先知沃吉沃布(Wodziwob)从异象中见到,他们的死者将从精灵世界乘坐一辆大的火车回来,表示他们归来的信号是一场大爆炸。到那时,白人将被赶走,但他们的房屋、机器和其他财富将被保留下来。为了使他们的祖先早些回来,必须举行仪式和跳舞蹈,同时要唱沃吉沃布在异象中听到的启示歌曲。

关于鬼舞的第二种说法是,鬼舞始于1889年,创导者是沃沃卡(Wovoka)。这种说法也传沃沃卡见到神显灵,异象的内容是鬼舞将使土著的死者复生。从表面上看,沃沃卡的教导没有政治内容,当鬼舞教向东传播越过了落基山时,它的政治含义对白人还是不明确的。可是,大草原上的土著明白,所谓他们的死者回返人间,就是说他们的人数将会超过白人,因此他们的力量也会比白人大。

第三种说法是苏人(Sioux,美洲土著印第安人的一支)对鬼舞的解释。苏人说他们的死者要回来,所有的野牛也要回来,将会有山崩地裂,会把白人消灭光。苏人的武士穿上鬼舞服,他们相信这衣服可以防子弹。于是美国军队和苏人的武装冲突较以前增多了,苏族首领西廷·布尔后来也被捕杀。1890年12月20日,南达科他州翁迪德尼有200名苏人被屠杀,鬼舞运动就此结束。

(三) 仙人掌教

在美国土著的军事反抗的机会全被摧毁以后,他们的宗教复兴运动与以前相比变得内向和消极,再也没有人见到神灵显圣和全部白人被消灭的幻象了。这再一次证实所谓的宗教都是对政治现实的反映,只不过这种反映是以曲折的或歪曲的形式来表达罢了。此后,美国土著的信仰和仪式内容主要是依靠含麻醉剂的仙人掌、可酿酒的龙舌兰和其他致幻觉的药物来维持,这是20世纪美国土著宗教振兴运动的主要特点。

所谓仙人掌教(peyotism),是一种混合了不同信仰成分的宗教信仰,它既有古代印第安人的信仰,也有现代基督教的成分:基督教神学的博爱、慈善、宽恕,加上古代印第安人的仪式和印第安人想通过个人见到神灵显现获得权力的欲望。仙人掌教仪式是一整夜地祈祷、唱歌、吃仙人掌,精神恍惚地凝视冥想,到天亮时集体吃一顿早餐。吃仙人掌的人对野牛重新回来和防弹服已不感兴趣,他们追求自知、个人的道德力量和身体健康。据说仙人掌教教会了印第安人实行和解的计划,还使印第安人在调整自己适应占主要地位的白人文化时,尊重自己原来的文化。

二、新宗教运动

复振运动主要产生于殖民地国家,而新宗教运动则主要产生于资本主义国家。新宗教运动中的宗教大致可分为两类:一类是产生于传统宗教内部,并依附于其母体,仅以特定的信仰与活动表现出来;另一类是产生于传统之外,并独立存在的宗教。资本主义国家中的这两种宗教现象,宗教社会学界分别称之为宗教的复兴和宗教的创新。[①]

(一) 宗教的复兴

宗教的复兴,指的是传统宗教内部新教派的出现,其特点是新出现的教派在信仰、组织结构和教义仪式等方面并未完全脱离其母体,只是对其母体各方面的运行状况不很满意,故另立山头,提出一些更为激进的主张,采取一些相应的行动,以达到恢复其宗教原初本性的目的。这一类宗教,我们现在通常称其为宗教原教旨主义教派。出现于19世纪末叶的美国基督教基要派可说是这方面的一个典型。基要派坚信《圣经》无谬误,认定童贞女生子、基督变肉身替人受过、基督的肉身复活并将亲自复临审判世人等教义,反对宗教的世俗化倾向,反对进化论和生物遗传工程,反对一切科学主义、人本主义、自由主义、现代主义的思想,反对一切与自己观点不同的宗教与教派。至20世纪80年代,全世界持基要派观点的新教徒达500万人。[②] 其他传统大宗教中的宗教复兴现象虽不像上述那

---

① 戴康生、彭耀主编:《宗教社会学》,社会科学文献出版社2000年版,第206—207页。
② 同上书,第206页。

第十一章 宗教信仰与仪式

么明显,但也或多或少有所表现。

(二) 宗教的创新

宗教的创新,指的是在传统信仰的基础上创造出新的信仰,或所创造的信仰与传统宗教根本没有任何联系。20世纪五六十年代以来,新出现的与传统宗教关联较少的宗教团体主要在美国、日本、韩国等国家和地区。根据这些宗教对待现实社会秩序的态度,可将它们分为三类:第一类是以否定或敌视态度对待现实社会,把现实社会秩序看作腐败堕落,因而在行动上多采取怪诞偏激的方式与世俗社会相抗衡。这一类宗教,人们现在称之为邪教(英文为Cult,指的是用欺骗手段对人们进行洗脑,使人上当受骗的狂热崇拜)。第二类是以肯定的态度对待现实社会,希望在社会生活中获得各方面的成功。日本的创价学会就属于这一种类型。第三类是专注于自身灵性的修炼,强调与世无争等,新五旬节派、新灵恩派等就属于这一类型。学术界也有人根据新宗教的活动类型及其与社会的关系和生活方式的特点,把它们划分为避世型、救世型、自救型、罪恶型等类型。

笼统地说,新宗教在教义的解释上比传统宗教自由且实用。一些信徒的信仰非常狂热,且这种狂热大多是出于其对具有特殊魅力或感召力特质的宗教领袖人物的崇拜。在行为方式上,新宗教团体都会有一些标新立异的举动。如有的反对现代生活方式,生病时拒绝药物治疗,反对传统的既定道德规范等;有的则要求信徒背弃家庭,隐居于森林湖畔过较原始的生活等;有的甚至还过群居乱交的生活等。[①]

新宗教运动产生的主要原因包括:同一文化中异群体、异阶层给予的文化压力,市场经济条件下社会中人情关系的淡漠和冷酷,青年人社会化过程的失败,社会生活中个人情感的空虚和无助,无法接受现实与理想的差距太大而愤世嫉俗,等等。此外,对于传统宗教因世俗化而引起的宗教信仰衰退,大多数新宗教能提出一整套的补偿和新的解释,从而在某些方面与现代文化要求相适应,满足现代一部分人的需求,因而能在一些国家和地区获得一定的生存空间和市场。这是我们21世纪人类学研究需要密切注意的新现象。

---

① 戴康生、彭耀主编:《宗教社会学》,第208页。

三、邪教及其特征

对于什么是"邪教",什么是"正教",不同的社会、不同的时期、不同的宗教团体都会有不同的判断标准。即使是同一个社会,不同的政党上台执政,也会有不同的看法。对于现代社会来说,邪教指的是冒用宗教的名义,歪曲或拼凑宗教教义,大量掺杂或散布迷信、神话,采用不法手段,对社会产生危害的非法组织;正教指的是得到国家法律认同,履行行政登记程序,在宪法和法律规定的范围内按自己所声明的原则开展正常活动的宗教组织。[①]

有学者经过研究,认为从外在形式看,邪教组织有三大特征:(1)冒用既有宗教的名义教规,拼凑教义,神话首要分子,以传教的方式发展信徒。(2)制造、散布谣言邪说,蒙骗恐吓信徒和大众。(3)非法建立相对独立的组织体系,并以组织形式进行活动。从内在的内容、性质、宗旨看,邪教又有四个特征:(1)反正统性——极力神话教主。一般来说,传统宗教的崇拜对象是超人间的神灵,而邪教的教主均自封为"神"或"主"。(2)反现世性——以邪说蛊惑社会人心。传统宗教教义除了强调追求"天国幸福"外,还关注人们的现世生活,给人以安慰、劝勉和鼓励;邪教则极端地捏造灾祸劫难,扬言世界末日降临,唯有入其教门,方可得救,渲染恐怖气氛和制造紧迫感,扰乱社会秩序,破坏社会安定。(3)反社会性——非法与非人道的教内生活。虽然传统宗教都有自己的清规戒律,但都会力求与社会发展相适应,倡导服务社会、造福人群。如佛教的"庄严国土,利乐有情";基督教的"荣神益人";伊斯兰教的"善行"等。他们对待信徒不以暴力相威胁,而是通过劝诫的方式加以规训,其教内制度也不危及宪法和法律赋予信徒的基本权利。邪教则往往违背社会公认的基本道德和伦理准则,使用欺骗和恐怖的手段对教徒的精神生活和世俗生活进行控制,对他们的合法权利进行剥夺,摧残他们的身心,其表现大多包括:盘剥群众,诈骗钱财;蹂躏女性,破坏家庭;装神弄鬼,摧残生命,致人死伤;建立封建家长式制度,实行专制统治;秘密结社,从事违法犯罪活动。(4)反政府性——对抗、颠覆合法政权。[②]

[①] 钱凤元主编:《世界邪教全景透视》,经济日报出版社2000年版,第259—260页。
[②] 同上书,第260—264页。

第十一章 宗教信仰与仪式

当今世界上臭名昭著的邪教组织有欧洲的"太阳圣殿"教,南美圭亚那的"人民圣殿"教,美国的"天堂之门""大卫教派""科学教派""上帝之子",印度拉杰尼希唯一教的"性哲学",韩国文鲜明的"统一教会",日本的"奥姆真理教",乌克兰的"白兄弟会",等等。

◆ 本章思考题

1. 人类学对宗教的研究有什么特点?
2. 什么是泛灵信仰和泛生信仰?请联系生活实例加以说明。
3. 什么是顺势巫术、接触巫术、交感巫术?构成它们的原理是什么?
4. 如何历史客观地看待宗教在社会生活中的功能?
5. 萨满是如何与超自然力量沟通的?萨满教有何典型特征?
6. 什么是祭司?试以一种宗教为例加以说明。
7. 什么是人生礼仪?它与宗教信仰有什么关系?
8. 人生史与观念人生史有何联系和区别?
9. 什么是邪教?它有什么特征?
10. 运用你所学的知识,谈谈你如何理解当代社会中出现的新宗教现象。

◆ 本章主要参考及推荐阅读文献

1. C. 恩伯、M. 恩伯:《文化的变异——现代文化人类学通论》,杜杉杉译,辽宁人民出版社1988年版。
2. 童恩正:《文化人类学》,上海人民出版社1989年版。
3. 卡罗尔·R. 恩贝尔、梅尔文·恩贝尔:《文化人类学(第13版)》,王晴锋译,商务印书馆2021年版。
4. J. G. 弗雷泽:《金枝》,徐育新等译,新世界出版社2006年版。
5. 马林诺夫斯基:《巫术、科学、宗教与神话》,李安宅译,中国民间文学出版社1986年版。
6. 李亦园:《信仰与文化》,台湾巨流图书公司1978年版。
7. 王铭铭:《社会人类学与中国研究》,生活·读书·新知三联书店1997年版。
8. 菲奥纳·鲍伊:《宗教人类学导论》,金泽、何其敏译,中国人民大学出版社2004年版。
9. 戴康生、彭耀主编:《宗教社会学》,社会科学文献出版社2000年版。

10. E. E. 埃文思-普里查德:《阿赞德人的巫术、神谕和魔法》,覃俐俐译,商务印书馆 2010 年版。
11. 维克多·特纳:《戏剧、场景及隐喻:人类社会的象征性行为》,刘珩、石毅译,民族出版社 2007 年版。
12. 玛丽·道格拉斯:《洁净与危险》,黄剑波等译,民族出版社 2008 年版。
13. 阿诺尔德·范热内普:《过渡礼仪》,张举文译,商务印书馆 2010 年版。
14. 史宗主编:《20 世纪西方宗教人类学文选》,金泽等译,上海三联书店 1995 年版。
15. 金香、色音主编:《萨满信仰与民族文化》,中国社会科学出版社 2009 年版。
16. 郭淑云:《中国北方民族萨满出神现象研究》,民族出版社 2007 年版。
17. 汪宁生:《文化人类学调查——正确认识社会的方法》,学苑出版社 2015 年版。
18. 钱凤元主编:《世界邪教全景透视》,经济日报出版社 2000 年版。

第十二章

文化人类学的应用

文化是不断变迁的,这种变迁有时可在人为的设计下进行,因而有的政府或社会团体在进行某项社会改革时,不论在制订计划,还是在具体实施过程中,都需要文化人类学家的配合,利用他们的知识,使社会改革的计划设计合理、实施顺利。将文化人类学的知识应用于社会的具体实践,推动了人类学的一门新分支学科"应用人类学"的产生。

第一节 什么是应用人类学

一、应用人类学的内涵

"应用人类学",英文为"applied anthropology",是由美国学者丹尼尔·布林顿(Daniel G. Brinton)在1896年提出来的。此后,尽管有一些人类学家采用过一些其他名称,但目前大多数人类学家都同意以"应用人类学"这一名称来指称人类学家运用其有关社会、文化和人际关系的知识来协助改善或解决各种社会问题的各种研究。

其实,西方现代人类学家虽将人类学的应用研究都归到"应用人类学"的名下,但他们对"应用人类学"内涵的理解却并不一致。

美国著名应用人类学家福斯特(George M. Foster)在其名作《应用人类学》

中认为:"应用人类学,通常是人类学家用来描述某些计划中的专业活动,其基本目的在改变人们的行为,并相信可改善当代的社会、经济及科技问题,而不是专意于发展社会及文化理论。"①

埃利奥特·查普尔(Elliot Chapple)提出:"应用人类学被认为是人类学的这样一个方面,它从事探讨人际关系的改变和控制这些改变的原则,并对人类组织中那些限制改革的可能性因素加以检验。"②

罗杰·M.基辛(Roger M. Keesing)把应用人类学概括为:"使用人类学的知识及专长,去处理现实世界的问题,如:工艺技术的创新、公共卫生或经济发展计划等方面。"③

美国人类学家康拉德·菲利普·科塔克(Conrad Phillip Kottak)则主张,应用人类学就是将人类学的资料、视角、理论和方法用于识别、评估和解决当代的社会问题。④

我国的人类学家对应用人类学也有自己独到的见解。如李亦园认为:应用人类学可以说是把人类学家对人类、文化、社会的观念和知识应用于改善、增进人类社会生活的一门学问。⑤ 他的这个界定产生了一定的影响,厦门大学石奕龙教授接过李亦园先生的界定,对其稍加修订、补充后提出了自己的定义:应用人类学是在承认人类社会不断向进步的方向发展的前提下,把人类学家对人、文化、社会的知识和理论,应用于改善和改进人类社会不尽满意的地方,以促进人类社会向进步方向发展的学科,同时它也从事与此相关的理论研究。⑥

除了上述几种有影响的界定之外,多数人类学家则认为所谓"应用"的人类学和"理论"的人类学是很难严格区分的。许多人类学家坚持说,人类学的知识是一体两面的,就像一只手有手心手背一样,抽象的理论活动如果能提供一系列普遍适用的原则,那么就可被视为应用人类学;如果这些原则能够指导人们获得

---

① 转引自谢剑:《应用人类学》,台湾桂冠图书股份有限公司1989年版,第3页。
② 转引自石奕龙:《应用人类学》,厦门大学出版社1996年版,第4页。
③ 基辛:《人类学与当代世界》,张恭启、于嘉云合译,台湾巨流图书公司1991年版,第155页。
④ 康拉德·菲利普·科塔克:《人类学——人类多样性的探索》,黄剑波、方静文等译,中国人民大学出版社2012年版,第23页。
⑤ 李亦园编:《文化人类学选读》,台湾食货出版社1977年版,第445页。
⑥ 石奕龙:《应用人类学》,第8页。

成功,那么任何活动计划就必须依据它。

二、应用人类学与理论性文化人类学的区别

尽管人类学家对应用人类学的定义各有不同,但从目前发展的状况看,应用人类学与理论性的传统文化人类学相比还是有明显区别的。香港中文大学谢剑教授认为两者的差别可归纳为四点[①]:

(1) 应用人类学研究现存的文化和当代的民族,它所搜集的资料不可能来自历史遗存、古老档案或上了年纪者的回忆。即使它们提供了启发,但对今天的人们在形成社会群体、完成工作、求取生存,乃至解决实际问题等方面并无多大帮助。

(2) 研究当代民族并不足以说明真相,应用人类学家所从事的研究主要是指向他们在工作时所碰到的问题,诸如心理失常、吸毒、食物短缺等。相比之下,在从事理论人类学的科学研究时,就不必涉及当代人急需解决的问题。如从考古学的角度探讨小米栽培在中国的起源,当然是一项很有意义的科学研究,但对今天的中国社会不具或很少具有实用价值。

(3) 应用人类学家往往寻求将其发现与资料应用于传统的人类学领域之外,相对而言,理论人类学家则是从其工作的讨论中发现意义。往日学者们的意见已给人类学的抽象理论加以界定并赋予意义,厘定了选取资料的步骤,并把研究重点局限在人类学的历史传统范围之内。应用人类学尽管也使用相同的科学性理论架构,但其原理却来自在群众中解决实际问题的现代意义。结果是应用人类学家常超越本学科的界限,致力于探究迥异于人类学传统的问题,在取材方面也注重其与当代事件的相关性。

(4) 依据上述原因,应用人类学家和理论人类学家之间在事业发展的模式上也有差别。后者多服务于学术及博物馆机构,从事教学和研究工作;前者固然有类似的职位,但多兼有人类学以外的职责。更常见的是,他们有时会担任非学术机构的职位,经由合约研究及咨询工作,贡献其专业知识。

不管人类学界对应用人类学的界定以及应用人类学与理论人类学之间的关

---

① 谢剑:《应用人类学》,第2页。

系有何分歧,应用人类学的崛起确实标志着现代文化人类学的发展进入了新的阶段。

三、应用人类学的发展历程

应用人类学的发展过程,大致可划分为三个阶段:应用民族学阶段、角色扩大阶段和决策运用阶段。

1. 应用民族学阶段

应用民族学阶段,始于 19 世纪,迄于 1938 年。在人类学发展史上,运用文化人类学的知识来解决社会的实际问题,早在 19 世纪初叶就开始了。1807 年,英国东印度公司就委任布坎南(F. Buchanan)去研究孟加拉人的生活和文化,以争取政治及经济利益。1838 年,英国伦敦成立了土著保护协会(Aborigines' Protection Society),以调解殖民地当局和土著之间日益增多、日趋激烈的各种冲突。在美国,美国政府根据本国民族学会创始人之一斯库尔克拉夫特(H. R. Schoolcraft)于 1852—1857 年汇编而成的六大册印第安人资料,拟定了对印第安人的政策。1864 年,荷兰把民族学的课程列入殖民地公务员的训练计划。这类训练工作主要是教导殖民地政府的管理人员如何在不同的文化背景下从事行政工作。19 世纪 90 年代以后,美国民族学事务局的民族学专家更多地投入到应用研究之中,为美国中西部与拉丁美洲贸易的主要航线的系统开拓做出了很大的贡献。

到 20 世纪初,随着资本主义的殖民扩张,文化人类学中的民族学知识对于殖民地社会管理的作用越来越为殖民政府所看重。1901 年,英国伦敦成立了非洲协会,提出了"了解非洲人而治理非洲"的目标。1902 年,英国皇家人类学会向政府建议应记录下南非各民族的法律和制度,以便为"开明"统治的政策提供基础。1905 年,南非联邦也把民族学列入殖民地官员的训练计划。1908 年,英属埃及也实行了类似的计划。1906 年,美国在其殖民地菲律宾建立了民族学事务局之类的机构,使之为了美国殖民地的行政管理从事民族问题和社会事务的研究。20 世纪 30 年代,美国应用人类学者积极参与处理印第安人事务。美国印第安人事务所设立了一个应用人类学组,协助解决各种有关印第安人自治的

第十二章　文化人类学的应用

问题,并任命应用人类学家柯里尔(John Collier)为印第安事务专员,综理有关事务。

总结这一阶段的应用人类学,大致有两个特点:(1)在殖民地的内外背景下,应用人类学家的主要努力是支持和帮助政府在行政上对土著予以直接控制。从表面上看,应用人类学家在这一时期充当了殖民主义者"帮凶"的角色,但在客观上,人类学家在减轻殖民地人民的痛苦方面确实做了一些工作,缓和一些当地的矛盾和冲突。这一阶段的后期,应用人类学家还参与殖民地经济计划的实施。(2)应用人类学只局限于研究和教学两个方面,如教导政府人员如何在不同的文化背景下从事行政工作;部分人类学家为解决某种难题从事短期研究,由他们向行政当局提供文化资料以解决迫切问题;还有一些人类学家受雇于行政当局,在有问题的地区从事研究,包括进行全国或地区性的民族志调查,编纂单一文化的民族志和具有特定主题的单一民族志等。除了个别的例外,大多数应用人类学家仅是为政府或有关机构制定政策和解决实际问题提供资料,他们本身既非行政人员,也不是社会或文化变迁的引发者。

此外,该阶段中应用人类学家还开始尝试一些其他方面的应用研究,如1927—1932年美国芝加哥西方电气公司霍桑工厂聘请了一些人类学家、心理学家,用人类学的参与观察方法考察工厂组织中的人群互动关系,了解工厂中人与人的关系模式,进而寻求解决工厂中所发生的问题,以便提高劳动效率。这就是后来在管理学界极负盛名的"霍桑实验",也为后来的工业人类学或工业社会学的诞生和发展做了扎实的铺垫。

2. 角色扩大阶段

这一时期约始于1939年止于1970年。第二次世界大战爆发后,有许多应用人类学家投身到与二战有关的社会服务中。如英国著名人类学家埃文思-普里查德,以前凭借有关非洲土著的研究成果为解决英国殖民政府与当地土著的矛盾起过一定作用,二战爆发后他应征入伍,在非洲埃塞俄比亚组织阿赞德人游击队反抗意大利法西斯的占领,后又到叙利亚任官员,1942年到昔兰尼加任政治官员,在动员和组织当地土著与法西斯占领军作战方面做出了贡献。英国另一位著名人类学家埃德蒙·利奇,因战前曾在缅甸从事过研究工作,二战期间从军时被派往缅甸，在英军的游击队中任职，把他的人类学知识运用到反抗法西斯的战争中。美国人类学家中，参与二战工作的比例更高。有人估计约有95%的美国人类学家或多或少地从事或支持与二战相关的工作。其中最有名的工作有这么几项：

（1）为美国战时徙置局（War Relocation Authority）工作，负责监管日裔美国人。该局借用了应用人类学家参与管理印第安人的经验，聘请了许多应用人类学家负责集中营中日本人与管理当局的联络事务。如人类学家斯派塞（Edward Spicer）就在此担当日裔美国人与管理当局的联络工作，还从事一些研究，重点关注在战后该如何重新安置这些被拘留者。

（2）在政府各部门担任顾问工作，帮助训练赴国外作战军队及战后驻各国的行政人员。如著名人类学家克拉克洪在二战时曾任战时情报局远东政策科科长、印第安人事务局顾问、国防部研究与发展委员会顾问、国务院训练外交官及其他事务的顾问、空军情报总署的顾问等职。著名女人类学家玛格丽特·米德也于1943年任战时情报局的讲师，帮助训练情报人员，让他们了解各地的文化与风俗。更为有意义的是，美国派往海外作战的士兵急需人类学基本知识的训练，美国国务院等机构的官员们也急需人类学家提供敌对国和同盟国的资料，于是她在二战期间主动承担了向欧洲人介绍美国人、向美国人介绍欧洲人的任务，增进了盟国之间、盟军将士之间、盟军将士与当地百姓之间的了解和沟通，为二战中反法西斯阵营的胜利做出了杰出的贡献，受到了联合国的表彰。

（3）为军事、外交人员编写"各国情况指南"及从事旨在了解敌国军心士气的"国民性研究"。这些研究主要由美国战时情报局负责，许多知名的人类学家都参与其中，如尼迪克特、克拉克洪、贝特森（Gregory Bateson）等，其中以本尼迪克特的研究最为有名。她利用文献、报纸、杂志、电影等资料，再结合对战时徙置局掌管下的重新安置营中的日裔美国人的询问材料，写出了名著《菊与刀》，对日本的国民性进行了深入的剖析，对美国战后实施的日本政策产生了深刻的影响。

这一时期不仅是人类学家投身到政府部门工作，有些大学也主动参与到战时研究中来。如战时美国芝加哥大学设有远东民事训练课程，为美国收复日军

第十二章 文化人类学的应用

占领区后派驻行政人员做准备。这一计划的主持人是美国著名人类学家伊根（Fred Eggan）。

第二次世界大战结束以后，应用人类学的工作有了一些新变化，主要体现在两个方面：一是较侧重于占领地的行政管理。如1951年美国开始在太平洋岛屿上聘用人类学家从事托管地的行政管理工作和研究，其主要任务是：提供贯彻政府规划的方法，向托管地人民进行宣传，解释政府的规划与政策，并对政府规划发展的情况进行评价。一是人类学家也开始对美国的对外技术援助效果进行研究，还开始实施一些规划，对第三世界国家的农业技术进行改良，提高其生活水准，改善其健康、卫生、教育和社区状况，等等。这样一来，应用人类学家所扮演的角色已比以前有所扩大，主要表现在三个方面：第一，他们已不只是向当局提供资料，而且开始积极地参与当局所发起的改革行动；第二，研究范围扩大，不再偏重殖民地的行政管理，还研究文明国家的国民性、本国社会问题、国外发展计划等；第三，应用人类学作为一门学科，亦得到越来越多的承认，其中最有意义的事件是，1941年美国成立了应用人类学会，并定期出版会刊《人类组织》（*Human Organization*），以发表应用人类学方面的文章。

综观第二次世界大战以后各国的应用人类学发展，主要有三个特征：(1)由于殖民地的独立，西方人类学家对现代"原始民族"的研究区域相应缩小，转向对人类学家本国社区的研究。这种研究包括本国社区生活的研究、经济发展与文化变迁的研究、民族特征的研究，以及对现代社会具体制度的研究等，把自己的知识直接应用于本国社会发展的进程之中。(2)由于殖民地纷纷独立，在这些政治独立、经济不发达的国家中，应用人类学研究的重点也发生了变化。过去重点在于殖民地的治理，现在主要关心的是独立的第三世界国家的政治稳定、经济增长、人口压力、就业与贫困、公共卫生的改善、文化教育的发展、都市的移民以及城市化等问题。此外，发展中国家本国的人类学家崛起，他们日益密切介入本国、本民族的社会变革和现实社会发展的研究之中。(3)过去应用人类学往往是人类学田野工作的副产品，在调查过程中发现一些问题，提出来加以改善。而第二次世界大战后，一些独立国家要应对贫困、粮食安全、医药卫生、教育公平、社会发展等现实问题，也会请一些人类学家去研究或探讨具体的解决办法。

聚焦本国进行研究的西方人类学家也面临着新的问题,如资本主义制度下的工业扩张、过度消费、移民与种族歧视、吸毒与贩毒、就业与社会不平等以及人类学家本身的职业选择等一系列问题。许多人类学家逐渐认识到应面向现实,为人类社会的变革做出努力。因此,出现了一些专门从事应用人类学研究和工作的学者。他们认为社会文化的变迁是不可避免的,所以他们试图介入这种变迁,使大社会冲击地方社区时所产生的破坏力有所减弱,人民的苦痛和所付的代价有所减少。他们还试图促进地方社会的改革和振兴等。

3. 决策运用阶段

20世纪70年代以后,应用人类学的研究范围进一步扩大。例如,在20世纪80年代后期,英国高校中所开展的应用人类学研究课题有:赞比亚北部省份的食物营养和人口出生率(1985—1990),苏丹的食物营养和保健,蓝色尼罗河保健计划,海地和印尼等第三世界国家的食物援助,印尼妇女的工作与家庭(1985—1989),泰国的非正规教育和发展(1985—1988),南尼泊尔社区的保健和保健教育,等等。[①] 与英国高校中应用人类学普遍研究国外问题不同,美国高校中则多关注人类社会发展中共同关心的问题。如美国肯塔基大学的"应用人类学文献计划"所收集的资料范围包括:农业问题、酗酒与吸毒、新闻传播、刑事司法与裁判、人口调查、经济开发、教育设施、能源开发、环境问题、渔业研究、老人问题、政府及公共行政、医药保健、居室计划、人际关系、劳工与就业、企业管理、军事国防、营养食物、职业卫生、人口控制、农村发展、技术转移、水资源开发、都市发展等。[②] 目前,青少年犯罪问题、代沟问题、都市化问题、都市贫民窟问题、现代化疾病问题、艾滋病问题、吸毒贩毒问题、环境与空气污染问题、社会和地区发展不平等问题、婚姻与家庭问题、试管婴儿问题、安乐死问题、脑死亡问题、女性与女权问题、独身问题、独生子女问题、人口控制与老龄化问题、计划生育与性别比偏高问题、出生率下降与人口红利消失问题、民族地区的发展问题等,亦已成为应用人类学关注的焦点。可见,应用人类学研究已深入现代人类生活的方方面面。

---

① 石奕龙:《应用人类学》,第47页。
② 谢剑:《应用人类学》,第27—28页。

第十二章 文化人类学的应用

20世纪70年代以后,应用人类学家不仅仅是在政府部门充当顾问、在大学从事教职或在研究机构中谋生,而且开始有了自己的专业职位。一些大的公司或企业,特别是跨国公司,也争相聘用人类学家为企业服务,如美国全录公司、通用汽车公司等皆聘有人类学博士,专门研究公司上下职员的状况,并提出改善员工生产力的计划。据有关专家的研究,国外应用人类学家常见的一些专业职位有:(1)政策研究员(Policy Researcher),主要任务是为决策者提供可靠的信息,帮助决策。(2)评价员(Evaluator),基本任务是客观地判断、评价某一事物(包括政策、计划、方案)的价值,以决定这项事物是否可行、能否成功等。(3)影响评估员(Impact Assessor),主要任务是对设计中的政策、计划或方案等可能带来的后果进行评判。特别是对大型水库、高速公路、灌溉工程、新的开发区等大型规划在实施后可能发生的意外后果或灾难进行研究,以防患于未然。(4)需求评估员(Needs Assessor),主要是收集公众对社会、经济、教育、卫生等有何需求的相关资料,对这些资料加以评估,为某些方案、规划、政策的设计或完善服务。(5)计划员(Planner),指的是应用人类学家作为政策、规划或计划、方案的一名设计者参与工作,收集和分析研究资料,做出初步的设计,以便让决策者加以选择。(6)研究分析员(Research Analyst),主要是向决策者解释研究成果和已制订出来的各种方案。(7)行政管理者(Administrator/Manager),他们在某些方案中不仅参与方案的设计、解释或评估,而且也直接负有方案实施的管理之责,实际上成了该方案的行政管理者。(8)公共参与专家(Public Participation Specialist),主要研究公众对某项政策、计划、方案等的反应。他们一般会组织公众会议,参与公共行政事务,为公众解释上面的政策、计划、方案等,向政府反映公众意见,起着沟通政府与公众的作用。(9)变迁代理人(Change Agent),不仅研究变迁,还要付诸行动,促成实际的变迁。(10)训练员(Trainer),其工作主要是接受各公司、社会团体的委托,帮助培训有关人员,使他们接受泛文化和相对主义的认识和知识,以便他们到不同文化背景的国家或社区工作时能处理好各种关系。(11)辩护人(Advocater),其工作较为复杂。一般而言,关心吸毒者、残障人士、未婚怀孕少女、失业者、贫民区的居民、仅能满足温饱的农民和少数族裔族群等群体,因为关于这些群体的公共政策多是由政府或某些法人团体制定的,政府或法人团体由于背景不同,很少会去注意这些公共政策的对象的意见,而这些社会下层民众也很少有机会对这些公共政策表达自己的看法。在这种场合下,应用人类学家就充当这样一种角色:站在公共政策所关心的对象一边,作为他们的代言人,去评价那些公共政策,并向制定政策的机构反映他们所代表的人们或阶层的意见,甚至为他们的一些行为辩护,力求使这些公共政策能在最大范围和最大程度上满足这些社会下层人员的实际需要。现在国内新兴的社会工作职业就吸收了一些人类学家参与其事。(12)防治专家(Therapist),主要是运用人类学的知识预防各种社会问题的产生及对它们进行诊治。(13)专业证人(Expert Witness),这个职位不太普遍,指的是那些在学术机构中工作的人类学家利用部分时间来分析、研究各类法律文件等,从而为某一团体的利益工作。①

除了上述工作外,应用人类学家还可兼任或专任社会团体的顾问、理事、理事长、社会科学分析家、研究指导者、方案协调人、契约管理者等职位。当今,正如美国人类学家卡罗尔·R.恩贝尔(Carol R. Ember)和梅尔文·恩贝尔(Melvin Ember)所言:

> 人类学已不再是一门纯学术性的学科。美国很多人类学家都是应用人类学家和实践人类学家。有些估测认为,有一半以上具有人类学研究生学位的人现在受雇于高等院校之外的领域……那些将自己称作应用或实践人类学家的人,他们的服务对象包括各种不同类型的组织、政府机构、国际发展机构、私人咨询公司、公共卫生组织、医学院、公益律师事务所、社区发展机构、慈善基金、营利性公司。②

第二节 应用人类学家所扮演的角色

应用人类学家在介入社会文化变迁时,常自称是文化的中介人,原因是,在不同的文化之间,他们扮演着传递知识、技能或服务的角色。文化中介人一词,

---

① 石奕龙:《应用人类学》,第63—68页。
② 卡罗尔·R.恩贝尔、梅尔文·恩贝尔:《文化人类学(第13版)》,王晴锋译,商务印书馆2021年版,第582页。

似乎表明他们从中介的角度去维护社会中处于边缘地位或无权无势状态的群体的利益,不过这种角色有很大的局限性。

在历史上,以往西方工业化强国对落后地区民族进行侵蚀、掠夺时,应用人类学家确曾有过为弱小民族和人群请命的举动。如曾有一些人类学家组织过一个文化求存公司,为非洲博茨瓦纳境内的桑人吁请过土地所有权;与文化求存公司相类似的人类学资源中心也曾全力支持在巴西境内建立印第安人公园,以便让当地的亚诺玛米人(Yanomami)能继续生存下去。但这些举动都是零星的。在应用民族学阶段,应用人类学家更多关心的是如何抢救土著民族的文物,如何协助殖民地的土著融入殖民者的主体文化。

20世纪五六十年代以后,世界形势发生了很大变化,民族运动风起云涌。各地的少数民族都纷纷要求保留各自文化的独特性,抗拒西方工业化强国的文化同化政策。这样,应用人类学家要保持传统的他者代言人的身份已不完全适合了。从当代社会发展的背景来看,作为文化中介人的应用人类学家在执行自己的业务时,主要担当以下几种角色。

一、代表者的角色(Representative Role)

在一个大社会中,由应用人类学家担任某一特定群体的代表或代言人,为该特定群体的利益,出席议会的咨询,或向政府提供意见,以便影响政策的制定。这是应用人类学家担当最多的传统角色。但随着少数民族或少数族裔群体的地位日益提高,他们自己的发言人已能充分表达他们的意见,应用人类学家所担当的此类角色日渐减少。

二、推动者的角色(Facilitator Role)

推动者角色也称为促进者角色,即在两个群体之间推动促进某一特定的事物发展。这一角色就是文化或社会变迁的引发者。当一位人类学家在异文化地区帮助某一发展机构从事一项有计划的活动时,他所起的作用可能就是推动者的作用。1980年,美国俄勒冈大学人类学家菲利普·杨格(Philip D. Young)在中美洲巴拿马为美国国际开发总署(U.S. Agency for International Development)

推动一项教育计划。他着手训练当地的一些圭米印第安人(Guaymi Indians),训练完毕后让他们回到自己的农村社区,做文化变迁的引发者。这项计划的目的是推动当地的教育事业,发展当地人的技能和信心,以增进圭米印第安人的长远福祉。

这种推动大多是自上而下地按计划进行的,特定情况下也可自下而上或上下结合地同时进行。由于职业和学科的背景,人类学家往往更了解当地人要不要社会变迁以及怎样变迁才符合当地人的需求等问题,可以避免外来政策和项目的强硬实施对当地人造成不必要的伤害。

三、报道者的角色(Informant Role)

指应用人类学家把自己所知的事实从一方传达到另一方。人类学家常因特有的知识和技能,受聘为报道人。如第二次世界大战时,美国海军部聘请人类学家收集美拉尼西亚托管地的土著资料,作为施政的参考。如今,美国政府也还聘用人类学家在国内从事现场研究,以便了解施政效果,并寻求改善服务的渠道。这一角色的最大特征是参与工作的人类学家本人对所传达的信息作何用途无力加以控制,存在被误用或滥用的可能。因此,也有人反对应用人类学家起这种单纯提供信息的作用。

四、分析者的角色(Analyst Role)

代表者、推动者和报道者这三种角色,都是由他人对人类学家的工作加以界定和规限的,他们只是临时参与,因此可称之为顾问性的工作。而分析者的角色则不同,分析者不是临时参与而是长期负责某项工作。应用人类学家在这种角色中积极参与、分析和规划某项应用研究,而不仅仅是提供信息。例如,美国人类学家就长期参与对西部电气公司的劳工和管理问题所做的研究计划。这一工作不仅被视为应用人类学的里程碑,而且对社会中的人际关系和组织理论也做出了贡献,从而带动了美国工业界管理措施的改变。事实上,现在有越来越多的大公司和企业雇用人类学工作者从事人力资源管理和市场开发方面的工作。在人力资源部门,人类学工作者如果被赋予某种权力,就可以利用民族志的方法来获知该组织的状况及其存在的问题。例如，对某汽车厂的民族志研究，可以观察该厂一般职工（不同年龄、不同性别、不同进厂经历等）、中层管理人员、经理及高层执行官作为不同社会类型成员，对本企业的理念、企业文化、追求目标、创新能力的培育等方面的认同程度、工作热情、投入程度以及企业面临困难时的忠诚度等状况，而这些对于一个企业的生存和发展是极其重要的因素。又如，人类学工作者通过调查，可以将所需开拓地区各人群的风俗习惯、价值观、审美偏好、经济能力、消费水平、社会阶层结构以及流行文化等方面的资料或知识提供给市场开发部门的设计师，以便开发出符合当地人需求，为当地人喜闻乐见的产品。

五、调停者的角色（Mediator Role）

分析和调停这两种角色是相辅相成的，应用人类学家往往利用分析的结果再做出调停的努力。作为调停者，应用人类学家不执着于唯一的正确答案，也不把希望寄托在一劳永逸的解决方法上，而是找出各有关利益群体都能接受的折中办法，把问题缓和下来加以解决。公平对待是人类学家秉持的原则。例如，女人类学家狄克桑（Mim Dixon）于20世纪70年代受雇研究在北美阿拉斯加铺设大规模输油管道对当地各族群将产生何种影响的问题。她在项目规划时就参与了其中的研究，由于当局认为阿拉斯加未来的能源发展需要比该项目上马后可能引起的负面后果更为重要，最后否定了她的研究结果。经过再三考虑，她最终决定放弃这项研究，积极投身到阿拉斯加州和能源发展有关的立法及制定政策的工作之中，并长期致力于调停各方的利益。

在现代社会中，调停已成为解决冲突的一种流行办法。除常用于解决劳资纠纷外，也用于解决环境问题和社区发展问题。人类学强调以整体观对待任何社会事件，因此人类学家特别适合担任各方利益调停者的角色。

第三节　文化人类学与中国当代重要现实问题研究

如果要追溯历史，社会文化人类学是在西方资本主义社会研究殖民地"未开化的""野蛮的""原始的"异文化社会之基础上发展起来的，其研究的目的首先是为宗主国更好地统治或管理殖民地社会服务,因此,是名副其实的应用学科。由于人类学家所研究的对象非常特殊,并从中发展出了自身的研究理论和方法,因此对整个人类文化的研究做出了自己特有的贡献,获得了来之不易的科学地位。即便如此,英国著名人类学家埃文思-普里查德在谈到"社会人类学的现代研究"时,仍不忘告诫后人:要研究"问题"而不要研究"民族"。① 当今世界上鲜有未受现代文明冲击的部落群体了。一些经典民族志著作中所描述的原始民族今日所受西方文化的影响远比大多数人所料想的更加广泛和深入。这样,在以研究人类整个文化进程为己任的人类学家中,除一小部分因传统仍关注世界残存部落的迅速消亡,积极抢救它们即将完全消失的文化资料以外,大多数人类学家都将目光投向了当代社会,以自身特有的方式关注着困扰当代社会发展的重大问题。

我国著名社会学家、人类学家、民族学家费孝通教授,就是一位应用人类学的积极倡导者。1980年3月,他赴美国丹佛参加应用人类学会议,接受学会颁发给他的马林诺夫斯基奖,在大会上他作了一篇题为《迈向人民的人类学》的演讲,他通过回忆自己投身社会人类学学习和研究的初衷,自己在中华人民共和国成立前后的研究经历,认为自己见到了"社会科学的一种新的境界,就是社会科学的调查研究完全可以帮助人类摆脱改造社会的盲目性和被动性,进入科学性和主动性"②。他是不太主张中国的人类学家从事探究一般的文化原理和社会结构,把精力和时间用在建构和把玩各种学术理论等所谓的纯科学的研究上面,而是主张人类学家需要将一般的科学原理融入当地社会的实际,并以此为工具去说明一个区域或社会中人们的生存状况和发展前景,并提出自己的建设性意见。③ 他把这种符合广大人民利益、为广大人民利益服务的人类学,称为"人民的人类学"④。1950年以后,他的有关民族识别的调查和研究、中国城镇化道路的探索、西部民族地区的考察、中华民族多元一体格局理论的建构等,都是沿着

---

① 爱德华·埃文思-普里查德:《论社会人类学》,冷凤彩译,世界图书出版公司2010年版,第61页。
② 中国社会科学院科研局组织编选:《费孝通集》,中国社会科学出版社2005年版,第172页。
③ 详见费孝通:《重读〈江村经济·序言〉》,载费孝通:《论人类学与文化自觉》,华夏出版社2004年版,第99页。
④ 中国社会科学院科研局组织编选:《费孝通集》,第173页。

第十二章　文化人类学的应用

为中国社会发展和社会建设解决实际问题的思路而进行的探索,而且确实也为当时的国家决策和社会发展规划的制定提供了坚实的理论基础和科学依据。

自 1840 年鸦片战争以来,中国社会经历了艰难曲折的现代化转型。中华人民共和国成立以前,由于外敌入侵、军阀混战等内外部因素的干扰,这种转型进行得并不顺利。中华人民共和国成立直至 20 世纪 70 年代末,中国的现代化进程经历了发展、曲折、停滞甚至些许倒退。20 世纪 80 年代以后,由于实施了"对内改革、对外开放"的政策,中国社会的现代化进程才重新进入快车道。当今的中国已经成为世界第二大经济体,经济生活高度融入世界,但社会转型仍面临着诸多挑战,与社会文化人类学研究主旨相关的重要问题主要表现在以下几个方面。

一、与人口相关的问题

根据国家统计局《中国统计年鉴 2021》发布的第七次全国人口普查数据,2020 年 11 月 1 日止,全国总人口为 141178 万人,其中男性人口 72334 万人,占 51.24%,女性人口 68844 万人,占 48.76%,总性别比为 105.07(以女性为 100)。① 2020 年末人口出生率为 8.52‰,人口死亡率为 7.07‰,人口自然增长率为 1.45‰。从年龄构成看,2020 年底 0—14 岁有 25277 万人,占总人口的 17.9%;15—64 岁有 96871 万人,占总人口的 68.6%;65 岁及以上人口 19064 万人,占总人口的 13.5%;总抚养比为 45.98%,其中少儿抚养比为 26.24%,老年抚养比为 19.74%。2020 年底我国从城乡结构看,城镇常住人口 90220 万人,占总人口数的 63.89%,乡村常住人口 50992 万人,占总人口数的 36.11%。② 这组数据告诉我们三个方面的事实:

第一,人口众多,14 亿多人口占了全世界 78 亿总人口(2020)的 18%,面临的资源消耗、环境保护、就业、社会保障、教育、医疗以及其他公共服务方面的压力都非常大。

---

① 详见国家统计局《中国统计年鉴 2021》"二、人口"中的"2-7 七次全国人口普查人口基本情况"。
② 以上数据参见国家统计局发布的《中国统计年鉴 2021》"二、人口"相关数据,城乡人口数与"七普"数据略有差别。

第二,我国进入老龄化社会。国际上通常把60岁及以上的人口占总人口的比例达到10%,或65岁及以上人口占总人口的比重达到7%,作为国家或地区进入老龄化社会的标准。60岁及以上的老年人口占总人口的比例在10%—20%为轻度老龄化,20%—30%为中度老龄化,30%以上为重度老龄化。2020年底我国60岁及以上人口已占全国总人口的18.73%。按联合国的标准,我国已经接近中度老龄化社会的下缘。2020年我国居民人均可支配收入为32188.8元人民币,其中城镇居民人均可支配绝对收入为43833.8元人民币,相当于6400美元;农村居民人均纯收入为17131.5元人民币,相当于2500多美元。[①] 因此,我国社会"未富先老"已成定局。然而,我国社会养老机制尚不健全,整个社会该如何养老,是政府和社会都要高度重视的问题。

第三,我国传统文化偏好生男孩,有养儿防老和传宗接代的传统观念,可能加剧人口性别比失衡的问题。出生人口性别比偏高会给社会造成较大的风险,产生不可预料的后果。按照国家统计局公布的2020年统计数据,我国人口的总性别比是105.07,出生人口性别比为111.3,较2010年降低了6.8,逐渐趋向正常水平,但仍超出联合国规定的103—107正常数值范围,需要继续关注人口性别比问题,综合考虑人口的变化趋势和长期影响。

人类学家基于整体性的实地调查研究成果,对于制定不同地区的养老制度和缓解人口性别比失衡问题的政策取向,无疑会有较好的帮助作用。

二、社区重建问题

自中华人民共和国成立至20世纪70年代末,为建立计划经济体制,我国在社会管理方面逐步建立了一整套以工作或劳动单位为基础的社会管理体制——单位制。城镇企事业单位隶属于具一定行政级别的政府管理部门,每个城市居民都归属于一个特定的单位,并与这个单位形成特定的依附关系,即个人在企事业单位工作,忠诚于自己的单位,而单位除发工资外,还要为职工提供基本的社会福利,如住房、基本医疗、劳动保护、养老、婚丧事宜的安排等。农村居民则是

---

① 城乡居民人均收入数据来源于国家统计局发布的《中国统计年鉴2021》"六、人民生活"。人民币折算美元按当时的1美元兑6.8元人民币计算。

第十二章 文化人类学的应用

天然的人民公社社员,以户籍管理的方式,通过经济生活领域中的统购统销措施,将他们固定在农村土地上,使他们主要从事农业生产劳动,由生产大队、生产队行管理之责。

20世纪70年代末实施改革开放以后,在城市,单位体制逐步弱化和瓦解,加上"住房自有化、就业市场化、社会保障社会化、后勤服务市场化"的改革,原有的单位组织在处理社会事务方面的能力和功能已经大为弱化,各行政机构和企事业单位也将许多长期以来承担的社会职能逐步向社会和市场剥离,其中的一部分职能就自然而然地转移到了社区。由于人才和劳动力的自由流动,企业经营面对的是市场而非政府,况且还有许许多多个体企业、民营企业、新兴职业和个体劳动者涌现,都采取了与原先单位制全然有别的管理体制和模式,社会利益开始呈现多元化、多层次性的趋势。工作单位仅仅是工作场所,而不是全部,这样,原先的单位人迅速地演变成了社会人。原先属于单位的大部分社会功能便下放到居民生活居住的社区。一些具有独立利益的个人和组织,其服务需求无法从单位得到按满足,于是转向了居住的社区。

在农村,由于人民公社的解体、经济生活中统购统销政策的废弃以及户籍制度的松动,开始有农民流动进城务工,2022年,全国农民工总量达29562万人。这些脱离了农村且在城市里长期生活的农民,已然是城市产业工人的一部分,但他们的身份还是农民,提供给他们的经济条件还无法让其融入城市生活。他们中的大多数,尤其是年轻的第二代第三代农民工已不会种田,也不想返回农村,而渴望成为市民,但社会现实却让他们对所在城市和社区没有认同感和归属感。无论是从实际生活还是从他们的心理状态看,他们都还属于"漂泊"的群体,迫切需要得到社会的关怀和真切的帮助。就目前我国社会发展的情形而言,社区就是这种能够关怀和帮助他们的最切实可行的场所。

社区,英文为"community",原意是指具有乡土情结和乡土精神的小规模的生活居住共同体,有点类似于我国传统的村落社会。我国的传统村落社会是生于斯、死于斯的封闭式农业社会,几代人,甚至十几代或几十代人都在一个地方长期生活和繁衍,除非是遇到不可抗拒的天灾人祸,否则都不会离开这个世代居住的"家乡"。这是一个典型的"熟人社会",规模不大,相互间了解透彻,语言相同、职业相同、生产生活方式相同、价值观相同,因彼此"抬头不见低头见",容易做到"出入相友,生死相扶",故很容易实行"自治"。而今天我国所倡导和建设的社区,是基于规模在3000户左右的大型基层生活共同体,且社区成员的来源不同、职业不同、受教育程度不同、经济收入不同、居住时间长短不一、身上原有母文化的烙印相差比较大、个人的兴趣爱好和价值观的差异也很大,需求也不一样,更重要的是彼此还互不熟悉,因此,要彻底贯彻落实《中华人民共和国城市居民委员会组织法》和《中华人民共和国村民委员会组织法》,并达到理想状态,实在不是一件容易的事。

社区重建,最重要的就是建设社区的共同文化,使得同社区的居民有较强的认同感和归属感,这是社区自治得以进行并且有效的坚实基础。我国现今大部分城乡社区的建设离这个要求还比较远。研究社区,了解文化,是人类学家的看家本领,他们理应在当今社区建设和社区治理的过程中扮演重要的角色。

三、快速城市化与乡村振兴问题

城市化是当今世界一个非常普通的现象,它明确地标示着区域经济发展水平的高低。当今世界凡经济发达的国家,无不是城市化水平很高的国家。人口大量集中于城市,体现了高效率的农业生产;它能容纳大量的人口,也反映了第二、三产业的发达。发展中国家的城市化水平相对较低,反映出它们的工农业发展水平较落后。从城市人口的人均生产总值来看,一般大城市比中等城市高,中等城市比小城市高,小城市又比乡村高。同时,都市又是创造新文化、产生新知识的场所。当今世界上智力资源富集的地区几乎都是在城市。城市里集中着知识、技术和人才,承担着带动农村地区开发、传播进步道德风尚和先进科学思想的任务。尤其是大城市,通常是国家首都或区域的首府,国家和地区的各项职能机构都设在这里,政治、经济、文化等各界领袖人物都以大城市为基地来发挥他们的影响。此外,发达的商业活动和先进的服务设施,大规模的图书馆、博物馆、报社、杂志社、电台、电视台、计算机网络等各种新闻媒介机构争相出现,使城市成为人类社会的各种信息中心和精神财富的聚集地。

我国近年来城市化发展速度之快也令人瞩目。据国家统计局发布的《中国统计年鉴 2021》中的"七普"数据,2020 年底我国总人口为 141178 万人,其中城镇人口 90199 万人,占总人口的 63.89%,乡村人口为 50979 万人,占总人口的 36.11%;流动人口约有 3.76 亿人,人户分离人口约为 4.93 亿人。① 由于近三十年来城市人口的急剧膨胀,已使城市和乡村产生严重的失衡状态,呈现出诸多病态问题,其中值得人类学家关注的是城市农民工及其子女的生活教育问题和乡村的"空心"化现象。

20 世纪 80 年代开始实行的家庭联产承包责任制,极大地调动了广大农民的生产积极性,加上农业技术的改进,使得农业产量增加,农民生活水平有所提高,农村出现了大量剩余劳动力。这些剩余劳动力大量涌入都市,承担了维持城市运行的基础工作。由于工作劳累、收入不高,他们大多只能居住在独特的"城中村"里。"城中村"一般位置较偏,人员复杂,流动性强,生活条件和环境较差,政府提供的公共服务较少,与当地主流社会有一定的区隔,容易形成带有自身特色的亚文化,并把这种亚文化传给自己下一代。

2020 年,全国流动儿童 7109 万人,留守儿童 6693 万人,受人口流动影响的儿童合计 1.38 亿人,占中国儿童总人口的 46.4%。儿童的流动和留守状态并不总是固定的,可能随着家庭状况、个人所处的年龄和受教育阶段在流动与留守之间转换。解决留守和流动儿童问题,关键要让他们享受在父母工作地"同城求学"待遇,这也是国家反复强调要推进的政策。但一些地方仍存在入学门槛高、升学有障碍等现象。②

城市化快速发展,人口迅速向城市流动,除了给城市的居所、供电、交通、医疗、教育、社会治安、就业以及其他公共服务和社会保障等提出严峻的挑战外,还给多数乡村带来了"空心化"景象。从乡村中转移出来的大多是青壮年劳动力。他们受过一定的教育,又风华正茂,本是乡村建设的主力军,是乡村社会的精英,但如今他们背井离乡来到城市,自己过着漂泊又艰苦的打工生活,把老人、妻子、孩子留在老家农村,形成了中国社会特有的"留守儿童""留守老人""留

---

① 数据来源于国家统计局发布的《中国统计年鉴 2021》"二、人口"中的"2-7 七次全国人口普查人口基本情况""2-23 分地区按现住地、户口登记地分的户口登记地在外乡镇街道的人口"部分。

② 《中国发布丨近半儿童受人口流动影响!让孩子留在父母身边要先解决这些问题》,中国网,https://news.china.com.cn/2023-05/12/content_85288637.html,2023 年 5 月 11 日访问。

守妇女"现象。

2000年以来国家就在高度关注和下大气力逐步解决城乡发展不平衡的问题。2006年1月,中共中央、国务院颁布了《关于推进社会主义新农村建设的若干意见》,提出了"新农村建设"的若干设想。2017年10月,党的十九大报告中更是提出了"乡村振兴战略",要求按照产业兴旺、生态宜居、乡风文明、治理有效、生活富裕的总要求来建设社会主义的新农村。2018年9月21日,习近平总书记在主持十九届中共中央政治局第八次集体学习时说:"即便我国城镇化率达到70%,农村仍将有4亿多人口。如果在现代化进程中把农村4亿多人落下,到头来'一边是繁荣的城市、一边是凋敝的农村',这不符合我们党的执政宗旨,也不符合社会主义的本质要求。这样的现代化是不可能取得成功的!"①乡村振兴战略的内涵十分丰富,在2020年完成基本的制度框架和政策体系基础上,到2035年要基本实现农业农村现代化,到2050年时全面实现农业强、农村美、农民富的乡村全面振兴愿景。2022年10月16日,习近平总书记在党的二十大报告中指出,全面建设社会主义现代化国家,最艰巨最繁重的任务仍然在农村。

乡村历来是我国人类学研究的重镇,我国知名的人类学家几乎都有乡村研究的经历和丰富的经验。在解决当前城乡发展不平衡、实现乡村全面振兴的宏伟实践中,我国的社会文化人类学家理所应当凸显自己的传统优势,用自身扎扎实实的研究成果为乡村振兴事业做出自己独特的贡献。

四、民族地区的民生和社会发展问题

中国是一个由56个民族组成的统一的多民族国家。除人口达12亿多的汉族外,其余55个少数民族人口众寡不等,人口多的有超千万的,人口少的只有数千人。他们分布于全国各地,但主要聚居于内陆和边疆地区,基本属于经济社会发展比较滞后的西部地区,民族地区约占全国国土总面积的64%,这就决定了我国的民族问题和民族地区的社会发展是个具有长期性、战略性、复杂性的重大问题。自改革开放以来,我国社会经历了一个大转型时期,主要表现在整个社会从

---

① 习近平:《把乡村振兴战略作为新时代"三农"工作总抓手》,载《习近平谈治国理政》第三卷,外文出版社2020年版,第257页。

第十二章 文化人类学的应用

计划经济向市场经济、从传统的农业社会向现代化工业社会、从封闭和半封闭社会向开放型社会转型。这种转型极大地调动了我国社会各阶层的生产积极性，促进了社会经济的飞速发展，但也深刻地改变了我国社会原有的社会结构和利益分配调节机制，出现了许多前所未有的新问题和新矛盾。

党中央对民族地区的发展高度重视。2021年8月，习近平总书记在中央民族工作会议上发表讲话，强调要推动各民族共同走向社会主义现代化。要完善差别化区域支持政策，支持民族地区全面深化改革开放，提升自我发展能力。民族地区要立足资源禀赋、发展条件、比较优势等实际，找准把握新发展阶段、贯彻新发展理念、构建新发展格局、实现高质量发展、促进共同富裕的切入点和发力点。要加大对民族地区基础设施建设、产业结构调整支持力度，优化经济社会发展和生态文明建设整体布局，不断增强各族群众获得感、幸福感、安全感。要支持民族地区实现巩固拓展脱贫攻坚成果同乡村振兴有效衔接，促进农牧业高质高效、乡村宜居宜业、农牧民富裕富足。要完善沿边开发开放政策体系，深入推进固边兴边富民行动。2022年10月，党的二十大报告提出，支持民族地区加快发展，加强边疆地区建设，推进兴边富民、稳边固边。2023年10月，习近平总书记在二十届中共中央政治局第九次集体学习时发表讲话，指出党的二十大以后，全国各族人民迈上了以中国式现代化全面推进强国建设、民族复兴伟业的新征程，党的民族工作面临新的形势和任务。全面建成社会主义现代化强国，一个民族也不能少。

解决好国内民族地区少数民族民众的民生问题，促进当地社会的和谐发展，提高当地少数民族民众的基本素质，使其形成现代化的行动力和助力，是我国当前民族地区社会建设中所面临的重大问题，我国的人类学工作者理应有所作为，也有能力有所作为。

五、高新技术渗入日常生活与社会传统失落问题

当今时代是高科技手段通过市场经济方式日益普及化、大众化的时代。在这个时代，一个十分重要的特征就是科学技术渗入了人们的日常生活，进而潜移默化地改变了人们的价值观念和日常生活方式。"科技改变生活"这句耳熟能详的广告语,真真切切、确确实实地反映了当今时代的特征和发展趋势。美国著名社会学家奥格本(William F. Ogburn)曾在 1933 年发表过一篇题为《发明与发现的影响》的经典文章,内中以收音机的使用为例,阐述了收音机广播的运用导致在以下 11 个领域中出现了 150 个直接相关的效果:(1)一致性和扩散性;(2)消遣和娱乐;(3)运输;(4)教育;(5)信息传布;(6)宗教;(7)工业和商业;(8)职业;(9)政府和政治学;(10)其他发明;(11)其他。二十年后,有人在对乌干达农村的研究中发现收音机不仅是信息收集和传播的工具,还是一件炫耀品,可以改善并提高一个人的社会地位。① 如今,取代收音机地位的科技产品是电视、智能手机和平板电脑。

电视是通过电子技术传输图像和声音的现代化传播媒介,它声像结合、视听兼备,不停地在你面前说着、唱着、跳着、舞着,当它给你讲个什么事情、叙述什么故事的时候,还会跨越时间或空间的限制,生动地给你展现出栩栩如生的画面,给人以强烈、直观的现场感和真实性。因此,对一般的民众来说,电视具有很强的感染性和说服力。

电视媒介作为大众传媒的一个重要组成部分,在实际社会生活中扮演着多重角色,发挥着复杂而多样的功能。休闲娱乐、传播知识和信息、整合社会意识形态、大众教育、引领时尚和消费、宣传执政者的执政理念、服务社会公共利益、舆论监督等,这些功能和作用都为广大民众所认可,并对我国当代社会和文化的变迁产生了深远的影响。

比电视影响还要深远的是智能手机。原本只是通信工具的手机,由于互联网的嵌入,变成了个人的身份证明、健康证明、银行、影院、游戏厅、图书阅览室、朋友聚会厅、信息收集和传播平台、百货商店、生活顾问、导航仪、远途出行助手、照相机、舆论散布台、社交操控台等,成了一个人身上不可或缺的"器官"。故有网友在微信群里调侃说:"以前不离不弃的是夫妻,现在不离不弃的是手机。一机在手,天长地久;机不在手,魂都没有!""双十一"是电商包装出来的购物节。根据星图数据,2022 年"双十一"全网销售额累计 11154 亿元,同比增长 13.7%。其中综合电商销售额 9340 亿元,同比增长 2.9%;直播电商销售额 1814 亿元,同比

---

① 参见史蒂文·瓦戈:《社会变迁(第 5 版)》,王晓黎等译,北京大学出版社 2007 年版,第 222 页。

增长146.1%。① 光想想这股疯狂劲,新技术的发展对人们日常生活方式的影响有多大就可见一斑。

与新技术在日常生活中的广泛应用相反,社会传统的失落是一个无可回避的现实话题。19 世纪中叶以前的中国,是一个政治上以君主专制制度为核心,思想上以儒家学说为意识形态,经济上以定居深耕农业为基础,社会组织和治理方式以家族宗族为单位的典型小农社会。倡导"仁、义、礼、智、信、忠、孝、廉、耻"的儒家圣贤思想及其所传播的伦理道德是整个社会所崇尚的"大传统",也是官方和民间判定世间是非曲直的重要尺子。在地方乡间,由于家族和宗族聚居且累世不迁,形成了家族主义氛围极其浓郁的熟人社会,"亲帮亲,邻帮邻,断了骨头连着筋""同在三尺屋檐下,抬头不见低头见""出入相友,疾病相扶、生死相依"都是不言自明且流传久远的社会传统。即便在国内外形势剧变的情况下,中国的社会传统依然基本保持不变。

1978 年底,党的十一届三中全会召开,以邓小平为代表的中国共产党人以实事求是的精神,提出把全党的工作重点转移到社会主义现代化建设上来,重新启动了中国社会的工业化和现代化进程,于是,中国社会开启了前所未有的从传统的落后的农业国向先进的现代化的工业国、从封闭半封闭社会逐步走向开放社会的转型。这个转型,过程极其繁复、波澜壮阔,且已取得了巨大成就,但还远未结束。在这个转型过程中,旧的社会传统和规范因无法适应社会发展的步伐和人民群众生活的需要而遭到扬弃,符合世界发展方向和能跟上时代潮流节奏的新社会传统和规范,由于改革开放以来的时间还太短没有完全建立起来,因此,社会大转型过程中发生的社会失范、文化冲突、生活失调等现象都是可以理解的,也是不可避免的。但是,这种社会失范、文化冲突、生活失调都应该是也只能是暂时的现象,一个健康、平稳运行的社会必须要有自身强大的社会传统来加持。

什么是社会传统?它有何功能和作用?在人类学家眼里,社会传统指的是一个社会或人类群体在长期的文化适应中形成并代代相传的世界观和价值观,

---

① 交易额数据参见《双十一 15 年:不再决定生死,但仗依然要打》,中国新闻网,https://www.chinanews.com.cn/cj/2023/11-13/10110994.shtml,2023 年 12 月 11 日访问。

以及在该世界观和价值观指导下形成的较为稳定的生活方式。它是一种社会化行为,给社会内部成员的生存、生活赋予意义,并对一个社会和群体内的个人具有规范、评判和道德感召作用,是社会平稳运行不可或缺的一种文化力量。符合时代发展潮流的新社会传统,应该是既继承了数千年来本国文化传承下来的生生不息的优良要素,又糅合和接纳了外来文化中作为人类文明发展进步象征的共同成果,从而形成国人乐于自觉接受的价值观、世界观、道德观,以及在这种价值观、世界观、道德观指导下逐渐构造出社会行为规范和行为方式。作为国家社会大转型的亲历者和参与者,作为文化研究和建设的专家,中国人类学家理应对转型期的中国社会文化建设有更敏感的触觉和感悟,也应该有能力为正大踏步走向世界舞台中心的中国建构自由、平等、公正、博爱、民主、法治的新社会秩序做出自己的贡献。

◆◆ **本章思考题**

1. 什么是应用人类学?它与理论的文化人类学有何区别?
2. 应用人类学家在社会中一般扮演何种角色?你对这个问题怎么看?
3. 课堂讨论:综合你所学的知识,谈谈中国的人类学在当前的中国社会大转型中能发挥什么样的作用,已经发挥了什么作用,有什么缺憾。

本章主要参考及推荐阅读文献

1. 芮逸夫主编:《云五社会科学大辞典·人类学》,台湾商务印书馆有限公司1971年版。
2. 谢剑:《应用人类学》,台湾桂冠图书股份有限公司1989年版。
3. 李亦园编:《文化人类学选读》,台湾食货出版社1980年版。
4. 石奕龙:《应用人类学》,厦门大学出版社1996年版。
5. 叶敬忠、贺聪志:《静寞夕阳——中国农村留守老人》,社会科学文献出版社2008年版。
6. 叶敬忠、潘璐:《别样童年——中国农村留守儿童》,社会科学文献出版社2008年版。
7. 叶敬忠、吴慧芳:《阡陌独舞——中国农村留守妇女》,社会科学文献出版社2008年版。
8. 史柏年编著:《城市边缘人——进城农民工家庭及其子女问题研究》,社会科学文献出版社2005年版。

第十二章 文化人类学的应用

9. 马戎:《中国民族关系现状与前景》,社会科学文献出版社 2014 年版。

10. 马戎:《族群、民族与国家构建——当代中国民族问题》,社会科学文献出版社 2012 年版。

11. 郝时远:《中国共产党怎样解决民族问题》,江西人民出版社 2011 年版。

12. 何群:《民族社会学和人类学应用研究》,中央民族大学出版社 2009 年版。

13. 孙秋云等:《电视传播与乡村村民日常生活方式的变革》,人民出版社 2014 年版。

14. 韦政通:《中国文化与现代生活》,中国人民大学出版社 2005 年版。

15. 约翰·博德利:《人类学与当今人类问题(第 5 版)》,周云水等译,北京大学出版社 2010 年版。

16. 史蒂文·瓦戈:《社会变迁(第 5 版)》,王晓黎等译,北京大学出版社 2007 年版。

17. 卡罗尔·R.恩贝尔、梅尔文·恩贝尔:《文化人类学(第 13 版)》,王晴锋译,商务印书馆 2021 年版。

后 记

本书是集体劳动的结晶。除本人外，参与2004年第一版编写工作的有武汉大学哲学学院心理学系的钟年教授、中南民族大学民族学社会学学院的柏贵喜教授、中南民族大学经济学院的沈道权教授、中南民族大学新闻学院的黄迎新教授。2018年第二版修订时，邀请了华中科技大学社会学院副教授何菊博士参与了第八章、第九章的部分修订工作。第三版的修订工作由主编孙秋云独立完成。

第三版写作的分工和具体署名仍如第二版：

序、导言、第一章、第二章、第三章、第十一章、第十二章、后记：孙秋云；

第四章：孙秋云、黄迎新；

第五章：钟年、孙秋云；

第六章：孙秋云、沈道权；

第七章：孙秋云、沈道权；

第八章、第九章：柏贵喜、何菊；

第十章：钟年、孙秋云。

由于本人学识所限，书中难免有不尽如人意之处，恳求方家不吝赐教，也欢迎同学们多提宝贵意见，以便今后再次修订。

孙秋云

2024年5月17日

教师反馈及教辅申请表

北京大学出版社本着"教材优先、学术为本"的出版宗旨,竭诚为广大高等院校师生服务。

本书配有教学课件,获取方法:

第一步,扫描右侧二维码,或直接微信搜索公众号"北大出版社社科图书",进行关注;

第二步,点击菜单栏"教辅资源"—"在线申请",填写相关信息后点击提交。

如果您不使用微信,请填写完整以下表格后拍照发到 ss@pup.cn。我们会在 1—2 个工作日内将相关资料发送到您的邮箱。

书名		书号	978-7-301-	作者	
您的姓名				职称、职务	
学校及院系					
您所讲授的课程名称					
授课学生类型(可多选)		□ 本科一、二年级 □ 高职、高专 □ 其他_____		□ 本科三、四年级 □ 研究生	
每学期学生人数		_____ 人		学时	
手机号码(必填)				QQ	
电子信箱(必填)					
您对本书的建议:					

我们的联系方式:

北京大学出版社社会科学编辑室

通信地址:北京市海淀区成府路 205 号,100871

电子信箱:ss@pup.cn

电话:010-62753121 / 62765016

微信公众号:北大出版社社科图书(ss_book)

新浪微博:@未名社科-北大图书

网址:http://www.pup.cn